租税訴訟

租税公正基準　5
重要租税判例の検証

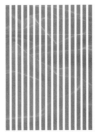

No.11

租税訴訟学会

はしがき
―IT革新と租税訴訟の新しい対応を求めて―

　租税訴訟学会紀要「租税訴訟」11号の刊行を，さらなる飛躍に一歩を踏み出す節目としたい。

　平成28年4月にはパナマ文書が，同29年11月にはパラダイス文書が国際調査報道ジャーナル連合（ICIJ）により報道されタックス・ヘイブンの実態が全世界に明らかとなり，BEPS（税源の浸食と利益の移転）に対して各国は厳格に対応することを迫られた。平成30年9月から外国との情報交換が予定されており，他方で国は1,000億円を超える赤字国債を縮減しようとしないので財政は危機状況を深めており，徴税はたいへん厳しくなっている。ところで公表されている最近の租税訴訟の終結状況をみると納税者の全部勝訴率は2.5％と従前の半分以下に低減し，租税訴訟が納税者のための救済手続として機能していないことを憂慮しなければならなくなっている。

　平成30年は固定資産税の評価替えの年度である。固定資産税の評価額は評価替えの年度の1月1日の時価（客観的な交換価値）と定められているが，評価替えの手続は総務大臣が告示で定めている固定資産評価基準（評価基準）に従って評価され，家屋について評価基準が定める再建築価額法による評価額は時価と乖離していることが周知の事実となっている。しかし，最高裁平成25年7月12日判決・民集67巻6号1255頁は，最高裁平成15年6月26日判決・民集57巻6号723頁の延長線上にあるものと位置づけられているものの，固定資産税の課税は全国一律の統一的な評価基準に従って公平な評価と受ける利益が保護されるべきものとし，その評価額が適正な時価を上回るか否かにかかわらず，評価基準によって決定される評価額が適正な時価と推認されるとし，これを上回るのでなければ違法な評価とならないとして，不動産鑑定士による個別の評価額が評価基準による評価額を下回るというだけでは評価基準による時価の推認を覆す「特別の事情」ということはできないとしている。この最高裁平成25年判決は評価基準の定める評価方法の一般的合理性（特に，家屋の評価方法）を十分に検証しないで容認しているのではないかという強い疑問を波及させている。

　IT時代へ変貌したのに対応して租税訴訟とその周辺領域を活性化させるには，弁護士と税理士との租税訴訟や税務調査の手続の領域における協働態勢を一層強化させるだけではなく，ネットワークを駆使することにより固定資産税の評価基準等の一般的合理性・個別的合理性を検証できる情報収集ネットの構築が必要となっている。日税連の支援を受けタインズが情報公開手続を駆使することにより大きな成果を挙げているが，日弁連・日税連がその組織を生かして納税者の主張をバック・アップする情報収集ネットを充実することが課題となっている。もとより「適正な処分は，適正な手続により保障されている」（憲法31条）ので，適正な徴税手続の履践を求めることは租税法の全領域で特に強調しておかなければならない。

　今年1月に宮崎裕子弁護士が最高裁判事に就任された。租税法を専門分野とする法曹が最高裁判事に就任したのは初めてであり，ご活躍を期待し熱いエールをお送りしたい。

　　平成30年4月

　　　　　　　　　　　　　　　　　　　　租税訴訟学会　会長

　　　　　　　　　　　　　　　　　　　　弁護士　山田　二郎

目　次

はしがき—IT革新と租税訴訟の新しい対応を求めて—／山田　二郎

第1部　論　説

論説1　交際費と寄附金の課税のあり方を検証する…山本　守之　3

論説2　租税憲法訴訟と課税要件（木更津木材事件と残波事件を機縁として）……………………………………山下清兵衛　14

論説3　倒産法における支払不能と租税法の貸倒の離齬………………………………………………………岡本　哲　59

論説4　年末調整制度廃止論………………………………酒井　克彦　83

論説5　公益法人制度における3つの「特別の利益」…永島　公孝　122

第2部　事例研究

法人税1　法人税法における役員給与課税の問題点—残波事件に基づいた検討—……………………金子　友裕　157

法人税2　法人税重加算税賦課決定処分の取消された裁決事例から，その対応を考察する………………………鈴木　茂夫　184

法人税3　交際費等の判断基準の明確化と交際費等分析フレームワークの提示—国税不服審判所平成25年10月1日裁決（安楽亭

事件）の分析—……………………………………………細川　　健　207

法人税4　売上値引き及び単価変更処理に係る金額は寄附金に該当
　　　　しないとされた事例 ………………………………山口敬三郎　235

法人税5　措置法61条の4（交際費等の損金不算入）の適用に歯止め
　　　　—福岡地裁平成29年4月25日判決—………………山本洋一郎　260

所得税1　青色申告承認取消処分に係る裁量権の踰越・濫用と判断
　　　　過程審査 ……………………………………………泉　　絢也　288

所得税2　無形固定資産等の償却事件………………………土屋　清人　315

所得税3　源泉徴収義務者から受給者への請求の可否
　　　　—東京地裁平成28年3月25日判決を契機に—………山本洋一郎　332

相続税1　マンション敷地評価事件…………………………笹本　秀文　348

相続税2　歩道状空地の私道供用宅地該当性…………………長島　　弘　377

消費税1　消費税法12条の2第1項の「出資の金額」と労務出資・
　　　　信用出資の評価の基準ないし評価の標準—東京国税不服審判所
　　　　平成29年6月15日裁決（裁決事例集No.107登載）—…馬場　　陽　406

消費税2　消費税における推計課税の可否 …………………山口敬三郎　425

手続法1　納税者の財産権と財産の差押解除に係る諸問題
　　　　………………………………………………………長谷川記央　448

手続法2　納税の猶予に係る利益概念の検討 ………………長谷川記央　475

第3部　学会活動

租税訴訟学会規約　　500

租税訴訟学会役員（理事・監事）名簿　　504

あとがき—法律家の行政手続関与によって法治国家が実現される—　　507

第 1 部

論　　説

交際費と寄附金の課税のあり方を検証する……山本　守之

はじめに
Ⅰ　寄附金の損金不算入
Ⅱ　見識ある自己利益
Ⅲ　萬有製薬事件の納税者勝訴の理由

租税憲法訴訟と課税要件（木更津木材事件と残波事件を機縁として）……山下清兵衛

第1　租税憲法訴訟
第2　行政立法（憲法73条6号）と租税法律主義（憲法84条）
第3　租税憲法訴訟の例
第4　税法領域における行政立法と解釈通達による憲法改正
第5　木更津木材事件の東京高裁判決による合憲基準
第6　平成29年7月28日大阪地判大阪朝鮮学校事件
第7　不相当に高額な役員給与に関する公正基準と税務調査
第8　東京地裁平成29年10月13日過大役員退職給与事件判決について
第9　法人税法65条と従業員賞与の確定時期（東京地判平成27年1月22日，東京高判平成27年10月15日，最高裁決定平成29年2月3日）

倒産法における支払不能と租税法の貸倒の齟齬……岡本　哲

Ⅰ　はじめに
Ⅱ　貸倒・貸倒引当金に関する現行法制と問題点
Ⅲ　問題の検討
Ⅳ　おわりに　解釈論及び立法的提言

年末調整制度廃止論……酒井　克彦

はじめに
Ⅰ　年末調整制度廃止論
Ⅱ　近時の背景変化
Ⅲ　年末調整制度廃止論に対する反論
Ⅳ　具体的提案
結びに代えて

公益法人制度における3つの「特別の利益」……永島　公孝

Ⅰ　はじめに
Ⅱ　公益認定における「特別の利益」
Ⅲ　実施事業等における「特別の利益」
Ⅳ　税法における「特別の利益」
Ⅴ　公益法人の認定取消と非営利型法人の「特別の利益」
Ⅵ　その他の「特別の利益」
Ⅶ　まとめ

交際費と寄附金の課税のあり方を検証する

山本　守之

税理士

はじめに

　交際費課税で有名な萬有製薬事件は高裁判決（東京高判平成15年9月9日）で納税者が勝訴となったが，課税庁や税理士の中には寄附金で争えば国が勝ったという人もいる。それでよいのだろうか。この事件について寄附金のあり方と条理から検討したい。

　萬有製薬事件では，支出した金額が論文添削料であって接待，交際，慰安，贈答となるものでないとして交際費等とはならないと判断され納税者側が勝訴になったが，国側が寄附金だと主張すれば寄附金は贈与，経済的利益の供与だから論文の英文添削料は寄附金として国側が勝訴したはずだというのである。

【萬有製薬事件の概要】

　（事　例）

　萬有製薬株式会社（以下X会社という。）は，主として医家向医薬品の製造販売を事業内容としているが，その医薬品を販売している大学病院の医師等から，その発表する医学論文が海外の雑誌に掲載されるようにするための英訳文

につき，英文添削の依頼を受け，これをアメリカの添削業者2社に外注していた。

X社は医師等から国内添削業者の平均的な英文添削料金を収受していたが，X社がアメリカの添削業者に支払っていた添削料金はその3倍以上であった。

これに対して国側は，英文添削を依頼した医師等はX社の「事業に関係のある者」に該当し，添削料の差額負担分は，支出の目的が医師等に対する接待等のためであって交際費に該当するとして更正処分（平成6年3月期）をした。

この事件は審査請求から訴訟に発展し，国税不服審判所の裁決及び第一審の判決（東京地裁）ではいずれも国側処分を是としたが，控訴審（東京高裁）では納税者が逆転勝訴し，国側は上告を断念したため，控訴審判決が確定した。

I 寄附金の損金不算入

1 寄附金の損金性判断基準

寄附金は反対給付がなく，個々の寄附金支出について，これが法人の事業に直接関連があるものであるか否かは明確ではなく，かつ，直接関連のあるものとないものを区別することは実務上極めて困難だから，一種の形式基準によって事業に関連のあるものを擬制的に定め（損金算入限度額），これを超える金額を損金不算入としているのである。

要するに，寄附金は事業活動に直接関連するか否かは明らかではないが，事業活動を円滑に実施し，ある種の無形の広報活動としても必要なものであるところから，全額損金算入をすることも問題があり，さりとて，事業活動に必要な部分を個々に区分することも困難であるので，形式基準（損金算入限度額）を設けて，これを超える部分だけを損金不算入とするとともに，指定寄附金等，特定公益増進法人に対する寄附金について特例を設けているのである。

現行法の考え方に対して，寄附金には事業遂行に必要なものと必要でないものがあるが，必要でないものであれば，当然に利益又は剰余金の処分として経理すべきであり，法人税法第37条第1項は，このような寄附金について

4 第1部 論説1

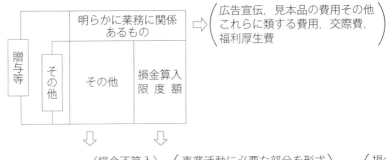

損金不算入を当然のこととして定めたものであり，法人税法第37条第1項は，事業に必要な寄附金について一定の限度で損金算入を否認したものであるという主張がある。

この主張の背景には，法人税法第22条第3項の費用について「取引において損金のうちの費用にあたるかどうかは，取引自体の性質から，費用性，すなわち『通常かつ必要な経費』であるかどうかで判断すべきものと解する。」（松沢智著『租税実体法』初版から新版補正2版まで）という考え方があるように思われる。

しかし，「業務に全く関係のない贈与は，税法上の寄附金から除き，限度計算を行なうことなく損金不算入とすることが好ましいが，法令においてこれを規定すること及び執行上これを区分することが困難であることにかんがみ，無償の支出のうち業務に明らかに関係あるものとそれ以外のものに区分し，後者を税法上の寄附金として取り扱うこととする」（昭和38年12月「所得税法及び法人税法の整備に関する答申」税制調査会）という提言を受けて法人の業務に明らかに関係のある贈与については，法人税法第37条第7項かっこ書きにおいて「広告宣伝及び見本品の費用その他これらに類する費用並びに交際費，接待費及び福利厚生費とされるべきものを除く。」と規定したいきさつからみると，事業関連性を損金性の判断基準とし，事業関連性のない寄附金は限度計算の対象とするまでもなく利益処分による寄附金として損

金不算入であると解するのは的を射ていないように思われる。

つまり，寄附金は「事業関連性」をそのまま判断基準としたものではなく，次のように整理されていると解すべきであろう。

① 贈与のうち明らかに事業に関連する交際費・福利厚生費・広告宣伝費のようなものは，税法上の寄附金の範囲から除外する。

② 事業に関連のないものや事業に関連があるか否か明らかでないものについては，事実上判定が困難であるから形式基準によって損金算入限度額を設け，これを超える部分を損金不算入とする。

2 個人の寄附金と法人の寄附金

主要諸外国の寄附金に対する税制では，わが国のように寄附金の内容にかかわらず一定額を損金の額に算入するという一般の寄附金の控除枠を設けている国はない。

わが国では，資本等の金額や所得金額の大きな法人は，寄附金の質的要素を分析することなく，相当の金額まで損金の額に算入される仕組みになっており，課税の公平の観点から見直す必要があろう。

税制調査会の法人課税小委員会報告（平成8年11月）では，一般寄附金について損金算入限度内の金額を損金の額に算入する規定のあり方について，「寄附金に一部経費的な性格のある支出が含まれているとしても，一定の限度内であればその全額を損金の額に算入する現行の取扱いは，寄附金の本来的な性格，法人の交際費支出に対する課税上の取扱いとのバランスからみて，必ずしも適当とは言い難い面がある。したがって，損金算入の対象とする寄附金の範囲を限定するか，それが困難な場合には一定の限度内であってもその一部を損金の額に算入しないこととするといった見直しを行うことが考えられる。」としている。

これは，「個人には損金算入限度額が設けられていない」，「諸外国には一般寄附金の損金算入限度はない」という意見に配慮したものである。つまり，事業関連性を考慮することなく損金算入を認めるのは問題であるという考え

方なのであろう。

　しかし，これは税制調査会が個人と法人との間の所得計算における「必要経費」と「損金」の違いを理解していないために生じたものであろう。

　すなわち，個人の一般寄附金は，それが収入を得るために必要な費用か否かで必要経費性を判断すればよいので損金算入限度額のような特別の規定を税法に置く必要はないが，法人の場合は，一般に公正妥当と認められる会計処理の基準からみて費用であれば原則として損金であるが，一般寄附金のように損金算入について規制を設ける必要があるものについては別段の定めを置いているのである。

　また，国際的比較についても，例えば，アメリカの内国歳入法典162条(a)項では，「いかなる営業もしくは事業であれ，その遂行にあたり，課税年度において支払われ又は発生したすべての通常かつ必要な経費は，控除として許容されるものとする」としている。

　したがって，会計とはセパレートとなっているアメリカの課税所得計算では，費用が「通常かつ必要でない」と認められれば，もともと損金の額に算入されないので，一般寄附金もその内容に応じて「通常かつ必要なものか否か」で振り分けられるので，一般寄附金の損金算入限度額を設ける必要がないのである。

　平成10年税制改正に際し，大蔵省（現財務省）では「一般寄附金については，現行の損金算入限度内の寄附金の支出であっても，その支出額の50％相当額は損金の額に算入しない。」という改正案を提示したが，自民党税制調査会においてその実現が見送られた。

　日本では，親会社が子会社を援助すると直ちに寄附金の支出があったものとする税務執行が行われる。これに対して，アメリカでは，親会社が子会社を援助するのは当然であり，強いて言えば一種の投資を行ったと考える。

交際費と寄附金の課税のあり方を検証する　　7

II　見識ある自己利益

1　損金性判断と公序の理論

「先生，営利法人として，このような支出はいかがなものでしょうか」

日本海の沿岸でロシアのタンカーが座礁し，海岸線が油だらけになり，沿岸の住民が総出でこれをふき取っていた時に，私のクライアントがタオルを数万本寄贈した費用に対して，調査官は損金性がないと指摘した。この時，私はこう答えた。

「君は"見識ある自己利益"という言葉を知っているかね」

アメリカでは，「企業の社会貢献活動・文化芸術支援活動を促進することは，企業が利潤を追求する行為と矛盾するものではない」とされている。

日本では，個人の必要経費を「総収入金額を得るために直接要した費用」としているが，個人はその活動をすべて事業に向けているわけではないので，このように規定しているだけで，法人では"一般に公正妥当と認められる会計処理の基準"で損金性が判断されている。

しかし，現在の会計基準の水準で損金性を判断することは困難であり，法人はその活動のすべてを通じて剰余を生み出そうとしており，その活動の中で剰余を減殺するものが存在する限り，それが収益を生むために直接必要であったか否かを問わず損金の額に算入されるべきものであるという考え方がある。

経営学の分野では，CSR（Corporate Social Responsibility：企業の社会的責任）が論議されており，法的責任，経済的責任，論理的責任，社会貢献的責任の重要性が認識されている。

わが国でも，企業は営利法人といえども社会的な存在であるから社会的費用を負担せざるを得ないという考え方がある。

これは，会社は一定の事業を営むことが本来の目的であるからその目的遂行のため直接必要な行為にもとより重点が存するが，会社は社会を構成する社会的実在であるから，それとしての社会的費用を負担せざるを得ないとい

う考え方を基礎にしている。

例えば，アサヒグループホールディングス㈱は，グループ全体で企業の持てる資源をできるだけ活用し，社会貢献活動や芸術文化を支援している。

租税法の世界でも，アメリカでは「通常かつ必要な経費」（both ordinary and necessary expences）を損金の額に算入するが，わが国ではこのような基準によらず，会計処理基準に委ねているだけである。その会計基準が損金性の判断基準としている余り役に立っていない。

アメリカでは，支出自体が不法であるとして支出を禁止する連邦又は州の政策が法律によって示されているものについては，公序に反する結果が生ずるので控除が認められないとしており，これを公序の理論（パブリック・ポリシー）という。

しかし，日本では「公序の理論」は適用されず，損金不算入とするためには法律に別段の定めを置かなければならないことになっている。平成18年度の改正は「別段の定め」（損金不算入）とした。

損金不算入とすべきものを法律に明記することは，実務的処理としては明確になるが，「なぜ，損金不算入なのか」という規定の趣旨が論議されていないというマイナス面もある。

2 企業活動をCSRからみる

「環境との調和」や「社会貢献」を評価対象に加えたCSR型の人事評価制度を導入する企業もある。

CSRの視点を評価に組み込むのは，経営理念と社員の業務活動の方向性を一致させることが狙いである。収益目標の追求と意見相反する環境配慮や社会貢献を両立させようというわけである。全社的に導入する予算の貢献度など「経済」「環境」「社会」の3つの軸で社員の業績を評価することになっている。

例えば「環境」では，二酸化炭素の排出削減につながるような技術開発，産業廃棄物削減が対象となり，「社会」では革新的な材料開発などが評価の対象となる。環境や社会との関係は部門や職種で異なるものであり，対象と

するボランティアの範囲，CSR評価を給与にどこまで反映させるのかなどの課題も考えられる。

　企業が収益をその目標の中心としていたものを，CSRの視点から社会貢献や寄附金の支出も考えるというわけである。

　筆者は，千葉商科大学大学院博士課程で「租税政策論」を教えているが，このなかで「企業利益とは何か」，「見識ある自己利益とは何か」を論議している。

　気を付けたいのは，見識ある自己利益は法人が立証する責任がある。親法人が子法人である公益法人に支出する場合に，その内容を確かめないで寄附金とすることはできないから公益法人の支出の内容は親会社が立証すべきであろう。

　寄附金については次のように図解できる。

寄附金の内容

「寄附金、拠出金、見舞金その他いずれの名義をもってするかを問わず」

寄附金BOX
| 1 金銭・資産の贈与
2 経済的利益の無償の供与 | 7項 |
| 3 資産の低額譲渡
4 低額による経済的利益の供与 | 8項 |
| 実質的に贈与した部分 | |

条理から？

通達から？

国等に対する寄附金
（3項）
（カッコ）書きの部分
（7項）

法人税法上の寄附金

限度額を超える部分の金額は損金不算

（出所）守之会資料

寄附金の意義・範囲と事業関連性

	非事業関連説	事業関連説	非対価説
寄附金の概念	事業に関連しない金銭・資産の贈与	事業遂行に関係するもののみ	事業の関連性に関わらず、直接的な対価を伴わないもの
7項の（ ）書き	例 示	確 認	限定列挙 OR 例示
基本的考え方	寄附金の概念をなるべく一般に使用される「寄附金」の意味に近づけて理解しようとするもの	寄附金の本来の性格を踏まえて事業関連性のないものは、「隠れたる利益処分」としてそもそも損金性がない	「昭和38年整備答申」の考え方に則った当然の帰結であり、通説
問題点	事業関連性の個別の判断を回避している現行寄附金制度の特徴を踏まえているといえない	同 左	寄附金の範囲が通常の寄附金の概念とは著しくかい離して、広範囲になる

（出所）守之会資料

Ⅲ　萬有製薬事件の納税者勝訴の理由

　萬有製薬が交際費課税に反発し、勝訴したのは、次のような理由によるものである。

> ①　支出の目的
> 　もともと、英文添削は若手研究者の研究発表を支援する目的で始まったものである。「本件英文添削の依頼者は、主として若手の講師や助手であり、控訴人の取引との結びつきは決して強いものではないこと、その態様も学術論文の英文添削の費用の一部の補助であるし、それが効を奏して雑誌掲載という成果を得られるものはその中のごく一部であることなどからすれば、本件英文添削の差額負担は、その支出の動機、金額、態様、効果等からして、事業関係者との親睦の度を密にし、取引関係の円滑な進行を図るという接待等の目的でなされたと認めることは困難である。」と判示している。
> ②　行為の態様
> 　行為の態様からみると、「本件英文添削の差額負担は、通常の接待、供応、慰安、贈答などとは異なり、それ自体が直接相手方の歓心を買えるというような性質の行為ではなく、むしろ学術奨励という意味合いが強いこと、その具体

交際費と寄附金の課税のあり方を検証する　11

的態様等からしても，金銭の贈答と同視できるような性質のものではなく，また，研究者らの名誉欲等の充足に結びつく面も希薄なものであることなどからすれば，交際費等に該当する要件である『接待，供応，慰安，贈答その他これらに類する行為』をある程度幅を広げて解釈したとしても，本件英文添削の差額負担がそれに当たるとすることは困難である。」としている。

　これに対して寄附金の額は，寄附金，拠出金，見舞金その他いずれの名義をもってするかを問わず，法人が金銭その他の資産又は経済的利益の贈与又は無償の供与（広告宣伝及び見本品の費用その他これらに類する費用並びに交際費，接待費及び福利厚生費とされるべきものを除く。）をした場合におけるその金銭の額若しくは金銭以外の資産のその贈与の時における価額又は経済的利益のその供与の時における価額をいうものとされている（法法37⑦）。

　したがって，萬有製薬の英文添削の差額負担は，寄附金課税をすれば国側処分が容認されるというのである。

　資産の贈与と経済的利益の無償の供与を寄附金とみて，その額は金銭にあっては贈与時の額，金銭以外の資産及び経済的利益は贈与又は供与時の価額（時価）としているのである。したがって，社会通念上寄附金といわれる社会事業団体，神社，学校等に対する寄附金のほか，合理的理由のない債権放棄，金銭の無利息貸付，債務の無償引受け等が原則として含まれるということである。

　ただ，資産の贈与又は経済的利益の無償の供与であっても，法人の事業遂行上の経費であることが明らかな見本品，中元，歳暮など広告宣伝費，福利厚生費，交際費などとして処理されるものは除かれる。

　例えば，英文添削料の負担が事業遂行上当然なものであれば，寄附金とはされないだろう。企業は社会的存在であり，CSRの視点からみて企業として当然の負担と考えられれば，単純に寄附金課税とはなるまい。

　このほか，通達では法人税基本通達9－4－1（子会社等を整理する場合の損失負担等），9－4－2（子会社等を再建する場合の無利息貸付け等）

12　　第1部　論説1

に寄附金としないものを定めている。

　つまり，「条理上支援して当然」というものまで寄附金としないということである。本稿で交際費課税に対する萬有製薬事件と寄附金課税のあり方を検討してみた。

　寄附金，交際費課税のあり方をみんなで考えてみたいと思う。実務家が学者にならずに検討してほしいと思っている。

（第一審　東京地裁平成14年9月13日）
（控訴審　東京高裁平成15年9月9日）

租税憲法訴訟と課税要件

（木更津木材事件と残波事件を機縁として）

山下　清兵衛
弁護士

第1　租税憲法訴訟

1　違憲審査の必要性

　民主主義国家においても国家による人権侵害は発生するから，憲法に基づく違憲審査制を導入する必要性がある。また，議会が制定する法律が憲法の規範内容を逸脱し，多数決によって成立した法律が，少数者の人権を侵害することがある。近代立憲主義を担保するためには，独立した司法による違憲審査制が必要である。

　我が国が採用する違憲審査制はアメリカ型の付随的違憲審査制とされ，その制度のもとでは，裁判所は，通常の訴訟手続の過程において，憲法判断が当該訴訟の解決に不可欠である場合にのみ違憲審査権を行使することになる。民主的立法がなされても，課税庁が，立法制定者と異なる拡大解釈をして，課税することがある。又，民主主義国家において危険なことは，強大な権限が一部の者に付与され，民主主義が暴走して独裁を産むことである。多数決も「人の支配」を発生させるから，民主主義国家においても，立憲主義を支える司法審査が必要といえよう。

2　憲法訴訟の手続

憲法違反を争点とする訴訟においても，行政事件訴訟法が定める訴訟手続に従って訴訟を提起しなければならない。

又，事件性の要件を充足しているかどうかが，問われる。ある紛争が裁判所の判断として解決になじむ性質のものであるかどうかを，事件性ないし争訟性というが，この事件性の存在が憲法訴訟の訴訟要件となる。

裁判所法3条は，そのことを説明しており，「裁判所は，日本国憲法に特別に定めのある場合を除いて一切の法律上の争訟を裁判し，その他法律において特に定める権限を有する」と定めているが，「法律上の争訟」とは，具体的な争訟（事件）について，法を適用することによって，これを解決できるもののことである。

3　憲法訴訟の対象

国や自治体の活動が法律上の争訟を発生させた場合，憲法訴訟に発展することがある。行政訴訟は，行政庁の公権力の行使の違法性や，公法上の法律関係をめぐる紛争を法的に解決することを目的とする訴訟であるが，公権力の行使の違法性を争点とする行政訴訟は，憲法訴訟との関連でとりわけ重要な訴訟形態である。憲法訴訟においても，当事者間の具体的な権利義務や法律関係の有無に関する争いでないと事件性要件を充足しないことになる。又，法を適用して解釈できるもの（法律問題）でなければ，裁判所の審査権は及ばない。

4　租税憲法訴訟

租税訴訟は，行政事件訴訟法の適用を主として受ける行政訴訟である。

租税訴訟は，以下の6種の訴訟類型が存在する。すなわち，①取消訴訟（行訴法3条2項・8条以下），②無効確認訴訟（3条4項・36条），③不作為の違法確認訴訟（3条5項・37条），④公法上の当事者訴訟（4条の当事者訴訟），⑤争点訴訟（45条），⑥国家賠償請求訴訟（国家賠償法）の6種の

租税憲法訴訟と課税要件　15

訴訟形態に分類できる。

①②③④は，行政訴訟であり，⑤⑥は民事訴訟と分類されている。

租税訴訟の大部分は，処分取消訴訟（抗告訴訟）である。

租税行政庁が，更正処分等の賦課処分をなした場合は，その違法性を主張して納税者が裁判所に提訴することになるが，取消訴訟の類型を選択することになる。その違法性の内容が違憲性の主張である場合にも同様である。

租税法領域における違憲訴訟は，取消訴訟の訴訟形態を採ることが多いが，処分以外を争う場合は，取消訴訟以外の類型を選択することになる。

5　憲法訴訟の要件

憲法訴訟は，憲法解釈上の争点を含む訴訟のことである。憲法76条が司法権行使の要件としているのは，事件性・争訟性要件であるが，これは「紛争の具体性と成熟性を求めるもの」である。行政事件訴訟法は，取消訴訟の訴訟要件として『処分』の存在をあげているが，非処分（行政指導など）について司法審査を求める必要性もある。行政活動について，法律に違反するとの判断が可能であれば，憲法判断は回避されるが，上告裁判所は，法令審査と適用審査を行う。

6　租税事件の諸段階

租税法律関係の存否や範囲について争いがある状態を，租税事件と定義した場合，その解決は，次の段階でなしうるものと考えられる。

①　法令適用事前照会

②　税務相談

③　税務調査

④　不服申立

⑤　税務訴訟

⑥　税務関係民事訴訟（争点訴訟，租税行政庁による詐害行為取消訴訟など）

⑦　税務行政執行（租税行政庁による行政執行）

⑧　税務民事執行（租税行政庁による民事執行）

　租税事件の大半は，税務調査で発生し，ほとんどは税務調査手続の中で解決されている。税務調査の終了時において，修正申告の慫慂や納税指導（行政指導）が行われている。修正申告の慫慂等の主たる目的は，更正処分を回避することにある。

　納税者は，修正申告に応じることにより調査が早く打ち切られること希望する。このことが租税行政庁の課税処分を回避することになる。課税処分を回避し修正申告を勧奨する租税行政庁の活動は，納税者の取消訴訟の道を事実上閉ざす結果をもたらしてきた。

　しかし，修正申告の慫慂により修正申告がなされた場合，その行政指導による修正申告を不服とした場合，租税訴訟の提起可能性が失われるわけではない。

　租税法が憲法に違反するかどうか争われたケースは，租税法による立法の委任が問題とされたもの（立法委任事件）と，租税法の不確定要件が問題とされたもの（不確定要件事件）の二種類がある。

第2　行政立法（憲法73条6号）と租税法律主義（憲法84条）

　立法委任事件では，行政立法制定の限界が問題とされるので，以下行政立法について検討する。

1　内閣の行政事務

　憲法73条は，内閣の行う事務を1号から7号まで掲げ，その他「一般行政事務」も行うものとし，内閣が一切の行政事務を行うものとしている。

　内閣の中心的な職務は，「法律を誠実に執行すること」である。

2 法規命令と憲法

行政機関が制定する法形式を命令という。国民の権利義務に関するもので，同時に行政主体も拘束する命令を法規命令という。憲法73条第6号本文は，政令が実施命令（執行命令）のみ認められることを示しており，同号但書は政令が，法律の委任がなければ，法規命令（国民の権利義務に関する事項）を直接定めることができないものとしている。

内閣法11条も「政令には法律の委任がなければ，義務を課し，又は権利を制限する規定を設けることができない」と定めている。

3 委任命令と憲法

社会福祉国家が行う任務が増大し，行政の複雑化や多様化が飛躍的に増大し，専門性や事情変化に臨機応変に対応するため，立法の委任という法技術が必要とされるようになった。憲法73条第6号本文には，委任命令として政令を定めることは明示されていない。しかし，同6号但書は，罰則について，法律委任に基づく政令を認めている。この規定から，憲法は，法律の委任がある場合の委任命令を承認しているものとして，多くの委任命令が現実に制定されている。しかし，立法権は国会に帰属する（憲法41条）から，政令による立法を幅広く認めることはできない。

4 憲法直接実施命令

憲法73条6号の解釈から，憲法を直接実施するための政令は，制定できないと考えられる。同条項には，「憲法および法律の規定を実施するため」とあるが，法律は憲法を実施するためのものであり，法律を経由しない直接憲法を実施する政令は，法律を無視することになるから，認められないといえよう。

5 実施命令と委任命令

憲法73条6号本文及び但書の条文と，条文解釈によって，政令は，「法律

を実施するためのもの」(実施命令)と「法律の委任に基づくもの」(委任命令)の二種類存在することになる。

6　法規命令と行政規則

行政立法は，法規命令と行政規則に区分される。

法規命令は，国民の権利義務に関するものである。

実施命令は，法規たる性質を有しないもので，法律を実施するための手続細目を定めるものである。

実施命令は，国民の権利義務に関しないものであるが，国民を拘束する。

委任命令は国民の権利を制限し，義務を課すことができるもので，憲法73条6号但書によれば，罰則を設けることができるが，法律の委任が必要なものである。

行政規則は，国民を拘束せず，行政内部の定めである。

7　法規命令・委任命令・実施命令

政令については，内閣法11条があり，省令については国家行政組織法12条3項があり，いずれも委任命令には法律の委任がなければならないとしている。

委任命令は，法律による委任がある場合に制定される政省令であり，国民の権利を制限し，義務を課すことができ，また，罰則を設けることができる。

実施命令は，法律の委任を必要としないが，国民の権利義務に関する定めを制定することはできない。実施命令は，法律を実施するものであり，法律の手続的細目を定めるものである。

8 委任命令の限界

平成24年4月26日東京高裁判決は，厚生労働大臣が公布した省令が，「第一類・第二類医薬品の郵便等販売を禁止する」旨の規定について，薬事法の委任の趣旨の範囲内において規定されたものと認めることはできないとして無効とする判断を示した。ドイツ基本法80条は，法律に「授権の内容，目的及び範囲」を定めることを要求し，委任の限界を明らかにしている。立法の委任は，民主主義と法治主義とのかかわりを検討して論じられるべきであり，国民の人権に関する重要事項については，議会の立法者責任を放棄できないといえよう。民主主義と法治主義は所与の大原則であるから，法規命令への授権が明確で予見できるものでなければならず，委任立法の制定プロセスの公正性確保が必要であり，委任行政立法制定後も議会と裁判所による監視が十分確保されなければならない。

第3 租税憲法訴訟の例

立法委任事件の典型的なケースは，木更津木材事件（東京高裁平成7年28日判決，判例時報1570号57頁参照）である。

木更津木材事件東京高裁判決（判例百選第4事件）は，納税者勝訴の憲法訴訟である。その判示と判断事項は次の通りであり，租税憲法訴訟のモデルケースといえよう。

1 木更津木材東京高裁判決の判断事項

① 手続規定と法律事項

「租税法律主義を規定した憲法84条のもとにおいては，租税の種類や課税の根拠のような基本的事項のみでなく，納税義務者，課税物件，課税標準，税率などの課税要件はもとより，賦課，納付，徴税の手続もまた，法律により規定すべきものとされており，」

20 第1部 論説2

② 租税優遇措置と法律事項

「租税の優遇措置を定める場合も，これを法律により定めることを要する。」

③ 手続細目と個別的・具体的委任

「法律が租税に関し，政令以下の法令に委任することが許されるのは，徴収手続の細目を委任するとか，あるいは，個別的・具体的な場合を限定して委任するなど，租税法律主義の本質を損なわないものに限られる。」

④ 手続的課税要件と手続細目

「もし仮に手続的な課税要件を定めるのであれば，手続的な事項を課税要件とすること自体は法律で規定し，その上で課税要件となる手続の細目を政令以下に委任すれば足りる。」

⑤ 追加的課税要件

「本件の委任文言は，その抽象的で限定のない文言にかかわらず，限定的に解釈すべきものであり，追加的な課税要件として手続的な事項を定めることの委任や解釈により課税要件を追加してその細目を決定することの委任を含むものと解することはできない。」

⑥ 手続的事項と手続的効力

「従って，軽減税率による登記申請には特定の証明書の添付を要するものとした部分は，証明書の添付という手続的な事項を軽減税率による登記申請の受理要件という手続的な効力を有するにとどめるものとして有効であるが，上記の手続的な事項を課税要件とし，登記申請時に証明書の添付がなければ後に証明書と提出しても軽減税率の適用がないとする部分は，法律の有効な委任がないのに軽減税率の要件を加重したものとして無効である。」

2　木更津木材事件[1]

(1)　事案の概要

租税法律主義（憲法84条）が存在するにもかかわらず，課税要件は，政省

---

[1]　東京高判平成 7 年11月28日，別冊ジュリスト「租税判例百選」第 4 版10頁

令において定められていることが多い。法律による政省令への委任が租税法律主義に反し違憲と判断された重要な先例的意義を有する画期的な判決として木更津木材事件を挙げることができる。租税関係の行政訴訟は勝訴率が低く、特に違憲判断による勝訴確定案件は、第三者所有物没収刑事事件（最判昭和37年11月28日）とこの木更津木材事件のみである。

木更津木材株式会社は、土地建物の移転登記を受けるに際し通常の登録免許税を納付して登記が完了した。しかし、その登記は租税特別措置法によれば軽減税率の適用が可能なもので、もし、この軽減税率を適用すると登録免許税額は770万円あまり少なくなるはずであった。木更津木材株式会社は、登記後にこのことを知って登記官に還付を求めたが租税特別措置法施行規則によれば登記申請時に所定の要件を満たす知事の証明書が添付されるべきであるとし、登記後に証明書を取得して提示しても還付はできないとして還付を拒否された（昭和30年代ころの登記実務においては、軽減税率の適用に気付いて、登記後の還付申請をする者に対し、還付を認めていた。）。

同社は、登記官の「税務署長に対する還付通知をしない旨の通知」処分を争うと共に、過誤納金還付請求を求めて、国税不服審判所に審査請求をなしたが、棄却された。そこで、原告が千葉地裁に提訴した事件である。

(2) **一審判決**

これに対し一審・千葉地裁（平成7年2月22日）と控訴審・東京高裁（平成7年11月28日）は、租税法律主義と委任立法のあり方について述べた後、租税特別措置法が登録免許税に関する法定の軽減税率を「政令の定めるところにより」適用する旨の規定は、一般的・白紙的委任であり、政令である租税特別措置法施行令が大蔵省令に再委任し、大蔵省令である租税特別措置法施行規則により登記申請書に知事の証明書を添付しなければならないとし、

後に証明書を提出しても軽減税率の適用がないとする部分は，法律の有効な委任がないのに税率軽減の要件を加重したものとして無効であるとした。

(3) 二審判決

木更津木材事件の東京高裁判決は，委任立法の限界を明確にすることと，手続要件の失念によって，納税者の実体的権利は失権しないこと（追完が許されること）を明確にした。

3 阪神・淡路大震災特例法事件[2]

憲法訴訟の第一類型である立法委任として阪神淡路大震災特例法事件（以下大震災事件という。平成17年4月14日最高裁第一小法廷判決。）がある。

(1) 事実の概要

この事件の原告は，阪神・淡路大震災により損壊した建物の保存登記を受けるに際し通常の登録免許税を納付して登記が完了した。しかし，その登記は阪神・淡路大震災特例法によれば登録免許税の免除の適用が可能なものであった。同法37条1項によれば「阪神・淡路大震災の被災者であって政令で定める者等が，同大震災によって滅失した建物等に代わるものとして新築又は取得した建物で，政令で定めるものの所有権の保存等の登記については，大蔵省令で定めるところにより……登録免許税を課さない」とされていた。原告は登記後にこのことを知って登記官に還付を求めたが，特例法の委任を受けた大蔵省令である規則によれば，登記申請時に所定の要件を満たす市町村の証明書が添付されるべきであるとし，登記後に証明書を取得して提示しても還付はできないとして還付を拒否された。

そこで原告は①国に対しては登録免許税額相当額の不当利得の返還を，②登記官に対しては還付拒否通知の取消を求めて出訴した。

(2) 一，二審判決

一審は原告の請求を認容したが，控訴審は①については請求を棄却し，②

---

(2) 最判平成17年4月14日

については登記官の還付拒否通知に処分性を認めず訴えを却下した。この控訴判決は，特例法が，被災者に認めた非課税の法的地位を証明書の不添付によって失権できるかについて（追完すれば良いはずである），十分な事実認識を欠くもので，抽象的に税法が省令に手続要件を委任できると考えたにすぎない。

(3)　上告審

控訴人は，①については上告せず，②についてのみ上告した。最高裁は②について，その処分性を認めたが①について原告が上告しなかったので，通知処分を取り消しても原告が還付を受けられる地位にないことを理由に訴えの利益を認めず上告人の請求を棄却した。

この最高裁判決の特徴は，上告人が①についても上告していた場合には木更津木材事件と同様に上告人の請求が認容された可能性があったということである。

(4)　木更津木材事件との比較

木更津木材事件及び大震災事件判決では登記官に対する還付請求は登録免許税法31条1項に基づく1年間の期間制限内の請求であった。このような場合，登録免許税法31条1項と別に，国税通則法に基づき登記から5年間還付金請求訴訟ができるかが問題になっていたが，同判決は，これが認められることを明らかにしたことにより，納税者の権利救済範囲を拡大した画期的な判決と評価されよう。平成19年2月に日弁連弁護士会館において金子宏先生が租税法律主義について講演をされたが，阪神・淡路大震災事件の大阪高裁判決よりも，木更津木材事件の東京高裁平成7年判決の方が正しいとの意見を述べられた。

第4　税法領域における行政立法と解釈通達による憲法改正

1　行政立法の委任

租税に関する課税要件の多くは，行政立法に委ねられている。憲法41条は，

国会が唯一の立法機関としているが，我が国の国会は，憲法73条6号の本文及び但書を根拠に，課税要件を行政に委任する立法を多く制定している。同号の本文が執行命令を認め，同号但書が委任命令を許容すると解釈されている。同本文は，憲法と法律を実施するため，政令の制定を内閣の権限としているが，あくまで，実施命令を許容するものである。また，但書は，実施命令の許容と憲法・法律の実施に必要な罰則の制定を内閣に許容するものであり，受任行政立法には，「憲法・法律の実施」という限定がなされていることを看過してはならない。多くの憲法学者は，憲法73条6号但書を根拠に，委任行政立法が許容されると拡張解釈となすが，但書は，委任行政立法について，少しも触れていない。憲法41条や84条の例外を認めるのに，明文の根拠が必要というべきであろう。憲法の保障にとって重大な危機は，憲法規範は改正されないのに，その本来の意味が国家権力による運用や解釈通達によって変化することである。司法制度改革によって国民の意識が変化し，仮死状態にある憲法41条や84条の復活が期待される。次に，大震災事件の最高裁判決（平成17年4月14日最高裁第一小法廷判決）と木更津木材事件判決（東京高裁判決平成7年11月28日，以下「木更津木材事件判決」という）を参考にして，立法の委任問題を更に分析する。

2 課税要件の分析

① 登録免許税法の課税要件

登録免許税法（以下，「登免法」という）によると，登録免許税は，登記等を受けることを対象として課される租税であり（法2条），その納税義務者は登記等を受ける者となっている（法3条）。

② 課税減免要件

阪神・淡路大震災の被災者等に係る国税関係法律の臨時特例に関する法律（以下，「特例法」という）37条1項により，「阪神・淡路大震災の被災者であって政令で定めるもの又はその者の相続人その他の政令で定める者が阪神・淡路大震災により滅失した建物又は当該震災により損壊したため取り壊

した建物に代わるものとして新築又は取得をした建物で政令で定めるものの所有権の保存又は移転の登記については，大蔵省令で定めるところにより平成7年4月1日から平成12年3月31日までの間に受けるものに限り，登録免許税を課さない。」と規定し，阪神・淡路大震災の被災者に関して登録免許税の免税措置を定めている。また，同規定を受けて，平成7年政令第99号による改正後の阪神・淡路大震災の被災者等に係る国税関係法律の臨時特例に関する法律施行令（平成7年政令第29号。以下「特例法施行令」という）29条1項は，「特例法第37条第1項に規定する政令で定める被災者は，阪神・淡路大震災によりその所有する建物に被害を受けた者であることにつき，当該建物の所在地の市町村長から証明を受けた者とする。」と規定し，大蔵省令である阪神・淡路大震災の被災者等に係る国税関係法律の臨時特例に関する法律施行規則（平成7年大蔵省令第12号。以下「特例法施行規則」とする。）20条1項は，「特例法第37条第1項の規定の適用を受けようとする者は，その登記の申請書に，令第29条第1項又は第2項第2号若しくは第4号の市町村長の証明に係る書類で阪神・淡路大震災によりその所有していた建物に被害を受けた者の氏名又は名称及び住所又は本店若しくは主たる事務所の所在地並びに当該建物の所在地の記載があるもの（当該登記に係る建物が同条第3項第2号に掲げる建物に該当する場合には，当該書類及び同号に規定する証明に係る書類）を添付しなければならない。」と規定して登記申請書に市町村長の被災証明書を添付しなければならない旨定めている。

3　法律による委任

① 明確性要件

　憲法84条が規定する租税法律主義は，課税が国民の財産権に対する侵害であることに鑑み，課税要件のすべてと租税の賦課・徴収の手続は，法律によって規定すべきことを明らかにしたものである[3]が，このことは，特例法37条1項のように，通常の課税要件よりも納税者に有利な特例措置を定めるものについても，制限しなければならない。

もっとも，租税関係の立法においても，課税要件及び租税の賦課・徴収に関する定めを政令・省令等に委任することは許されるが，憲法84条の趣旨からすると，それは厳格な具体的・個別的委任に限られる。

　従って，法律による委任は，その規定自体から委任の内容が一義的に明確でなければならないと解される。

②　手続的課税要件の委任

　手続的課税要件として想定される事項は多様であり，手続を課税要件とするのは自由でよいとすると，行政機関の無制限の裁量を認めることと同様になり，租税法律主義の目的に反する。従って，手続要件の委任についても，自由であるとすることはできない。

　そこで，特例法判決を検討するに，特例法37条1項は，「阪神・淡路大震災の被災者であって政令で定めるもの又はその者の相続人その他の政令で定める者が阪神・淡路大震災により滅失した建物又は当該震災により損壊したため取り壊した建物に代わるものとして新築又は取得をした建物で政令で定めるものの所有権の保存又は移転の登記については，大蔵省令で定めるところにより平成7年4月1日から平成12年3月31日までの間に受けるものに限り，登録免許税を課さない。」と規定している。よって，この特例法37条1項の委任文言が，何を委任したのか，また，その委任が個別・具体的であるかどうかが問題となる。思うに，この「大蔵省令で定めるところにより登記を受けるものに限り」という表現からすると，書面による登記手続の中では，ある一定の書面の添付を必要としたものと考えられる。そうであるならば，特例法37条1項による大蔵省令への委任は，一般的・白紙的な委任をしたものではなく，法律及び委任を受けた政令の定める免税の実体的要件を証明すべき添付書類の内容の定めに限り，大蔵省令に委任したものと解される。しかし，これは，手続事項の委任規定であるとする限定解釈をなすものである

---

(3)　最大判昭和30年3月23日　民集9巻3号336頁　同昭和60年3月27日　民集39巻2号247頁

が，上記委任文言は無限定であるから実体要件を委任していないとはいえない。

　特例法事件において，特例法施行規則20条 1 項により添付すべき証明書類は，特例法の定める「阪神・淡路大震災の被災者」及び特例法施行令29条 1 項の定める「阪神・淡路大震災によりその所有する建物に被害を受けた者である」との要件を立証するための書面だと考えれば，同規則の定めは，法律の委任の範囲に属する合理性のある規定であるといえ，有効かつ合憲だと解することもできよう。しかし，このような白紙的・包括的委任を救済する限定解釈は，憲法保障の立場からみると大いに問題がある。特例法37条 1 項は，被災者の取得した建物を非課税とする実体要件を規定しており，その実体要件該当事実を証明する手続要件を委任していると解釈すれば，その手続の懈怠は，実体要件をクリアした非課税権を失権させることはできない。しかし，特例法事件において，行政立法の委任範囲の逸脱問題について上告理由とされなかったから，最高裁は，これについて判断していない。木更津木材事件における東京高裁平成 7 年11月28日判決は，行政立法の違法問題の点について，特例法事件の最高裁判決によって何等否定されなかった。

第 5 　木更津木材事件の東京高裁判決による合憲基準

1 　実体要件と手続要件の委任の範囲

　木更津木材事件における東京高裁判決は，委任授権法について租税債権の実体要件を委任したものであると認定していない。

　そもそも，憲法84条に規定されている租税法律主義においては，租税の種類や課税の根拠のような基本的事項のみではなく，納税義務者，課税物件，課税標準，税率などの課税要件はもとより，賦課，納付，徴税の手続もまた法律に規定すべきものとされ，租税の優遇措置を定める場合や，課税要件として手続的な事項を定める場合も同様に，法律により定めることが要求されている。

28　第 1 部　論説 2

この憲法の趣旨を考えると，法律が租税について政令以下の法令に委任することが許されるのは，租税法律主義の本質を損なわないものに限られる。つまり，手続的な課税要件を定めるのであれば，手続事項を課税要件とすること自体を法律で明示し，その上で課税要件となる手続の細目を政令以下に委任することとなる。

そして，租税法律主義に基づいて租税法規を解釈する際，ある事項を課税要件に追加するかどうか法律に明文規定がない場合は，その事項は課税要件には当たらないと解釈すべきである。それにもかかわらず，税特法（平成4年法律第14号による改正前のもの）の「政令の定めるところによる」との抽象的な委任文言があることを根拠とし，解釈によってある事項を課税要件として追加し，政令以下の法令でその細目を規定することは，上記租税法規の解釈としては，許されるものではない。

これを木更津木材事件についてみると，「政令の定めるところによる」との委任文言は，抽象的で限定のない文言であり，これを限定的に解釈することはできず，追加的な課税要件として手続的な事項を定めることの委任や，解釈により課税要件を追加しその細目を決定することの委任を含むものと解することはできない。

木更津木材事件の東京高裁判決は，委任授権法について租税債権の実体要件を委任しているとは認められないと判断，更に，法の委任範囲を超える加重的手続要件を政省令で規定することは違法とした。

木更津木材事件の東京高裁判決によれば，実体要件に比較して，手続要件の委任は，緩和されるべきということもできない。手続要件も，納税義務の範囲に直接影響するものであり，手続保障の重要性を考慮すれば，手続要件を軽視するべきではない。

2　委任基準

租税事件においては，憲法・法律・政省令・通達の関係が常に明確にされなければならない。以下，木更津木材事件判決における法律と政省令の関係

を明確にしたい。

(1) 個別具体的限定基準

同東京高裁判決は,「租税法律主義のもとでは,租税の軽減・免除を定める場合や,課税要件として手続的事項を定める場合も,法律において定められなくてはならない。そして,法律が租税に関して,政令以下の法令に委任することができるのは,徴収手続の細目に関する事項か,あるいは,個別具体的な場合を限定して委任するなど,租税法律主義の本質を損なわないものに限られる。」とした。

(2) 委任内容・範囲明示基準

課税要件について,白紙的・一般的委任は租税法律主義(憲法84条)に違反するから,授権法の中に,委任内容・委任範囲が明示されていなければならない。

(3) 実施命令基準

憲法73条6号は,憲法と法律を実施するために内閣は政令を定めることができるとしており,原則として,行政立法は実施命令であることが合憲基準である。

(4) 技術的細目事項基準

木更津木材事件高裁判決は,技術的細目事項に限定して行政立法に委任できるとした。

第6　平成29年7月28日大阪地判大阪朝鮮学校事件

木更津木材事件とはタイプが異なる立法委任事件として,最近の大阪朝鮮学校事件がある。施行規則(省令)の規定削除が,判例によって,法律の委任の趣旨を逸脱すると判断されたケースである。

1　事案の概要

平成22年3月31日高校無償化支給法が成立し,同年4月1日施行された。

外国人学校に通う生徒にも平等に就学援助金を支給する制度であった。朝鮮学校へ支援金を支給しないよう規則が改正された。2013年2月20日，施行規則1条1項2号ハの規定が削除され，指定しない旨の処分（不指定処分）がなされた。

2 高校無償化法

① 高校無償化支給法

同法2条1項5号（委任法）は，各種学校について「高等学校の課程に類する課程を置くものとして文部科学省令で定める」として，省令に委任している。

② 文部科学省令（2010年4月1日付法律施行規則）第1条1項2号ハ（受任法）は，「各種学校である外国人学校を」「文科大臣が定めるところにより，高等学校の課程に類する課程を置くものと認められるものとして，文科大臣が指定したもの」と規定し，文科大臣に指定を委任している。

③ 指定規程13条（指定基準）

省令ハの委任を受け，指定基準が定められている。

④ 無償化支給法8条（学校の代理受領）

⑤ 憲法26条（教育を受ける権利），41条（唯一の立法機関），73条6号（実施命令と委任命令）

⑥ 教育基本法16条1項（不当な支配の禁止）

⑦ 指定規定15条（支給審査会）

3 省令第1条1項2号ハ（本件省令）の削除

文科大臣は，省令第1条1項2号ハを改定して削除した。

4 指定規定13条適合性

指定基準は，次の通りとされているが，この基準をクリアしていれば就学

援助金の受給資格がある学校と指定されることになる。

① 理事会が開催されていること
② 財務諸表が作成されていること
③ 法令に基づく適正運営がなされていること
④ 特別事情（不当な支配）がないこと
⑤ 債務弁済の確実性があること

5 不当な支配等

教育基本法16条1項は，不当な支配を禁ずるが，朝鮮学校は，複数存在し，すべて法人格が異なるので，学校毎に指定基準をクリアしているか判定されなければならない。

本件において，民団系学校その他の宗教法人経営学校と比較しても，特段の偏向はないかどうかが議論された。

6 義務付け判決と審査会

本件一審判決は，「審査会は，教育上の見地からの参考意見を述べるにとどまるものであると解される」と判示し，支給審査会の審議手続（指定規定15条）を不要として，指定を義務付ける内容であった。

7 本件大阪地裁判決

朝鮮学校側を勝訴させ，「不指定処分の取消し」と「指定を命ずる義務付け判決」をなした。「支給法2条1項5号は，教育の機会均等の確保の見地から妥当と認められる各種学校の範囲の確定を文部科学省令に委任している」と判示した。「本件省令の削除は，委任の趣旨を逸脱するものとして違法・無効と解するべきである」とした。

受任法の指定自体ではなく，受任法の規定削除が授権法の趣旨を逸脱するとしたもので，受任法の既存規定の内容を問題とした他の行政立法事件と異なる。

第7　不相当に高額な役員給与に関する公正基準と税務調査

租税憲法訴訟の第二類型である不確定要件事件として，残波事件がある。「不相当に高額」という不確定要件に関する租税憲法訴訟であった。

I　事案の概要

1　税務調査

① 　H社は，各事業年度の事業利益の二分の一を指標として，予算計画を策定し，役員給与額を決定していた。又，創始者である代表取締役会長が病気となり，会長が非常勤取締役に分掌変更をなしたので，H社は会長へ退職金を支給した。

② 　N税務署は，H社に対し，役員に対する「定期同額給与」，「事前確定届出給与」，「分掌変更による退職給与」の各金額が，過大であるとして修正申告を求めたが，H社はこれを拒否したところ，更正処分をなす旨の予告がなされた。

③ 　H社は，同弁護士に対応を依頼したところ，山下弁護士は，納税者支援調整官に苦情申立をなした。N税務署は，この苦情申立に対し，真摯に対応し，類似企業の役員給与の実績調査の範囲を拡大することを決め，税務調査を再開した。

④ 　N税務署は，類似企業の役員給与の支給状況を再調査の結果，類似企業の役員給与額の最高値を基準として，上記役員給与及び退職給与を一部否認し，更正処分をなした。この更正処分は，倍半基準と最高値基準を採用する新基準であった。

⑤ 　H社は，N税務署に対し，異議申立をなし，和解を打診したところ，「会長の退職給与については，不問とし，その他の役員給与については，更正処分を維持する」との和解案が提示されたが，H社が逆にこれを拒

租税憲法訴訟と課税要件　　33

否した。

2　不服申立・審査請求・訴訟

　H社は，異議申立及び審査請求をなしたが，いずれも棄却された。東京地方裁判所判決は，平成28年4月22日であった。二審東京高裁判決は，平成29年2月23日であった。

Ⅱ　残波事件における新基準

1　類似・同一企業の範囲

　新基準の方向性は正しいが，真の類似・又は，同一の企業のデータ引用がなされなかった方法は誤りである。H社の商品は，酒類商品で米を発酵させて作るもので，その販売実積は海外にも及ぶ。従って，「類似・同一企業」の範囲は，酒類メーカー全部とし，調査対象は少なくとも全国とするべきである。N税務署においても，酒造会社のデータがなく，県外の国税局へ調査嘱託した。納税者は類似同一のデータ等入手は不可能である。従って，そもそも，類似・同一企業のデータで課税要件を決める基準は，不明確な要件であるから，憲法84条の課税要件明確主義に反する。

2　最高値基準による更正処分

　H社は，N税務署へ，修正申告を拒否し，H社は売上・利益がダントツ企業なのだから，ダントツで類似する企業のデータを再調査するよう求め，又，倍半基準は合理性がないし，更に又，販売範囲は全世界に渡っているから，せめて日本全国のデータを探すよう求めたが，聞き入れられず，N税務署は，約3億円の追加納税額を賦課する旨の更正処分をなした。類似・同一企業を探し発見することが求められるが，H社はダントツ企業だから，類似・同一企業の発見は困難である。N税務署も，類似・同一企業の発見を諦め，根拠のない倍半基準で，K県と他県の焼酎メーカーのデータを抽出しただけであ

る。類似・同一企業性は,「借金がなく, 事業利益がダントツの同族会社で, 役員の経営努力の著しく高い会社」を抽出指標とするべきである。ダントツ企業には, 類似・同一企業がないからダントツなので, かかる場合は, 当該給与の職務対価性基準のみで判定するべきである。N税務署は, 倍半基準で抽出した類似・同一企業のデータの中から, 最高額の数値を新基準として, 変更処分をなしたのであるが, 抽出方法が誤っている。

3 職務対価性

役員給与は, 利益処分ではなく, 費用そのものであるから, 職務対価性があれば否認することはできない。従って, 実働のない役員給与は否認されるべきとするのが法人税法34条2項の「不相当に高額」制度の趣旨である。役員給与の過大性判断は,「法人利益への貢献度」(職務対価性)のみで判定されるべきである。他の判定要素は34条1項の改正後は, 不要である。

4 新公正基準の創出(予測可能性)

本件は, 業界第一位の優良企業の役員給与の相当性基準を職務対価性のみで判断するべきであるとする公正基準の創出を求める事件である。類似・同一企業基準は, データがなく不明確であるから, 憲法84条に違反し, 予測可能性がなく, 課税要件として利用することは, 不当である。

5 職務対価

過大性判定の論点は,「役員給与額は, どのように決定されるべきか」「不相当に高額役員給与として否認する基準はどうあるべきか」である。ダントツ企業の役員給与の相当性を問うケースである。これを判定するには, 当該役員の能力判定の直接考慮要素である「法人の利益」「役員の職務と法人への貢献度」を検討しなければならない。

Ⅲ 「不相当に高額」の判定基準

1 会社と役員の関係

　役員は会社の経営を行うもので，使用人のような雇用契約によって律されるのではなく，委任契約によって律され，会社の業績と役員の貢献度との相関関係によって役員給与が決定される。役員給与は，経営能力に対する報償の意味が強く，会社が赤字となったときはこれを取得できないこともある。個人事業者と同様であり，経営リスクの影響を直接受けるものといえる。中小企業の会社経営者は，上場会社の場合と異なり，経営会社の債務保証人となり，経営会社と一体の運命共同体であることが多い。

2 役員の給与と法人税法34条1項

　平成18年の会社法改正により，役員報酬等は利益処分ではなく，費用と扱うことになった。これに連動して，法人税法は改正されたが，第34条1項において特段の定めを置き，三つの場合（定期同額給与，事前確定届出給与，利益連動給与）のみ，損金扱いできるものとし，改正会社法による費用範囲を限定した。しかし，法人税法22条4項は，損益計算を公正処理基準に従って行うものとしているから，不相当に高額かどうかや役員給与の損金性（費用性）は，公正処理基準に従うこととなる。

　役員給与は，株主団から委任された業務を（収益の確保）遂行するための対価という性格を持っているから，元来損金性を有する。会社の売上増大は，役員の経営手腕に負うから役員報酬と会社収益との対価関係性は明確である。会社法改正により役員の報酬は利益処分ではないことが確認されたが，当然のことを確認したにすぎない。個人について，外部から支払われる報酬は，無制限である。課税庁は，個人報酬の多寡に干渉することはない。中小企業が役員に支払う報酬についても職務対価である限り，私的自治の下において，課税庁が干渉してはいけない。海外では，1人で100億円の役員報酬をとる

人もいる。個人事業と法人成り事業とで差別を設ける合理的理由はない。利益に連動して役員給与を決定することで，企業の営業成績を増大させることが可能となる。

3 不相当に高額な役員給与の要件

① 法律による不相当に高額な役員給与（法人税法34条2項）

イ 役員給与額制限の不合理性

個人所得として，例えばイチローは何十億円もの年収がある。又，報道によれば，上場企業の役員の中には1年で10億円以上（ソフトバンクの取締役であるロナルド・フィッシャー氏は，平成27年3月期，17億9100万円を得た）の役員給与を得ているものがいる。税理士に対する質問アンケート調査によると，日本全国には，非上場法人の役員の中には，数億円から数十億円の年俸を取得しているものが少なからず存在する。本件中小企業の役員だけが国家によって役員報酬の制限を受けるのは，平等原則（憲法14条）違反である。ソフトバンク副社長ニケシュ・アローラ氏は，平成27年度において165億5600万円の役員報酬を得たとされる。天才的な人の報酬の適正性は類似の天才との比較でなければならない。

ロ 法人税法34条2項の立法目的から導かれる課税要件

法人税法第2項の立法経緯をみると，隠れた利益処分を制限すること，すなわち，不相当に高額として否認できるのは，職務対価性のない役員給与を否認し，「租税回避した場合」だけである（職務対価説）。平成18年会社法改正に伴って法人税法34条2項は，改正されなかったから，同法同条項の立法趣旨は変更されていない。配当であるべきものを役員給与で出すことを制限しようとする趣旨であると解釈の変更を主張する者がいる（隠れた配当制限説）が，つまるところ職務対価性のない配当を役員給与名目で支出することを制限するというのなら，職務対価説と同じである。同法34条2項は「不相当に高額な部分の金額として政令で定める金額」は損金の額に算入しない，としているが，各法人には，配当するかしないかは自由であり，国家には配

租税憲法訴訟と課税要件　37

当を強制する権利がない。配当するかしないかは株主に自由決定権があるのだから，法人税法34条2項を隠れた配当の制限規定と解釈することは誤りである。平成18年の会社法改正は役員給与の職務対価性の重視であり，法人税法34条2項の解釈においてもこれを尊重しなければならない。

②　法人税法施行令70条による課税要件

平成18年会社法改正後，役員給与は，会計基準上，すべて費用性を有するが，法人税法34条2項の委任を受けて制定された法人税法施行令70条は，不相当に高額な役員給与で損金の額に算入しない部分について次の通り，損金計上を否認する要件を定める。

イ　一定数や株主総会の決議によって定められた限度を超過した部分（形式基準）

ロ　実質的贈与である部分（実質基準）

③　施行令70条の実質基準の詳細

施行令70条は，以下の実質基準を総合して不相当に高額かどうかを判定するものとしている。

イ　役員の職務内容

ロ　法人の収益状況

ハ　当該法人の使用人の給料の支給状況

ニ　同種規模・類似法人の役員給与の支払状況

ホ　「等に照らして」相当性の判断をする。

「法人の収益状況」を要件とすると赤字法人の場合，役員給与は支払えなくなる。「使用人の給料の支給状況」を要件とすると，付加価値を創出した役員への給与が支払えなくなる。又，「同種，類似法人の役員給与の支払状況」を要件とすると，頑張っている企業の役員給与を支払えなくなる。従って「不相当に高額」の判定要素は，「役員の職務内容」のみで判定されるべきである。

④　授権法の委任範囲

法人税法34条2項は，政令に対し，立法の委任をなすものであるが，包括

的，一般的な委任は，憲法84条に違反することになる。法人税法34条2項は，費用性のない支出損金計上を否認する規定であり，施行令70条1号イは，その委任範囲を超えることができない。

⑤　施行令70条の実質基準の問題点

以下の理由により，実質基準は，租税回避を規制する基準（課税要件）というべきである。

イ　他社の支給額の情報は入手できないから，納税者たる法人は，相当な役員給与の額は予測できない（予測可能性なし）。租税法律主義から導かれる課税要件明確主義に照らせば，予測可能性のないものは課税基準（課税要件）とできない（憲法84条違反）。

ロ　使用人分の適正額の除外の必要性

a　法人税法基本通達9－2－7

類似する職務に従事する使用人の給料の額を引用する場合，原則として比較する役員給与から役員分として，相当な額を控除しなければならない。

b　労働力の確保

より良い労働力の安定確保を目的とするものである場合，使用人の特殊事情やノウハウ，特殊能力を勘案しなければならない。

c　使用人給与と役員給与の異同

使用人給与と連動して役員給与の相当額を分析するのは，役員が，利益を獲得し，付加価値を作る存在であることを無視することになる。

ハ　職務対価

役員の職務内容として職務の対価に対応する給与であれば，金額を制限する根拠はない。法人の収益状況によって，金額は自ずと制限されるからそれ以外に制限を設定する必要性がない。

ガンバッテない会社の最高額や平均額を指標とするのは無意味である。頑張ったことを評価する基準でなければならない。

ニ　架空給与

職務対価であれば損金計上が認められるべきであるから，法人税法34条2

項で否認可能なのは，実働のない役員給与だけである。

　ホ　経営リスクと役員給与

　使用人と役員との決定的な違いは，経営リスク（倒産リスク・売上不振リスクなどを引き受けること）を負っているかどうかである。使用人給与は，役員給与と相関関係がない。

⑥　課税要件明確主義

　法34条2項は，「不相当に高額」が損金否認の要件とし，その具体的な金額を政令に委任しているが，この委任範囲は，抽象的であり，課税要件明確主義に反する。政令の要件は，法律の趣旨を十分読み込み，その損金否認要件を解釈しなければならない。黒字法人と赤字法人とでは，別の扱いをするべきであって，業界ダントツ企業の場合は，比較対象がない。セーフティ・ゾーンを明確にしていない課税要件には，予測可能性がないから，憲法84条の課税要件明確主義に違反する。

4　国税庁通達と法人税法34条2項，22条4項，132条3項，施行令70条

①　不相当に高額の意味

　役員給与は，原則として費用性があり，租税回避を企図したものだけが不相当に高額として否認されるべきである。これまでの税務訴訟における役員給与実質基準算定の手法は多様であり，数学的算式によって役員報酬の適正額を算定するのは困難である。個別的事情を総合勘案して，不相当に高額かを決するべきである。国税庁通達は，法人税法34条2項の解釈（羈束裁量）の枠をはるかに超えている。

②　国税庁通達（法基通9-2-21〜24）

　企業の個別事情は様々である。国税庁は施行令・通達制定のときに，「硬直的運用はしない」と説明していた。中小企業の役員は，会社の債務の保証をなすなど，会社と運命共同体であり，会社から離脱する自由がなく，会社倒産等のあらゆる経営のリスクを会社と共に負担する。リスクを負担する者

は，リスクを克服するための利益を蓄積して，将来のリスク対策とすること
の必要性と合理性がある。

③　同種・類似法人の範囲

イ　商品類似範囲

H社は，酒類商品のメーカーであり，類似法人を引用するのなら，酒造会
社の全部を調査するべきである。米から酒を造るメーカーは焼酎・泡盛・日
本酒等のメーカーであるから，これらはすべて類似法人というべきである。

ロ　場所的類似範囲

酒類商品は，全世界で販売され，全世界で製造されているから，少なくと
も日本全国を調査範囲としなければならない。

ハ　業績類似範囲

ダントツ企業は，売上・利益のダントツ企業を選択するべきである。

業績類似不振企業を類似・同一の範囲に含めるのは，そもそも誤りである。
業績の良い企業の役員給与の相当性を判断するのは，同様に業績の良い企業
を探し，そのデータでないと規範性がない。

④　会社の規模基準

施行令70条は，会社の規模等によって，役員の給与額を規制しようとする。
しかし，これはそもそも憲法14条に違反するもので，不合理な差別である。
個人の能力と会社に対する貢献度に応じ，役員は，株主の同意を得られれば
当該事業年度の法人所得の範囲内で役員報酬を制限なく支払を受けることが
できるのが合理的な基準である。これを否定するのは役員の勤労意欲を阻害
し，自由な競争の下に企業経営を行わしめ，各企業努力によって企業を発展
させるという資本主義を破壊するものである。不相当に高額な役員給与の規
制は，同族会社の行為計算の否認制度の中から生まれたもので，「不当に税
負担を減少させる行為」を規制するのがその立法趣旨であるとされてきた。
当該規制は，純経済人の非合理的な行為を否認するものであるというのが通
説・判例であるから，不当な税負担の減少行為でない限り，役員給与額を制
限できないと解するべきである。

租税憲法訴訟と課税要件　　41

⑤　売上高基準

通達は，売上規模等が同一なのに役員給与が著しい高額の場合，否認するものである。本件における他社データは，売上規模がそもそも同一でないのだから，通達は射程範囲外となる。又，もうかっていない法人のデータは，比較資料としての適格性がない。

役員給与と売上高に相関関係がない。実質基準の判定要素に「その法人の収益」を含めているが，売上高には相関関係はない。売上高の大きな会社は役員数が多く，1人当たりの役員給与額は低い。1人当たりの給与額と売上高を比較検討することは不合理である。

⑥　売上総利益率基準

売上総利益率は一貫生産か，外注依存かによって異なる。原材料が値上がりして利益率が低下しても役員給与はカットできない。販売業においても，取扱商品が高級品かによって利益率は異なる。店舗の位置や顧客の質によっても左右される。

⑦　貢献度基準

本件H社の役員が法人の利益獲得に向かって頑張ったことの評価をするべきで，これを勘案しない基準は，公正基準といえない。

「不相当に高額」は，実質的贈与を否認する道具である。職務対価性のある役員給与は否認できないから，実質的贈与である租税回避行為のみ否認できるというべきである。

⑧　職務対価基準

役員給与は，職務の対価として相当かどうかで判定するべきである。

⑨　同種・規模類似の判定基準

イ　倍半基準（規模売上倍半基準）

規模や売上の倍半基準は，全く合理性がなく，根拠がない。ダントツ企業については，平均値は全く規範性がない。倍半基準を採用するにしてもダントツ企業に類似する例を選択しなければならない。倍半基準を採用（同規模）するにしても，個別修正する必要がある。

ロ　経営要素類似基準

ダントツの企業については，経営要素が類似するダントツ企業のデータを資料として比較するべきである。考慮するべき営業要素としては，資産・売上・債務・利益・役員の能力・役員の貢献度などである。

ハ　利益貢献度基準

役員給与は，職務の対価であるから，法人の利益に対する貢献度によって判定するべきである。

⑩　事業利益の二分の一基準

残波事件において，H社は，事業利益の二分の一の範囲で役員給与が支払われていることを主張・立証した。

事業利益は，経常利益と役員報酬の合計として，その二分の一を最大限として支払うものである。

⑪　（倍半基準＋個別修正）基準

個別修正の考慮要素として，法人収益・役員の貢献度などが考えられるとするものである。

⑫　（経営指標）基準

法人売上・利益などの経常指標を考慮して決定するものである。

⑬　三分割基準

上場企業では，会社の利益を，株主・役員・会社留保所得の三分割して分析されることが多い。しかし，中小企業のほとんどは，株主に対して配当をなしておらず，そのような慣行は存在しないといえよう。

5　租税回避の判定

法人税と所得税のトータル税額や法人利益・配当・役員給与の関係を検討しなければならない。

現時点において2000万円超の所得について，所得税の税率は，法人税の税率よりも高いから，役員給与を高額改訂することは租税回避ではなく，より大きな納税を実現することになる。本件は法人に所得を留保しないで，貢献

度の高い役員に相当な給与が支払われ，法人税よりも高い所得税が支払われている。本件において，これが否定されようとしており，本件更正処分は，納付する税金を低くせよというものであるから，国家に対する背任行為である。配当しない自由があるから，配当を避けることを咎めることはできず，配当しない企業の役員給与は不相当に高額の役員給与であるというのは誤りである。

6　不相当に高額な役員給与の認定と二重課税

①　対応的調整

更正処分が「不相当に高額な役員給与」とした場合，対応的調整をするべきである（法132条3項，所157条3項）。二重課税は是正するべきである。二重課税を放置するのは国家による不法行為である。

否認された役員給与部分は，予測不可能であり，錯誤により返還されるべきことになるから，所得税の減額更正をしなければならない。

②　長崎年金事件

最高裁第三小法廷平成22年7月6日判決（長崎年金事件）は，国に対し，二重課税を厳しく戒める判断を下した。本件役員給与を否認するのは，そもそも法人税法34条2項の「不相当に高額」といえないものを更正したもので，違法行政であるばかりでなく，法人側のみを更正して，役員個人側の所得税を放置すれば，莫大な額の二重課税を発生させることになる。

③　税収削減行為

課税庁の指導に従えば，法人税と所得税の総合計は今後激減するから，課税庁職員は，国家に対する税収を下げさせた背任行為を犯した者といえよう。かかる背任行為を止める権限を有するN税務署の署長に対し，違法な更正をさせないよう適切な権限行為をされるよう要請したが考慮されなかった。

7　配当か社内留保か役員給与かの選択

H社において，「事業利益」の二分の一程度を役員給与として支払ってた。株主には配当請求権があるが，H社では，株主と役員が一致しており，株主

は配当を求めなかった。多くの中小企業は，日本全国において配当をしていない。会社の所有と経営が一致している企業の株主は，配当に対して高い源泉税を支払うよりも，会社に所得を留保することを選択する。企業は，黒字になることもあれば赤字になることもある。法人に剰余金を留保することは，経営リスクを回避するために必要である。経営者である役員は，配当を望まず，法人へ留保し，源泉税を節約する。役員給与として支払2000万円超をとったら，やはり，40％の所得税がとられるので（当時），企業は，これを選択しない。役員給与の税率よりも配当税率（20％）の方が圧倒的に低いから，隠れた配当として給与を支払うインセンティブも働かない。又，配当は，法人の利益処分として損金とならないし，20％の源泉税もとられるから，株主兼役員は，配当を望まないのは当然である。

法人課税プラス配当の場合と比較することが必要である。

8 納税状況

H社は，法人税，所得税について，多大な納税を行う事業体として，又，役員，従業員の所得税納付を含めると国家財政に大きな貢献をしている。本件では，多額の源泉税が支払われており，二重課税は避けなければならない。

今般の役員給与の否定による更正処分をなすことは，上記の通り，違法なものであり，国に対する最大の顧客であるH社を虐めるもので，租税国家でありながら，最大の貢献者が行う自由な取引に介入し，役員の勤労意欲を削ぐのは，不正義というべきものである。

9 従業員給与

従業員給与は，決算賞与の支給について，損金計上が認められている（事前ルールの存在と1カ月以内の支払要件がある）。役員の事前確定届出給与についても同様であるべきで，本件では，事前に役員賞与が届出されており，租税回避の事実は全くない。

租税憲法訴訟と課税要件　　45

10 過大青色事業者専従者給与

所得税法57条は，労務期間，労務性質，労務提供程度，事業種類，事業規模，同種規模類似者の支給状況，その他政令で定める状況に照らし，その労務の対価として相当であると認められるものは，必要経費に算入するとしている。

11 事業所得と給与所得

事業所得について，過大性が理由として支払者側の費用性が否認されることはない。但し，架空報酬は，支払者側の費用計上が否認される。給与所得についても，同様に考えるべきである。会社が支払う役員給与と外注の弁護士報酬は，パラレルに考えるべきである。プロ野球選手であるイチローは，球団（法人）から，年間数十億円の報酬支払を受けたことがあったが，過大であるとする議論はない。

IV 法人税法34条2項の解釈

1 法人税法34条2項の要件

① 私的自治

私的自治の下で，否認できるものは限定される。所得獲得金額に制限はない。過大の意味は，「職務に対応しないもの」や「実質的贈与のもの」を否認できる概念と解するべきである。

② 実働する役員の給与

実務では，実働のない役員の給与のみ，否認されている。実働している役員の給与は否認されていない。

実務において，赤字の大企業が，配当もせず，数億円の役員給与を支払っていても，課税庁は，一切「不相当に高額」として否認しておらず，実働のない役員給与と実質的贈与の役員給与のみを否認している。実務では，私的自治が優先されており，公知の事実といえよう。

③　課税要件

　法人税法34条は，損金計上の制限規定であり，費用性のない役員給与の損金計上を否認する条文である。従って，法人税法34条は，同法第4款「損金の額の計算」の第三目「役員の給与等」の一条文であり，同法34条2項の定める「不相当に高額な部分の金額として政令で定める金額」は，損金概念（すべての費用と損失含むもので，法人の資産の減少をきたす。原価・費用・損失）の解釈として解釈されることとなる。

2　職務対価要件

①　役員の報酬の個別性

　個別事情が考慮されるべきで，「職務の対価」であれば損金として認められるべきである。

②　職務対価の判定要素

　事業利益から役員給与を控除した残金が，企業の継続の観点から十分存在するかを基準とするべきである。

3　法人税法34条2項の正しい解釈のポイント

①　利益創造

　利益を創造できる企業家を育て，応援する課税であるべきである。

　34条2項は「利益創造する職務」の対価として相当かどうかで判断すると解釈されるべきである。

　私的自治が優先され，国家は，役員給与額に介入できないのが原則である。

　職務の対価性は，類似企業のデータとは関係がない。

②　隠れた利益配当

　法人税法34条2項には，隠れた利益配当を防ぐ立法趣旨はなく，実質的贈与を否認する趣旨というべきである。

　所有と経営が一致している企業では株主配当は不要である。

③　事前予測と予算計画

報酬の対価と利益分配の区分は困難であるともいえる。

事前確定届給与は，寄与分を事前予測する届出であり，実績に基づく決算給与ではない。

定期同額給与は毎月一定額支払われるものであるが，予算計画に基づいて支払われるもので，実際損益が赤字であっても，役員給与は増減できない。

4　役員報酬の具体的な決め方

①　実績値と予測

本件役員報酬の決定方法は，「1人あたり経常利益」に基づき役員報酬の適正額を決定したもので，「職務対価」方式である。

恣意性がないことが大切である。

利益を出すことを約束した人が役員であり，この予算計画に対する職務対価が役員給与である。

適正額は関係なく，過去の実績値と予測によって決めただけである。

②　「実質的贈与分があるかどうか」と「どう判定するのか」が問われる。

「利益操作やお手盛り」を防ぐことが34条2項の趣旨である。

役員給与と利益の関係をみなければならないが，利益をベースに役員報酬を決めることが合理的であるから，残余利益が適正かどうかで判定するべきである。

役員給与が過大だから，法人利益が過少となるのかも分析しないといけない。

③　売上連動型又は利益連動型，歩合給も又，適正な給与である。

従業員の決算賞与について，1カ月ルール（通達）がある。

実績に基づいたものはセーフといえよう。

利益操作と利益連動とは異なる。

④　考慮要素

イ　職務内容………実働のない給与を排除する基準である。

ロ　法人の収益…………業績連動させる基準である。

ハ　従業員の給与………上記イ・ロの補助基準である。

ニ　類似法人のデータ…これも上記イ・ロの補助基準である。

ホ　当該役員が，どれ程収益をあげる能力があるかを予測して給与額を決めていれば問題はないといえよう。

⑤　横並びによる規制の根拠はない（倍半基準，平均値基準の否定）

イ　収益力のない法人のデータは規範性がない。

ロ　利益率，借入率・収益率の類似なども考慮要素として無視できない。

ハ　私的自治が原則であると考えれば，役員給与額に制限はないことになる。

ニ　国は，平成18年会社法改正後，法人税法34条2項の解釈のあり方を示さなければならない。

5　東京地裁平成28年4月22日残波事件一審判決

　類似企業の範囲について，倍半基準は合理的であるとした。又，同判決は，倍半基準によって採取したデータの中から，最高値の月額報酬1100万円を採用したのが同判決である。代表者退職金について，功績倍率は，3倍で争いがないとした。類似企業の最高値が年俸1億3200万円（月額約1100万円）の例があるので，月額1100万円×24年×3倍＝7億8000万円と算定し，その範囲内にあれば過大ではないとしたのである。他の役員については，職務の内容を個別に検討した。

6　東京高裁平成29年2月23日残波事件二審判決

　東京高裁平成29年2月23日判決は，東京地裁の判決を相当として，国の控訴を棄却した。これにより，高裁レベルで「最高値基準」が日本で初めて認容されたといえる。しかし，倍半基準を克服することはできなかったので，納税者は上告申立及び上告受理申立をなした。

　マリタックス法律事務所は，税務調査から関与し，納税者支援調整官へ救

租税憲法訴訟と課税要件　49

済申立をなし，その結果，税務調査がやり直しとなり，再開税務調査のデータの最高値基準で更正処分が出されたが，結局，租税訴訟判決は，最高値基準を追認したから，税務調査で成果を出したことになる。

7 倍半基準の問題点と克服方法

倍半基準は，売上規模が倍や半分の企業がなければ，適用できない。施行令70条は，「職務内容」「法人収益」「従業員給与」「類似法人等の役員給与」「等に照らして」過大性の判定をするとしている。しかし，倍半基準は，法令上の根拠がない。倍半基準は，推計課税の際に考案されたもので，過大役員給与の判定に利用する合理性がない。同種・類似企業の判定基準として，法令には根拠がないが，独禁法上「同種商品」「類似商品」の判定がなされており，建設業法においても「同種業務」・「類似業務」の判定がなされているが，倍半基準は採用されていない。

法人税法34条2項は，職務対価であれば，損金計上が認められるとしているのだから，納税者はこれを主張立証し，課税庁は，それを否定する証拠を出さなければ損金否認できないというべきである。

8 金商法による規制

上場企業の役員給与額は，金商法規制により，報酬等の金額が1億円以上の者に限定して開示されることになった。

9 第二残波事件

① 高額定期同額給与事件

マリタックス法律事務所は，残波事件一審判決の後に，中小企業S社から過大役員給与に関する税務調査の相談を受けた。

S社は，売上金額年間約100億円で，代表者A氏の定期同額給与は，年間24億円であった。これが税務調査で，是認された。

50　第1部　論説2

② 最終月額報酬事件

又，平成29年，T社の役員退職金に関する税務調査の立会をなした。B会長の最終月額報酬は，月額200万円だったが，TKCデータによって，平均標準月額報酬は400万円であり，この範囲内であれば過大ではないと弁明した。残波事件判決は，最終月額報酬額について，倍半基準によって収集された最高月額報酬額によって過大額を算定できるとした。これによれば，最終月額報酬が月200万円であろうとも，月400万円が合理的であれば，月400万円の数値が過大性判定の判断基準として使われるべきと弁明したところ，課税庁によって是認された。

最終月額報酬額×在位期間×功績倍率＝過大性判定基準（残波判決前）

合理的月額報酬額×在位期間×功績倍率＝過大性判定基準（残波判決後）

残波事件判決に従えば，最高月額報酬額は，過大性判定基準を下げる場合のみならず，上げる場合の両方に機能させるべきである。

第8　東京地裁平成29年10月13日過大役員退職給与事件判決について

残波事件判決の後に，平均貢献倍率を1.5倍にして，役員退職金の過大性を判定した判決が出された。これも第二類型である不確定要件事件である。

1　事案の概要

X社は，ミシン部品の製造販売などを業とする株式会社である。

X社は，Aが代表取締役であり，平成20年10月に死亡し，代表取締役を退任した。X社は，亡Aの本件役員退職給与として，金4億2000万円を支給し，損金の額に算入した。X社の本件役員退職給与の支給金額は，死亡当時，X社の役員退職慰労金規定に基づいて計算され，その計算式は次の通りであっ

た。

（計算式）

240万円（最終月額給与岳）×27年（勤続年数）×5倍（役員倍数）×1.3（功労加算）＝4億2120万円

税務署長は，平成26年7月4日付で，法人税法34条2項に従い，所得金額2億6683万3941円，納付すべき税額7814万4200円とする更正処分をなした。

尚，X社は，所得金額6391万3941円，納付すべき税額1726万8200円とする確定申告を行っていた。

2 関係法令

① 法人税法34条2項

② 法人税法施行令70条2号

3 東京地方裁判所の判断

① 法人税法34条2項の趣旨

法人税法34条2項の趣旨は，一般に相当と認められる金額に限り必要経費として損金算入を認めるものである。また，法人税法施行令70条2号は，不相当に高額な部分の金額について，考慮要素を具体的に定めたものであって，法律が政令に白紙委任したり委任の範囲を逸脱したりしたものではない。

② 法人税法施行令70条2号

法人税法施行令70条2号の規定内容は，役員退職給与の支給実績が掲載された文献が複数公刊されている他，TKC全国会発行の同種の資料には，業種別の法人売上，役員の役職，退職事由，在任年数，最終月額報酬額，退職給与の支給額，功績倍率などの実例が掲載されている。よって，予測不可能な考慮要素を定めたものということはできない。

③ 平均功績倍率の当てはめについて

本判決は，単純に平均功績倍率を用いることは相当でないとした。また，平均功績倍率を少しでも超える功績倍率により算定された役員退職給与の額

が直ちに不相当に高額な金額になると解することは，あまりにも硬直的な考え方であるとした。

④　相当退職金額

納税者側の一般的な認識可能性の程度にも十分考慮する必要があり，事後的な課税庁側の調査による平均功績倍率を適用した金額から，相当な退職金額は，相当程度の乖離を許容するものとして観念されるべきものである。

⑤　1.5倍基準

以上を総合して考えると，課税庁側の調査による平均功績倍率の数にその半数を加えた数を超えない数の功績倍率により算定された役員退職給与の額は，特段の事情がある場合でない限り，相当であると認められる金額を超えるものではないと解するのが相当であるというべきである。

4　東京地裁判決の1.5倍基準の相当性

同判決は，平均功績倍率の1.5倍の功績倍率をもって，過大役員退職給与額を算定した。又，同判決は，平均功績倍率が特殊性を査証した平均的数値にすぎないこと，また，抽出事例が平均功績倍率を超えるものだとすれば，すべて不相当な退職給与金額だといわなければならないことになり矛盾すること，また，税務署長が国税上級官庁に対して通達回答方式のような調査は，納税者に期待することはできず，納税者側の一般的な認識可能性度は十分ではない，と判示した。

5　法的分析

①　1.5倍基準

同判決は，平均功績倍率の1.5倍がAの功績を考慮するものとしている。

②　最高功績倍率法

過去は，抽出した類似法人数が少ない場合は，限定的に最高功績倍率法を用いるとしたものがあった。平均効率倍率法によるのが不相当である特段の事情がある場合に限って，最高功績倍率法の採用が認められるとしたのが，

租税憲法訴訟と課税要件　　53

東京地裁平成25年3月22日判決である。その他に，最高功績倍率法を採用した裁判例がいくつかあるが，それらは，抽出法人が少ないことや最高値と平均値の階差が大きいことなどが理由として，最高功績倍率法が採用されている。

③　特殊事情の考慮

個別事案における功績の特殊事情の考慮については，どのようにするのか，これが問題である。適用法人の特殊又は個別事情をどのように考慮するのかは，本判決のように，平均功績倍率の1.5倍を乗じる方式もあるが，最高功績倍率を採用して，その最高功績倍率の事例が不合理でない場合には，それに規範性をもたせる方式もあるように思われる。

④　賞与分を含めるか

過大退職給与額について，役員賞与分を含むのか事前確定届出給与額も考慮するべきなのかが問題となるが，法人収益獲得の貢献度が最重要な考慮要素と考えれば，当然にそれらも含めて過大役員退職給与額を判定するべきであろう。

⑤　年間支給額基準

残波事件判決（東京高裁平成29年2月23日判決及び東京地裁平成28年4月22日判決）は，年間支給額で比較した裁判例である。本判決との比較が問われる。

⑥　最終月額報酬

尚，過大退職給与額の先例では，最終月額報酬額を争うことも，勤続年数を争うことも，功績倍率を争うこともできる。その際最終月額報酬は，TKC全国会発行の資料等に基づき，これを下げる場合にも使えるが，これを上げる場合の資料として利用できることもあり得ると思われる。

⑦　勤続年数

勤続年数については，平取締役の時代における勤続年数も当然加算されるべきである。

⑧　特殊事情の考慮

功績倍率で特殊事情を考慮するのか，あるいは，最終月額給与額，又は，

年間支給額で考慮するのか，最高裁判所において統一した判定基準を確立すべきである。

第9　法人税法65条と従業員賞与の確定時期
（東京地判平成27年1月22日，東京高判平成27年10月15日，最高裁決定平成29年2月3日）

課税要件の包括委任規定が問題とされたケースがある。これは，租税憲法訴訟の第一類型（委任立法事件）である。

1　事実の概要（地域医療振興協会事件）

期末に従業員賞与約22億円を未払金計上し，翌事業年度に公益社団法人化した。

課税庁は，施行令72条の3を適用して，損金計上を否認した。同協会は，翌事業年度において公益社団法人化したので，翌期も同未払賞与は損金計上できなかった。

2　法令関係
⑴　法人税法65条（包括委任規定）

「所得金額の計算に関し必要な事項は，政令で定める」

⑵　施行令72条の3第2号

使用人賞与の損金算入時期について，通知・支払基準を定める。

3　法人税法65条が授権法

法人税法22条1～4号によって，所得計算することになっているが，これらとの整合性が問われる。法人税法65条は，政令に対する包括委任規定であり，憲法30条及び84条に違反するというべきであろう。

租税憲法訴訟と課税要件　　55

4　法人税法65条の包括委任規定の違憲性

(1)　憲法30条，84条

課税要件は，法律で定めることが原則である。

法人税法65条の包括的委任は，憲法30条と84条に照らし，白紙的包括委任であり，問題がある。

(2)　受任法（施行令72条の3）に対する限定

法人税法65条には，委任範囲の限定が全くない包括委任となっている。

(3)　DHCコンメンタールの65条の解説

法人税法65条の包括委任規定の根拠について，DHCコンメンタールは，大綱は法律，細目は政令，が原則であるとする。経済は常に動くから，臨機応変に対応するため，行政立法の委任は必要であり，技術的内容は政令に委任可能とする。

(4)　憲法73条6号

内閣は，「この憲法・法律を実施するため」政令を制定することができるとされているが，法規命令は法律の委任がなければならない。法人税法65条は，包括委任規定であり，個別具体的委任とされていない。

5　使用人賞与の年度帰属

(1)　法人税法22条4項

法人の所得計算は公正な会計基準により行うものとしている。

(2)　令72条の3第2号

授権の根拠が必要だが，根拠法がない。

(3)　技術的細目事項

費用の年度帰属は，債務確定主義が原則であるが，政令により，通知・支払基準に変えることができるかが問題である。

委任範囲を法律で規定するべきであり，法人税法65条は，技術的細目事項要件を逸脱している。

6 憲法73条6号

憲法73条6号本文は，「この憲法と法律を実施するために政令を制定することができる」とし，又，但書は，「法律の委任があれば，政令に罰則を設けることができる」とする。憲法30条及び84条との整合性が問われる。

7 課税要件への委任

政令に課税要件を委任できるかについて，次の考え方がある。

⑴ 実体要件否定説

憲法3条及び84条を重視し，課税実体要件については，政令に委任できないとする考え方である。

⑵ 個別・具体的委任説

多くの判例が採用している考え方である。

⑶ 技術的細目事項説

木更津木材事件東京高裁判決が採用した考え方である。

国民の人権に関する重要事項は法律事項とし，技術細目事項のみ行政立法へ委任できるとするものである。

8 参考判例：節税養子事件（最判平成29年1月31日）（判例時報 2332号13P）

相続税法15条2項は，養子数の限定をなす規定であり，相続税法63条は，養子の数を否認する権限規定である。同法15条3項1号は，特別養子縁組による養子となった者等その他これらに準ずる者として「政令で定める者」を実子とみなすとしている。同最高裁判決は「節税のための縁組でも直ちに無効となるとは言えない」との判断を示した。

9 立法委任技術

立法委任技術は，その必要性を認めるとしても，民主主義及び法治主義の大原則の根幹を覆すものであってはならない。国民の人権に関する重要事項

租税憲法訴訟と課税要件　57

は法律事項とし，技術的細目事項のみ政令等の行政立法へ委任できるというべきであろう。民主主義と法治主義を前提とすれば，授権法には，委任の内容・目的・範囲が定められ，予測可能性が確保され，国会と裁判所はいつでも是正を求めることができるシステムが確保されていなければならない。

倒産法における支払不能と租税法の貸倒の齟齬

岡本　哲
. . . .
弁護士

I　はじめに

　平成の立法ラッシュは続き，平成29年の民法債権法改正がなされ，債権に関して900カ所程度異なることになった。債権法は租税法への影響も大きい分野である。たとえば，時効の改正はかなり大きな貸倒について影響を与えるのはまちがいない。平成16年の部分改正以来，実質的には明治以来の大改正となっている。

　このような立法がなされるなか，昭和のころとは社会情勢・法律体系もかなり異なっているのに，時代遅れのままの規定も存続している。租税法の貸倒規定は，平成10年ころには会計原則との乖離が問題をひきおこしていることは指摘されていたにもかかわらず，通達が法規に変わったこと以外，あまり変わっていない。租税法分野では貸倒・貸倒引当金については，硬直的な実務では財産権侵害の違憲の問題がおきているのではないか。平成23年の改正はさらに貸倒を認める法人を狭くしており，憲法の平等権侵害の問題もおこしているのではないか。

　近時の倒産法の判決及び学説では支払不能・支払停止時期について従来よりも早期に認めて債権者間の公平をはかる傾向が強くなってきた。

憲法においても従来の憲法判例理解に疑問を呈し，憲法29条の解釈の見直しがすすんでいる。

このような倒産法・憲法の近時の実務及び理論が，日本の租税法における硬直的な貸倒認定及び貸倒引当金認定について解釈論あるいは立法論としてどのような影響があるかを考察する。

本稿では内国法人について主として法人税法33条を論じる。

Ⅱ 貸倒・貸倒引当金に関する現行法制と問題点

1 貸倒・貸倒引当金に関する現行法制

法人税法33条は，内国法人に関する規定であり，1項で資産の評価損の損金算入を原則として禁止し[1]，2項（災害）[2]，3項（更生計画認可）[3]，4項（再生計画認可）[4]，5項（2～4項について完全支配関係がある場合の算入禁止）[5]，6項（1項の税務上の処理）[6]，7項（評価損関係の書類作成

---

[1] （資産の評価損の損金不算入等）法人税法第33条1項　内国法人がその有する資産の評価換えをしてその帳簿価額を減額した場合には，その減額した部分の金額は，その内国法人の各事業年度の所得の金額の計算上，損金の額に算入しない。

[2] 法人税法33条2項　内国法人の有する資産につき，災害による著しい損傷により当該資産の価額がその帳簿価額を下回ることとなつたことその他の政令で定める事実が生じた場合において，その内国法人が当該資産の評価換えをして損金経理によりその帳簿価額を減額したときは，その減額した部分の金額のうち，その評価換えの直前の当該資産の帳簿価額とその評価換えをした日の属する事業年度終了の時における当該資産の価額との差額に達するまでの金額は，前項の規定にかかわらず，その評価換えをした日の属する事業年度の所得の金額の計算上，損金の額に算入する。

[3] 法人税法33条3項　内国法人がその有する資産につき更生計画認可の決定があつたことにより会社更生法又は金融機関等の更生手続の特例等に関する法律の規定に従つて行う評価換えをしてその帳簿価額を減額した場合には，その減額した部分の金額は，第一項の規定にかかわらず，その評価換えをした日の属する事業年度の所得の金額の計算上，損金の額に算入する。

[4] 法人税法33条4項　内国法人について再生計画認可の決定があつたことその他これに準ずる政令で定める事実が生じた場合において，その内国法人がその有する資産の価額につき政令で定める評定を行つているときは，その資産（評価損の計上に適しないものとして政令で定めるものを除く。）の評価損の額として政令で定める金額は，第一項の規定にかかわらず，これらの事実が生じた日の属する事業年度の所得の金額の計算上，損金の額に算入する。

義務)[7]，8項（7項の例外)[8]，9項（政令への委任)[9]を定める。

　法人税基本通達98-6-1では，実際の債権の価値の棄損はかなりはやい段階（これは債権譲渡の際には買手側の評価で明らかになる）で生じているにもかかわらず，3項4項では裁判所の更生計画・再生計画の認可が必要とされている[10]。

2　問題点

　現在の債権者側の感覚からすると，どれも不当に遅い時期の貸倒認定と思われる。債務超過に期間継続が必要かどうかも疑問であるが，前掲9-6-1(4)）の債務超過の継続期間の認定にいたっては，昭和40年代には3～5年とされていたようである。担税力なき課税が3～5年許容されていることになる。インフレ率も高い時代であり，貸倒があとになることは企業経営にも打撃であったことであろう。

---

(5)　法人税法33条5項　前三項の内国法人がこれらの内国法人との間に完全支配関係がある他の内国法人で政令で定めるものの株式又は出資を有する場合における当該株式又は出資については，これらの規定は，適用しない。

(6)　法人税法33条6項　第一項の規定の適用があつた場合において，同項の評価換えにより減額された金額を損金の額に算入されなかつた資産については，その評価換えをした日の属する事業年度以後の各事業年度の所得の金額の計算上，当該資産の帳簿価額は，その減額がされなかつたものとみなす。

(7)　法人税法33条7項　第四項の規定は，確定申告書に同項に規定する評価損の額として政令で定める金額の損金算入に関する明細（次項において「評価損明細」という。）の記載があり，かつ，財務省令で定める書類（次項において「評価損関係書類」という。）の添付がある場合（第二十五条第三項（資産の評価益の益金不算入等）に規定する資産につき同項に規定する評価益の額として政令で定める金額がある場合（次項において「評価益がある場合」という。）には，同条第五項に規定する評価益明細（次項において「評価益明細」という。）の記載及び同条第五項に規定する評価益関係書類（次項において「評価益関係書類」という。）の添付がある場合に限る。）に限り，適用する。

(8)　法人税法33条8項　税務署長は，評価損明細（評価益がある場合には，評価損明細又は評価益明細）の記載又は評価損関係書類（評価益がある場合には，評価損関係書類又は評価益関係書類）の添付がない確定申告書の提出があつた場合においても，当該記載又は当該添付がなかつたことについてやむを得ない事情があると認めるときは，第四項の規定を適用することができる。

(9)　法人税法33条9項　前三項に定めるもののほか，第一項から第五項までの規定の適用に関し必要な事項は，政令で定める。

破産に関しての規定がないことも問題である。少なくとも破産申立の準備段階で貸倒引当をある程度は認めるべきではないだろうか。

平成23年11月改正で原則貸倒引当金制度の適用法人の限定がなされたが，これは憲法29条のほかに憲法14条違反をもたらすのではないか。

現在の債務者主導の倒産処理過程では

① 債務者から依頼された弁護士の介入通知

② 債権者からの届出を検討したうえで，負債総額の見込み，清算型・債権型か任意整理・法的整理かを決定

③-1 任意整理の場合は債権者集会等で同意を得て配当を決定 この際に債権額がカットされる

③-2 再建型法的整理についてはある程度の根回しをへたうえで債権者集会で決議

という手順を踏む(11)。

通達を形式的に解した場合には③の段階で，ようやく貸倒処理が認められ

⑽ 法人税基本通達98-6-1 第6節 貸倒損失 第1款 金銭債権の貸倒れ（金銭債権の全部又は一部の切捨てをした場合の貸倒れ）

9-6-1 法人の有する金銭債権について次に掲げる事実が発生した場合には，その金銭債権の額のうち次に掲げる金額は，その事実の発生した日の属する事業年度において貸倒れとして損金の額に算入する。(昭55年直法2-15「十五」，平10年課法2-7「十三」，平11年課法2-9「十四」，平12年課法2-19「十四」，平16年課法2-14「十一」，平17年課法2-14「十二」，平19年課法2-3「二十五」，平22年課法2-1「二十一」により改正)

　⑴ 更生計画認可の決定又は再生計画認可の決定があった場合において，これらの決定により切り捨てられることとなった部分の金額

　⑵ 特別清算に係る協定の認可の決定があった場合において，この決定により切り捨てられることとなった部分の金額

　⑶ 法令の規定による整理手続によらない関係者の協議決定で次に掲げるものにより切り捨てられることとなった部分の金額

　　イ 債権者集会の協議決定で合理的な基準により債務者の負債整理を定めているもの

　　ロ 行政機関又は金融機関その他の第三者のあっせんによる当事者間の協議により締結された契約でその内容がイに準ずるもの

　⑷ 債務者の債務超過の状態が相当期間継続し，その金銭債権の弁済を受けることができないと認められる場合において，その債務者に対し書面により明らかにされた債務免除額

ることになる。債権者側からみた場合，①の段階で，通常の約款では期限の利益喪失条項があるから，全額について期限が到来して債務不履行が生じている債権となっており，当該年度の回収期待は相当程度下がることになる。

準則型債務整理の場合は整理開始時に支払不能とし債権者平等をはかり，抜け駆けした債権者については否認権の対象になるとするのが近時の判例の傾向である[12]。

これについて回収可能性が10割あるとされたままというのは問題ないのか。合理的な会計基準に反する担税力なき課税をなしていると考えられる。

この硬直性の原因は部分貸倒を認めないことにも起因する。全額の支払不能状態を認める，すこしでも回収可能性があるのであれば貸倒を認めない，そのための，かたい事実認定としては数年のスパンをおいての債務超過認定や法的整理における合意の成立を基準とすることに合理性もありうる。しかし，すでに指摘したとおり，貸倒損金処理の認められない期間について合理的な会計基準に反する担税力なき課税を招くものであり，憲法29条違反を導くものではないか。

平成の立法及び会計制度が整備された段階では①段階で部分貸倒を認めるべきこと，これは憲法29条から導かれること，を以下論証する。

---

[11] 私的整理の実務については破産法・倒産法の教科書のほか　軸丸欣哉「純粋私的整理手続の実務」編集代表　田邊光政「今中利昭先生傘寿記念　会社法・倒産法の現代的展開」民事法研究会・2015年（以下「今中傘寿」)・670頁以下，債権者側からみた商取引債権保護については四宮章夫「私的整理における商取引債権の保護」前掲　今中傘寿690頁以下

[12] 金谷「私的整理における一時停止の制度についての一考察」今中傘寿・515頁以下清水祐介「支払不能と支払停止をめぐる考察」岡正晶・林道晴・松下淳一監修「倒産法の最新論点ソリューション」弘文堂・2013年

Ⅲ 問題の検討

1 平成になるまでの債権取立て

1－1－1 大阪高裁昭和62年10月2日判決の概要

大阪高判昭和62年10月2日[13]は，不作為による殺人幇助罪が成立を認めていること，共犯者の自白が信用できないとしたこと，控訴審における事実取調終了間際の予備的訴因の変更請求を認めたものとして，刑法・事実認定・刑事訴訟に関する参考判例とされているが，当時の民事介入暴力の実態についても参考になる判例である。

公訴事実3件の概略は以下のとおりである。

暴力団組長であつた被告人が，1自己の配下組員であるB及びC，並びに，当時被害者甲を代表取締役とする破産会社からの債権回収を焦慮していた，同社の下請残土処理業者であるA2・A1兄弟と共謀の上，右甲を捕えて隠し財産を追及しようと企て，昭和56年8月6日夕刻，被害者甲を弁護士の事務所から出たところで捕捉し，引続き自動車で，前記第一ないし第五現場などへ拉致して翌8日午前2時ころまで同人の身体の自由を拘束し（監禁罪），逮捕監禁しての追及によっても，甲が会社資産につき真実を述べなかったとして憤激し，かつ，右1の犯行の犯跡隠ぺいをはかるため，A1と共謀の上，第五現場付近の路上及び山林内で，柄を取り外したつるはしの金具で甲の頭部を殴打して失神させ，A1着用の布製バンドを甲の頚部に巻きつけて両名で引張るなどの方法で同人を殺害し（殺人罪），更に，その死体の顔面をつるはしの金具でつぶして土中に埋めた（死体遺棄罪）。

破産宣告の行われた破産会社の社長を拉致して債権回収をはかっており，判決の事実認定からは，少なくとも共犯者は，ある程度債権回収に成功したうえで，さらなる回収をはかろうとしていた。

---

(13) 判例タイムズ675号246頁

判決で認定した債権回収を要約すると以下のとおりである。A兄弟が共犯者である。

　A兄弟は，共同して，残土処理業等を営み，被害者甲が代表取締役となつている建設会社の下請けとして，同社から仕事を請負い，本件当時同社に対し，二千数百万円の債権を有していた。甲は，会社の業績が上がらず債務も相当高額に達したため，同社を破産させて再出発しようと考え，昭和56年7月に，大阪地方裁判所に対し自己破産の申立をし，7月29日に破産宣告がなされ，破産管財人として，N弁護士が選任された。

　A兄弟は，会社の倒産を知るや，自社の債権回収のため素早く手を打ち，7月末ころ，同社の従業員（営業係）の手引きで，会社のゼネコンへの債権取立の交渉をし，同工務店の残工事をA兄弟が責任を持つという約束で，同工務店から，まず980万円を回収したが，その後，所在不明になっているO建設所有の杭打機（時価約3000万円相当）の所在を甲から聞き出し，8月4日ころ，これを事実上自己らの支配下に置くとともに，甲をして，会社が右杭打機を同社の従業員に対し6月中旬ころすでに譲渡していたように仮装する内容虚偽の譲渡書をも書かせた。もつとも，右抗打機の所在は，同年8月6日ころ，N管財人の知るところとなり，A兄弟の右杭打機処分による債権回収の計画は，頓挫した。

　A兄弟は，前記杭打機を自己らの支配下に置いた際，甲の自動車内に重要書類が隠されているのではないかと疑い，同車のトランク内を探そうとしたが，その瞬間，同人が，「殺される。助けてくれ。」と大声で叫んで逃げ出したためパトカーの出動する騒ぎとなり，同人は，いつたん吹田警察署に保護された。しかし，警察が，民事事件不介入の原則を理由に，右紛争への深入りを避けたため，A兄弟は，そのまま帰宅を許されることとなり，帰路，甲車のドアーをこじ開けて，内部を探索したりした。

　被告人は，暴力団組長で，悪どい債権の取立をしていたものである。被告人は，7月末ころ，OからTの会社に対する債権約220万円の取立を依頼されて，右取立に乗り出すことになったが，甲と何らの面識もなかつたため，

大口債権者であるA兄弟を通じて所在不明の甲と接触しようと考え，ひとまず，前記Oの姉への債務の存在をA1に認めさせ，その誓約文を書かせたりするうち，同年8月4，5日ころ，A兄弟から，一緒に甲からの債権の取立をしようと持ちかけられ，以後同人らと共同歩調をとる。

1－1－2　昭和56年と平成30年の相違

平成30年段階でみてみるとかなり驚くべき事態であろう。

①　暴力団組長が部下とともに堂々と活動していること

②　暴力団員への取立委任がなされていること

③　破産者の資産隠しを前提に関係者の行動がなされていること

④　破産宣告[14]後でも債権回収をあきらめていないこと

⑤　民事不介入ということで吹田署が被害者を保護していないこと

⑥　杭打機隠匿関係で管財人が刑事告訴・告発をしていないこと

昭和56年当時だと銀行等の定期預金の金利が年10パーセント程度，銀行から借り入れる場合でも利息制限法ぎりぎり，といった高金利のインフレ時代である。債権回収は早期にしなければならず，司法はたよりにできなかった。民事裁判は平成の司法改革以前であり，一審で争われたらだらだら審理で判決まで6年くらいかかりうる，民事保全法施行以前，仮処分・仮執行をとるのも大変であった。このような司法への信頼がなければ民事介入暴力もはびこることになる。またコンピュータ普及以前で法人税の確定申告でも青色申告の普及運動がなされていた時期であって，帳簿が手書きが普通なうえ，あいまいなため，隠し資産があってあたり前であった。

貸金業者に弁護士介入後の任意取立禁止が明文化された貸金業規制法は昭和59年の施行であった。

1－1－3　平成以降との比較

平成のはじめからの暴力団対策法・組織犯罪対策法制定・IT化による青色申告普及による帳簿の整備・民事保全法制定・民事訴訟法改正による審理

---

[14]　平成16年破産法改正で破産開始決定と用語が変わる

の迅速化，民事不介入原則の実質的廃止・破産法改正による破産犯罪の面会強請禁止の創設などにより昭和に債権者が可能であった①から⑥の手段について平成30年現在は昭和56年当時とは正反対になっている。

①　暴力団組長が部下とともに堂々と活動していること

　平成４年施行の暴力団対策法により許されない。

②　暴力団員への取立委任がなされていること

　反社会勢力の利用として暴力団対策法により禁止され，依頼者ともども罰せられることになった。

③　破産者の資産隠しを前提に関係者の行動がなされていること

　IT化及び平成16年の破産法改正の際に破産者の管財人への不協力について処罰規定が整備され，刑事法的にも許されなくなった。

④　破産宣告後でも債権回収をあきらめていないこと

　平成16年の破産法改正により，債務者への面会強請が破産犯罪となるようになった。

⑤　民事不介入ということで吹田署が被害者を保護していないこと

　警察の民事不介入原則自体は平成のはじめから否定されるようになった。

⑥　杭打機隠匿関係で管財人が刑事告訴・告発をしていないこと

　昭和56年当時は先取特権の自力救済として許容される余地があった。現在は判例実務とも破産宣告後の自力救済は認めない。

　債務者代理人弁護士の介入通知があったあとは裁判所を介しての法的手段しかなく，それは任意整理の場合には他の債権者を出し抜くことも可能かもしれないが，それが他の債権者や債務者代理人弁護士にわかれば不公平を放置しないため法的整理に移行する可能性がある。法的整理の場合，一時的に抜け駆けをしたとしても，管財人の否認権行使の対象となり，結局は，債権者平等がはかられることになる。平成30年現在では破産開始決定が出たあとに破産者からの債権回収をはかることはまずない。犯罪として処罰されるリスクとそれによって得られるものとのバランスがとれないからである。倒産法分野では否認権行使の時期及び対象について詳細な議論（支払不能認定に

債務不履行の存在を必要とするか否か。不必要とすると支払不能時期は早まる）が続いているが，債権者集会まで遅らせる説は存在しない[15]。

2　平成10年ごろの経営者の苦悩

平成10年前後の時期，不良債権を抱えた銀行経営陣は，会計処理について苦悩していた。節税をはかっても危ない，旧基準でやって配当をしても危ないという事態である。不良債権を貸倒処理をしようにも国税庁に否認され，敗訴すれば，加算された部分について取締役らは株主代表訴訟の対象となる。

従来のやり方で決算をして配当しても，後に決算書類に問題があったとして証券取引法違反で刑事事件の被告人とされたり，配当が違法であったとして株主代表訴訟の対象となる。あっちにころんでも，どっちにころんでも，敗訴すれば個人として社会的破滅レベルのリスクを抱えていた。会計基準が複数あったこと，その内容も不明確であったこと，税務処理の基準が会計と乖離していたことが経営陣の苦悩をまねいている。税務処理の基準の会計との不一致は現在も続いており，解釈論としても立法論としても是正がのぞまれる。興銀事件・長銀事件・日債銀事件では経営者は勝利するために6年から11年の法廷闘争を強いられた。以下，それぞれの事件について概観する。

2－1　興銀事件最高裁判決（最判平成16年12月24日　民集58巻9号2637頁）

平成8年3月期の不良債権の貸倒認定について，貸倒損失を法人税法22条3項3号にいう「当該事業年度の損失の額」として損金の額に算入するための要件及びその要件該当性の判断し，経営の破綻した住宅金融専門会社の設立母体である銀行が放棄した同社に対する貸付債権相当額が法人税法22条3項3号にいう「当該事業年度の損失の額」として損金の額に算入されるべきであるとされた事例判決である。

不良債権処理の迷走ぶりは，「原審の適法に認定した事実」のところにくわしい。

---

[15]　前掲清水祐介論文

部分貸倒を認定して徐々に処理しておけばソフトランディングも可能ではなかったかと思われる。

2－2　長銀事件（最判平成20年7月18日　刑集62巻7号2101頁）

平成10年当時，長銀は財政悪化に苦しんでおり，平成10年3月期決算において関連ノンバンクへなどへの不良債権を処理せず，損失を約3100億円少なく記載した有価証券報告書を提出した。その結果，配当できる利益がないにもかかわらず株主に約71億円を違法配当した。その年，金融再生法の適用第一号となり，長銀は破綻した。長銀は一時国有化された。当時，24兆円もの資産を持つ大規模銀行の破綻は世界でも例がなかった。その後，投入された公的資金約7兆8000億円のうち約3兆6000億円は損失を回収できなかった。東京地方検察庁特別捜査部がこの事件を捜査する中で平成11年5月に重要視していた経営陣のうち2名が自殺した。その後，特別捜査部は，平成10年3月期決算などの違法配当などの粉飾決算容疑や「融資の資料は存在しない」などと虚偽の報告をした検査妨害罪で平成11年6月にO頭取ら旧経営陣3名を証券取引法違反・長期信用銀行法違反の容疑で逮捕した。

その後，検査妨害罪で起訴猶予処分となったが，証券取引法違反で起訴された。

旧経営陣3名は当初は罪を認めていたものの，当時の会計基準と照らして適法だったと裁判では無罪を主張した。平成14年9月，東京地裁は平成9年3月に旧大蔵省から出された資産査定通達に従い，関連ノンバンクなどへの査定を厳しくするべきだったとして執行猶予付きの有罪判決を下した。量刑は，元頭取について懲役3年・執行猶予4年，元副頭取S1・S2について懲役2年・執行猶予3年であった。東京高裁も平成17年6月21日に控訴を棄却して判決が維持された。しかし，最判平成20年7月18日は，当時の旧大蔵省から出された資産査定通達は指針にすぎず，大手18行のうち14行が旧基準で不良債権処理をしていたという実態から，当時の会計処理は罪に問えないと無罪判決を下した。

裁判官古田佑紀の補足意見は，次のとおりである。

「私は，平成10年３月期における長銀の本件決算処理が，当時の会計処理の基準からして直ちに違法とすることはできないとする法廷意見に与するものであるが，以下の点を補足して述べておきたい。

本件は，当時，銀行の財務状態を悪化させる原因であるいわゆる不良債権の相当部分を占めていた関連ノンバンク及びその不良担保の受皿となっていた会社など関連ノンバンクと密接な業務上の関係を有する企業グループに対する貸付金等の評価に関する事案である。

関連ノンバンクについては，母体行主義が存在していたため，母体行である銀行は，自行の関連ノンバンクに対し，原則として積極的支援をすることが求められる立場にあったと認められるところ，税法基準においては，積極的支援先に対する貸付金には原則として回収不能と評価することはできないという考え方が取られており，この考え方からは，関連ノンバンクに対する貸付金を回収不能とすることは困難であったと思われる。

本件当時，関連ノンバンクに対する貸付金の評価については，関連ノンバンクの体力の有無，母体行責任を負う意思の有無等によって区分して評価することとした９年事務連絡が発出され，これを反映した全国銀行協会連合会作成の追加Ｑ＆Ａが発表されているものの，同事務連絡自体は公表されておらず，内部文書にとどまっていることからすれば，これに金融機関を義務付けるような効果を認めることは困難であり，また，その適用においても金融機関において相当の幅が生じることが予想されるものであったと考えられる。

そうすると，本件における長銀の関連ノンバンク等に対する貸付金の査定基準は，貸付先の客観的な財務状態を重視する資産査定通達の基本的な方向には合致しないものであるとしても，法廷意見も指摘するとおり，母体行主義のもとにおける関連ノンバンク等に対する貸出金についてこれまで採られていた資産査定方法を前提とするような表現があるなど，少なくとも関連ノンバンクに関しては，同通達上，税法基準の考え方による評価が許容されていると認められる余地がある以上，当時として，その枠組みを直ちに違法とすることには困難がある。

もっとも，業績の深刻な悪化が続いている関連ノンバンクについて，積極的支援先であることを理由として税法基準の考え方により貸付金を評価すれば，実態とのかい離が大きくなることは明らかであると考えられ，長銀の本件決算は，その抱える不良債権の実態と大きくかい離していたものと推認される。このような決算処理は，当時において，それが，直ちに違法とはいえず，また，バブル期以降の様々な問題が集約して現れたものであったとしても，企業の財務状態をできる限り客観的に表すべき企業会計の原則や企業の財務状態の透明性を確保することを目的とする証券取引法における企業会計の開示制度の観点から見れば，大きな問題があったものであることは明らかと思われる。」

　最高裁でも税法基準と会計原則との乖離が指摘されていた。

2－3　日債銀事件（最判平成21年12月7日　刑集63巻11号2165頁）

　旧株式会社日本債券信用銀行の平成10年3月期の決算処理における支援先等に対する貸出金の査定に関して，これまで「公正ナル会計慣行」として行われていた税法基準の考え方によることも許容されるとして，資産査定通達等によって補充される平成9年7月31日改正後の決算経理基準を唯一の基準とした原判決が破棄された事例判断である。

　日本債券信用銀行のバブル崩壊による破綻の責任をめぐって，実際の見積額より少なくしたとして，元会長ら経営陣3名が起訴された事件である。バブル崩壊による粉飾決算事件で経営陣の責任が問われた裁判では最後に残った。

　日債銀の元会長K，元頭取T，元副頭取Iら旧経営陣ら3名が日本債券信用銀行において旧証券取引法違反の容疑で平成11年に逮捕，起訴された事件である。大蔵省（現在の財務省）が平成9年7月に不良債権に関する決算経理基準を改正し，貸出先の実態に応じた査定の厳格化を求めたにも関わらず平成10年3月期決算について，新基準に従った不良債権処理を行わず，損失を約1592億円少なく算定した有価証券報告書を提出したことに対する違法性を問うものだった。

公判では当時新基準での会計をしなかったことの違法性が争われた。平成16年5月，一審・東京地裁は旧経営陣3名に対して執行猶予付きの有罪判決を下した。量刑は，K元会長は懲役1年4月・執行猶予3年でT元頭取，I元副頭取両人は懲役1年・執行猶予3年を言い渡した。判決では会計処理を新基準で行わなかったことの違法性が認定された。弁護側はこの判決に対して控訴したが，平成19年3月に二審・東京高裁は控訴を棄却した。

　最判平成21年12月7日は，二審判決を破棄して高裁に差し戻した。判決では，当時は金融の過渡期であり，旧基準による会計をしても違法性を問えないとした。融資先が親会社として支援する責任がある関連ノンバンクだった長銀事件と異なり，日債銀事件では独立系ノンバンクなどが融資先であったため，旧基準に従って評価した場合に独立系ノンバンクなどへの貸出金を回収不能や無価値とすべきかについて審理する必要があるとして高裁に差し戻した。

　裁判官古田佑紀の補足意見は，次のとおりである。

　「有価証券報告書の虚偽記載を処罰する趣旨は，これが，証券取引市場において，会社の財務状態に関し，投資者等の判断を誤らせるおそれがあることにある。そうすると，有価証券報告書の一部をなす決算書類に虚偽があるかどうかは決算処理に用いたとする会計基準によって判断されるべきところ，金融機関の決算処理は決算経理基準に従って行われることが求められており，本件日債銀の決算書類においても，銀行業の決算経理基準に基づく償却・引当基準に従った旨が記載されている。そこにいう決算経理基準は改正後の決算経理基準であることは明らかであるから，本件決算についてはこれに従って判断すべきことになる。しかしながら，貸付金の評価については，同基準において回収の可能性に関する具体的な判断方法が示されておらず，これを補充するものとして位置付けられていた資産査定通達においても税法基準の考え方によって評価をすることが許容されていたといえるという意味において，これを唯一の基準ということはできないと考える。なお，税法基準の考え方によって評価することが許容されていたとしても，その方法等が税法基

準の趣旨に沿った適切なものでなければならないことはもとよりである。」

　ここでも租税法の基準と会計原則との乖離が指摘されている。

　差し戻しとなった二審では前述のとおり，会計の旧基準での査定でも回収できなかったかどうかが問われ，東京高判平成23年8月30日は無罪判決を下した。飯田喜信裁判長は検察が違法とした査定について経営判断として許されると認定した。

　繰り返しになるが，部分貸倒を認めて徐々に不良債権を処理すればソフトランディングも可能ではなかったろうか。

3　平成の現状にあった法解釈

3-1　部分貸倒は認めるべきか

　全額貸倒の認定は極めて困難である。倒産法では債務超過は債権の全額の支払いができない状態をいうのであってまったく支払いのできない状態かどうか，債権の価値が0をきたす状況を前提としていない。租税法が要求する全部貸倒を倒産法で認定できるのは配当0の場合ということになるが，配当額が判明するのは手続がかなりすすんだ段階である。

　倒産法では開始段階では部分貸倒のみが現実化されているわけである。

　租税法上の公定解釈は部分貸倒を認めるべきではないとする消極説であり，積極説[16]も，有力である。公定解釈の根拠は文言の構造にあり，法人税法33条1項で原則貸倒禁止，2項で例外規定，その括弧書で金銭債権を例外としていることから，論理解釈として認められないことになる[17]。

　これに対して積極説側からは，①公正妥当な会計処理の実現主義の観点から実現した損失であること（実質），②法人税法33条2項が金銭債権を除外しているのは金銭債権の貸倒問題は損益取引の問題であることを確認的・注意的に規定したにすぎない，資産価値減少は判断の作用，債権貸倒は確定の

---

[16]　金子・参考文献94頁以下

[17]　金子・参考文献96頁

作用である，③通達は租税法律主義のもとですべてをカバーするものではない，ということを理由とする[18]。

さらに積極説は国税庁の過去の運用として昭和29年の「売掛債権の償却の特例措置」通達（昭和29年直法1－140）移行の貸倒準備金勘定によって実質50パーセントの部分貸倒を認めたのと同じ効果があったことを指摘している。

ただし，この特例措置は平成10年に廃止され，個別貸倒引当金制度が導入された（法人税52条1項）。この改正過程も消極説の理由付けにされる場合もある。これについては，貸倒にするかどうかを納税者の選択にまかせる趣旨であると積極説からは反論する[19]。

国税庁側としては部分貸倒を認めることは，当該年度の税収減になるが，これは時期の相違にすぎないことになる。

筆者は積極説を支持するものであるが，さらに国税庁の扱いに関する補足と，憲法論的構造を追加したい。

当初基本通達では倒産の手続準備段階で貸倒処理を認めており，配当可能性があるものについて貸倒を認めているのであり，部分貸倒どころか，棄損価値以上の，いわば過剰な貸倒を認めているようにみえる[20]。

116　貸金が回収不能であるかどうかは，当初貸金の債務者の支払能力等の実情により判定すべきであるが，概ね左の各号（※著者注　当時は縦書きのためこの表現になる）に該当する場合においては，当該貸金は回収不能と認める。

(1)　債務者が破産，和議，強制執行又は整理の手続に入り，あるいは解散又は事業閉鎖を行うに至ったため，又はこれに準ずる場合で回収の見込みのない場合

(2)　債務者の死亡，失踪，行方不明，刑の執行その他これに準ずる事情に

---

[18]　金子・参考文献97～98頁
[19]　金子・参考文献101頁
[20]　昭和25年9月25日付直法1－100　当初基本通達

より回収の見込みなきに至った場合

(3) 債務超過の状態が相当程度継続し，事業再起の見通しなきため回収の見込みなき場合

(4) 天災事故その他経済事情の急変のため回収の見込みなきに至った場合

(5) 債務者の資力喪失のため債権の放棄又は免除を行った場合

(6) 前各号に人ずる事情があり債権回収の見込みのない場合

117　法人が貸倒準備金勘定の金額を取り崩して貸倒による損失の補てんに充てた場合においても，その貸倒に因る損失を損金として認めるためには，その貸金について回収不能となったことが確認されたものに限る。

3－2　貸倒認定の時期について

当初基本通達は，貸倒認定時期については，債務者が破産，和議，強制執行又は整理の手続に入り，あるいは解散又は事業閉鎖を行うに至ったため，又はこれに準ずる場合で回収の見込みのない場合に貸倒を認めており，現行法より相当前倒しされた状態になっている[21]。

当初基本通達は事実的貸倒のみ規定し，この後，昭和42年に法的貸倒について規定されて，決議時になってしまう（昭和42.12.21直審法100　注（貸金等の全部又は一部の切捨てをした場合の貸倒れ）。

七八の二　法人の有する売掛金，貸付金その他の債権（以下，「七八の一一までにおいて「貸金等」という。）について，次に掲げる事実が発生した場合には，その貸金等の額のうち次に掲げる金額は，その事実の発生した日の属する事業年度において貸倒れとして損金の額に算入する。

(1) 会社更生法の規定による更生計画の認可の決定があった場合において，その決定により切り捨てられることとなった場合の金額

(2) 商法の規定による特別清算にかかる協定の認可もしくは整理計画の決定または和議法の規定による和議（強制和議を含む）の決定があった場合において，これらの決定により切り捨てられることとなった部分の金

---

[21]　前掲注昭和25年9月25日付直法1－100　当初基本通達

額

(3) 法令の規定による整理手続によらない関係者の協議決定で，次に掲げるものにより切り捨てられることとなった部分の金額

イ　債権者集会の協議決定で合理的な基準により債務者の負債整理を定めているもの

ロ　金融機関等のあっせんによる当事者間の協議により締結された契約で，その内容がイに準じるもの

(4) 債務者の債務超過の状態が相当期間継続し，その貸金等の弁　済を受けることができないと認められる場合において，その債務者に対し書面により明らかにされた債務免除額

（回収不能の貸金等の貸倒）

七八の三　法人の有する貸金等につき，その債務者の資産状況，支払能力等からみて，その全額が回収できないことが明らかになった場合において，法人が貸倒れとして損金経理したときはこれを認める。この場合において，当該貸金等について担保物があるときは，貸倒れとする金額は，その担保物を処分し，その処分によって受け入れた金額を貸金等の額から控除した金額とする。ただし，その担保物が農地等であるために容易に処分することができないものであるときは，その処分した場合に得られると見込まれる金額を貸金等の額から控除した金額によることができるものとする。

ここで事実上の貸倒より債権者にとって不利になっているのであり，憲法29条違反の問題が生じていると思われる。

4　租税法の立法裁量に関する最高裁判例の理解について

4－1　租税法には広い立法裁量が妥当するのか

租税法と憲法については数々の判例もあり[22]，通達行政に関して憲法84条の租税法律主義や手続について憲法31条の適正手続が論じられてきた。租税

---

[22]　金子宏「租税法　第21版2016年　101頁以下

立法について憲法14条と憲法29条に基づいて違憲とした判例はない。これは消極規制と積極規制をわける目的二分論から前者は狭い立法裁量，後者は広い立法裁量を認めることから，後者については違憲となることがほとんどないこと，サラリーマン税金訴訟・大島訴訟最高裁判決[23]では租税が国民経済において種々の重要な機能を果たしていること，租税立法がきわめて専門的・技術的な側面を持っていること，等のため裁判所としては立法府に広い裁量を認めざるをえない，としている。サラリーマン税金訴訟・大島訴訟では，この広い裁量権を立法府に認めたうえで「著しく不合理であることが明らか」でなければ合憲としている。社会的にみた場合，昭和39年に原告が訴えていた不当性は昭和60年の抜本的税制改革につながったことや実効税率の低下から，原告は最高裁判決で敗訴したとしても社会運動としては成功と評価する立場もある[24]。立法の幅広い裁量を認める立場は現在維持されているのであろうか。

4－2　森林法違憲判決以降の判例　ゆるやかな立法裁量ではない

　昭和62年以降では積極規制でも，法律の合理性についてはゆるやかな立法裁量を全く認めていず，厳密に検証したとしか思えないものが続いている。

　森林法違憲判決[25]では，幅広い裁量が認められるはずの経済的自由権である財産権について，森林法の共有物分割制限が目的と手段のあいだに合理性がないとして違憲としたものである。補足意見・反対意見もあるが，幅広い裁量をしたとは判決の文言からは思えない事案である[26]。そして文言上合理性と必要性を判断しており，いわゆる目的効果基準を合理的に判断したものである。憲法学説の厳格な合理性基準にも二重の合理性にも，あてはまらな

---

[23]　最大判昭和60年3月27日　民集39巻2号247頁
[24]　別冊ジュリスト226　2016年12月　租税判例百選〔第6版〕1事件解説（金子宏）7頁　5　補論
[25]　最大判昭和62年4月22日　民集41巻3号408頁
[26]　消極的規制についての違憲という権威ある基本書もあるが（芦部信喜（高橋和之補訂）「憲法（第5版）」岩波書店・2011年・222頁），判決文上明らかに森林経営の安定を目的とするとしており，積極的な経済目的の規制としかとりようはない。

い判断構造となっている。

　森林法違憲判決は，2年前のサラリーマン税金訴訟・大島訴訟を先例としていないのである。

　その後の憲法29条1項2項に関する判例は，基本的に証券取引法判決（最大判平成14年2月13日　民集56巻2号331頁）を先例としている[27]。

　証券取引法事件判決では判断過程で「積極」「消極」の目的について認定していないほかは，判断構造は森林法違憲判決と，全く同じものをとっており，目的二分論を否定した趣旨ともとれるものである。

4-3　平成23年の2判例

　長期譲渡所得に係る損益通算を認めないことを認めないこととして平成16年法第14号による改正後の租税特別措置法31条の遡及効と憲法84条が争われた2つの最高裁判決[28]で遡及適用の問題ということで最大判昭和53年7月12日（民集32巻5号946頁）を先例としているが，サラリーマン税金訴訟・大島訴訟をとりあげていない。

　学説としては三段階審査・比例原則論が有力化しているようではあるが[29]，最高裁では採用されていない。

　判例理論としては平成23年以降については目的と手段の合理性を判断すればよいことになろう[30]。

4-4　森林法違憲判決

　森林法違憲判決での規範定立部分は以下のとおりである。

　「一　憲法二九条は，一項において「財産権は，これを侵してはならない。」と規定し，二項において「財産権の内容は，公共の福祉に適合するや

---

[27]　農地法事件　最判平成14年4月5日　刑集56巻4号95頁，旧会社更生法事件　最判平成17年11月8日　民集59巻9号2333頁，建物区分所有権に関して最判平成21年4月23日判時2045号116頁等

[28]　最判平成23年9月22日　判時2132号34頁　最判平成23年9月30日　判時2132号39頁

[29]　批判的なものではあるが長谷部恭男・土井真一「〈対談〉憲法の学び方」法教375号・2011年・64頁以下

[30]　標準的な憲法教科書での理解である。毛利透・小泉良幸・淺野博宣・松本哲治著「憲法Ⅱ・人権」有斐閣・2013年・278頁（松本哲治執筆）

うに，法律でこれを定める。」と規定し，私有財産制度を保障しているのみでなく，社会的経済的活動の基礎をなす国民の個々の財産権につきこれを基本的人権として保障するとともに，社会全体の利益を考慮して財産権に対し制約を加える必要性が増大するに至つたため，立法府は公共の福祉に適合する限り財産権について規制を加えることができる，としているのである。

　二　財産権は，それ自体に内在する制約があるほか，右のとおり立法府が社会全体の利益を図るために加える規制により制約を受けるものであるが，この規制は，財産権の種類，性質等が多種多様であり，また，財産権に対し規制を要求する社会的理由ないし目的も，社会公共の便宜の促進，経済的弱者の保護等の社会政策及び経済政策上の積極的なものから，社会生活における安全の保障や秩序の維持等の消極的なものに至るまで多岐にわたるため，種々様々でありうるのである。したがつて，財産権に対して加えられる規制が憲法二九条二項にいう公共の福祉に適合するものとして是認されるべきものであるかどうかは，規制の目的，必要性，内容，その規制によつて制限される財産権の種類，性質及び制限の程度等を比較考量して決すべきものであるが，裁判所としては，立法府がした右比較考量に基づく判断を尊重すべきものであるから，立法の規制目的が前示のような社会的理由ないし目的に出たとはいえないものとして公共の福祉に合致しないことが明らかであるか，又は規制目的が公共の福祉に合致するものであつても規制手段が右目的を達成するための手段として必要性若しくは合理性に欠けていることが明らかであつて，そのため立法府の判断が合理的裁量の範囲を超えるものとなる場合に限り，当該規制立法が憲法二九条二項に違背するものとして，その効力を否定することができるものと解するのが相当である（最高裁昭和四三年（行ツ）第一二〇号同五〇年四月三〇日大法廷判決・民集二九巻四号五七二頁参照）。」引用判例は薬事法違憲判決である。

　目的と手段が合理的かを検討して判断することになる。

　目的については，平成23年11月改正後の法人税法33条改正は納税の確保，資本金1億円以下の企業については中小企業保護という目的になる。これが

公正妥当な会計慣行を前提に課税されるべきという憲法84条・29条の趣旨からみて合理的といえるのであろうか。租税法律主義においても当然公正で合理的な法律が要請される[31]。

特にⅢ1・2・3で検討した社会事実上，証拠上明らかに価値が棄損した債権について全く棄損を認めないのは問題である。

濫用的に貸倒処理や，架空債権をつくっての税逃れの危険はあるにしても，部分貸倒すら認めないのは過剰規制であり，合理性がない。1年の利益のつけかえくらいならまだしも，数年単位の担税力なき課税を導くのは過剰なうえに過剰な規制である。

法人税の例外規定についても資本金基準は単に担税力のひとつの指針となっているだけであって合理性に乏しい。平等原則からも問題である。

4－5　判例は変更されるべきである

興銀事件最高裁判決は貸倒の事実認定に関する判決であるが，全額回収不能を前提としていると理解されている[32]。ここでは部分貸倒の憲法論はなされていない。

事実上の貸倒について債権者側の事情，経済的環境等を考慮して認定してよいとしたものである。回収不能は客観的かつ確実なものが必要とされる（最判昭和43年10月17日　訟務月報14巻12号1437頁）。

このような硬直的な解釈は憲法判例の進展がすすんだ平成30年でも認められるかは疑問であり，変更されるべきである。

Ⅳ　おわりに　解釈論及び立法的提言

1　部分貸倒については解釈論として認定されるべきである。

また，その率についてもある程度明確な基準を設けるべきである。

---

[31]　租税法律主義に関しては小林敬和「租税法律主義の実質化について——罪刑法定主義と関係して」税法学565号75頁

[32]　坂本勝　最判解　民事篇平成16年度（下）841頁

弁護士介入により単年度については5－7割程度の部分貸倒認定基準は設けてよいように思われる。

立法的解決をすぐにすることがのぞまれる。

2　債権譲渡市場のさらなる充実

貸倒・貸倒引当金規定については，かなり問題のある規定であり，違憲の疑いすらあるのに，なぜ放置され続けているのであろうか。

法人税の実効税率がさがり続けているので，重税感や不当感が表面化しないということもあろう。

平成10年以降については法技術の発達により弊害が表面化しなかったことがその理由ではないかと筆者は推測している。

貸倒準備金という法技術で部分貸倒を実質的にやりくりしていたのが平成10年まで存在し，経済的にそう不当ではなかった。

法的手段のイノベーションにより経済的に部分貸倒・早期貸倒は実現可能になった。債権譲渡に関する法整備が平成になってすすみ，平成4年に特定債権等に係る事業の規制に関する法律（特定債権法），平成10年に債権譲渡の対抗要件に関する民法の特例等に関する法律（債権譲渡特例法）が制定され，債権譲渡によるオフバランス（バランスシートから資産としての債権をはずすこと）が債務者への個別の通知なしにできるようになり，債権譲渡が盛んになったのである。安く譲渡すれば当然早期貸倒・部分貸倒を認めることと同じ効果を得られる。また，貸倒処理をした場合に債務者への寄付として贈与税が債務者に生じる危険も，債権譲渡の場合は避けられる。債権譲渡は，定義上，債権の同一性を保ちながら契約によって債権を移転させることだから，債務者の債務の同一性は維持されているから贈与税がかかる心配はない。

株式会社のコンプライアンスとしては債権譲渡については通常業務であれば代表取締役，ある程度金額が大きくなると取締役会の決議事項となり，株主総会で計算書類の承認を得なければならない貸倒処理に比べて，株主の統制が間接的になる。株主としては粉飾気味であろうと目の前の配当のため貸

倒を認めない方向になろうから，健全経営・会社の持続性という点では，債権譲渡のほうが会社の経営としては健全なのかもしれない。

債権評価の問題として，第三者性が必要であれば評価機関及び債権譲渡の市場整備が必要であるが，現在はかなり整備されているが，中小企業にとって利用しやすいものの整備がのぞまれる。

売掛債権や貸付債権のファクタリング取引の充実等により，大会社に関しては，債権譲渡をはかることにより部分貸倒及び貸倒の前倒しと同様な法的効果は得られることになる。債権の売買においては売主たる債権者の信用及び調査能力が問題とされるからである。

債権譲渡市場をバルクセールで利用できるというのは，総額の大きな債権の集合の場合のみなのであり，適正なる課税という点からも部分貸倒規定の整備がのぞまれる。

【参考文献】

今中傘寿　編集代表　田邊光政「今中利昭先生傘寿記念　会社法・倒産法の現代的展開」民事法研究会・2015年

海野安美「貸倒損──その税務処理と対策──」税務研究会出版局・1981年

金子宏「部分貸倒の損金算入──不良債権処理の一方策」（初出　ジュスリト1219号・2002年　金子宏「租税法理論の形成と展開　下」2010年・94頁）

山下清兵衛　会計処理と税務処理の相克　有価証券評価損損金算入事件（租税訴訟10号・2017年・42頁）

年末調整制度廃止論

酒井　克彦
・・・・・・・・・・・・・・・・・・
中央大学教授

はじめに

　年末調整制度については，これを廃止すべきとの意見も多く，その今日的意義がしばしば論じられている。筆者も既に別稿において，年末調整制度に対する疑問と将来的には給与所得者が選択的に年末調整を希望しない場合に確定申告によって納税額の精算を行うとする「選択的年末調整廃止制度」を展開すべき旨論じたことがある[1]。

　その議論の後に，マイナンバー制度が導入され，また，いわゆる年金二重課税訴訟最高裁平成22年7月6日第三小法廷判決（民集64巻5号1277頁）が年金受給者側の訴訟ルートを肯定し，源泉徴収制度を巡る訴訟ルートについての見直しの契機が提示されるなど，源泉徴収制度ないし年末調整制度を巡る環境に大きな変化の兆しがみられる事情がある。さらに，マイナンバー制度導入時の議論が国民のプライバシー権への関心に拍車をかけている状況にあるといえよう。しかしながら，このような背景にありながらも，近年の税

---

[1]　酒井克彦「年末調整制度の一部廃止論とインフラ整備」税通69巻9号2頁参照，酒井克彦「年末調整制度の一部廃止論と納税者番号制度に寄せる期待」東京財団政策提言『納税者の立場からの納税者番号制度導入の提言』24頁（東京財団2009）など参照。

制改正における所得税法上の諸控除の改正などに伴い，年末調整はより複雑化の途をたどっており，源泉徴収義務者の負担は増すばかりである（平成30年度税制改正大綱によると，更に源泉徴収制度は複雑になっている。）。なお，OECDが納税者に対するセルフサービスの必要性を報告しており，そこでは，納税者と租税行政庁との中間に存在する介在者を排除すべきとの議論が展開されるなどしており，むしろ，確定申告制度を捨てて源泉徴収制度と年末調整制度で租税債権の確定を完了させることを是とするかのような方向性が示されているところである。この視角は，我が国の年末調整制度廃止に係る議論に非常に大きな影響を及ぼすものと思われる。

なにより，この段階で特筆すべきなのは，平成30年度税制改正においては，年末調整の電子化が盛り込まれている点である。すなわち，給与所得者が，生命保険会社や金融機関から生命保険料控除証明書や住宅借入金等特別控除のための年末残高証明書等を郵送で受け取り，これを勤務先に提出する必要があった年末調整制度を見直し，電子化されたこれらの証明書のデータを国税庁のサイトなどで受け取り，申告書のデータを作成して勤務先に送ることとし，源泉徴収義務者は，かかる申告書のデータを確認して年末調整を行うという案である。また，これまで地方自治体が紙で源泉徴収義務者向けに送付していた個人住民税額の通知書については，源泉徴収義務者が電子データと紙の書類とを選択することができる制度を導入する提案が盛り込まれているのである。

本稿は，既に論じた見解を変更するものではないが，上記のような近時の背景の変化を改めて踏まえた上で，従来にも増して，年末調整制度の選択的廃止の必要性が高まっている点を指摘することとしたい。そこで，まず，これまでの筆者の大筋の見解を論じた上で，今日的議論の高まりを招来することになると思われる背景事情の変化について述べることとする。

I 年末調整制度廃止論

1 給与所得者の税額確定手続

給与等に係る所得税の納付手続についてみると，源泉徴収義務者である給与等の支払者は，給与等の支払時に一定の税額をあらかじめ源泉徴収して納付し，その年の最後の給与等を支払う際に年末調整を行い過不足を調整する仕組みとなっている。

この点は，しばしば，所得税法120条《確定所得申告》1項5号にいう「源泉徴収をされた又はされるべき所得税の額」の解釈問題として取り上げられるところでもある[2]。ここで，最近の裁決事例を確認しておきたい。

審査請求人Xが，裁判上の和解により配当が取り消されたことを受けて，当該配当に係る収入金額は零円であり，当該配当につき源泉徴収をされた所得税の額は確定申告書記載の額であるから還付金の額に相当する税額が過少であるとして更正の請求をしたところ，原処分庁Yが，当該配当につき源泉徴収をされた所得税の額はXの所得税額の計算において算出所得税額から控除できないことから還付金の額に相当する税額が過少である場合には当たらないとして，更正をすべき理由がない旨の通知処分を行ったため，Xが，その処分の全部の取消しを求めた事案として，国税不服審判所平成24年12月20日裁決（国税不服審判所HP）がある。

この事例では，本件源泉所得税は，本件和解後においても，所得税法120条1項5号に規定する「源泉徴収をされた又はされるべき所得税の額」に該当することを理由に，本件更正の請求により還付を受けることができるか否かが争点とされた。この点について，同審判所は，「本件源泉所得税は，C社が本件配当をXに対して支払った際には，本件配当が所得税法第24条第1

---

[2] 松澤智「源泉徴収—源泉徴収制度の本質的構造と争訟手続との関連—」同『新版 租税実体法〔補正第2版〕』397頁（中央経済社2003）。

年末調整制度廃止論　85

項に規定する配当に該当することから同法第181条の規定が適用され，適法に源泉徴収されていたものである。しかしながら，本件和解により本件配当が取り消された後は，本件配当は当該支払の時点に遡って無効となって，本件配当には所得税法第24条第1項が適用されない。そして，同法第181条は同条が適用される源泉徴収の対象である配当を『第24条第1項（配当所得）に規定する配当等』と規定していることから，本件配当は同法第181条の適用対象にもならないこととなる。」とし，また，「所得税法第120条第1項第5号に規定する『源泉徴収をされた又はされるべき所得税の額』とは，源泉徴収の規定に基づき正当に徴収をされた又はされるべき所得税の額を意味すると解され，本件和解後においては，本件配当は源泉徴収の対象とならないことから，本件源泉所得税は同号に規定する『源泉徴収をされた又はされるべき所得税の額』に該当しない。」と断じた。

　結果的に，「本件和解後において，本件源泉所得税は所得税法第120条第1項第5号に規定する『源泉徴収をされた又はされるべき所得税の額』には該当しない…。…本件更正の請求に対して更正をすべき理由がない旨の本件通知処分は適法である。」として，Xの主張を排斥したのである。

　ここでは，所得税法120条1項5号は本来あるべき源泉徴収税額を前提にしているのであるから，年末調整が適正に行われていることを念頭に確定申告の手続を踏む手順となっているという考え方が示されている。すなわち，この整理からすれば，年末調整で正確な計算がなされていないといった場合であっても，年末調整において完了されているべき所得金額の精算を確定申告において行うことはできないという考え方が導出されるのである[3]。

　このように，年末調整により税額が精算されるので，一般の給与所得者は通常，確定申告を要しないこととなる。むしろ，確定申告を要しないという

---

[3]　年末調整を受けた受給者が，扶養親族に該当しない親族を支払者に扶養親族として届け出て，扶養控除の適用を受けていた場合において，かかる受給者は納税申告書を提出する義務のある者には該当しないから，扶養控除を否定する決定処分は違法であるとされた事例として，国税不服審判所平成18年11月29日裁決（裁決事例集72号25頁）がある。これは国側の処理が所得税法120条1項5号の解釈によって否定されたケースである。

86　　第1部　論説4

よりも，確定申告において税額を精算することが許されていないということである。かかる給与等の源泉徴収は，適正な課税を担保し，納付の便宜，平準化などに資するために必要な制度であるといわれているが，他方で，給与所得について確定申告を認めれば，源泉徴収は不要になるのではないかとの主張が行われることもある。しかしながら，年末調整を行うか確定申告を行うかという論点と源泉徴収を行うこととは別の次元の事柄であるとして捉える必要があろう。

　主要国においても，年末調整の有無にかかわらず，適正で確実な課税を担保する観点から源泉徴収が広く行われているところであるが，給与所得者について年末調整で税額を確定し，確定申告の途を閉ざしている我が国の制度には何らの問題もないのであろうか。

2　民主主義的租税観

　民主主義あるいは国民主権を租税法の上で表現するものともいい得る申告納税制度を，給与所得者の多くが適用することなく，年末調整によって税額を確定している。このことについては，学説でもかねてより疑問視されてきた[4]。そもそも，シャウプ勧告は，「現在年末調整は雇傭主が処理していて，大部分の被傭者は税務署と全然接触がない。今のところ，税務署の重荷が大きいのでこの調整は雇傭主が引続いて実施しなければならない。しかし，税務署にこの手続きを移管することが可能となる限り可及的速やかに移管すべきである。これは申告書提出の必要事項を簡素化するであろう。課税を受ける各被傭者は源泉徴収税額に関するその雇傭主の証明を添付して申告書を提

---

[4]　田中治教授は，「納税者が，行政の金銭的基礎を支えつつ，重要な行政事務の一端を担っているという自覚を高めることを民主性の表れということができるならば，その意味においては，賦課課税方式ではなく申告納税方式の方が，より国民主権原理に適合する制度であるといえる。」とし，「申告納税制度が民主的な制度であり，国民主権を税法のうえで表現するものであるといっても，納税義務者の圧倒的多数を占める給与所得者がその適用から排除されているという事実は，その建前を大きく損なうものである。給与所得課税のあり方とともに，源泉徴収制度の再検討が望まれる所以である。」と論じられる（田中「申告納税制度と租税行政手続」租税22号18頁以下）。

年末調整制度廃止論　　87

出し，支払うべき残余を納めるか，または払い過ぎた分を払戻ししてもらうことになる。」としていた(5)。

　他方，忠佐市教授が次のように述べられるように，年末調整制度は，GHQと租税当局との攻防の末に実現したとされている。すなわち，「司令部が盛んに最後まで渋っていたのは，年末調整をお前の方で言ってきたけれども，その案よりも納税者に確定申告を出させなさい，それがデモクラシーの申告納税制度なのだと，がんばっていたのです。結局は年末調整を取り入れることに同意してくれました。この司令部の考え方をむし返して，シャウプの勧告のときも，すべての納税者は確定申告を出す規定に改めようという意見だったのですね」と述べられるのである(6)。

　東京地裁昭和55年3月26日判決（行裁例集31巻3号673頁）は，「なるほど右制度〔筆者注：申告納税制度〕が税に対する自覚を高める機能を有することは原告ら主張のとおりであり，源泉徴収制度がともすれば納税者意識を稀薄ならしめる恐れがあることは否定し得ないところである」としている。また，金子宏教授は，「わが国の源泉徴収制度は，民主主義的税制ないし民主主義的租税思想の観点から見て，果して進歩した制度であるといえるであろうか。民主主義的租税制度の観点からは，国家は主権者である国民自身によって財政的に支えられるべきものであるから，国民が自らの責任において自らの税額を計算し，自らの責任においてそれを納付する制度が好ましい。申告納税制度が自己賦課（self assessment）の制度と呼ばれるのは，そのためである。この見地からは，給与所得について原則として年末調整によってす

---

(5)　第4編附録D，C節第2款。
(6)　平田敬一郎＝忠佐市＝泉美之松編『昭和税制の回顧と展望〔上巻〕』〔忠発言部分〕553頁以下（大蔵財務協会1979）。平田敬一郎氏（昭和25年当時大蔵省主税局長）は，「眞に進歩した民主主義國家であって，政府はすなわち自分たちのものであるという観念が徹底し，従ってその政府に対して，政府の行うべき諸政策の財源として租税の形で自分たちがその経費を負担するのだというような考え方が十分に溶透し，政府に充分協力しようという政治体制ができ上がっている場合においては，所得税の実効は比較的容易になるわけである。就中，申告納税の所得税においてはこのことが特に強調されなければならない。」とされる（平田『新税法』63頁（時事通信社1950））。

べての課税関係を終了させる制度は，どんなに行政効率の観点からはメリットがあるとしても，決して好ましいものではない。長期的な方向としては，給与所得者にも，たとえ選択的にであれ確定申告の機会を与えることが好ましい。また，それによって，給与所得者にも実額による経費控除を認めることが制度上可能となる。」とされ[7]，シャウプ勧告の方向性を是とされ，昭和62年11月の所得税法改正において導入された特定支出控除の制度を，「その方向に向けての制度改革の第一歩」と位置付けられるのである[8]。

また，宮谷俊胤教授は，「間接的ないし受動的な納付のため痛税感を希薄ならしめ，かつ国民の大部分の租税負担者が源泉納税義務者になるため，ひいては税法制上最も重要と思える国民の納税意識の向上に有効であるとは必ずしもいえないという欠点のあることは否定できない。」とされており[9]，正鵠を射ていると思われる。

民主主義国家における国民の参加と自治の重要性は改めて強調するまでもないが，その前提となる国民の租税リテラシー醸成の見地からも，年末調整制度の（一部）廃止は重要な意義を有すると考える[10]。

3　源泉徴収義務者の負担

徴収確保の観点からは，我が国の源泉徴収制度は極めて進歩した制度であり，また，それは，源泉徴収の対象となる所得の支払者に租税徴収機構の一翼を担わせることによって，行政コストの節約にも大きく寄与している。それは，特に給与所得の源泉徴収について著しい[11]。当初，源泉徴収義務者には，その労をねぎらう意味で，給与所得者 1 人当たり50銭の交付金が国庫か

---

(7)　金子宏「わが国の所得税と源泉徴収制度～その意義と沿革～」日税研論集15号48頁。
(8)　金子・前掲注(7)43頁。
(9)　宮谷俊胤「源泉徴収制度の概要と問題点」日税研論集15号56頁。
(10)　租税リテラシー教育については，酒井克彦「租税リテラシー教育とは〔座談会〕」税理61巻 2 号136頁，同「税理士の建議権からみた租税リテラシー教育試論」税理 3 号208頁参照。
(11)　金子・前掲注(7)48頁

ら支給されていた。しかし，この制度は現在維持されていない[12]。

実際に源泉徴収義務者の事務負担は非常に大きいと思われる。源泉徴収義務者は，年末調整（所法190）において，①まず，源泉徴収簿兼賃金台帳から本年分給与を合計し，②給与所得控除適用後の金額を算出する。次に，③各種所得控除額の計算を行うが，その際，(i)保険料控除申告書（所法196），(ii)配偶者特別控除申告書（所法195の2），(iii)扶養控除等申告書，(iv)住宅借入金等特別控除を適用した上で（措法41の2の2），④差引年税額を算出する。そして，⑤既徴収税額との調整をした上で，⑥過不足計算をし，精算をする（所法191，192）。このような一連の作業を簡易なものと位置付けることはできまい。

渡辺徹也教授は，源泉徴収制度に焦点を当てた上で，「これまで企業は，国や地方のために無償で支払給与等から税を徴収してきた。課税庁側が対価を払わないことが憲法違反でないとしても，政策論として，これ以上企業の負担を増やすことは，できる限り避けるべきである。」と述べられている[13]。

4　給与所得者のプライバシー問題

申告納税制度に対する納税者の協力を確保するためには，租税行政に対する納税者の信頼が確保されていなければならない。金子宏教授は，租税資料が租税行政外に漏れることによる納税者の租税行政に対する信頼の低下を懸念し，「租税資料門外不出原則」を提唱され，税務情報は，納税者等の秘密として厳格に保護されるべきと論じられる[14]。そこでは，税務職員の守秘義務が強調されているのであるが，納税者に関する情報が保護されるべきこと

---

[12]　現行法は何らの補償もしていないが，補償がなくとも判例はこれを違憲とはしていない（最高裁昭和37年2月28日大法廷判決（民集16巻2号212頁）参照。三井明・昭和37年度最高裁判所判例解説〔刑事篇〕39頁は，源泉徴収義務者を徴税機関とみる立場に立つのであれば，手数料を払う方が理に適っていると指摘される。

[13]　渡辺徹也「『マイナンバー制度』と所得税・住民税―給与所得者に関する年末調整・現年課税を中心に―」税研170号43頁。

[14]　金子宏「税務情報の保護とプライバシー―納税者番号制度を視野に入れて―」租税22号42頁以下。

は，この観点，すなわち，租税行政への納税者の信頼の確保の視角からのみ語られるべきものではない。納税者のプライバシー権の保護の観点からも税務職員に課される守秘義務は大きな意義を有すると考える。もっとも，納税者のプライバシー権が保護されるべきなのは租税行政当局に集められた情報に限定されるものではなかろう。給与所得者の税務情報に係る秘密は全て同様に保護される必要があるはずである。税務情報の保護とプライバシー権の問題については，多くの先行研究が示されているが，年末調整制度との関係で論じるものは必ずしも多くはない。

　もっとも，後述する税務申告等の税理士業務を行う税理士については，税理士法38条《秘密を守る義務》が，「税理士は，正当な理由がなくて，税理士業務に関して知り得た秘密を他に洩らし，又は窃用してはならない。」と規定するように，守秘義務が課されているのである。なお，同条後段は，税理士でなくなった後においても，同様に守秘義務が課される旨を規定している。このように税理士には，厳格なる守秘義務が課されており，納税者のプライバシー権が法律上保護されているのである。

　他方で，年末調整を担当する企業の経理担当者などにはこのような法律上の厳格なる守秘義務が課されているわけではない。いかに社内規約などによって守秘義務が課されていたとしても，法律上明記された守秘義務と法規範性の点からみれば劣後するものといわざるを得ない。経理担当者が給与所得者の同僚であるケースなどを想定すれば，これは由々しき状況であろう。

5　税務を行うべき者

　税理士法は，同法2条《税理士の業務》に規定する，①税務代理（税務官公署に対する租税に関する法令若しくは行政不服審査法の規定に基づく申告，申請，請求若しくは不服申立てにつき，又は当該申告等若しくは税務官公署の調査若しくは処分に関し税務官公署に対してする主張若しくは陳述につき，代理し，又は代行すること），②税務書類の作成（税務官公署に対する申告等に係る申告書，申請書，請求書，不服申立書その他租税に関する法令の規

定に基づき，作成し，かつ，税務官公署に提出する書類で財務省令で定める
ものを作成すること）及び③税務相談（税務官公署に対する申告等，①に規
定する主張若しくは陳述又は申告書等の作成に関し，租税の課税標準等の計
算に関する事項について相談に応ずること）を無償独占業務として規定する。
そして，税理士法52条《税理士業務の制限》は，「税理士又は税理士法人で
ない者は，この法律に別段の定めがある場合を除くほか，税理士業務を行っ
てはならない。」と規定する。

　すなわち，税理士又は税理士法人でない者は，上記①ないし③の業務を行
ってはならないのである。同条には，税理士業務とされているだけであって，
報酬の有無が規定されていないことから，無償独占業務であると解されてい
る。

　これは，税務事務というものの特殊性に鑑み，特に国家資格を有し，税理
士会に登録をした者のみが税理士業務を行うことができる旨を明示した規定
であるから，いかに租税法に通じているからといって，税務代理行為すなわ
ち，申告書の作成等をしてはいけないのである。これらの規定に反するとき
には，税理士法に規定された罰則が用意されており，同法はいわゆるニセ税
理士を排除するために機能している。

　この点，いわば確定申告の代理としての性質を有する年末調整につき，民
間企業の経理担当者にその作業が委ねられていることは，税理士法が，税理
士以外の者の申告書の作成代理を厳格に禁止し，無資格者による税金計算を
排除していることとのアンバランスさを感じざるを得ない。もっとも，法人
の経理部門が同法人の確定申告書を作成し得ることと同様に考えれば，代理
行為とみること自体に問題があるのかもしれないが，年末調整は法人自身の
申告とは異なるのであるから，受給者が本来行うべき納税申告をいわば代行
的に行っているとみることもできなくはない[15]。そうであるとすれば，申告

---

[15]　昭和15年に，徴税事務の効率化を目的として勤労所得に対する源泉徴収制度が導入さ
　れた際には，源泉徴収義務者は国から徴税事務を委託された代行人とされて，納税者１
　人当たり10銭の徴税代行手数料が交付されていた（後に20銭，50銭と引き上げられた。）。

代理行為に類似した作業が税理士資格を有していない者によってなされているとみることもあながちできなくはなかろう。

Ⅱ　近時の背景変化

1　マイナンバー制度の導入

⑴　源泉徴収義務者の事務負担

収集情報の拡充とその処理ツールたるマイナンバー制度の導入は，行政処理を飛躍的に促進させることになるであろう。そして，更なる情報収集の拡充が図られることは，膨大な情報の獲得とその効率的管理の下で今後の行政が展開されることを意味すると思われる。

他方，行政手続における特定の個人を識別するための番号の利用等に関する法律（平成25年法律第27号）（以下「番号法」という。）制定に当たり常に問題視されてきた，いわゆる「なりすまし」による弊害も見過ごすことはできない。番号法はこうした問題に対処するため，「本人確認」を非常に重要視しており，事業者には，原則として個人番号記載の書類の提出を受ける都度本人確認を義務付けている。なお，これは，アメリカや韓国で共通番号の利用に係るなりすまし犯罪が多発した要因が，番号のみによる本人確認を行ったことにあるところから，個人番号のみによる本人確認を行えば，同様の被害が頻発するおそれがあるとして，それを防ぐ趣旨で設けられた措置であると解される。

番号法16条《本人確認の措置》では，「個人番号利用事務等実施者は，第14条第1項の規定により本人から個人番号の提供を受けるときは，当該提供をする者から個人番号カード若しくは通知カード及び当該通知カードに記載された事項がその者に係るものであることを証するものとして主務省令で定める書類の提示を受けること又はこれらに代わるべきその者が本人であることを確認するための措置として政令で定める措置をとらなければならない。」と規定されている。これを受け，番号法施行令12条《本人確認の措置》は，

年末調整制度廃止論　　93

「法第16条の政令で定める措置は，個人番号の提供を行う者から次に掲げる書類の提示を受けることその他これに準ずるものとして主務省令で定める措置とする。」として，本人確認を行うために必要な書類を定めている。

　これらの規定に従い，本人確認のためには，①そもそも番号が正しいか（「番号の真正性」の確認）という「番号確認のための書類」と，②その者が本人であるか（「本人の実在性」の確認）という「身元確認のための書類」が必要とされる。例えば，前者には個人番号カードや通知カード，その他個人番号記載の住民票の写しが該当し，後者には原則として顔写真付きの身分証明書である運転免許証パスポート，個人番号カードが該当する。事業者には本人確認が義務付けられており，個人番号の提供の際，上記①と②の両方を突合することで初めてその義務を履行したこととされる。

　なお，事業者は，原則として個人番号記載の書類提出の都度本人確認を行わなければならないとされるが，実務上の便宜を考慮し，番号法施行規則3条《住民票の写し等の提示を受けることが困難であると認められる場合等の本人確認の措置》1項柱書きは「個人番号利用事務等実施者は，令第12条第1項第1号に掲げる書類の提示を受けることが困難であると認められる場合には，これに代えて，次に掲げるいずれかの措置をとらなければならない。」とし，同項3号において，「提供を受ける個人番号及び当該個人番号に係る個人識別事項について，過去に本人若しくはその代理人…からその提供を受け，…特定個人情報ファイルを作成している場合…には，当該特定個人情報ファイルに記録されている個人番号及び個人識別事項を確認すること。」としているとおり，2回目以降は申請された内容と記載情報が合っているか，確認作業を行うだけで本人確認を省略できる余地もある。ただし，これは「住民票の写し等の提示を受けることが困難であると認められる場合」という条件付きの規定であるため，あくまで原則的にはその都度本人確認が必要であることに変わりはない。

　これらの確認作業は，源泉徴収義務者に課される作業であり，マイナンバー制度の導入後，源泉徴収義務者の事務量は従来よりも格段に増大している

といってよいと思われる。源泉徴収及び年末調整の負担に加えて，マイナンバー制度自体が大きく源泉徴収義務者に依存しているといってもよいのではなかろうか。源泉徴収義務者にとって直接的に利するところがあるとは思えないにもかかわらず，かかる制度維持のための負担が事業者たる源泉徴収義務者に課されている点については，看過できない。

(2) マイナンバー制度の今後の発展

　平成27年 6 月30日に閣議決定された「『世界最先端IT国家創造宣言』の変更について」（当初平成26年 6 月24日）は，再生する日本の礎である情報通信技術（IT）の利活用を基本理念とし「マイナンバー制度の利活用に向けた基盤の整備。具体的には，マイナンバー制度の円滑な導入に向けたシステム改修や，マイナポータルの機能・要件整備等」を図ることを宣言している。そこでは，「マイナンバー制度やパーソナルデータに関する法律の見直し等により，様々な分野において『IT利活用基盤』が整いつつある中，これらの基盤を最大限に活用し，生活のあらゆる場面におけるIT利活用をより一層加速させるため，現状の枠組みの抜本的な見直しを図り，国民生活の安全・安心・公平・豊かさの実現と産業振興を推進する。そのため，電子的処理や情報の高度な流通性の確保等を基本原則としつつ，安全・安心に情報の流通を担う代理機関（仮称）の創設，マイナンバー制度等を活用した各ライフイベントに応じた申請等の手続の電子化，ワンストップ化，シェアリングエコノミー等の新たな市場を活性化させるための措置について検討を行い，次期通常国会から順次，必要な法制上の措置等を講ずる。」ことや，「マイナンバー制度のインフラを活用して，医療機関の窓口において，医療保険資格をオンラインで確認できるシステムを整備することにより，個人番号カードを健康保険証として利用することを可能とする仕組みを整備する。加えて，オンライン資格確認の基盤を活用して，医療等分野に用いる番号を早期に導入する。」ことなどが記載されている。加えて，個人番号カードの普及・利活用の促進では，「2016年 1 月から国家公務員身分証との一体化を進め，あわせて，地方公共団体，独立行政法人，国立大学法人等の職員証や民間企業

の社員証等としての利用の検討を促す。また，2017年度以降の個人番号カードのキャッシュカードやデビットカード，クレジットカードとしての利用やATM等からのマイナポータルへのアクセスの実現に向けて，個人情報の保護や金融犯罪の防止等が十分確保されることを前提に，民間事業者と検討を進める。また，2017年7月以降早期に医療保険のオンライン資格確認システムを整備し，個人番号カードを健康保険証として利用することを可能とするほか，印鑑登録者識別カードなどの行政が発行する各種カードとの一体化を図る。加えて，各種免許等における各種公的資格確認機能を個人番号カードに持たせることについて，その可否も含めて検討を進め，可能なものから順次実現する。」とか，「自動車検査登録事務では，2017年度にワンストップサービスを抜本拡大し，個人番号カードの公的個人認証機能の活用や提出書類の合理化等を進める。また，個人番号カードにより提供されるサービスの多様化を図るために，個人番号カードを利用した，住民票，印鑑登録証明書，戸籍謄本等のコンビニ交付について，来年度中に実施団体の人口の合計が6千万人を超えることを目指す。更に，住民票を有しない在留邦人への個人番号カードの交付や，海外転出後の公的個人認証機能の継続利用等のサービスの2019年度中の開始を目指し，検討を進める。」ことなど様々な提案がなされている。

　平成27年11月4日には，「マイナンバー制度実施本部」が設置された。今後，個人番号カードの円滑な交付はもとより，広報，システム整備，利活用促進など，マイナンバー制度の円滑な実施に万全を期すため，同年10月1日に総務省内に設置した「個人番号カード交付円滑化推進本部」を拡充強化し，制度を所管する総務省と内閣官房とが一体となって取り組む体制として設置されたのである。

　このような制度が大きく源泉徴収義務者によって支えられている反面，政府は個人情報の効率的な名寄せ実施の下で，源泉徴収に係る情報を集約管理することが可能となるであろう。そうすれば，源泉徴収義務者が個別に受給者に依頼し，場合によっては督促等をして得る情報よりも，より確度が高く

迅速に租税行政当局は情報を得ることができるのであるから，情報収集の効率性，迅速性，正確性の各面からみても，これまで源泉徴収義務者によってなされてきた年末調整を租税行政当局が行うことにすることも可能となるのではなかろうか。

　かくして，マイナンバー制度等を利用すれば電子申告の飛躍的発展に寄与することになるから，確定申告制度に対する納税者の申告に関する負担が軽減されると同時に，税務当局の側でも，仮に多くの確定申告を受けることになったとしても，電子申告への機械処理が格段に進むので，執行上の負担も軽減されるという本稿の文脈に沿うものとなろう。特に，平成29年11月20日付け税制調査会「経済社会の構造変化を踏まえた税制のあり方に関する中間報告②（案）（税務手続の電子化等の推進，個人所得課税の見直し）」では，基本的な申告であれば携帯電話端末（スマートフォン）で簡便に手続を完結できるようにすることが重要である。そして，将来的に，マイナポータルの整備・活用の進捗等に併せて着実に，マイナポータル等において必要な情報を一元的に確認し，活用することができる仕組みの実現を図るべきとされているのである。

　もっとも，他方で，かかる方向性は，年末調整制度の維持を論じる文脈でも展開され得る。前述の税制調査会・中間報告案が，次のような方向性を示している点にも注意が必要である。

　そこでは，所得税の確定申告・年末調整については，現状，納税者（被用者を含む。）は，多くの場合，各種控除関係書類を書面で収受し，それらを参照しながら申告書を作成している。雇用者（源泉徴収義務者）は，年末調整手続において，書面の申告書等の確認・保管に事務負担を負っているから，今後は，経済社会のICT化を踏まえ，確定申告・年末調整手続の電子化を推進し，利便性を高めてオンライン手続の利用を促進することが必要である。そして，同報告案は，こうした将来像に向けて，まずは，確定申告・年末調整手続の電子化を進め，控除関係機関（保険会社・銀行等）→個人→税務署・雇用者（源泉徴収義務者）という情報の流れが基本的にオンラインで完結する仕組みを整備すべきであるとするのである。なお，将来的に，給与・

報酬等の支払者から支払を受ける者のマイナポータル等に支払金額等を正確かつ効率的に通知する仕組みが整備されれば，所得情報も含めて情報を一元的に確認し活用する仕組みが実現する可能性がある。これについては，働き方や収入の稼ぎ方の多様化が進展する中で納税者利便を高めるものとして，マイナポータルの整備・活用の進捗等を踏まえ，検討を進めるべきであるとし，こうした取組を通じて，納税者の手作業を要する部分を減らしていくことにより，納税者自身で正確かつ簡便に申告を行うことができる環境整備が進むと考えられるとするのである。

　かようにマイナンバー等の利活用による納税環境整備は，年末調整廃止の文脈でも年末調整維持の文脈でもそれなりの意義を有するものといえるが，少なくとも，年末調整廃止論に常に立ちはだかる執行困難性という問題を乗り越える大きな契機であることは間違いがなかろう。

2　訴訟ルートの開発

　給与の受給者が国を相手取り直接源泉徴収税額の過大徴収を訴える訴訟ルートが制限されている点に関して，中村芳昭教授は，シャウプ勧告が年末調整制度廃止を論じていた点を，「納税義務者（受給者）の今日的事態を見通した慧眼であった」と論じられる[16]。

　ここで，この点について論じた重要な最高裁判決を二つ確認しておきたい。

　最高裁昭和45年12月24日第一小法廷判決（民集24巻13号2243頁。以下「最高裁昭和45年判決」という。）[17]は，「源泉徴収の対象となるべき所得の支払

---

[16]　中村芳昭「源泉徴収関係の権利救済問題の検討」北野弘久＝兼子仁編『市民のための行政争訟』113頁（勁草書房1981）。

[17]　判例評釈として，可部恒雄・曹時23巻10号391頁，園部逸夫・行政判例百選Ⅰ145頁，北野弘久・民商65巻5号170頁，山田二郎・判評148号117頁，新井隆一・ジュリ509号33頁，清永敬次・シュト118号1頁，村上義弘・租税判例百選〔第3版〕170頁，木村弘之亮・行政判例百選Ⅰ〔第5版〕120頁，木下良平・税務事例3巻5号4頁，堺澤良・税務事例3巻3号27頁，同・税通26巻5号178頁，中津山準一・税通32巻11号238頁，同・38巻15号304頁，高橋祐介・税法571号183頁，高木光・租税判例百選〔第6版〕216頁，手塚貴大・行政判例百選Ⅰ〔第6版〕など参照。

がなされるときは，支払者は，法令の定めるところに従って所得税を徴収して国に納付する義務（以下たんに『納税義務』というときは，これを指す）を負うのであるが，この納税義務は右の所得の支払の時に成立し，その成立と同時に特別の手続を要しないで納付すべき税額が確定するものとされている（国税通則法15条…）。すなわち，源泉徴収による所得税については，申告納税方式による場合の納税者の税額の申告やこれを補正するための税務署長等の処分（更正，決定），賦課課税方式による場合の税務署長等の処分（賦課決定）なくして，その税額が法令の定めるところに従って当然に，いわば自働的に確定するものとされるのである。そして，右にいわゆる確定とは，もとより行政上または司法上争うことを許さない趣旨ではないが，支払われた所得の額と法令の定める税率等から，支払者の徴収すべき税額が法律上当然に決定されることをいうのであって，たとえば，申告納税方式において，税額が納税者の申告により確定し，あるいは税務署長の処分により確定するのと，趣きを異にするのである。そして，以上は，法15条の規定をまつまでもなく，源泉徴収制度の当然の前提として，法の予定するところというべきである。」とし，「したがって支払者は，右の自働的に確定した税額を，法令に基づいてみずから算出し（ただし，計算の前提となるべき諸控除の申告は受給者による），これを支払額より徴収して国に納付すべきこととなるのであるが，それが法定の納期限までに納付されないときは，税務署長は支払者に対し，当該所得の支払と同時に確定した税額を示して納税の告知（法36条）をし，さらに督促を経て，滞納処分をなすべきものとされる。」とする。

　ここで，納税義務の存否又はその範囲如何につき，支払者と税務署長との間に意見の対立がある場合において，支払者がいかなる手続によりこれを争うべきかの問題が生ずるが，この点については，「源泉徴収による所得税についての納税の告知は，課税処分ではなく徴収処分であって，支払者の納税義務の存否・範囲は右処分の前提問題たるにすぎないから，支払者においてこれに対する不服申立てをせず，または不服申立てをしてそれが排斥された

としても，受給者の源泉納税義務の存否・範囲にはいかなる影響も及ぼしうるものではない。したがって，受給者は，源泉徴収による所得税を徴収されまたは期限後に納付した支払者から，その税額に相当する金額の支払を請求されたときは，自己において源泉納税義務を負わないことまたはその義務の範囲を争って，支払者の請求の全部または一部を拒むことができるものと解される（支払者が右の徴収または納付の時以後において受給者に支払うべき金額から右税額相当額を控除したときは，その全部または一部につき源泉納税義務のないことを主張する受給者は，支払者において法律上許容されえない控除をなし，その残額のみを支払ったのは債務の一部不履行であるとして，当該控除額に相当する債務の履行を請求することができる）。

　支払者は，一方，納税の告知に対する抗告訴訟において，その前提問題たる納税義務の存否または範囲を争って敗訴し，他方，受給者に対する税額相当額の支払請求訴訟（または受給者より支払者に対する控除額の支払請求訴訟）において敗訴することがありうるが，それは，納税の告知が課税処分ではなく，これに対する抗告訴訟が支払者の納税義務また従って受給者の源泉納税義務の存否・範囲を訴訟上確定させうるものでない故であって，支払者は，かかる不利益を避けるため，右の抗告訴訟にあわせて，またはこれと別個に，納税の告知を受けた納税義務の全部または一部の不存在の確認の訴えを提起し，受給者に訴訟告知をして，自己の納税義務（受給者の源泉納税義務）の存否・範囲の確認について，受給者とその責任を分かつことができる。」と論じている。

　この判決の考えは，次の最高裁平成4年2月18日第三小法廷判決（民集46巻2号77頁。以下「最高裁平成4年判決」という。）において，一層強化された[18]。同最高裁[19]は，「所得税法によれば，居住者に対して課される所得税の額（以下『算出所得税額』という。）は，一暦年間におけるすべての所得の金額を総合して課税総所得金額等を計算した上，これに所定の税率等を適

⒅　志賀櫻『タックス・イーター』6頁（岩波書店2014）。

用して算出するものとされ（第2編第1章ないし第3章），同法120条1項の規定により確定申告をする居住者は，総所得金額若しくは退職所得金額又は純損失の金額の計算の基礎となった各種所得につき同項5号の『源泉徴収をされた又はされるべき所得税の額』（以下『源泉徴収税額』という。）がある場合には，これを算出所得税額から控除して納付すべき所得税の額を計算し，その結果納付すべき税額があるときは，これを国に納付しなければならないものとされ（同号，128条），また，右の計算上控除しきれなかった金額があるときは，その金額に相当する所得税の還付を受けることができるものとされている（120条1項6号，138条）。

右の120条1項5号にいう『源泉徴収をされた又はされるべき所得税の額』とは，所得税法の源泉徴収の規定（第4編）に基づき正当に徴収をされた又はされるべき所得税の額を意味するものであり，給与その他の所得についてその支払者がした所得税の源泉徴収に誤りがある場合に，その受給者が，右確定申告の手続において，支払者が誤って徴収した金額を算出所得税額から控除し又は右誤徴収額の全部若しくは一部の還付を受けることはできないものと解するのが相当である。」と判示した[20]。このことから，年末調整によって計算されるべき正確な源泉徴収税額のみが所得税法120条1項5号にいう「源泉徴収をされた又はされるべき所得税の額」ということになることから，年末調整によって精算できなかった納税額を確定申告において精算することは違法となると整理されてきたのである。この最高裁判決に対しては，例えば，清永敬次教授が「給与等の支払者が誤って過大に徴収納付した税額もそこにいう源泉徴収税額すなわち『源泉徴収をされた又はされるべき所得税の額』（所法120条1項5号）のうちの『源泉徴収をされた所得税の額』に含まれると解することに少なくとも法文上支障がないと思われる。」とする

⒆　判例評釈として，青柳馨・平成4年度最高裁判所判例解説〔民事篇〕46頁，吉良実・民商107巻3号431頁，浅沼潤三郎・判時1458号196頁，水野忠恒・平成4年度重要判例解説〔ジュリ臨増〕62頁，吉村典久・租税判例百選〔第6版〕218頁，石原直樹・平成5年度主要民事判例解説〔判タ臨増〕282頁，牛嶋勉・税研106号204頁，高橋祐介・税法571号183頁，佐藤孝一・税通47巻9号192頁など参照。

ように批判もあったが[21]，この最高裁判決は判例として定着している。

最高裁昭和45年判決及び最高裁平成4年判決の構成からすれば，本来の納税義務者が源泉徴収の過誤を争点として自己の権利を訴訟において追行するためには，源泉徴収義務者を相手方として源泉徴収金額等の当否を争えばよいということになるのであるが，必ずしもそのような民事上の訴訟において源泉徴収を受けた本来の納税義務者の権利が守られるわけではない。給与所得者が雇主を相手取って訴訟を提起することが現実的でないということのみならず，源泉徴収義務者が人格のない社団等の場合には，法人格を有していない人格のない社団等を相手取って訴訟を提起することさえできないのである。人格のない社団等は租税法上，法人とみなされているので，給与所得や報酬等の支払をする際に源泉徴収義務が課されるが，法人とみなすのは租税法上のみなし規定があるからであって，民事訴訟法上の訴訟当事者能力が付

---

(20)　さらに同判決は，「けだし，所得税法上，源泉徴収による所得税（以下『源泉所得税』という。）について徴収・納付の義務を負う者は源泉徴収の対象となるべき所得の支払者とされ，原判示のとおり，その納税義務は，当該所得の受給者に係る申告所得税の納税義務とは別個のものとして成立，確定し，これと並存するものであり，そして，源泉所得税の徴収・納付に不足がある場合には，不足分について，税務署長は源泉徴収義務者たる支払者から徴収し（221条），支払者は源泉納税義務者たる受給者に対して求償すべきものとされており（222条），また，源泉所得税の徴収・納付に誤りがある場合には，支払者は国に対し当該誤納金の還付を請求することができ（国税通則法56条），他方，受給者は，何ら特別の手続を経ることを要せず直ちに支払者に対し，本来の債務の一部不履行を理由として，誤って徴収された金額の支払を直接に請求することができるのである（最高裁昭和43年(オ)第258号同45年12月24日第一小法廷判決・民集24巻13号2243頁参照）。このように，源泉所得税と申告所得税との各租税債務の間には同一性がなく，源泉所得税の納税に関しては，国と法律関係を有するのは支払者のみで，受給者との間には直接の法律関係を生じないものとされていることからすれば，前記源泉徴収税額の控除の規定は，申告により納付すべき税額の計算に当たり，算出所得税額から右源泉徴収の規定に基づき徴収すべきものとされている所得税の額を控除することとし，これにより源泉徴収制度との調整を図る趣旨のものと解されるのであり，右税額の計算に当たり，源泉所得税の徴収・納付における過不足の清算を行うことは，所得税法の予定するところではない。のみならず，給与等の支払を受けるに当たり誤って源泉徴収をされた（給与等を不当に一部天引控除された）受給者は，その不足分を即時かつ直接に支払者に請求して追加支払を受ければ足りるのであるから，右のように解しても，その者の権利救済上支障は生じないものといわなければならない。」として，源泉徴収誤りについては民事上の紛争解決ルートによるべき旨を説示している。

(21)　清永敬次「給与所得を巡る課税上の法律関係」シュト300号51頁。

与されているわけではないのである。そうであるとすれば，徴収された源泉徴収額の適否等を巡っては民事訴訟において解決すれば足りるという構成には限界があるのであって[22]，その場合には，源泉徴収を受けた受給者等が国を直接相手取って訴訟を提起するほかは途がないのである。このように考えると，最高裁平成4年判決の構成には若干の疑問も残されていたというべきではなかろうか。

ところで，最高裁昭和45年判決及び最高裁平成4年判決があるのにもかかわらず，いわゆる年金二重課税訴訟[23]最高裁平成22年7月6日第三小法廷判決（以下「最高裁平成22年判決」という。)[24][25]は「本件年金の額は，すべて所得税の課税対象とならないから，これに対して所得税を課することは許さ

---

[22] 伊藤進「税法上の『人格のない社団』―民法理論との交錯―」法論41巻2号60頁。
[23] 本件は，年金払特約付きの生命保険契約の被保険者でありその保険料を負担していた夫が死亡したことにより，同契約に基づく第1回目の年金として夫の死亡日を支給日とする年金の支払を受けた上告人が，当該年金の額を収入金額に算入せずに所得税の申告をしたところ，長崎税務署長から当該年金の額から必要経費を控除した額を上告人の雑所得の金額として総所得金額に加算することなどを内容とする更正を受けたため，上告人において，当該年金は，相続税法3条1項1号所定の保険金に該当し，いわゆるみなし相続財産に当たるから，所得税法9条1項15号により所得税を課することができず，上記加算は許されない旨を主張して，上記更正の一部取消しを求めて争われた事案である。
[24] 最高裁平成22年7月6日第三小法廷判決の射程について，酒井克彦「源泉徴収制度における源泉徴収義務の範囲―いわゆる年金二重課税訴訟最高裁判決の示す源泉徴収制度観―（上・中・下）」税務事例47巻7号1頁，同8号1頁，同9号1頁。
[25] 判例評釈として，古田孝夫・平成22年度最高裁判所判例解説〔民事篇〕〔下〕431頁，水野忠恒・租税判例百選〔第5版〕62頁，中里実・ジュリ1410号19頁，佐藤英明・金法1908号18頁，大淵博義・税理53巻14号94頁，品川芳宣・税研154号84頁，大石篤史・ジュリ1410号4頁，神山弘行・租税判例百選〔第6版〕64頁，藤谷武史・ジュリ1410号28頁，渕圭吾・ジュリ1410号12頁，木村弘之亮・租税訴訟5号13頁，同・税弘59巻3号94頁，佐藤英明・金法1908号18頁，一高龍司・平成23年度重要判例解説211頁，高須要子・平成22年度主要民事判例解説330頁，図子善信・速報判例解説8号〔法セ増刊〕261頁，三木義一・税通65巻10号17頁，山田二郎・納税者権利論の課題〔北野弘久先生追悼論集〕579頁，浅妻章如・法教362号45頁，奥谷健・立命館352号110頁，渡辺充・判評624号169頁，伊川正樹・名城60号〔別冊〕123頁，村田敏一・民商143巻6号70頁，渡邊徹也・税通66巻9号176頁，同11号174頁，酒井貴子・民商144巻1号105頁，増田英敏・税弘59巻8号152頁，酒井克彦・税務事例42巻9号1頁，同10号9頁，同11号1頁，同12号8頁など参照。

れないものというべきである。」として，B生命保険会社が源泉徴収の対象
とした本件年金については所得税が非課税となる旨判示した。同判決はその
上で，かかる非課税となるべき本件年金についての源泉徴収について，「所
得税法207条所定の生命保険契約等に基づく年金の支払をする者は，当該年
金が同法の定める所得として所得税の課税対象となるか否かにかかわらず，
その支払の際，その年金について同法208条所定の金額を徴収し，これを所
得税として国に納付する義務を負うものと解するのが相当である。」とし，
「したがって，B生命が本件年金についてした同条所定の金額の徴収は適法
であるから，上告人が所得税の申告等の手続において上記徴収金額を算出所
得税額から控除し又はその全部若しくは一部の還付を受けることは許される
ものである。」と判示したのである。要するに，非課税となるべき所得に対
して課税することは許されないものの，本件年金を支払った保険会社が行っ
た源泉徴収自体には違法がないため，国から還付を受けることができると判
示したのである。

　この考え方は，前述の最高裁昭和45年判決及び最高裁平成4年判決の考え
方に抵触するものではなかろうか。最高裁平成22年判決の判断は，極めて強
いインパクトを有し，いわば源泉徴収を受けた給与等の受給者等に対して，
訴訟ルートを開いたものと解することができるのかもしれない。最高裁平成
22年判決は，これまでの所得税法120条1項5号の呪縛を解き放つものなの
であろうか。

　さて，前述の国税不服審判所裁決において，Xは，本件源泉所得税は適法
に徴収・納付されていたもので，適法に平成18年分の確定申告を行っていた
のであり，判決と同一の効力を有する本件和解により本件配当が取り消され
たことから，最高裁平成22年判決を準用し，次のとおり，本件源泉所得税を
X自らの申告等の手続によって精算できるものである旨主張した。

「①　源泉徴収は飽くまでも申告納税制度を補足するものとして位置づけら
　　れ，源泉徴収された税額は所得税法第120条第1項第5号の規定により
　　確定申告で精算される。

② 本件最高裁判決は，適法に源泉徴収されていれば，年金の受給者が申告等の手続により直接還付を受けることを認めている。

③ 所得税法207条の生命保険契約等に基づく年金に係る源泉徴収の規定も同法181条の利子所得及び配当所得に係る源泉徴収の規定も同じ源泉徴収体系の中にあり，源泉徴収義務の規定も同一性格のものである。」

しかしながら，次のことから，Xの主張は採用できないと判断されている。

「① …所得税法上，源泉所得税について徴収・納税の義務を負う者は源泉徴収の対象となるべき所得の支払者とされ，その納税義務は，当該所得の受給者に係る申告所得税の納税義務とは別個のものとして成立，確定し，これと並存するものと解される。

② 本件最高裁判決の要旨は，初回分年金は被相続人の死亡日を支給日とする年金であるから所得税法第9条《非課税所得》に該当するところ，…同法第207条は同条が適用される源泉徴収の対象である年金を『第76条第3項第1号から第4号まで（生命保険料控除）に掲げる契約，第77条第2項（損害保険料控除）に規定する損害保険契約等その他政令で定める年金に係る契約に基づく年金』と規定し，初回分年金は同法第207条が適用される年金に該当するから，その支払をする者は，初回分年金が同法第9条の規定に該当するか否かに関わらず，その支払の際，その年金について同法第208条所定の金額を徴収し，これを国に納付する義務を負い，当該年金受給者が所得税の申告等の手続においてその徴収された税額を算出所得税額から控除し又はその全部若しくは一部の還付を受けることは許されるとしたものであり，同法第207条の源泉徴収義務について判断したものである。

③ 本件配当が本件和解により取り消された後は，本件配当には，所得税法第24条第1項が適用されないことから同法第181条の規定も適用されなくなったものであり，本件最高裁判決が，源泉徴収義務についての法令の根拠がなくなった源泉所得税についても所得税の申告等の手続においてその精算を認めたものではないことは明らかである。」

このように上記裁決においては，Xの主張は排斥されているのであるが，最高裁平成22年判決の射程範囲をどのように解するかについては，依然として議論が残されているというべきであろう。

3　プライバシー権に対する国民の関心

　いわゆる住民基本台帳ネットワーク（以下「住基ネット」という。）訴訟最高裁平成20年3月6日第一小法廷判決（民集62巻3号665頁）[26]において，プライバシー問題が大きな議論となったことは周知のとおりである。

　原審の大阪高裁平成18年11月30日判決（民集62巻3号777頁）[27]は，「個人の人格の尊厳は近代民主主義思想の根底をなすものであり，憲法13条は，そのような個人の尊重，その生命，自由及び幸福追求という個人の人格的生存に不可欠の権利を宣明し，公共の福祉の実現を任務とする国家も，これらの権利に最大の尊重を払うべきことを要求している。他人からみだりに自己の私的な事柄についての情報を取得されたり，他人に自己の私的な事柄をみだりに第三者に公表されたり利用されたりしない私生活上の自由としてのプライバシーの権利は，人の人格的自律ないし私生活上の平穏の維持に極めて重要なものというべきであるから，いわゆる人格権の一内容として，憲法13条によって保障されているものと解するのが相当である。」とした上で，「自己の私的事柄に関する情報（個人情報）が，自己の知らないうちに，他者によって勝手に収集，利用されるということが行われれば，民主主義社会における自己責任による行動の自由（人格的自律）や私生活上の平穏が脅かされることになる。…プライバシーの権利の保障，それによる人格的自律と私生活

---

[26]　判例評釈としては膨大なものがあるが，差し当たり，増森珠美・曹時62巻11号147頁，田島泰彦・法時80巻6号1頁，平松毅・民商139巻4＝5号84頁，山崎友也・平成20年度重要判例解説〔ジュリ臨増〕11頁，小山剛・論究ジュリ1号118頁，宇賀克也・自治実務セミナー52巻7号46頁・8号44頁・9号50頁，山本龍彦・法教397号49頁，高橋信行・地方自治判例百選〔第4版〕36頁，山本龍彦・憲法判例百選〔1〕〔第6版〕46頁など参照。

[27]　判例評釈として，佐伯彰洋・平成19年度重要判例解説〔ジュリ臨増〕44頁，酒井克彦・自治研究81巻8号120頁など参照。

106　　第1部　論説4

上の平穏の確保を実効的なものにするためには，自己のプライバシーに属する情報の取扱い方を自分自身で決定するということが極めて重要になってきており，その必要性は社会において広く認識されてきているといえる。今日の社会にあって，自己のプライバシー情報の取扱いについて自己決定する利益（自己情報コントロール権）は，憲法上保障されているプライバシーの権利の重要な一内容となっているものと解するのが相当である。」とし，本人確認情報の漏えいや目的外利用などにより住民のプライバシーないし私生活上の平穏が侵害される具体的な危険がある場合には，自己情報コントロール権を侵害するとした。これに対して，最高裁は，「住基ネットにより被上告人らの本人確認情報が管理，利用等されることによって，自己のプライバシーに関わる情報の取扱いについて自己決定する権利ないし利益が違法に侵害されたとする被上告人らの本人確認情報が管理，利用等されることによって，自己のプライバシーに関わる情報の取扱いについて自己決定する権利ないし利益が違法に侵害されたとする被上告人らの主張にも理由がない。」としている。

　ここで問題となった情報とは住基ネットによって管理，利用等される個人情報たる本人確認情報である。すなわち，住基ネットにおいて取り扱われる情報とは，住民票の記載事項（住基法7）のうち，①氏名（同一），②生年月日（同二），③性別（同三），④住所（同七）であり（①ないし④を併せて「基本4情報」という。），これに住民票コード（同十三）及び住民票の記載に関する事項で政令で定めるもの（以下「変更情報」という。）である。これに対して，給与所得者が源泉徴収義務者である給与支給者に提供する情報は本人確認のための情報のレベルを遥かに超えるものである。例えば，障害者控除の適用に当たっては，自身又は家族の障害の程度の告知，具体的には，精神上の障害の程度，心身上の障害の程度を源泉徴収義務者に告知する必要があるし，あるいは寡婦控除を受ける際には，パートナーとの離別の原因として，離婚か死別かなどの情報を提供する必要があるのである（所法190二ハ，194，所規73①六）。その他，配偶者控除や扶養控除等を受ける際には，

年末調整制度廃止論　107

配偶者や被扶養者がどこでどのような所得をどの程度得ているかという情報を提供する必要がある。これらの情報は，基本４情報及び変更情報に比して，プライバシーに関する権利侵害の可能性が高いのではないかという疑問が惹起される。もっとも，源泉徴収義務者たる給与支給者に，このような情報の提供を受ける者としての秘密漏えいを防ぐための法的規制が施されていれば，プライバシーに関する権利侵害のおそれを議論する意味合いもそれほど大きなものとはならないかもしれない。上記のような情報を内包する税務情報の取扱いについては，その情報の性質上，それを取り扱う租税行政当局の当該職員には一般の公務員の守秘義務（国公法100，地公法34）が課されているし，租税法では，それに加えて，更に守秘義務が課されており（通法126），二重の守秘義務で納税者情報は守られているのである。これに比して源泉徴収義務者には国税通則法127条に規定する守秘義務は課されているものの税務職員のような二重の守秘義務ではない。

4　近時の税制改正に伴う源泉徴収制度の複雑化

　平成29年度所得税法改正において，源泉徴収制度は複雑になった。さらに，追い打ちをかけるように，平成30年度税制改正大綱は源泉徴収制度をより複雑にするような提案を行っている。

　給与所得控除は①控除額が一律10万円引き下げられ，②給与所得控除の上限額が適用される給与等の収入金額を850万円とし，その上限額は195万円に引き下げられることとなった。

　また，特定支出控除については，特定支出の範囲に，職務の遂行に直接必要な旅費等で通常必要と認められるものを加え，特定支出の範囲に含まれている単身赴任者の帰宅旅費について，１月に４往復を超えた旅行に係る帰宅旅費を対象外とする制限を撤廃するとともに，帰宅のために通常要する自動車を使用することにより支出する燃料費及び有料道路の料金の額が加えられることとなった。これに伴い，給与所得の源泉徴収税額表（月額表，日額表），賞与に対する源泉徴収税額の算出率の表，年末調整等のための給与所

得控除後の給与等の金額の表等について所要の措置が講ぜられることとなったが，そもそも，330以上の階層に区分された月額表（甲欄）を適用することに加えて，その複雑さが一層増すこととなるであろう。

また，基礎控除について控除額が一律10万円引き上げられることとなり，他方，合計所得金額が2,400万円を超える個人についてはその合計所得金額に応じて控除額が逓減し，合計所得金額が2,500万円を超える個人については基礎控除の適用はできないこととされる。そこで，この見直しに伴い，年末調整において基礎控除の適用を受ける場合に合計所得金額の見積額を申告する等の所要の措置が講ぜられることとなった。このような改正は，地方税についても同様である。地方税法上の基礎控除については，控除額が一律10万円引き上げられ，前年の合計所得金額が2,400万円を超える所得割の納税義務者についてはその前年の合計所得金額に応じて控除額が逓減し，前年の合計所得金額が2,500万円を超える所得割の納税義務者については基礎控除の適用はできないこととなる。なお，この見直しに伴い，前年の合計所得金額が2,500万円を超える所得割の納税義務者については，地方税法37条《調整控除》及び314条の6《調整控除》に規定する調整控除を適用しないこととする等の所要の措置が講ぜられる。

加えて，新たに所得金額調整控除という作業が源泉徴収義務者に課されることとなる。

① その年の給与等の収入金額が850万円を超える居住者で，特別障害者に該当するもの又は年齢23歳未満の扶養親族を有するもの若しくは特別障害者である同一生計配偶者若しくは扶養親族を有するものの総所得金額を計算する場合には，給与等の収入金額（その給与等の収入金額が1,000万円を超える場合には，1,000万円）から850万円を控除した金額の10％に相当する金額を，給与所得の金額から控除する。

② その年の給与等の収入金額から給与所得控除額を控除した残額（以下「給与所得控除後の給与等の金額」という。）及び公的年金等の収入金額から公的年金等控除額を控除した残額（以下「公的年金等に係る雑所得

の金額」という。）がある居住者で，給与所得控除後の給与等の金額及び公的年金等に係る雑所得の金額の合計額が10万円を超えるものの総所得金額を計算する場合には，給与所得控除後の給与等の金額（給与所得控除後の給与等の金額が10万円を超える場合には，10万円）及び公的年金等に係る雑所得の金額（公的年金等に係る雑所得の金額が10万円を超える場合には，10万円）の合計額から10万円を控除した残額を，給与所得の金額から控除する。

③　上記①の所得金額調整控除は，年末調整において，適用できることとする。

④　公的年金等に係る確定申告不要制度における公的年金等に係る雑所得以外の所得金額を算定する場合には，上記②の所得金額調整控除を給与所得の金額から控除する等の所要の措置を講ずる。

このような改正が源泉徴収義務者の負担を増加させることになることは間違いがないであろう。

Ⅲ　年末調整制度廃止論に対する反論

中里実教授は，「日本においては，あいかわらず，アメリカ流の全員が申告を行う所得税制度が理想的であるかのような議論が見受けられるが，そのアメリカの，しかも連邦議会において，そのような制度では納税者の負担が重すぎるとして，それを見直そうとする動きが存在するという点は，強調しておいてよかろう。」とされる[28]。実務家の中にも，租税行政執行のエンフォースメントの観点から源泉徴収制度や年末調整制度の廃止に消極的な見解を示すものもある[29]。また，平成23年6月の所得税法改正によって，年金所得者についての確定申告不要制度が創設されており（所法121③），この点について租税行政執行は簡素化されているとみることもできる。そして，何よ

---

[28]　中里実「アメリカにおける給与所得課税」日税研論集57号191頁。

りも前述したとおり，平成30年度税制改正においては，年末調整の電子化が提案されているのである。

既に，平成29年6月9日に閣議決定された「規制改革実施計画」では，年末調整について，被用者・雇用者を含めた社会全体のコスト削減の観点から，原則全ての年末調整関係書類の電子交付を可能とするとの方針が示されていた。そして，税制調査会もこの方向性を支持し，その着実な実現が必要であるとしたのである。

そもそも，所得税はあらゆる人の収入を把握しなければならないという意味では，行政コストのみならず，納税者にとってのコストが大きすぎるという批判があるが，源泉徴収と年末調整によってこれは簡単に乗り越えることができるのであって[30]，源泉徴収制度や年末調整制度は所得税のコストパフォーマンスを支える理論的支柱になっているということもできるかもしれない。

しかし，これらの見解は執行体制や納税環境が前提とされるものであるから，環境の変化によっては否定的見解とならない余地もあろう。

もっとも，OECDにおいても，納税者へのセルフサービス化が議論される文脈において，確定申告制度の省力化や中間業者や専門家の介在をなくす方向が提唱されるなどしているとおり[31]，確定申告制度の堅持について諸外国における共同歩調がとられているわけではない。ただし，諸外国との比較検討を行うにしても，年末調整制度は必ずしも多くの国が採用するシステムではない。

---

[29] 日景智「所得税と個人住民税との関係について―わが国個人所得課税のメカニズム」税大論叢39号494頁は，「現行〔筆者注：平成14年当時〕の確定申告手続きを前提に，現在の国税の執行体制において，年末調整制度を廃止するようなことは現実的とはいえないものと考える。」とされる。もっとも，同氏は，「電子申告などによる申告手続の簡便化といった環境整備を前提に将来的には廃止という方向も検討されざるを得ないのではないかと考える。」とされる（同稿495頁）。

[30] 森村進「課税理論と財産権論」金子宏監修『現代租税法講座〔第1巻〕理論・歴史』315頁（日本評論社2017）参照。

[31] 酒井克彦「納税者によるセルフサービスと租税行政(1)―歳入当局による納税者サービスの発展―」商学論纂59巻5＝6号387頁。

〔年末調整制度がない国〕[32]

		スウェーデン	エストニア	フランス	カナダ	アメリカ
給与源泉徴収		○ (1947年〜)	○ (1991年〜)	×	○ (1942年〜)	○ (1943年〜)
年末調整		×	×		×	×
記入済申告書		○ (1995年〜)	○ (2001年〜)	○ (2006年〜)	○(※1) (2015年〜)	×
	給与 所得	○	○	○	○	
	金融 所得	利子・配当:○ CG:×(※2)	利子:○ CG:×(※2)	利子・配当:○ CG:×	利子・配当:○ CG:×(※2)	
【備考1】 金融所得の取扱い		分離課税 ・利子・配当・CG:申告	総合課税 ・利子・CG:申告 ・配当:非課税	総合課税 ・利子・配当・CG:申告	総合課税 ・利子・配当・CG:申告	総合課税(利子) 段階的課税(配当・CG) (※3) ・利子・配当・CG:申告
【備考2】 課税方式		賦課課税	申告納税	賦課課税	申告納税	申告納税
【備考3】 生保・医療費・ 寄附金控除の有無		×	生保・医療費:× 寄附金:○	生保・医療費:× 寄附金:○	生保:× 医療費・寄附金:○	生保:× 医療費・寄附金:○

(参考)各国とも、一般的な取扱いを記載。
※1 電子申告を行う場合のみ記入済申告書による申告が可能。
※2 一定の株式の売却金額は記入済申告書に反映されるが、取得価額は反映されない。
※3 アメリカの段階的課税は、給与所得、配当所得及び長期キャピタルゲインの順に各所得を合算した総額に応じて、各所得に係る税率ブラケットがそれぞれ決まるため、勤労所得等の額が、金融所得に係る税率に影響するという点では、総合課税に近い構造を有する。

〔年末調整制度がある国〕[33]

		日本	ドイツ	韓国	イギリス
給与源泉徴収		○ (1940年〜)	○ (1920年〜)	○ (1950年〜)	○(※1) (1944年〜)
年末調整		○ (1947年〜)	○ (1948年〜)	○ (1975年〜)	○(※1) (1944年〜)
	対象となる 控除	生保控除等	生保控除、 寄附金控除等	生保・医療費・ 寄附金等全ての控除	寄附金控除
	金融 所得	×	×	×	利子・配当:○ CG:×
記入済申告書		×	×	×(※2)	×
【備考1】 金融所得の取扱い		分離課税 ・利子:源泉分離課税 ・配当・CG: 源泉徴収により申告不要 (申告により総合課税や分離 課税も選択可)	分離課税 ・利子・配当・CG: 源泉徴収により申告不要 (申告により総合課税も選択 可)	分離課税 ・利子・配当:CGにより 申告不要(※3) ・CG:非課税	段階的課税(※4) ・利子・配当:年末調整により 申告不要(※5) ・CG:申告
【備考2】 課税方式		申告納税	賦課課税	申告納税	申告納税(※6)
【備考3】 生保・医療費・ 寄附金控除の有無		○	○	○	生保・医療費:× 寄附金:○

(参考)各国とも、一般的な取扱いを記載。なお、利子については預貯金の利子、株式等については上場株式等(日本の場合は特定口座を利用)を想定。
※1 年末に一括して行うのではなく、給与支払の度に調整を行う仕組みに移行中。なお、導入年は、現在のPAYE制度の導入年を記載。
※2 韓国における記入済申告書は、一部の零細事業者に対して導入。また、非事業者が確定申告を行う際には、支払調書に基づく所得情報(給与や報酬等)を電子申告サイトで閲覧・利用可能。
※3 利子・配当所得の合計が一定額を超過した場合、申告義務が生じる。超過額に対しては、源泉徴収税率と総合課税の税率のうち、税額の大きい方が適用される。
※4 利子・配当所得は、利子所得、配当所得、譲渡所得の順に各所得を一旦合算した総額に応じて、各所得に係る税率ブラケットがそれぞれ決まるため、勤労所得等の額が、金融所得に係る税率に影響するという点では、総合課税に近い構造を有する。
※5 利子・配当所得への課税は、支払者による源泉徴収ないし、それぞれ一定額以下の場合は雇用者が給与から天引きして徴収。それぞれ一定額を超過する場合は、納税者に申告義務が生じる。
※6 イギリスは個人所得税の電子申告化を進めており(法人税は義務化済み)、電子申告の場合は申告納税だが、引き続き紙申告を選択する場合、賦課課税となる。

112　　第1部　論説4

我が国における租税行政執行のあり方という範囲内で検討を加え，いかなる制度が国民の納税意識を消極化させることなく，効率的に納税を行い得る上で適当なのかという点で考察する以外に途はないように思われる。

Ⅳ　具体的提案

1　選択的確定申告制度

プライバシー権に関する国民意識の高まりを眼前にし，プライバシー権の侵害のおそれを包摂する年末調整制度を現在の制度のまま維持することは困難なのではなかろうか。それでなくとも，そもそも，年末調整制度については学説上も暫定的に肯定しているにすぎないとみるべきであるし，源泉徴収義務者の負担も看過し得ない。そこで，給与所得者に選択的に確定申告の途を開くことを考えてもよいように思われる。差し当たりのラフスケッチではあるが，例えば，給与所得者は源泉徴収義務者に「扶養控除等申告書」（所規73）を毎年最初に給与等の支払を受ける日の前日までに提出することとされているが（所法194①），この際に，「年末調整不要届出書」のような形で，あらかじめ給与所得者に年末調整不要の意思を確認することとし，かような意思を表明した者については，比較的簡易な源泉徴収のための税額表を用意する。その場合，確定申告による精算を前提とすることから，やや高めの源泉徴収を行うこととすれば，最終的な精算を免れることによる租税負担の回避を阻止することが可能となろう。

プライバシー権侵害をおそれる者はかような手続を選択することにより，最終的には自ら確定申告を行い精算をすることになる。他方，かかる手続を選択しない者についてのプライバシー権侵害の問題はいかに解決されるべきであろうか。この点は，プライバシー権たるものの法的性格が明確にされな

⑶²　平成29年6月19日付け税制調査会海外調査報告（総論）10頁。
⑶³　税制調査会・前掲注⑶¹9頁。

年末調整制度廃止論　113

ければ必ずしも妥当する解を導出できないかもしれないが，これを自己情報コントロール権として位置付けることが可能であれば，個人情報を給与支給者の手元に置くことを受給者が自ら容認することは可能となろう。あるいは，そのように捉えなくとも，「宴のあと」事件東京地裁昭和39年9月28日判決（判時385号12頁）にいうように，プライバシーを「一般人の感受性を基準にして当該私人の立場に立った場合公開を欲しないであろうと認められることがらであること」と捉えるのであれば，受給者本人が公開を欲しないという尺度となるので，当該受給者に選択権さえ付与しておけば問題はないように思われる。

　平成17年6月の政府税制調査会基礎問題小委員会「個人所得課税に関する論点整理」は，「給与所得者が自ら確定申告を行うことは，社会共通の費用を分かち合う意識向上の観点からは重要である。税務執行面にも配慮しつつ，こうした機会を拡大していくことが望ましい。給与所得控除の見直しとあわせ，特定支出控除の範囲が拡大されることとなれば，こうした機会は増大すると見込まれる。…確定申告を求める機会を拡大していくのであれば，申告を行うメリットとして，適切な源泉徴収と組み合わせて，確定申告にあたって還付を受けられるといった仕組みとすることも考えられよう。」と答申しており，この視角は，既に，平成14年6月の政府税制調査会答申「あるべき税制の構築に向けた基本方針」が，「源泉徴収及び年末調整は，適正かつ確実な課税の担保，納税者の手続きの簡便化等の観点から今後とも基本的に存置させるべきである。」としつつも，「しかし，給与所得者が自ら確定申告を行うことは，社会共通の費用を分かち合っていく意識を高める観点から見れば重要である。」としたところの延長線上にあるといえよう。もっとも，平成17年6月の「個人所得課税に関する論点整理」は，「年末調整のあり方についても，諸控除の適用のために必要となる個人情報の取扱いとの関係にも留意しつつ，引き続き議論を行っていく必要がある。」ともしており，ここで要請する個人情報の取扱いへの配慮は上記の提案の方向で解決を図るべきではなかろうか。

もっとも，選択的確定申告制度とすれば，年末調整を選択した者の税額精算に係る計算については雇用者のサービスということになるので，給与所得者が雇用者に対して費用負担を行うべきとの議論の展開が予想され得る。また，かかる制度の選択権を受給者サイドのみならず，支給者の側にも与えるべきとの議論もあり得る。すると，企業によって，年末調整サービスを行わないことも許容しなければならなくなろう。企業にとっては，給与所得者の身上把握というメリットを考慮に入れた選択が検討されることになろう。

　その際，米国の源泉徴収制度にあるReal Estate Withholding Certificate制度なども参考となろう[34]。これは，一定の証明書（593-C）を提出した場合には，不動産取引に係る源泉徴収義務を免除する方式の制度であるが，この

---

[34] (a) General rule
　Except as otherwise provided in this section, in the case of any disposition of a United States real property interest (as defined in section 897(c)) by a foreign person, the transferee shall be required to deduct and withhold a tax equal to 15 percent of the amount realized on the disposition.
(b) Exemptions
　(1) In general
　　No person shall be required to deduct and withhold any amount under subsection (a) with respect to a disposition if paragraph (2), (3), (4), (5), or (6) applies to the transaction.
　(2) Transferor furnishes nonforeign affidavit
　　Except as provided in paragraph (7), this paragraph applies to the disposition if the transferor furnishes to the transferee an affidavit by the transferor stating, under penalty of perjury, the transferor's United States taxpayer identification number and that the transferor is not a foreign person.
　(3) Non publicly traded domestic corporation furnishes affidavit that interests in corporation not United States real property interests Except as provided in paragraph (7) [Special rules], this paragraph applies in the case of a disposition of any interest in any domestic corporation if the domestic corporation furnishes to the transferee an affidavit by the domestic corporation stating, under penalty of perjury, that—
　　(A) the domestic corporation is not and has not been a United States real property holding corporation (as defined in section 897(c)(2)) during the applicable period specified in section 897(c)(1)(A)(ii), or
　　(B) as of the date of the disposition, interests in such corporation are not United States real property interests by reason of section 897(c)(1)(B).

ように源泉徴収義務者が当局に対して，給与受給者との間に締結された年末調整非適用の取決めをエビデンスとして提出するようなやり方が考えられよう。

2 記入済申告制度

本来であれば，納税者は確定申告において課税対象所得金額の申告さえ行えば，後の税額計算や予定納税・源泉徴収との精算といった計算については税務行政の側において行うことができるのである。そのように考えると，税額計算上の誤りリスクをあえて納税者に負わせる積極的理由に乏しく，納税者は必要最低限の申告さえ行えばよいということになろう。

もっとも，自らの税額に対する認識のないまま課税対象所得金額の申告のみで完結するということでは，主体的な納税者としての自覚を醸成するという確定申告における重要な意義を減じてしまうことになるが，自らの課税対象所得金額を電子申告すれば，自動的にマイナポータルによって集約された各種の税額控除が既に記入され，税額が自動的に算出されるというシステムの導入が考えられる[35]。

事前に税務行政がマイナンバー制度の活用によって集約した税額控除や源泉徴収税額等の内容が白地の確定申告書に記載されている仕組みを設け，納税者は，申告すべき内容のみを記載することで自動的に税額が計算され記載されるという方式による記入済申告制度の導入が検討されるべきである。

---

[35] 金融税制・番号制度研究会『ICTの税務への活用―日本版IRA・日本型記入済み申告制度の導入―』4頁（金融税制・番号制度研究会2017），森信茂樹「記入済み申告制度の概要と我が国への導入について」アコード・タックス・レビュー2号3頁，土屋雅一「マイナンバー及びマイポータルを利用した記入済申告制度（Pre-filled Tax Returns）の実現方法について」税大ジャーナル19号59頁，石川緑「記入済申告制度の変遷と我が国への制度導入検討」アコード・タックス・レビュー9＝10号78頁も参照。*See, also,* OECD "Using third party information reports to assist taxpayers meet their return filing obligations ―country experiences with the use of pre-populated personal tax returns", OECD "Tax administration 2015", OECD "Tax administration 2017".

3　所得控除と税額控除

　所得控除については，累進税率の影響を受けることによって，高額所得者に比して，低額所得者が税制上の不利益を受けているとの指摘がある[36]。

　金子宏教授が，所得控除の多くを税額控除とすることの可能性を述べられているとおり，現行制度下における所得控除は税額控除に移動させることが理論上可能である[37]。

　現行制度においては，税務当局が行うべき租税行政を民間の源泉徴収義務者に委ねる方式としているところ，本来納税義務者である給与所得者の選択によって，源泉徴収義務者の手から納税者及び税務当局の手に移行するというのが本稿における提案であるが，その際，納税者における手続と税務当局における手続に分類することが必要となる。その際の分類を，所得控除の税額控除化との関係の中で見出すことが考えられる。税額の確定作業の大部分は納税者自身が行うという申告納税制度の本旨に従い「確定申告」によって納税者本人が行うべき租税確定手続領域と，税務当局が行うべき租税確定手続領域の切り分けである。すなわち，大幅に，所得控除から税額控除への移行を行うとともに[38]，税額控除を「申告税額控除」と「申告不要税額控除」

---

[36]　藤本哲也「扶養控除の『税額控除化』─その現代的文脈を考える─」中央ロー・ジャーナル2巻2号60頁，酒井克彦「租税負担能力に応じた課税の実現─所得控除の意義と最近の議論─」税大ジャーナル13号23頁参照。もっとも，この指摘について，税制調査会は平成12年7月答申において，所得控除により所得が大きいほど税負担軽減額が大きくなるのは，大きな所得に対して累進税率が適用される結果，より大きな税負担を求めていることの「裏返し」にすぎない旨，説明されている。
　　そもそも，障害者控除，老年者控除，寡婦控除及び勤労学生控除といった所得控除は，創設当初は税額控除であったものが，昭和42年の税制改正において，税制の簡素化の観点から見直しがされ，所得控除となったものである。そのような意味では，現行法上の所得控除が明確な理論的裏付けによって所得控除に位置付けられているわけのものでもないのである。なお，所得控除と税額控除との相対性に関して，酒井克彦『クローズアップ課税要件事実論〔第4版改訂増補版〕』138頁（財経詳報社2017），同「所得控除と所得控除─両控除の性格付けについて─」税弘55巻6号99頁も参照。
[37]　金子宏「総説─所得税における所得控除の研究」日税研論集52号3頁）。
[38]　酒井克彦「扶養控除の簡素化と税額控除への移行構想に関する若干の考察（上）（中）（下）」税弘57巻1号88頁，同2号55頁，同5号52頁，同「社会経済の構造変化を踏まえた税制のあり方に関する論点整理」税理59巻2号2頁も参照。

とに分けた上で，「申告不要税額控除」については，税務当局の計算に委ねることとすれば，不要な計算ミスなどを防ぐことができる。租税法に対する不知・誤解に基づく誤りを防止することにも繋がる。

　私見では，基本的に所得控除には，雑損控除，医療費控除，寄附金控除だけを残してはどうかと考える。雑損控除と医療費控除を確定申告において申告することの理由はマイナンバーによっても，税務当局が把握しきれないという点にある。この点，医療費控除については，医療情報とのデータ接続によってある程度，税務当局に情報を接続することは可能であるかもしれない[39]。しかし，仮に，すべての情報が税務当局に伝達され得る状況にあったとしても，ヒューマンキャピタル[40]における修繕費的性質としての医療費には経費的意義が認められる以上，所得計算領域に位置付けられると考えられることから，申告を要する所得控除と整理しておきたい。また，寄附金控除については，高額所得者に寄附の多くを頼ることが肝要であり，寄附に対するタックスメリットとしてのインセンティブ的取扱いを残す必要があると考えるから所得控除が適当である[41]。この辺りは議論の余地もあろう。

　これに対して，税額控除は基本的にはすべて税務当局がマイナンバー制度等の活用によって把握することができるので，確定申告を不要とすることができると思われる。もっとも，配当控除，外国税額控除，寄附金控除といったマイナンバー制度等の活用が見込めないものについては，申告を必要とす

---

(39)　なお，前述の平成29年11月20日付け税制調査会「経済社会の構造変化を踏まえた税制のあり方に関する中間報告②（案）（税務手続の電子化等の推進，個人所得課税の見直し）」では，医療費控除について，平成30年1月から，保険者が発行する医療費通知データを活用して電子申告を行う仕組みが開始するが，各保険者において必要なシステム整備等が行われるよう，政府として働きかけを一層行うべきである。医療費通知データの取得は，まずは保険者のウェブサイトから納税者がダウンロードする方式が予定されているが，マイナポータル等を活用し一層簡便に電子申告につなげる仕組みの構築について，関係省庁において引き続き協議を行う必要があるとされている。

(40)　中里実「所得控除制度の経済的意義」日税研論集52号105頁。

(41)　この点については，酒井克彦「寄附金控除の今日的意義と役割（上）（中）（下）─公益の増進に寄与するための寄附金の奨励措置」税弘58巻2号136頁，同3号155頁，同4号138頁も参照。

るので，差し当たり「申告税額控除」として，他の「申告不要税額控除」と
分ける必要がある。

収入－経費＝所得	
所得控除 （雑損控除 医療費控除 寄附金控除）	

算出所得金額×税率

申告税額控除	配当控除，外国税額控除 寄附金控除

確定申告

申告不要税額控除	人的控除（基礎控除，配偶者控除，配偶 者特別控除⑷，扶養控除，勤労学生控除， 障害者控除，寡婦（夫）控除），社会保険料 控除，生命保険料控除，地震保険料控除， 小規模企業共済等掛金控除，住宅借入金 等特別控除など

納付税額
予定納税
源泉徴収税額（全員分の個別支払調書の提出義務化）

税務行政
（税務当局）

　ここに示した私案は，部分的にではあるものの本来の納税義務者と税務当

⑷　配偶者特別控除を他の人的控除と同様に扱ってよいか否かについては，議論のあると
　ころである。谷口勢津夫教授は，同控除は配偶者控除を調整するという考え方に基づい
　て設置された消失控除という性質を強調され，基礎的人的控除とは別のものと位置付け
　られる（谷口「人的控除」税研25巻 1 号86頁）。

年末調整制度廃止論　　119

局による租税確定手続が完了するという仕組みを担保しようとするものであって，かような提案は，納税環境の変化に応じてフレキシブルに変更される性質を常に帯有するものであるが，基本的コンセプトとして，源泉徴収制度を堅持しつつ年末調整を廃止していくという考え方であることには変わりがない。行政効率性の陰に隠れてしまいがちな主体的納税者の存在を意識した一つの提案である。

結びに代えて

申告納税制度は，納税者によって第一義的に所得税を確定し，必要に応じて，第二義的に租税行政当局による是正の機会を予定する制度であり，同制度は，あくまでも国税通則法16条《国税についての納付すべき税額の確定の方式》によって創設された制度であるといえよう。したがって，そもそも給与所得者に確定申告権があるとはいえないと解するべきであろう。もっとも，そのことは，立法論において給与所得者に確定申告の途を開くことを否定するものではないが，確定申告権たるものがそもそもあって，確認的規定にすぎないということであれば，何ら立法的措置は不要ということになろうが，そうは解されない。いずれにしても，これまで多くの議論は，例えば，給与所得者の特定支出控除（所法57の２）の枠が小さく適用の余地が極端に狭いとか，源泉徴収税額についての訴訟ルートの問題などが中心的に議論されてきたが，筆者は，プライバシー問題がこれだけ大きく取り扱われている現下においては，この視角からの議論の重要性を改めて強調したい。もっとも，給与支給者においては，所得税のみならず，地方税あるいは国民健康保険税（料），給与等に付随する各種手当の支給慣行を無視して，単に所得税のみの問題では片付けられないという反論もあろう。しかしながら，そのことがプライバシー問題を現状のまま放置しておいてよいという免罪符とはなり得ないこともまた事実である。

また，民主主義国家の参画者としての市民的意識の醸成（市民性の獲得）

の重要性を考えると，年末調整制度がその弊害にあると考えられるところである。租税リテラシー教育の重要性を述べるに紙幅の制約があるので，この点については触れることができなかったが[43]，シティズンシップ教育としての租税教育の進展と同時に，租税制度として年末調整制度の段階的廃止が検討されるべきであると考えられる。

---

[43] この点について，酒井克彦「シティズンシップ教育としての租税教育─税理士を通じた通報制度と市民意識の醸成」税理61巻4号160頁参照。

公益法人制度における3つの「特別の利益」

永島　公孝
....
税理士

I　はじめに

　「特別の利益」という言葉が公益法人制度改革によってクローズアップされている。税の世界でも「特別の利益」という言葉が散見される。一体，「特別の利益」とはそれぞれどのような意味を持つのであろうか。「特別の利益」という言葉が独り歩きし，巨人のごとく，非営利の世界の法人の行動に制約をかけているように思われる。

　非営利の世界で耳にする「特別の利益」は，大きく分けると3つの意味で使用されている。

　第1の意味　公益認定における「特別の利益」

　第2の意味　実施事業等における「特別の利益」

　第3の意味　法人税基本通達1－1－8が掲げる「特別の利益」

　そこで，まずこれらの「特別の利益」について，趣旨，内容を確認していくことにする。

Ⅱ　公益認定における「特別の利益」

　「特別の利益」の第1の意味は，公益認定基準の中に出てくる特別の利益で，公益社団法人及び公益財団法人の認定等に関する法律（以下「公益認定法」という。）5条3号と4号に示されている。

　公益認定法5条は，18項目に及ぶ公益認定基準を掲げ，行政庁が公益認定の申請をした特例民法法人（旧社団法人及び旧財団法人，以下旧民法法人に同じ。）及び一般社団法人又は一般財団法人（一般法人，以下同じ。）に対して，この認定基準に適合すれば，公益社団法人又は公益財団法人（公益法人，以下同じ。）として認定することを規定している。認定基準の中で本稿が取り上げる「特別の利益」に関する条項は2つ，1つは，5条3号にその事業（公益目的事業に限らない。）を行うに当たり，社員，評議員，理事，使用人その他の政令で定める当該法人の関係者に対して特別の利益を与えてはいけないという規定であり，もう1つは4号において株式会社等の営利事業者や特定の個人又は団体に対して特別の利益を与えてはいけないという規定である。端的に言えば，当該法人と一定の特別関係にある者に対する利益供与の禁止である。

(1)　3号に規定する「特別の利益供与」禁止の対象

特別の利益を与えてはならない法人の関係者とは

① 　理事，監事，又は使用人

② 　一般社団法人の場合には，社員又は基金の拠出者

③ 　一般財団法人の場合には，設立者又は評議員

④ 　①～③の配偶者又は三親等内の親族

⑤ 　①～④の者と婚姻の届出をしていないが事実上婚姻関係と同様の事情にある者

⑥ 　④⑤に掲げる者の他①～③の者から受ける金銭その他の財産によって生計を維持する者

⑦ ②又は③の者が法人である場合には，その子法人又は親法人
をいう，と規定している（公益認定法施行規則１条）。

この３号の趣旨は，第２回公益認定等委員会議事録で次のように説明され
ている。

「『特別の利益を与えない者』でございますけれども，公益法人認定法第５
条第３号におきまして，公益法人というのは事業を行うに当たって社員，評
議員，理事，監事，使用人その他の政令で定める当該法人の関係者に『特別
の利益』を与えてはいけないと書いてございます。この趣旨でございますけ
れども（中略），公益法人というのは，不特定かつ多数の者の利益の増進に
寄与するということから見て，特定の者に特別の利益を与えるというのは適
当ではないだろう。特に法人の関係者にあっては，その地位を利用して，自
らとか，あるいは自らに密接な関係のある者に利益誘導をするという可能性
もあることから，あらかじめそういう関係者の範囲を定めて『特別の利益』
を与えないということを認定基準として設けて，この公益法人の社員とか一
般財団法人の設立者に対して利益分配を行わないという非営利性を実質的に
担保しようとしたというのがこの基準の趣旨でございます」。

要するに，この社員等に対する特別の利益供与禁止の規定は，公益法人の
非営利性を実質的に担保するために，法人関係者は自ら又は自らと関係ある
者に対して利益誘導の可能性を防止することにある。

また，同議事録で，「いわゆる認定NPO（法人）として認定を受けるため
の基準のうち，特別な利益を与えてはいけない範囲というのを定めた規定が
ございまして，それが具体的には法人の関係者の配偶者とか三親等内の親族，
内縁関係者，使用人というのがございますので，そういうものはここでも…
採用してはどうかということでございます」としている。つまり，認定
NPO法人の認定基準との整合性を図っていることが読み取れる。

(2) 4号に規定する「特別の利益供与」禁止の対象

株式会社等に対する特別の利益供与を禁止している規定で，禁止の内容は
「その事業を行うに当たり，株式会社その他の営利事業を営む者又は特定の

個人若しくは団体の利益を図る活動を行うものとして政令で定める者に対し，寄附その他の特別の利益を与える行為を行わないもの」であるとする。但し，公益法人が，公益目的事業を行うその公益法人のために寄附その他の特別の利益を与える行為は禁止の対象とされない。ここで，政令が定める「特定の個人又は団体の利益を図る活動を行う者」は，次のように定められている（公益認定法施行令2条）。

① 株式会社その他の営利事業を営む者に対して寄附その他の特別の利益を与える活動を行う個人又は団体

② 社員その他の構成員又は会員若しくはこれに類するものとして内閣府令で定める者の相互の支援，交流，連絡その他の社員等に共通する利益を図る活動を行うことを主たる目的とする団体

なお，内閣府令で定める「会員に類するもの」とは，とくていの者から継続的に若しくは反復して資産の譲渡若しくは貸付け若しくは役務の提供を受ける者又は特定の者の行う会員等相互の支援，交流，連絡その他その対象が会員等である活動に参加する者である（公益認定法施行規則2条）。

この規定の趣旨について，前出公益認定等委員会議事録では，次のように述べている。

「この規定が設けられた趣旨というのも前の第3号と同じように，公益法人たるもの特定の者に『特別の利益』を与えてはいけないというところから来ております。この規定そのものは，ややこしいんでございますけれども，まず株式会社その他の営利事業を営む者に対しては，『特別の利益』を与えてはいけないというのは決まっています。政令で特定の個人，もしくは団体の利益を図る活動を行う者を決めた場合には，その者に対して利益を与えてはいけないとういうことになっております。第5条の1行目『株式会社その他の営利事業を営む者』の中の営利事業の中には，収益事業を営む者が基本的に全部入るものですから，そうすると，公益法人で収益事業を営んでいる者も一旦はここで入ってくる。ただ，公益法人が公益目的事業を行うために，その他の公益法人が寄附その他の利益を与えることはいいことだと，それを

禁止する理由はないということなので，このただし書きにおきまして，公益法人にたいして利益を与える場合には，それはこの基準は抵触しませんという形で公益法人を対象から抜いているということでございます」。また，「寄附その他の特別の利益は何かということでございますが，これも前号と同様に社会通念等から判断して，合理性を欠く不相当な優遇はこれに当たり，事業の具体的な内容に基づいて個別的に判断されるものです。例えば利益を受ける者の選定過程は公平であって，透明性が確保されているなど，不特定かつ多数の者が同等の機会を与えられている場合などには，これに該当しないものと考えられるということでございます」。そして，「ここの営利事業というのは，法人法制の営利，非営利ということではなくて，利潤を上げる事業という意味で営利事業となっておりまして，そのためにただし書きでわざわざ公益法人が収益事業を行う場合もあるので抜いているということで，これは法案立案の段階での議論を踏まえて，このような規定になってございます」。

つまり，要約すれば，

① 4号の「特別の利益」とは，3号と同様に「社会通念等から判断して，合理性を欠く不相当な優遇等」を意味する。

② 「営利事業」とは，法人法制の営利・非営利の意味でなく，「利潤を上げる事業」という意味である。

また，この基準も認定NPO法人の認定での基準を考慮していることは，上記の議事録から窺えるであろう。

(3) ガイドラインによる「特別の利益供与」の意味

では，どのような場合が「特別の利益の供与」に相当するのであろうか。公益認定等ガイドライン（以下「ガイドライン」という）Ⅰ－3によると，「認定法第5条第3号，第4号の『特別の利益』とは，利益を与える個人又は団体の選定や利益の規模が，事業の内容や実施方法等具体的事情に即し，社会通念に照らして合理性を欠く不相当な利益の供与その他の優遇がこれに当たり，申請時には，提出書類等から判断する。なお，寄附を行うことが直

ちに特別の利益に該当するものではない。また、『その事業を行うに当たり』とは、公益目的事業の実施に係る場合に限られない。認定後においては、確定的に利益が移転するに至らなくとも、そのおそれがあるとみとめられる場合には報告徴収（認定法第27条第1項）を求めうる」と書かれている。

ガイドラインの記述をまとめてみよう。

① 「特別の利益」とは、利益を与える個人又は団体の選定や利益の規模が、事業の内容や実施方法等具体的事情に即し、社会通念に照らして合理性を欠く不相当な利益の供与その他の優遇である。

② 「特別の利益」に該当するかどうかは、具体的事情に即した個別の判断をする。

　　申請時：提出書類から判断する。

　　認定後：法人関係者に確定的に利益が移転するに至らなくとも、そのおそれがあると認められる場合には報告徴収を求められることが想定される。

③ 「特別の利益」を与えてはならないのは、「その事業を行うため」であるから、公益目的事業の実施に係る場合に限らず、収益事業等の場合も含まれると思われる。

④ 寄附を行うことが直ちに「特別の利益」に該当するわけではない。

なお、参考までにこの問題に関するパブリック・コメントを掲げておこう。

・非会員の負担において賛助会員が利益を受けるような関係になっていればともかく、賛助会員に謝意程度のメリットを付与することは、合理性を欠く不相当な利益の供与は当たらない（パブリック・コメント19）。

・特別の利益の判断に当たっては、当該法人の定款等の規定も根拠の一つにはなるが、むしろ法人が供与する利益の実態を捉えることのほうが重要です。なお、特別利益の供与の禁止は公益目的事業に限定した基準ではないということとの関係で、公益法人は公益目的事業比率を満たす範囲で会費等をもとに共済事業を行うことができる。この共済事業は一般的には特別の利益には該当しない（パブリック・コメント22）。

公益法人制度における3つの「特別の利益」　**127**

Ⅲ　実施事業等における「特別の利益」

　第2の意味として捉える「特別の利益」は，特例民法法人が一般法人に移行し，公益目的支出計画実施の過程において生じる場合である。

　整備法117条2項は，「第119条第1項に規定する公益目的財産額が内閣府令で定める額を超える認可申請法人にあっては，同項に規定する公益目的支出計画が適正であり，かつ，当該認可申請法人が当該公益目的支出計画を確実に実施すると見込まれるものであること」とし，この規定を受けてガイドラインⅡ-1⑵は，「実施事業等を行うに当たり，特別の利益を与えないものであること」が，公益目的支出計画の適正性を確認する1つの要件とされている。

　公益目的支出計画とは，特例民法法人が，一般法人に移行する場合に移行時点の純資産を基礎として算定した「公益目的財産額」から公益目的支出額を控除した額，つまり「公益目的財産残額」がゼロになるまで，一般法人に移行後，計画的に公益目的のために支出させる制度であり（整備法119①），これは「民法34条の法人は，公益活動を行うとして，寄附や税制の優遇を得て財産を形成してきたと考えられます。そのようないわば公益的性格を有する財産が，事業内容や残余財産の帰属が法人の自治に委ねられる一般法人に移行することにより，無制限に公益目的以外に費消されることは適当ではなく，公益のために支出されるべきである」（中田ちず子『実務家のための新公益法人の移行手続と会計・税務』，税務研究会出版局，平成20年，156頁）というのがその趣旨とされる。

　そこで，民法法人時代に蓄積した財産を公益目的以外に費消することを禁ずる一環として，ガイドラインは「実施事業等を行うに当たり，『特別の利益』（認定法と同様の考え方とする。）を与えることとなる事業又は寄付は，実施事業等とは認められない」とした。

　これは前述した公益認定法5条3・4号の規定と同様の考え方を示したも

のであるから，特別の利益供与という行為が公益目的支出計画の実施過程で行われれば法令違反になることはもとより，移行認可申請時に提出する公益目的支出計画自体にそのような疑いが認められれば移行認可は拒否される。

　第31回公益認定等委員会は，この点について「『実施事業等を行うに当たり，特別の利益を与えないものであることについて』でございます。これが，計画が適正であるかどうかの１つの要件として整理をしております。具体的には公益法人認定法と同一の考え方と整理しておりまして，実施事業等を行うに当たりまして特別の利益を与えることとなる事業等については，これは実施事業等とは認められないということです。（中略）１月25日の委員会資料の抜粋を御覧ください。公益法人認定法第５条第３号，第４号関係です。ここで，『特別の利益』とは社会通念に照らして合理性を欠く不相当な利益の供与その他の優遇が特別の利益に該当するとまとめております。この考え方を準用しております」と議事録に明記している。

　公益認定法のいう「特別の利益」，公益認定等委員会のいう「特別の利益」，ガイドラインのいう「特別の利益」のいずれも，その基底にあるのは「社会通念等から判断して，合理性を欠く不相当な優遇等」である。

　では，議事録が残した「社会通念に照らして合理性を欠く不相当な利益の供与その他の優遇」は，どのように判断するのか。

　そもそも「特別の利益」とは，定義がないことに気付く。「社会通念等から判断して…合理性を欠く云々」は，第２回公益認定等委員会議事録から抽出した言葉であって，法律，ガイドラインが定義しているわけでない。なぜだろうか。

　このことについて，第29回公益認定等委員会議事録での出口委員の発言が参考となる。すなわち，「『特別の利益』というのは，どういう経緯でということよりも，やはりその意図とか，その結果というか，そこのところが非常に大事であって，プロセスの段階においてそこをカモフラージュしようという方法は幾らでもあります」。つまり，「社会通念」，「小売性を欠く」，「優遇」という抽象的な文言により，場面場面に備えて，提出書類等により審査

公益法人制度における３つの「特別の利益」　129

する側に判断を委ねた，公益認定，移行認可基準なのだと思われる。

Ⅳ　税法における「特別の利益」

1　税法独特の法人類型

　公益法人税制は，平成20年度に大幅な改正が行われた。これは，平成20年12月1日からスタートした新たな公益法人制度（新制度）に対応して整備されたものである。この「特別の利益」を検討する前に，まず，公益法人の現行芸西の考え方から整理していこう。

　法人の各事業年度の所得の金額は，各事業年度の益金の額から損金の額を控除して計算する（法法5，22）。公益法人等又は人格のない社団等は各事業年度の所得のうち，収益事業から生じた所得についてのみ法人税が課される（法法7）。

　ここで，「公益法人等」とは，別表第二に掲げる法人をいう（法法2⑥）。別表第二に掲げる法人には公益社団法人及び公益財団法人，非営利型一般社団法人及び非営利型一般財団法人（非営利型法人，以下同じ）のほか，社会福祉法人，学校法人，宗教法人等がある。特例民法法人は，別表第二には掲記されていないが，改正法附則10①で法人税法第2条に規定する「公益法人等」とみなす，とされている。これらの法人が行う事業のうち，法人税法施行令5条1項に特掲されている物品販売業等34事業のいずれかに該当する事業を行っている場合には，法人税の課税の対象となる。

　この「公益法人等」の対極に位置付けられているのが「特定普通法人」である。「普通法人」とは，法人税法2条9号に定義があり，「第5号から第7号までに掲げる法人以外の法人をいい，人格のない社団等を含まない」とされている。法人税法2条5号は公共法人（別表第一に掲げる法人），同条6号は公益法人等（別表第二に掲げる法人），同条7号は協同組合等（別表第三に掲げる法人）である。そして，特定普通法人とは，「一般社団法人若しくは一般財団法人又は医療法人のうち，普通法人であるもの」（法法10の3）

をいい，別表第二から除外された。要するに，一般社団法人，一般財団法人でも，口授する一定の要件を満たした非営利型法人であれば公益法人等に含まれ，非営利型の要件を満たさない一般社団法人，一般財団法人は公益法人等には該当しないこととされたのである。この非営利型に該当しない法人を法人税法上では「特定普通法人」と称して区区別している。法人税法独特の分類である。

この特定普通法人に該当すると，旧民法法人時代から継続して公益的な事業を行っていても，事業活動による対価収入はもとより，従来は非課税であった会費収入や寄附金収入等すべての収入が法人税の課税対象となる。つまり，株式会社等営利法人と同じに全所得が課税の対象とされるのである。

一般社団法人，一般財団法人は，前述したように法人税法上，非営利型法人と非営利型法人以外の法人（特定普通法人）に大別される。そして，非営利型法人は，さらに2つの類型に区別されるから，一般社団法人，一般財団法人は，法人税法上は3つの類型に分類され，課税上の取り扱いも非営利型法人と特定普通法人では大きな違いがある。

公益法人等の範疇にある非営利型一般社団法人，非営利型一般財団法人は，次の2つの類型に区別される。

(1) 非営利性が徹底されている法人（剰余金非分配法人）

その行う事業により利益を得ること又その得た利益を分配することを目的としない法人であって当該事業を運営するための組織が適正であるもの（法法2九のニイ）

〈要件〉法令3①，法規2の2①

① その定款に，剰余金の分配を行わない旨の定めがあること

② その定款に，解散したときはその残余財産が国若しくは地方公共団体又は公益社団法人，公益財団法人，そのほか公益認定法5条17号イからトまでに掲げる法人―例えば学校法人，社会福祉法人，更生保護法人などに帰属する旨の定めがあること

③ 理事及びその親族等である理事の合計数が，理事の総数の3分の1以

下であること

④　①及び②の定款の定めに違反する行為を行うことを決定し，又は行ったことがないこと（特別の利益供与を含む。）

(2) **共益的事業を行う法人（共益法人）**

その会員から受ける会費により当該会員に共通する利益を図るための事業を行う法人であって，その事業を運営するための組織が適正であるもの（法法２九の二ロ）

〈要件〉法令３②，法規２の２

①　会員に共通する利益を図る活動を行うことを主たる目的としていること

②　会員が負担すべき金銭の額（会費）が定款等に定められていること

③　特定の個人又は団体に剰余金の分配を受ける権利を与える旨等が定款等において定められていないこと

④　理事及びその親族等である理事の合計数が，理事の総数の３分の１以下であること

⑤　主たる事業として収益事業を行っていないこと

⑥　特定の個人又は団体に特別の利益を与えないこと

⑦　定款に，解散したときはその残余財産が特定の個人又は団体（国又は地方公共団体のほか上記(1)の②に掲げる法人又はその目的と類似の目的を有する他の一般社団法人，一般財団法人を除く。）に帰属する旨の定めがないこと

2　「特別の利益」の税法上の定義

ここで，法人税法施行令３条をみると「特別の利益」という言葉が登場していることがわかる。

法人税法施行令３条１項３号括弧書

剰余金の分配又は残余財産の分配若しくは引き渡し以外の方法…により特定の個人又は団体に特別の利益を与えること

132　　第１部　論説5

法人税法施行令3条2項6号

　個人又は団体に剰余金の分配その他の方法…により特別の利益を与えること

　この法人税法施行令3条1項3号，2項6号の「特別の利益を与えること」の意義について，国税庁は次のように法人税法基本通達を発遣してその取扱いを示している。

（非営利型法人における特別の利益の意義）

1－1－8

　令第3条第1項第3号及び第2項第6号（非営利型法人の範囲）に規定する「特別の利益を与えること」とは，例えば，次に掲げるような経済的利益の供与又は金銭その他の資産の交付で，社会通念上不相当なものをいう。

⑴　法人が，特定の個人又は団体に対し，その所有する土地，建物その他の資産を無償又は通常よりも低い賃貸料で貸し付けていること。

⑵　法人が，特定の個人又は団体に対し，無利息又は通常よりも低い利率で金銭を貸し付けていること。

⑶　法人が，特定の個人又は団体に対し，その所有する資産を無償又は通常よりも低い対価で譲渡していること。

⑷　法人が，特定の個人又は団体から通常よりも高い賃借料により土地，建物その他の資産を賃借していること又は通常よりも高い利率により金銭を借り受けていること。

⑸　法人が，特定の個人又は団体の所有する資産を通常よりも高い対価で譲り受けていること又は法人の事業の用に供すると認められない資産を取得していること。

⑹　法人が，特定の個人に対し，過大な給与等を支給していること。

　なお，「特別の利益を与えること」には，旨有益事業に限らず，収益事業以外の事業において行われる経済的利益の供与又は金銭その他の資産の交付が含まれることに留意する。

　以上の通達を取引形態で分解すると

公益法人制度における3つの「特別の利益」　133

特定の個人又は団体から

  (4) 賃借・金銭借入

  (5) 資産の取得

    ↓

法人

  (1) 賃貸

  (2) 金銭貸付

  (3) 資産の譲渡

  (6) 給与等の支給

    ↓

特定の個人又は団体へ

このように上記の形で法人を取り囲む動きとなる。ここから読み取れることは，

法人 → 特定の個人又は団体

  「無償」「通常よりも低い」「過大」

特定の個人又は団体 → 法人

  「通常よりも高い」

そして，浮き出されるキーワードは，「無償」「通常よりも低い」「過大」「通常よりも高い」という一種の概念である。税務調査等において，調査官が公益法人等である非営利型法人の取引の事実認定において，通常でない取引を行ったと認定した場合に「公益法人等」ではなくなるということである。そして，この取引の認定による課税範囲は，「収益事業」のみならず，「収益事業以外の事業」にも及ぶことになる。

図式的には

  取引： 経済的利益の供与又は金銭その他の資産の交付

       ↓

  認定： 無償，通常よりも高い，通常よりも低い，過大

       ↓

  課税： 収益事業及び収益事業以外の事業＝全事業

法人が，行う全事業において行われる「無償，通常よりも高い，通常よりも低い，過大」となる経済的利益の供与又は金銭その他の資産の交付とは，

どのようなものであろうか。

　租税法における解釈の方法について，次のような記述がある。「税法上の租税法律関係は，先ず，私法上の法律行為及びそれにより発生した経済的意義（実質）を認定し，その上で，当該事実を税法の解釈により確定した課税要件規定に当て嵌めることにより形成される」（大渕博義「判例法人法税講座」（第16回），『税経通信』，2007年7月号，50頁）。そして，「税法上の課税要件の当て嵌めの問題は，顕現されている法的，経済的意義（実質）に即した私法上の法形式を『確定した事実』として課税要件規定に適用する場合と，外形的な法形式にとらわれずに，その経済的意義（実質）から当事者の真の合理的意思を探求して当事者が認識している真の法律行為を認定（判断）して，税法の課税要件に適合させるという二つの場合がありうる」（大渕　上掲論文，50-51頁）とする。

　すなわち，1つは，発生した事実の把握を行うに当たって課税庁による事実認定が行われる（事実の認識，確認，法的価値判断による事実の確定，法律行為の合理的意思の解釈）こと，もう1つは，「通常よりも高い」，「通常よりも低い」，「過大」という内容の経済行為について判断を行うこととなる（多くの場合，法人税においての議論となるであろうが）。

　この事実認定による課税要件への当て嵌めに対して，法人は経済的な合理性をもって行動をとるであろうし，様々な状況の下で行動を決めるであろう。その場合，法人の真の意思をどのように判断するか，である。その時，法人税の実質主義によって把握するのか，という問題である。

　公益法人等は，公益事業の世界では通常の経済人とは異なる行為を行っているのか試されることとなる。公益法人等は，営利法人とは異なる，寄附の文化，受託責任，儲からない事業における事業の社会的責任等の行為の特徴を持つ。しかし，それを考慮したとしても，収益事業とは異なる収益事業以外の事業において，低廉な取引行為を行うことに目を瞑ってきた感がある。

　しかし，「特別利益の供与」の登場の前に，給与等については現物給与課税の問題，法人税においては，交際費，役員賞与，寄附金，同族会社行為計

算否認規定の問題，贈与税，相続税の問題にも繋がるものである。

3　非営利型法人からの離脱

⑴　非営利型法人の資格喪失

　非営利型法人の要件として禁じられている「特別の利益供与」が認められた場合には，当該法人は特定普通法人に自動的に移行することになり，非営利型法人に復帰することは不可能とされている。

（特別の利益に係る要件を欠くことになった場合）

１−１−９　令第３条第１項第３号又は第２項第６号（非営利型法人の範
　　囲）に規定する要件を欠くことにより普通法人に該当することとなった一
　　般社団法人又は一般財団法人は，その該当することとなった日の属する事
　　業年度において，非営利型法人に該当することはないことに留意する。

（後略）

　この法人税基本通達によると，非営利型法人が特別の利益に係る要件を欠くことになったと認定された場合，二度と非営利型法人に戻れないことを意味する。非営利型法人は，前述したように別表第二に定められている公益法人等の範疇に属する法人であることから，この取扱いにより公益法人等に付与された「権利」，つまり税制優遇措置を喪失する。

⑵　公益法人等に係る税制の特徴

①　収益事業課税の「三要件」[1]
　　第１の要件：法人税法上の収益事業34業種の範囲（法令５①）
　　第２の要件：「継続して行われるもの」（法基通15−１−５）
　　第３の要件：「事業場を設けて行われるもの」（法基通15−１−４）

---

[1]　この三要件に加えて，収益事業に関連して行われる行為も課税の対象となる。いわゆ
　　る「付随行為」である（法令５①括弧書，法基通15−１−５）。公益社団法人・公益財
　　団法人の行う事業が公益認定基準に規定する「公益目的事業」に該当するものは，上記
　　の要件にかかわらず収益事業から除外される。

② 低廉譲渡の適用の有無

法法37条7項の適否（法基通15－2－9）

資産の譲渡等がその公益法人の本来の目的たる事業の範囲内で行われるものであれば，時価未満の資産の譲渡等であっても，低廉譲渡の適用はない。

③ 収益事業用の固定資産の処分損益

公益法人等が収益事業に属する固定資産を，譲渡，除却その他の処分をした場合につき発生する固定資産の処分損益は，原則として，収益事業の付随行為から生じた所得に該当し，収益事業の損益に含めなければならない（法基通15－1－6）。しかし，下記(ア)及び(イ)に関する固定資産の処分損益は，例外的に収益事業の損益に含めないことができる（法基通15－2－10)。

(ア) 土地建物の譲渡損益

公益法人等が相当期間（おおむね10年以上）にわたり保有していた土地（借地権を含む。），建物又は構築物を譲渡（法令138①による借地権の設定を含む。），除却その他の処分をした場合による固定資産の処分損益

なお，長期間に生じたキャピタル・ゲインを収益事業の損益とはしない趣旨であるゆえ，区画形質の変更等により付加価値が生ずる場合には，その付加価値については不動産販売業の所得として課税対象となる。

(イ) 収益事業の全部又は一部を廃止した場合の固定資産の処分損益

公益法人等に対する法人税の課税は，収益事業から生じた所得（付随所得を含む。）のみであり，収益事業の一部又は全部の廃止に伴う固定資産の処分損益は収益事業から生じた所得ではないため法人税の課税はない。

④ 補助金等の収入の取扱い（法基通15－2－12）

収益事業を行う公益法人等又は人格のない社団等が国，地方公共団体等から交付を受ける補助金，助成金等（資産の譲渡又は役務の提供の対価としての実質を有するものを除く）については，次の区分に応じて，それぞれによる。

・固定資産の取得又は改良に充てるために公布を受ける補助金等の額は，たとえ当該固定資産が収益事業の用に供されるものである場合であっても，

公益法人制度における3つの「特別の利益」　137

収益事業に係る益金の額に算入しない。

・収益事業に係る収入又は経費を補填するために交付を受ける補助金等の額は収益事業に係る益金の額に算入する。

⑤　収益事業と非収益事業の区分経理

原則：法令6

例外：法基通15－2－1

一の資産が収益事業の用と収益事業以外の事業の用との共用されている場合（それぞれのじぎょうごとに専用されている部分が明らかな場合を除く。）には，当該資産については，収益事業に属する資産としての区分経理はしないで，その償却費その他当該資産について生ずる費用の額のうち収益事業に係る部分の金額を当該収益事業に係る費用として経理する。

⑥　共通費用の按分方法

法基通15－2－5

共通経費は，継続的に資産の使用割合，従業員の従事割合，資産の帳簿価額の比，収入金額の比，その他当該費用又は損失の性質に応ずる合理的な基準に拠り配賦

⑦　みなし寄附金の疎な金算入限度額（法法37⑤）

公益社団法人，公益財団法人：寄附金支出前所得の50％相当額又は公益法人特別限度額

なお，このみなし寄附金制度は，非営利型法人及び特定普通法人（非営利型法人以外の法人）には適用されない。

V　公益法人の認定取消と非営利型法人の「特別の利益」

前述したように，公益法人として認定された法人（公益認定法人＝公益社団法人，公益財団法人）は，公益認定基準としての基準を満たさない場合には是正勧告，公益認定の取り消しが行われる。実際に，墓地使用権を販売する公益財団法人が，墓石販売及び建墓工事について特定の石材業者と業務提

携契約を結んでいたことが，法人の事業活動上の独占による優越的な地位を与えることに該当し，これが「特別の利益」を与えないことの基準に適合しないとして是正勧告，公益認定の取り消しが行われた（平成27年10月15日千葉県総務部政策法務課）。

公益認定法において，公益法人が公益認定基準に適合しないこととなった場合には，行政庁は，公益認定を取り消すことができる（公益認定法29②一）。また，公益法人が自ら公益認定の取り消しを申請する手段も存在している（公益認定法29①）。公益法人が「特別の利益」の基準適合していないとか，他の公益認定基準要件を満たすことができないと自ら判断した場合，行政庁において「特別の利益」に係る公益認定基準を充足しないことの判定を行うまでもなく，公益認定を取り消される。

このように，公益法人自らが公益認定取り消し申請する場合，また行政庁が公益認定の取り消しを行うこととなるが，公益法人であった法人が，一般社団法人，一般財団法人の非営利型法人になれるのか，という問題がある。

行政庁と課税庁との連携がどのように行われるのであろうか。「特別の利益の供与」の考え方は，前述したように，公益認定法の考え方は，「社会通念に照らして合理性を欠く不相当な利益の供与その他の優遇」である。「特別の利益」というのは，意図，経緯，結果が非常に大事であって，プロセスの段階においてカモフラージュしようという方法は幾らでもある。「社会通念」，「合理性を欠く」，「優遇」という抽象的な文言により，場面場面に備えて，提出書類等により審査する側に判断を委ねた，公益認定，移行認可基準である。法人税法は基本通達1－1－8で非営利型法人における特別の利益の意義を例として挙げている。そして，「経済的利益の供与又は金銭その他の資産の交付で，社会通念上不相当なもの」をいうとしている。

内閣府公益認定等委員会，課税庁との考え方の整合性の問題となるが，この公益法人税制平成20年改正が，新しい公益法人制度と密接に連携して行われたことは，それぞれが全く異なる概念であるとは思われない。行政庁に提出する定期報告書類，財務諸表，税制は三位一体のものとなっている。収支

相償の判断は，定期報告書類，財務諸表の２つをみなければ判定できない。定期報告書の特定費用準備資金，資産取得資金は，この事実を示している。なぜなら，財務諸表の１つである貸借対象表上では，流動資産としての預金から，固定資産の１つである，特定資産としてのポジションの移動は，損益に影響していないため，正味財産増減計算書には，全く表示されていない。定期報告書をみてはじめて特定費用準資金，資産取得資金の設定を確認できることとなる。また，他会計振替額と法人税別表14(1)付表の特別限度額との関係における，みなし寄附金等をみていくなら，綿密に行政庁，課税庁は連携をして制度設計をしていると思われる。ただ，公益認定取り消しの情報が，課税庁との関係においては，法人が公益認定をどのような理由で，取り消されたのか，行政庁から課税庁の連絡がいくのか，外部からはわからない。後日，課税庁に法人側から，法人税の申告書の提出，あるいは課税庁の税務調査等によって，取り消しの問題が課税庁に判明し，取り消し理由の１つである，「特別の利益」の内容分析がされ，いくつかの判断方法としての非営利型の取り消し，寄附金認定，現物給与認定，等課税庁の判断の中で，法人税の処理がなされる，と思われる。法人税の立場においての判断と行政庁の判断は異なると思われるが，「特別の利益」による公益認定の取り消し理由は，課税庁の判断に影響するものと思われる。一般法人非営利型をこころみても，自らの課税庁への提出による，異動届書の提出により公益認定の取り消しがなされていることが，判明する。課税庁への届け出が，公益法人としての時代に提出していると思われ，新たに非営利型法人の選択を試みようとしても，異動理由に添付せざるを得ない書類等によって公益認定の事実が判明すると思われるからである。法人税，消費税，収支計算書等の情報，給与支払事務所の提出，法人番号等により法人の存在は課税庁において把握してもいるからである（なお，上松公雄　非営利法人研究学会　新公益法人制度普及啓発委員会　調査文化会　活動報告⑤　公益法人一般法人NO.956　2018.1.1全国公益法人協会参照）。

Ⅵ　その他の「特別の利益」

⑴　社会医療法人に関係する「特別の利益」

社会医療法人の認定基準にも「特別の利益」の用語が使用される。

社会医療法人とは，第5次医療法改正により創設された制度である。平成18年6月に交付された「良質な医療を提供する体制の確立を図るための医療法等の一部を改正する法律」で，平成19年4月1日より施行されている。公益法人税性の大幅な改正が平成20年4月1日より施行される1年前に社会医療法人の制度が創設されていることに留意する必要がある。

〈社会医療法人の認定基準〉

社会医療法人の認定は，医療法42条の2第2項において，都道府県知事が都道府県医療審議会の意見を聴いたうえで行われる。認定要件については，医療法42条の2第1項6号「公的な運営に関する厚生労働省令で定める要件」に適合するものとして，医療法施行規則30条の35の2に掲げている。そして，「特別の利益」については，その第1項で次のように規定している。

　ヘ　その事業を行うに当たり，社員，評議員，理事，監事，使用人その他の当該医療法人の関係者に対し特別の利益を与えないものであること。

　ト　その事業を行うに当たり，株式会社その他の営利事業を営む者又は特定の個人若しくは団体の利益を図る活動を行う者に対し，寄附その他の特別の利益を与える行為を行わないものであること。ただし，公益法人等に対し，当該公益法人等が行う公益目的の事業のために寄附その他の特別の利益を与える行為を行う場合は，この限りではない。

この規定は，公益認定法5条3号，4号とかなり類似している。類似性は，次の記述内容からも窺えるであろう。

「社会医療法人は，医療法人とは別のものとして存在するわけではなく，既存の医療法人が要件を満たして認定を受けることで成立するものである。また，要件を満たさなくなり取り消された場合には，当然に一般の医療法人

公益法人制度における3つの「特別の利益」　141

に戻ることになる。この結果，一般の医療法人は全所得課税法人であり，社会医療法人は収益事業課税法人であることから，法人格が継続したまま，法人税法上の基本的な位置づけが継続したまま，法人税法上の基本的な位置づけが変動する事態が生ずる。したがって，課税所得の計算の前提となる会計上の損益計算を含めて変動の前後は明確に区別して処理することが必要となる」「認定が取り消された場合には，収益事業課税法人から全所得課税法人になるため，『みなし事業年度』による前後別々の申告納税は必要であるが，認定時のように一定の規定につき解散設立とみなした取扱いをされることはない。しかし，収益事業課税法人から全所得課税法人に移る場合には，非課税の前提が崩れたこととなるため，収益事業無課税法人時代の収益事業以外の事業から生じた累積所得金額（又は累積欠損金額）に相当する金額は，認定取り消し後の最初の事業年度（みなし事業年度）の所得計算において益金の額（又は損金の額）に参入することとされている」（杉山幹夫／石井孝宜／五十嵐邦彦『医療法人の会計と税務（六訂版）』，同文館出版，平成21年，402～403頁）。

　これに対して，公益法人や非営利型法人における取扱いは次のようになる。

　まず，公益法人が，公益認定を取り消された場合には，次のように処理される。

　「公益法人が公益認定を取り消されたことにより普通法人に該当することとなった場合には，公益目的取得財産残額を累積所得金額から控除し，又は累積欠損金額に加算するなどの調整を行うこととされました（法法64の4③，法令131の5－，③）。公益法人が普通法人となる場合には，原則的には公益目的事業の累積所得金額に課税されますが，認定を受けた後に認定が取り消された場合には，公益目的取得財産残額を国又は地方公共団体，類似の事業を目的とする他の公益法人，学校法人，社会福祉法人等に贈与しなければならないため，公益目的取得財産残額分につき累積所得金額から控除する等の調整が行われるのです」（中田ちず子『実務家のための新公益法人の移行手続と会計・税務』，税務研究会出版局，平成20年，291頁）。

次に特例民法法人，非営利型法人が特定普通法人に移行する場合の処理については，次のようになされる。

「特例民法法人又は非営利型法人である移行法人（公益目的支出計画の実施の完了の確認を受けていない法人）が非営利型以外の移行法人になる場合には，なった日（「移行日」という。）における『修正公益目的財産残額』と『資産の帳簿価額－負債の帳簿価額』のうちいずれかが少ない金額（『当初調整公益目的財産残額』という。）を累積所得金額から控除し，又は累積欠損金額に加算するなどの調整を行います。累積所得金額又は累積欠損金額から控除しきれない金額は，それぞれ累積欠損金額又は累積所得金額とみなします（法法64の4③，法令131の5①三，②）。

公益目的事業計画に従って，公益目的財産残額がゼロとなるまで実施事業を行うか又は特定寄附を行って公益目的事業の累積所得を減少させていかなければならないため，公益目的財産残額分につき公益目的事業の累積所得金額から控除する等の調整が行われるのです。公益目的財産額は移行時の時価純資産を基準に算定され，それに公益目的収支差額の支出超過額を減算し，収入超過額を加算することにより公益目的財産残額を計算します。このように公益目的財産残額は時価に基づいて計算されていますが，法人税法においては（評価益－評価損）を差し引き，公益目的収支差額の収入超過額を加算することにより，いわば簿価ベースの公益目的財産残額である『修正公益目的財産残額』に修正しているものと考えられます」（中田　上掲書，294～296頁）。

いまの説明を整理してみる。

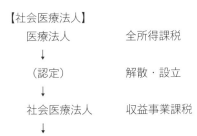

公益法人制度における3つの「特別の利益」　143

```
（取消し）        収益事業以外の事業の累積の益金又は損金算入
  ↓
医療法人          全所得課税
```
【公益法人】【非営利型法人】

```
特例民法法人      収益事業課税
  ↓
（認定）          解散・設立
  ↓
公益法人
非営利型法人      収益事業課税
  ↓
（取消し）        収益事業以外の事業の累積の益金又は損金算入
                  （注）
  ↓
特定普通法人      全所得課税
```

（注）ただし，累積からつぎのものを控除する。

① 公益法人においては公益目的取得財産残額の贈与（法法64の4③，法令1
31の5①－，③）

③ 非営利型法人，特例民法法人においては「修正公益目的財産残額」と「資産の帳簿価額－負債の帳簿価額のうちのいずれか少ない金額（当初調整公益目的財産残額）（法法64の4③，法令131の5①三②）

　違いは，公益法人から取消しによる移行の場合，公益目的取得財産残額の贈与分の控除ができること，非営利型法人の場合は，当初調整公益目的財産残額を控除できることが，社会医療法人の場合には控除がないのと異なる。

⑵　**相続税法66条関係の適用**

　個人が非営利型法人を設立し，非営利型法人に個人の財産を移転したうえ実質的に非営利法人を支配してその財産を保全し，相続税等を不当に回避する場合等には相続税法66条を適用し，税負担を不当に減少したと認められる非営利型法人を個人とみなして，相続税等を課税する。ただし，相続人や受贈者が本人又は親族である場合にのみ適用する。この「相続税又は贈与税の負担が不当に減少する結果となると認められるか否か」については，相続税

法施行令33条3号2号，相続税個別通達「贈与税の非課税財産（公益を目的とする事業の用に供する財産に関する部分）及び公益法人に対して財産の贈与等があった場合の取扱いについて」16で内容を示している。ここでは，後者の個別通達によって，「特別の利益」の供与行為の具体的内容を見てみよう。

〈特別の利益を与えること〉

財産の贈与等を受けた法人が，贈与等を行った個人やその親族その他特殊の関係にある者に対して，次の行為をし，又は次の行為をすると認められた場合

1　贈与等を受けた法人の定款，寄附行為，規則，贈与契約等に法人の財産を無償で利用させ，又は与えるなどの特別の利益を与える旨の記載がある場合

2　法人の所有する財産を個人等の者に居住，担保その他の指摘のように利用させること

3　法人の他の従業員よりも低利で金銭の貸付けを行うこと

4　法人の所有する財産を個人等の者に無償又は著しく低い対価で譲渡すること

5　個人等の者から金銭その他の財産を過大な利息又は賃借料で借り入れること

6　個人等の者からその所有する財産を過大な対価で譲り受けること又は個人等の者から公益を目的とする事業の用に供するとは認められない財産を取得していること

7　個人等の者に対して，その法人の理事，社員，評議員等の者に準ずる者の地位にあることのみに基づき報酬等を支払い，又はその法人の他の従業員に比して過大な給与等を支払うこと

8　個人等の者の債務に関して，保証，弁済，免除又は引き受けを行うこと

9　契約金額が少額なものを除き，入札等公正な方法によらないで個人等

の者が行う物品の販売，工事請負，役務提供，物品の賃貸，その他の事業に係る契約の相手方となること

10　事業の遂行により供与する利益を主として，又は不公正な方法で個人の者に与えること

　ただし，同上個別通達18では，社会一般の寄附金程度の贈与等については相続税法施行令33条3項の規定は不適用とされている。すなわち，「法施行令第33条第3項各号に掲げる要件を満たしていないと認められる法人に対して財産の贈与等があった場合においても，当該財産の多寡等からみて，それが社会一般においてされている寄附と同程度のものであると認められるときは，法第66条4項の規定を適用しないものとして取り扱う」とし，また，相続税法施行令33条3項で「持分の定めのない法人」が次の要件を満たしている場合には，相続税等の負担を不当に減少させる場合には当たらないとしている。

　この場合の「持分の定めのない法人」とは何か，について上記個別通達13は，例として

①　定款，寄附行為若しくは規則又は法令の定めにより，当該法人の社員，構成員（当該法人への出資をしている者に限る。）が，当該法人の出資に係る残余財産の分配請求権又は払戻請求権を行使することができない法人

②　定款等に，社員等が当該法人の出資に係る残余財産の分配請求権又は払戻請求権を行使することができる旨の定めはあるが，そのような社員が存在しない法人

を挙げている。

　さて，このような規定があるにもかかわらず，個人の資産を一般社団法人へ移転することで，将来の相続税の課税からのがれようという魂胆の一般社団法人利用スキームがある。

　一般社団法人は持分がない法人であるため，一般社団法人に財産を移して相続が開始しても，相続税が課税されないという状況の法の網をくぐって，

一般社団法人を使った相続税対策が行われ，実態が単に相続税逃れのための
法人設立が増えてきていた。特例民法人から移行した公益法人，一般法人
である移行法人は，平成20年の公益法人改革以前は，主務官庁による許可制
によって品質が管理されていた。しかし，主務官庁性が廃止されたことによ
り，社団法人の設立が定款認証によるだけで簡単に法人設立ができるように
なってしまったため，本来予定していた法の目的に反し，法の穴をかいくぐ
った相続税対策が一部の実務家によってなされてきた実態がある。

平成30年税制改正大綱では，法の網がかぶせる規定が置かれるようになっ
た。

一般社団法人等に関する相続税・贈与税等の課税の見直し

(1)　一般社団法人等に対して贈与等があった場合の贈与税等の課税の見直
し[2]

個人から一般社団法人又は一般財団法人（公益社団法人等，非営利型法人
その他一定の法人を除く。以下「一般社団法人等」という。）に対して財産
の贈与等があった場合の贈与税等の課税については，贈与税等の負担が不当
に減少する結果とならないものとされる現行の要件（役員等に占める親族等
の割合が3分の1以下である旨の定款の定めがあること等）のうちいずれか
を満たさない場合に贈与税等が課税されることとし，規定を明確化する。

(2)　特定の一般社団法人等[3]に対する相続税の課税

①　特定一般社団法人等の役員（理事に限る。以下同じ。）である者（相
続開始前5年以内のいずれかの時において特定一般社団法人等の役員であっ
た者を含む。）が死亡した場合には，当該特定一般社団法人等が，当該特定

---

(2)　上記の改正は，平成30年4月1日以後に贈与又は遺贈により取得する財産に係る贈与
税又は相続税について適用する。

(3)　「特定一般社団法人等」とは，次に掲げる要件のいずれかを満たす一般社団法人等を
いう。

①　相続開始の直前における同族役員数の総役員数に占める割合が2分の1を超えるこ
と。

②　相続開始前5年以内において，同族役員数の総役員数に占める割合が2分の1を超
える期間の合計が3年以上であること。

公益法人制度における3つの「特別の利益」　147

一般社団法人等の純資産額をその死亡の時における同族役員[4]（被相続人を含む。）の数で除して計算した金額に相当する金額を当該被相続人から遺贈により取得したものとみなして，当該特定一般社団法人等に相続税を課税することとする。

②　①により特定一般社団法人等に相続税が課税される場合には，その相続税の額から，贈与等により取得した財産について既に当該特定一般社団法人等に課税された贈与税等の額を控除する。

③　その他所要の措置を講ずる[5]。

しかし，これでも，相続税対策を考える方もいると思われる。なぜなら，次のような整理をすることもできるためである。

1　親族が理事の2分の1以下であれば相続の対象とならない。

2　親族理事が多数いる場合には，頭割りで計算するため，相続の対象となる金額は減少する。

3　理事を退任して5年を経過すれば，相続の対象とならない。

4　生前の理事退任時に贈与税は課税されない，と考えられるが，税制改正大綱には，その他所要の措置を講ずる，としている。

5　監事であれば，相続税の対象とはならない。

しかし，本来あるべき公益法人の制度を濁し，相続税対策として，法の穴を見つけて，虫食む法の穴をねらう対策は，実質的にだれが利益を得ているのか，という実質者課税の立場から，課税の公平原則から，不合理な利益享受を受けている者，に対し適切な課税をしていくべきと思われる。

---

[4]　「同族役員」とは，一般社団法人等の理事のうち，被相続人，その配偶者又は3親等内の親族その他当該被相続人と特殊の関係がある者（被相続人が会社役員となっている会社の従業員等）をいう。

[5]　上記の改正は，平成30年4月1日以後の一般社団法人等の役員の死亡に係る相続税について適用する。ただし，同日前に設立された一般社団法人等については，平成33年4月1日以後の当該一般社団法人等の役員の死亡に係る相続税について適用し，平成30年3月31日以前の期間は上記（注1）②の2分1を超える期間に該当しないものとする。

Ⅶ　まとめ

　租税の賦課，徴収は，必ず法律の根拠に基づいて行われなければならない。これを租税法律主義という。租税法律主義は，憲法84条を主たる根拠としており，課税要件法定主義，課税要件明確主義，合法性の原則，手続保障原則という内容によって構成されている。それぞれの内容は，次のようなものである。

　第1に，合法性の原則とは，課税要件が満たされる場合，行政庁には租税を減免したり，徴収しない自由をもたないことをいう。

　第2に，手続保障原則は，租税の賦課，徴収は適正な手続で行わなければならない死，争訟も公正な手続で行われなければならないことをいう。

　第3に，課税要件法定主義とは，課税要件の賦課，徴収は法律によって規定されなければならないとするものである。これは，根拠なく国が国民に税負担を課すことは国民の財産権を侵害するものとなるからである。

　第4に，課税要件明確主義とは，「税法の規定もその委任を受けた政省令の規定も可能な限り一義的で，しかも明確でなければならないとするものである」（山本守之『租税法の基礎理論〈増補版〉，税務経理協会，平成17年，440頁』。そして，課税要件明確主義の内容について，「租税法において行政庁の自由裁量を認める規定を置くと，課税要件を法律に規定するという課税要件法定主義が形骸化するばかりでなく，権力を持つ課税庁の解釈が法そのものとしてワークしてしまう恐れがある」から「租税法に行政庁の自由裁量を認めることを排除するとともに，租税法のなかに不確定概念を置くことを極力排除しなければならない」とする（山本　上掲書，440頁）。

　さて，本稿のテーマである「特別の利益」とは何かについて，もう一度話を戻そう。なぜ，最後になってこの問題を再考するかと言えば，「特別の利益」の内容が租税法において明確であろうか，という疑問が残るからであり，それは同時に，課税庁が「特別の利益」の内容を社会通念，通達によって確

公益法人制度における3つの「特別の利益」　　149

定しようとしているのではないか，との懸念が筆者の頭から払拭できないからである。

「特別の利益」については，税の解釈において判断に苦しむ「不確定概念」に相当するのではないか，と思われる。法人税法においての「不確定概念」は，役員報酬，役員退職給与について「不相当に高額」な部分については損金の額に算入しない（法法34，36）としているが，その「不相当に高額」の意味，同族会社等の行為計算行為否認規定（法法132条3項）の意味が代表的な事例である。このような「不確定概念」について，「不確定概念であっても，法の趣旨，目的に照らしてその意義を明確になし得るものであれば行政庁の自由な裁量を認めることにはならないから，その解釈が合理的になし得る場合もある。また，法令・通達等で具体的数値を明らかにすると画一的な処理がなされ，かえって課税の公平を保ちえないこともある。しかし，不確定概念の解釈をめぐって課税庁と納税者に対立がある場合も少なくなく，このような場合には国税不服審判所又は裁判所の判断を待たなければならない」（山本守之「不確定概念に関する事例」，『事例研究』，第50号（1999），日本税務研究センター，5頁）。また，「不確定概念」を少しでも明確に，また執行する現場の調査官の判断基準となる取扱通達について，次のような文章がある。

法人税基本通達の前文に掲げられている「この通達の具体的な運用に当たっては，法令の規定の趣旨，精度の背景のみならず条理，社会通念をも勘案しつつ，個々の具体的慈愛に妥当する処理を図るように努められたい。いやしくも，通達の規定中の部分的字句について形式的解釈に固執し，全体の趣旨から逸脱した運用を行ったり，通達中に例示がないとか通達に規定されていないとかの理由だけで法令の規定の趣旨や社会通念等に即しない解釈におちいったりすることのないよう留意されたい」という記述である。

しかしながら，法人税基本通達は，具体的妥当な解釈を図るための文言であると同時に，課税する立場と課税を受ける立場の「社会通念」は，それでも乖離—を生ずる規定でもある。「不確定概念」に相当する「特別の利益」

は，すでに述べたところであるが，公益認定・認可では「社会通念等から判断して，合理性を欠く不相当な優遇等」（公益認定法5条3号・4号，整備法117条2項，ガイドラインⅡ－1(2)）を意味する。同じく法人税基本通達1－1－8で，「次に掲げるような経済的利益の供与又は金銭その他の資産の交付で，社会通念上不相当なもの」の例示を挙げたところである。

では，具体的なイメージとしてどのような場合があるであろうか。

平成21年2月ごろから報道された財団法人日本漢字能力検定協会（京都市下京区）の事例が，それに該当するのではないだろうか。

理事長及び息子の副理事長がそれぞれ社長を務める企業と総額66億円の取引をしていたが，主務官庁の文部科学省への報告をしていなかったこと，京都市左京区の邸宅を漢字資料館のためと称して6億7000万円で購入したが宅地からの用途変更を怠ったこと，理事長家の墓と同じ区画に亡くなった幹部のために350万円を掛けて等を建立していた等の事案である。

また，次のような事実も報道されている。

―財団の私物化―

・株式会社オーク（代表は，財団理事長）

財団は，オークへ書籍等製作を委託している。この委託業務の実態は財団の職員が行っていた。また，財団が入居しているビルは，オークが所有している。財団との取引が78％近くを占めている。

・株式会社日本統計事務センター（代表は，財団副理事長）

財団が採点業務等を委託している企業で，財団との取引は8割強を占めている。

・株式会社メディアボックス（代表は，財団理事長）

財団からの公法，公告の期間，政策を委託し財団との取引はほぼ100％という。委託を受けた業務のうち，機関誌編集，印刷，公告印刷等の業務は第三者に再委託。従業員は僅かの2人。

・株式会社文章工学研究所（オークが全株を保有する子会社。代表は，財団理事長）

財団は，調査研究支援業務を委託。従業員1人であった。

―財団資金の私的流用―

・財団名義のクレジットカードを理事長が，個人的な飲食費等の支払に使用していた。株式会社オークにその費用の支払を弁済させ，理事長への貸付金として処理し，2008年12月現在，4億8000万円。

・理事長は在任中，退任の意思がないにもかかわらず，理事会，評議員会の承認なしに2007年9月，退職金を約5300万円を受け取っている（2008年6月から2009年1月に返還）。

・理事長の娘を文章工学研究所の役員とし，実態がないにもかかわらず600万円の支払をした。

等々の事実が相次ぎ発覚，報道されたことは記録に新しい（平成21年2月9日付読売新聞，4月19日付読売新聞，4月21付毎日新聞）。

　これらの事実は，「社会通念から判断して，合理性を欠く不相当な優遇等」であり，法人税基本通達1－1－8の「経済的利益の供与又は金銭その他の資産の交付で社会通念上不相当なもの」である。理事長，副理事長は，財団の利益を4つの会社を通じて，私的流用を行っていた。

　そこで，「社会通念等から判断して，合理性を欠く不相当な優遇等」と「経済的利益の供与又は金銭その他の資産の交付で社会通念上不相当なもの」の関係である。「社会通念」の解釈をどのように捉えるか，であるが，公益認定・認可の目的，非営利性を否認する目的の違いはあるが，「社会通念」は良識ある行動であり，両者に通じる内容であると思われる。個別事案の積み上げにより確立するものであり，判断する側にとって有利な解釈をすれば，不服審査，事前審査，裁判によっての争いにもなる。逆説的に言えば，良識のない行動の積み上げの事案の蓄積によって，特別の利益の内容が明らかになっていくであろう。したがって，適用に当たっては事実認定する側にとって，それぞれの方の目的から「特別の利益」の内容を明らかにして，双方が納得できる場合に限定されるのではないだろうか。

　営利法人の取引，営利法人あっても想定していないような事故に有利な取

引をする可能性のある同族会社の取引を想定してみよう。

　営利法人の取引について法人税は次のような発想からスタートするという。鈴木教授によると，「法人税の発送の源は，『会社は経済合理性を追求する組織ゆえ不合理なことをするはずがない』―すべての取扱いが，この頑固までの思い込みからスタートしています」（鈴木基史甲南大学会計大学院　会計学あらかると（租税法の巻）http://www.accounting-konanjp/alacarte_back/12html）と述べている。つまり，営利会社は「良識ある経済人としての合理性」のある行動―通常，取引相手と対価の見合う合理的かつ常識的行動をとることを税法は想定しているから，会社が社員に対して行う金員・物品等の経済的利益の供与には，本来，源泉所得税において給与課税が予定されている。給与には金銭で支給されるものだけでなく，会社の製品を安く買えたり，安い賃料で社宅を借りたり，という様々な形で物や権利その他の経済的な利益を受けることがある。税務上，これは現物給与という経済的利益を与えることから，給与所得として課税することを原則としている。しかし，この現物給与は金銭で支給される場合と異なり，選択制に乏しいとか，換金性，少額であるという理由から社会通念上，例外的に給与所得として源泉課税しないという考え方が根底にある。

　営利法人をめぐる取引先との外的な行為，社員に対する内的行為は，個別の問題は存在しても，大きな意味での行動の問題性は少ないと思われる（租税負担を合法的に回避しようとする租税回避行為という側面や，取引行動の選択により税負担の軽減を図ろうとする取引を行う場合はあるであろうが）。

　しかし，営利法人が常識ある行動をとらないことがある。法人税はそのような行動をとりがちな，社長一族が経営を支配し，自己に有利な取引を行いがちな同族会社には監視を厳しくしている。いわゆる同族会社は資本と経営が分離していない，換言すれば寡夫主と経営者が同一で会社の取引と個人の取引を混同する傾向があることから，法人税の負担を不当に減少させることを目的とした取引を適正な取引に戻す「行為計算の否認」（法法132条）の規定を設けている。同族会社のこのような租税回避を牽制する目的から，同族

会社等の取引で「これを認めた場合には，法人税などの負担を不当に減少させる結果になる」場合には，課税庁はその法人の行った取引や計算を否認し，適正な取引が行われたものとして法人税の課税所得計算をすることができることとしている。

　この規定の適用については，創設的規定なのか確認的な規定なのかという，争いはあるが，特に同族会社に限定して適用するのも，同族経営には「特別な利益供与」が多々見られるからと思われる。

　一方，公益法人や非営利型法人には，どのような行動が想定されるであろうか。これらの法人には，理事等の経営陣はいても株主は存在しないから同族会社とは異なる。また公益法人，非営利型法人は，寄附金の税制，非営利の世界での公益活動の役割，受託責任の特徴をもつ。同族会社行為計算規定は，同族会社を規制の対象として条文があるが，学説の争いは別にして，行為計算規定が条文として規定されていない公益法人，非営利型法人には行為計算否認気規定は適用されない。それならば，公益法人，非営利型法人は，どんな行動も許されるであろうか。公益法人や非営利型法人は通常の営利法人よりも，より良識ある行動規範を持つ法人である，と信じているのは筆者ひとりではないだろう。これらのほとんどの法人は，旧主務官庁によって品質が維持されてきた。

　しかし，認定，認可の後で旧主管庁による監視が無くなったこと，特に非営利型でない一般社団法人，一般財団法人は行政の監視外に置かれる自由な世界で自由に行動できるため，良識に反する振る舞いが顕在化しないという保証はない。本稿で取り上げた3つの「特別の利益」に係る取り扱いは，その意味でこのような行動制限規定の1つではないだろうか。良識のない行動の積み上げがなされることによって，社会の信頼を失うような事態が増えるなら，公益法人制度改革とはいったい何だったのか，が改めて問われることになるだろう。

第2部

事例研究

法人税法における役員給与課税の問題点―残波事件に基づいた検討―……金子　友裕

Ⅰ　はじめに　　　　　Ⅲ　検討
Ⅱ　残波事件　　　　　Ⅳ　おわりに

法人税重加算税賦課決定処分の取消された裁決事例から，その対応を考察する……鈴木　茂夫

はじめに　　　　　　　　　Ⅳ　審判所の判断
Ⅰ　平成26年2月21日裁決の紹介　Ⅴ　検討
Ⅱ　争点　　　　　　　　　　Ⅵ　まとめ
Ⅲ　当事者の主張

交際費等の判断基準の明確化と交際費等分析フレームワークの提示―国税不服審判所平成25年10月
1日裁決（安楽亭事件）の分析―……細川　健

Ⅰ　はじめに　　　　　　　　　　　　　　　　Ⅲ　おわりに
Ⅱ　国税不服審判所平成25年10月1日裁決（安楽亭事件）の分析

売上値引き及び単価変更処理に係る金額は寄附金に該当しないとされた事例……山口敬三郎

はじめに　　　　　Ⅳ　被告の主張
Ⅰ　事案の概要　　　Ⅴ　地裁判旨
Ⅱ　争点　　　　　　Ⅵ　検討
Ⅲ　原告の主張　　　おわりに

措置法61条の4（交際費等の損金不算入）の適用に歯止め―福岡地裁平成29年4月25日判決―……山本洋一郎

Ⅰ　はじめに　　　　　　Ⅵ　当事者の主張
Ⅱ　法令の定め　　　　　Ⅶ　判決理由の詳細
Ⅲ　本件課税　　　　　　Ⅷ　評釈
Ⅳ　事案の概要　　　　　Ⅸ　本件判決の意義と射程距離等
Ⅴ　本件の争点と判決の結論

青色申告承認取消処分に係る裁量権の踰越・濫用と判断過程審査……泉　絢也

はじめに　　　　　Ⅳ　当事者の主張
Ⅰ　事案の概要　　　Ⅴ　裁判所の判断の要旨
Ⅱ　前提事実　　　　Ⅵ　検討
Ⅲ　争点　　　　　　最後に

無形固定資産等の償却事件……土屋　清人

はじめに　　　　　　Ⅴ　検察の主張
Ⅰ　事案の概要　　　Ⅵ　裁判所の判断
Ⅱ　争点　　　　　　Ⅶ　控訴
Ⅲ　被告人の主張　　Ⅷ　検討
Ⅳ　供述等　　　　　むすびにかえて

源泉徴収義務者から受給者への請求の可否―東京地裁平成28年3月25日判決を契機に―……山本洋一郎

Ⅰ　はじめに　　　　　Ⅴ　被告主張の補足
Ⅱ　事案の概要　　　Ⅵ　裁判所の判断
Ⅲ　争点　　　　　　Ⅶ　評釈
Ⅳ　当事者の主張

マンション敷地評価事件……笹本　秀文

はじめに　　　　　Ⅳ　当事者の主張
Ⅰ　事案の概要　　　Ⅴ　裁判所の判断
Ⅱ　前提事実　　　　Ⅵ　検討
Ⅲ　争点

歩道状空地の私道供用宅地該当性……長島　弘

はじめに　　　　　　　　　　　　　　　　　　　　Ⅲ　争点
Ⅰ　事案の概要　　　　　　　　　　　　　　　　　Ⅳ　裁判所の判断
Ⅱ　前提事実等（争いのない事実，顕著な事実及び弁論の全趣旨により容易に認められる事実）　Ⅴ　考察

消費税法12条の2第1項の「出資の金額」と労務出資・信用出資の評価の基準ないし評価の標準
―東京国税不服審判所平成29年6月15日裁決（裁決事例集No.107登載）―……馬場　陽

Ⅰ　事案の概要　　　Ⅳ　国税不服審判所の判断
Ⅱ　争点　　　　　　まとめ

消費税における推計課税の可否……山口敬三郎

はじめに　　　　　Ⅳ　被告の主張
Ⅰ　事案の概要　　　Ⅴ　地裁判旨
Ⅱ　争点　　　　　　Ⅵ　解説
Ⅲ　原告の主張

納税者の財産権と財産の差押解除に係る諸問題……長谷川記央

はじめに　　　　　　　　　　　Ⅴ　差押えの解除に係る学術的検討
Ⅰ　事実の概要　　　　　　　　Ⅵ　本件の検討
Ⅱ　争点　　　　　　　　　　　Ⅶ　今後の研究課題
Ⅲ　静岡地方裁判所平成26年9月8日判決　おわりに
Ⅳ　東京高等裁判所平成27年3月18日判決

納税の猶予に係る利益概念の検討……長谷川記央

はじめに　　　　　Ⅳ　国税不服審判所平成28年1月13日裁決
Ⅰ　事実の概要　　　Ⅴ　検討
Ⅱ　基礎事実　　　　おわりに
Ⅲ　争点

法人税法における役員給与課税の問題点

―残波事件に基づいた検討―

金子　友裕
....
東洋大学経営学部准教授

Ⅰ　はじめに

　法人税法では，役員給与に関し，「内国法人がその役員に対して支給する給与のうち次に掲げる給与のいずれにも該当しないものの額は，その内国法人の各事業年度の所得の金額の計算上，損金の額に算入しない」（法人税法34条1項）とし，定期同額給与，事前確定届出給与，業績連動給与を除き，損金の額に算入しないこととしている。

　そもそも，役員給与は，法人と役員との間の委任関係に基づき支払われるものであり，法人の収益獲得に必要な費用であると考えられる。これを一定のものを除くとしつつも，「損金の額に算入しない」との文末で終わる規定にしていることには問題があろう[1]。

　また，役員給与に関しては，「内国法人がその役員に対して支給する給与

---

[1]　法人税法22条3項による費用を損金の額に算入するという取扱いとの関係上，別段の定めでは「損金の額に算入しない」と規定する必要がある旨の主張が考えられる。しかし，「損金の額に算入しない」という規定を設けるにしても，費用として扱われる現在の役員給与の性格からは，一定のものを除くとしつつもそれ以外のすべてを損金の額に算入しないとする34条1項の規定には問題があり，損金の額に算入しないものを列挙すべきであると思われる。

（前項又は次項の規定の適用があるものを除く。）の額のうち不相当に高額な部分の金額として政令で定める金額は，その内国法人の各事業年度の所得の金額の計算上，損金の額に算入しない」（法人税法34条2項）とし，不相当に高額な部分の金額を損金の額に算入しないとしている。

不相当に高額な部分の金額を損金の額に算入しない取扱いは，法人の収益獲得に必要な費用ではなく，役員給与の決定が役員自身により行われることから生じるいわゆる「お手盛り」により法人税の課税所得を過少にすることを防止するための規定という説明[2]がなされることもある。しかし，法人税法を取り巻く制度（会社法や企業会計）における変化や企業経営における役員給与のあり方そのものの変化の中で，法人税法34条2項の存在意義から再検討すべき時期にきているものと思われる。

本稿では，役員給与に対する課税が争われた残波事件を参照しつつ，役員給与課税に内在する問題の検討を行う。

Ⅱ　残波事件

1　事案の概要[3]

原告（控訴人）X社は，酒類〔米こうじ（黒こうじ菌を用いたものに限る。）及び水を原料として発酵させたアルコール含有物を単式蒸留器により蒸留したものである泡盛等の単式蒸留しょうちゅう〕の製造及び販売等を目的として設立された有限会社であり，法人税法2条9号に規定する普通法人で，同条10号（平成27年法律第9号による改正前のもの）に規定する同族会

---

(2)　例えば，成道秀雄『税務会計』（第一法規，2015年）37頁
(3)　本判決については，金額等が伏せられているため詳細が不明な部分があるが，これを除き整理した。なお，長島弘「役員給与に係る不相当性の判断と倍半基準」税務事例48巻7号19頁では，「2010年2月期までの4年間で役員4人に役員給与計12億7000万円，創業者に退職給与6億7000万円を支払い，（中略）同社が支払った総額19億4000万円のうち，約6億円分を『不相当に高額』として1億3000万円の追徴課税を行った」との記載がある。

社に該当し，法人税法35条（平成22年法律第6号による改正前のもの）に規定する特殊支配同族会社に該当する。

甲は，X社が設立された時にX社の取締役に就任し，平成6年10月25日，代表取締役に就任し，平成21年6月30日，代表取締役を辞任した。甲の長男乙，妻丙及び二男丁は，いずれも平成15年1月20日，X社の取締役に就任し，乙は，平成21年6月29日，代表取締役に就任した（以下，甲，乙，丙及び丁を総称して「本件役員ら」という。）。

X社は，本件各事業年度において，毎年3月1日から翌年2月末日までを事業年度としており，本件役員らの役員報酬ないし役員給与（旧法人税法34条1項の適用される平成19年2月期については役員報酬，法人税法34条2項の適用される平成20年2月期から平成22年2月期については役員給与。以下，本件各事業年度におい本件役員らに対して支給した役員報酬ないし役員給与を「本件役員ら給与」という。）並びに甲の退職慰労金（以下「本件退職給与」という。）と損金の額の算入し，法人税の確定申告をした。

沖縄税務署長は，平成23年6月29日，X社の本件各事業年度の法人税につき，X社が損金の額に算入した本件役員ら給与及び本件退職給与のうち，不相当に高額な部分の金額については，損金の額に算入されないとして，本件各更正処分等をした。

2　争　点[4]

本件役員ら給与のうち，不相当に高額であるとして損金の額に算入されない部分の有無及びその額。

3　東京地裁の判断

(1)　ア　旧法人税法34条1項は，内国法人がその役員に対して支給する報

---

[4]　残波事件では，争点は2つ示されており，「本件退職給与のうち，不相当に高額であるとして損金の額に算入されない部分の有無及びその額」も争われているが，本稿では論点の集約を行う観点から割愛する。

法人税法における役員給与課税の問題点　159

酬の額のうち不相当に高額な部分の金額として政令で定める金額は，その内国法人の各事業年度の所得の金額の計算上，損金の額に算入しない旨を定めている。この規定の趣旨は，役員報酬は役務の対価として企業会計上は損金の額に算入されるべきものであるところ，法人によっては実際は賞与に当たるものを報酬の名目で役員に給付する傾向があるため，そのような隠れた利益処分に対処する必要があるとの観点から，役務の対価として一般に相当と認められる範囲の役員報酬に限り，必要経費として損金算入を認め，それを超える部分の金額については損金算入を認めないことによって，役員報酬を恣意的に決定することを排除し，実体に即した適正な課税を行うことにあると解される。そして，旧法人税法34条1項は，平成18年法律第10号により改正されているところ，同改正は，会社法制や会計制度において，従前は利益処分として会計処理されてきた役員賞与について，費用として会計処理されることとなるなど制度が変更されたことを機にされたものである。

　同改正後の法人税法34条は，内国法人がその役員に対して支給する給与について，同条1項において，定期同額給与，事前確定届出給与のうち一定のもの又は利益連動給与のうち一定のもののいずれにも該当しないものの額は，その内国法人の各事業年度の所得の金額の計算上，損金の額に算入しないものとし，同条2項において，同条1項の規定の適用があるものを除き，不相当に高額な部分の金額として政令で定める金額は，その内国法人の各事業年度の所得の金額の計算上，損金の額に算入しない旨を定めているところ，これも旧法人税法34条1項と同様に，課税の公平性を確保する観点から，職務執行の対価としての相当性を確保し，役員給与の金額決定の背後にある恣意性の排除を図るという考え方によるものと解される。

　イ　そして，旧法人税法施行令69条は，旧法人税法34条1項の規定を受けて，「不相当に高額な部分の金額」を，同条1号又は2号のいずれか多い金額とし，同条1号において，役員に支給した報酬のうち，当該役員の職務の内容，当該法人の収益及び使用人に対する給料の支給の状況，当該法人と同種の事業を営む法人でその事業規模が類似するものの役員報酬の支給の状況

等に照らし相当であると認められる金額を超える部分の金額と定め，法人税法施行令70条1号も，役員に対して支給した給与について同様に定めている。

ウ　そこで，以下においては，上記のような旧法人税法34条1項及び法人税法34条2項の趣旨を踏まえ，旧法人税法施行令69条及び法人税法施行令70条1号の規定に照らし，本件役員ら給与の額が，「不相当に高額な部分の金額」を含むものであるか否か及びその額について，検討することとする。

(2)　沖縄税務署長は，本件訴訟において，本件役員ら給与について，各比較法人における代表取締役及び取締役の受ける役員報酬ないし役員給与のうち，最高額のものを平均したものと対比して，これを超える部分が不相当に高額な部分の金額であると主張するが，処分行政庁は，本件役員ら給与のうち，各類似法人の代表取締役及び取締役の受ける役員報酬ないし役員給与のうち最高額のものを超える部分が不相当に高額であるとして本件各更正処分等をしていることを考慮し，以下においては，本件役員ら給与のうち，上記最高額を超える部分が不相当に高額な部分の金額であるか否かとの観点から，本件各更正処分等の適法性について検討する。

ア　本件役員らの職務の内容

(ア)　X社の業務の内容や規模等，本件役員らの職務の内容は，認定したとおりである。一般に，酒類の製造及び販売等を業とする法人の役員としては，①製造計画及び製造に係る指揮監督・意思決定等，②営業活動に係る指揮監督・意思決定等，③設備投資の計画・意思決定等，④従業員の採用・給与等の人事業務，⑤財務状況の把握及び分析，⑥法人業務全般の指揮監督，⑦法人を代表しての対外折衝などが考えられるところ，本件役員らの職務の内容も，上記①ないし⑦のような職務の内容に比して格別なものがあるということはできず，一般的に想定される範囲内のものであるというほかはないから，特別に高額な役員報酬ないし役員給与を支給すべきほどの職務の内容であるとまでは評価し難いというべきである。

(イ)　これに対し，X社は，本件役員らは，各種製造機械及び製造ラインを自らの力で作ることができる特殊技術を有しており，これにより製作した機

械・製造ラインが優良な収益構造をもたらしている，平成18年以降，各役員について増えた担当職務について総理しなければならない職務が増えたなどと主張し，これに沿う記載のある本件役員らの陳述書や，X社代表者の供述も存在する。

　しかしながら，本件役員らの職務の内容についてのX社の上記主張を前提としても，本件役員らの職務の内容が，酒類の製造及び販売等を業とする法人の役員として，特別に高額な役員報酬ないし役員給与の支給を受けるべきほどの職務の内容であったとまでは評価し難いし，認定したX社の収益の状況からすると，X社の主張する本件役員らの職務内容，特に平成18年以降増加したという職務内容が，X社の売上げや利益の増加に貢献したとは評価し難いというべきである。

　イ　X社の収益及び使用人に対する給料ないし給与の支払の状況

　(ア)　X社は，①X社の収益の状況と本件役員ら給与の額の関係については，本件役員ら給与が適正額の最高額であるとはいえず，むしろ，それまでX社の売上高や利益額の増加割合に比して，役員らの給与の額は大幅に抑えられていた，②X社の使用人に対する給料の支給の状況と本件役員ら給与の額の関係については，役員は経営判断を行うのに対し，使用人は経営判断を行わないから，何ら比例関係に立つものでなく，使用人兼務役員の場合でない限り，使用人に対する給与の支給の状況を検討すること自体が失当である旨主張する。

　しかしながら，旧法人税法施行令69条１号及び法人税法施行令70条１号イは，不相当に高額な部分の金額の検討に当たり，その内国法人の収益及びその使用人に対する給料ないし給与の支払の状況を掲げており，使用人兼務役員の場合に限り使用人に対する給料ないし給与の支払の状況を検討すべきものとはしていないのであるから，これらの要素を検討することは，法令の規定に沿ったものであるということができるし，単にその内国法人の収益又はその使用人に対する給料ないし給与の支給の状況のみから，役員の職務に対する対価として相当であると認められる金額が決定されるのではなく，他に

役員の職務の内容やその内国法人と同種の事業を営む法人でその事業規模が類似するものの役員に対する報酬ないし給与の支給の状況等に照らして，役員の職務に対する対価として相当であると認められる金額が決定されることからすれば，X社の主張は採用することができない。

　ウ　同種の事業を営む法人でその事業規模が類似するものの役員に対する
　　報酬ないし給与の支給の状況

　㈦　沖縄国税事務所長は，類似法人を抽出するに当たり，沖縄国税事務所及び熊本国税局管内の単式蒸留しょうちゅうの製造免許（本免許）を付与された法人で，X社の本件各事業年度と半年以上事業期間を同じくする事業年度につき，総売上金額が，X社の本件各事業年度の総売上金額の0.5倍以上2倍以下の範囲内の範囲内（いわゆる倍半基準）の法人として延べ34法人を抽出した。旧法人税法施行令69条及び法人税法施行令70条1号は，不相当に高額な部分の金額の検討に当たり，その内国法人と同種の事業を営む法人でその事業規模が類似するものの役員に対する報酬ないし給与の支給の状況を考慮要素として掲げているところ，上記のとおり，沖縄国税事務所長が類似法人を抽出し，その代表取締役及び取締役それぞれのうちの最高額の役員報酬ないし役員給与を抽出した方法は，法令の文理に照らし，合理的であると評価することができる。

　㈣　X社は，本件役員ら給与が適正であるかを検討するに当たり他の法人の役員給与の額を用いる際，他の法人を抽出するに当たっては，当該法人の役員が本件役員らと同等以上の能力を持つ者となっていなくてはならないから，客観性を担保することができる程度の相当数の法人を抽出し，同業種法人は全て漏れなく抽出されていなければならないところ，①本件役員らと同等ないしそれ以上の経営能力を有する役員に係る同業種法人には，X社の売上高の3倍以上の売上高である法人があるにもかかわらず，沖縄国税事務所長が用いた売上高についての倍半基準では，これらが抽出されないこととなる，②抽出地域も日本全国から漏れなく抽出し，業種についても酒類製造業全部を抽出する必要があったとして，沖縄国税事務所長による抽出方法は失

当である旨主張する。

　　a　旧法人税法施行令69条及び法人税法施行令70条１号は，「事業規模が類似する」法人の役員に対する報酬ないし給与の支給の状況を，不相当に高額な部分の金額の判断の基準の一つとしているところ，売上金額は，法人の事業規模を示す最も重要な指標の一つであるということができ，事業規模の類似性を判断するに当たり，対象法人の売上金額の0.5倍以上２倍以内の範囲から類似法人を抽出することは，合理的であるといえる。

　　X社は，比較法人となるべき法人の役員らの能力は，本件役員らの能力と同等以上でなくてはならないとの観点から，同等以上の能力を持つ役員らを擁する法人が比較法人として抽出されるべきであるのに，その売上金額がX社の売上金額の２倍以上であることから抽出されていないとして，倍半基準を用いることは不合理である旨主張する。しかしながら，X社の上記主張は，役員の経営能力それ自体を評価することが前提となっているものというべきであるが，主観的・恣意的な要素を排除して経営能力それ自体を評価することは極めて困難であり，このような評価を前提として類似法人を抽出することは客観性を欠いた抽出方法であるといわざるを得ない上，「事業規模が類似する」という法令の文言からも離れた抽出方法によることになるから，X社の上記主張は採用することができない。

　　b　また，旧法人税法施行令69条及び法人税法施行令70条１号が，その役員報酬ないし役員給与の支払状況の比較対象とすべき法人として「同種の事業を営む法人」を掲げているのは，同種の事業を営む法人であれば，その法人の業務内容が類似するため，収益率等も類似すると考えられ，そのような法人における役員報酬ないし役員給与の支払状況を比較することで，できるだけ客観的な適正報酬を算出しようとするためであると考えられるから，「同種の事業」とは，できるだけ対象となる法人と類似するものが望ましく，製造業にあっては，その製造される製品が類似することが望ましいといえる。そして，単式蒸留しょうちゅう以外の酒類は，単式蒸留しょうちゅうとは原材料や製造工程が異なることからすると，製品が類似するということはでき

ず，沖縄国税事務所長において，類似法人の抽出に当たり，単式蒸留しょう
ちゅうの製造免許を付与され，その製造をしている法人を対象としたことは，
合理的であるといえる。

　また，単式蒸留しょうちゅうについては，熊本国税局管内における製成数
量が全国における製成数量の８割以上を占めていることが認められるところ，
製造業における製造コストや設備費，人件費等は，地域によって異なるのが
一般的であり，同一国税局管内や近接した国税局管内という比較的近接した
地域においては，製造コスト等に類似性が認められるものが多いと考えられ
ること等からすれば，類似法人の抽出範囲を沖縄国税事務所及び熊本国税局
管内としたことも合理的であるというべきである。

　(ウ)　上記のとおり，類似法人の抽出方法等は合理的であると評価すること
ができるところ，かかる方法により抽出された比較法人の代表取締役及び取
締役の役員報酬ないし役員給与の最高額についてみると，X社との比較にお
いても相当に経営状況がよいと評価することができる。

　　エ　本件役員ら給与の額に不相当に高額な部分の金額があるか否か及びそ
　　　の額

　(ア)　以上のとおり，本件役員らの職務の内容は，酒類の製造及び販売等を
目的とする法人の役員として，一般的に想定される範囲内のものであるとい
うことができ，特別に高額な役員報酬ないし役員給与を支給すべきほどの職
務の内容であるとまでは評価し難いところ，本件役員ら給与の額は，類似法
人の中で役員報酬ないし役員給与の最高額となっている２法人をも上回るの
であり，しかもこの２法人は，X社との比較においても，相当に経営状況が
よいと評価することができることからすれば，本件役員ら給与には，不相当
に高額な部分の金額があるというべきであり，少なくとも，類似法人の代表
取締役及び取締役らの役員報酬ないし役員，給与の最高額を上回る部分は，
不相当に高額な部分の金額に該当するというべきである。

　(イ)　X社は，適正給与額の上限を比較法人の役員給与の最高額とするには，
本件役員らの経営能力が比較法人の役員と比べて最高に秀でたものとなって

法人税法における役員給与課税の問題点　　**165**

いないといえなければならないところ，沖縄税務署長は，そのような主張立
証を一切しない旨主張する。

　しかしながら，役員の経営能力を比較対象として，その報酬ないし給与に
不相当に高額な部分の金額があるか否かを判断することとなれば，主観的・
恣意的なものにならざるを得ない上，本件役員ら給与の額のうちの不相当に
高額な部分の金額に係る判断は，旧法人税法施行令69条及び法人税法施行令
70条１号で掲げられた考慮要素に照らして導いたものであるから，X社の主
張は採用することができない。

　オ　したがって，本件役員ら給与のうち，処分行政庁が不相当に高額であ
るとした部分，すなわち，類似法人の代表取締役又は取締役の役員報酬ない
し役員給与の最高額を超える部分である以下の金額は，不相当に高額である
というべきである。

(3)　法人税法34条２項の適用について

　ア　X社は，平成18年法律第10号による改正前の法人税法35条において，
役員賞与は損金の額に算入されない旨が規定されていたものの，役員賞与と
して支給すべきものを役員報酬名目で支給すると当該規定が骨抜きになって
しまうことや，期中に恣意的に役員報酬を増額することにより納税額を軽減
させることに対処するため，旧法人税法34条１項において，過大役員報酬の
損金不算入が規定されていたところ，平成17年の会社法の成立に伴い，利益
処分とされてきた役員賞与は費用として整理され，平生18年法律第10号によ
り改正前の法人税法35条は削除されることとなり，隠れた賞与支給は観念す
ることすらできなくなったのであること，また，同改正により，法人税法34
条１項は，損金算入が認められる役員給与の支給方法を，定期同額給与又は
事前確定届出給与という期初段階であらかじめ支給額を決定しなければなら
ないものに限定し，これら以外の給与については損金に算入しないこととし
て，期中における恣意的な役員給与の支給も不可能になったことから，同項
の規定の適用があるものを除き過大役員報酬の損金不算入を定める法人税法
34条２項は，死文化し，納税者への適用は観念されないものとなった旨主張

する。

イ　法人税法21条は，内国法人に対して課する各事業年度の所得に対する法人税の課税標準は，各事業年度の所得の金額とする旨を定め，同法22条1項は，内国法人の各事業年度の所得の金額は，当該事業年度の益金の額から当該事業年度の損金の額を控除した金額とする旨を定めた上，同条3項は，内国法人の各事業年度の所得の金額の計算上当該事業年度の損金の額に算入すべき金額は，別段の定めのあるものを除き，同項各号で掲げる金額とし，同条4項は，同条3項各号に掲げる額は，一般に公正妥当と認められる会計処理の基準に従って計算されるものとする旨を定めている。

法人税法34条2項は，役員給与のうち不相当に高額な部分の金額については，損金の額に算入しない旨を定めているところ，その趣旨は，従前は利益処分として会計上処理されてきた役員賞与について，費用として処理されることとなったことをも踏まえて改正されたものであって，同法22条3項の規定における別段の定めとして，会計処理上は損金の額に算入するものを，内国法人の各事業年度の所得の金額の計算上，損金の額に算入しないものとしているものであり，その規定ぶりは，旧法人税法34条1項と同様のものである。

また，平成18年法律第10号による改正により法人税法34条1項に定められた定期同額給与及び事前確定届出給与についても，これらに該当すれば，期中において恣意的に役員給与を増額するものではないということはできても，必ずしも期初の段階で職務執行の対価としての相当性を超える役員給与を定めることが排除されるものではないから，これらに該当するということから直ちに職務執行の対価として相当性を有することとなるものとはいうことはできない。

以上のとおりの平成18年法律第10号による改正の内容や経緯等に鑑みれば，法人税法34条2項は，旧法人税法34条1項と同様，課税の公平性を確保する観点から，職務執行の対価としての相当性を確保し，役員給与の金額決定の背後にある恣意性の排除を図るという考え方によるものと解されるのであっ

法人税法における役員給与課税の問題点　　**167**

て，その適用の余地がないといえないことは明らかである。したがって，X
社の上記主張は採用することができない。

(4)　**本件各更正処分等の違憲性について**

ア　(ア)　X社は，憲法84条の趣旨からすれば，旧法人税法施行令69条及び
法人税法施行令70条1号イで明示された要素のうち，納税者側からも十分に
認識可能な①「当該役員の職務の内容」，②「その内国法人の収益」，③「そ
の使用人に対する給料の支給の状況」に基づき，職務対価相当額を求めた後，
その相当性の補強の一環として，④事業規模類似の同業種法人における役員
給与の支給状況を用いて確認する場合には，納税者の予測可能性が担保され，
違憲の問題は生じないが，上記④を用いなければ職務対価相当額が導かれな
いというのであれば，法律により納税者側で把握することの不可能な事項に
よって課税処分を行うことが定められていない限り，納税者の予測可能性が
害された違憲の課税であるというべきであり，法人税法34条2項には，その
旨の明文の規定がないから，本件各更正処分等は，憲法84条に反するもので
ある旨主張する。

(イ)　憲法84条は，課税要件及び租税の賦課徴収の手続が法律で明確に定め
られるべきことを規定するところ，前記のとおり，旧法人税法34条1項及び
法人税法34条2項は，内国法人がその役員に対して支給する報酬ないし給与
の額のうち「不相当に高額な部分の金額として政令で定める金額」は，その
内国法人の各事業年度の所得の金額の計算上，損金の額に算入しない旨を定
め，これらを受けて，旧法人税法施行令69条及び法人税法施行令70条1号イ
は，上記「政令で定める金額」として，内国法人が各事業年度においてその
役員に対して支給した報酬ないし給与の額が，①当該役員の職務の内容，②
その内国法人の収益及び③その使用人に対する給料ないし給与の支給の状況，
④その内国法人と同種の事業を営む法人でその事業規模が類似するものの役
員に対する支給の状況等に照らし，当該役員の職務に対する対価として相当
であると認められる金額を超える場合におけるその超える部分の金額を掲げ
る。

上記のような憲法84条の規定からすれば，課税要件等に関わる租税法規は，
できるだけ明確に定められることが求められるというべきであるが，他方に
おいて，納税者の実質に応じた課税の公平を確保することも求められること
を考慮すると，X社の主張する納税者の予測可能性を含め，当該租税法規が
憲法84条の規定に反しないか否かについては，当該法規の趣旨，目的とする
ところを合理的，客観的に解釈し，その法規が課税の根拠，要件を規定した
ものとして一般的に是認し得る程度に具体的で客観的なものであるか否かと
いう観点から判断するのが相当である。

　上記のような観点から検討するに，一般に，個々の法人における役員に対
する報酬ないし給与の額について，「不相当に高額な部分の金額」の上限を
確定的に定めることは，その性質上，極めて困難であり，かえって実質的な
課税の公平を害するおそれが生ずることは明らかである。他方において，上
記①ないし④のような考慮すべき事項をみると，上記①ないし③の事項につ
いては，納税者において把握している事項である。そして，上記④の事項に
ついても，一般に公表された統計等により，法人の規模や業務に応じた役員
報酬ないし役員給与の傾向ないし概要を把握することは可能であることが認
められるところ，このことからすれば，同事項についても入手可能な資料等
から一定程度の予測は可能であるというべきであって，これらの各事項を前
記に述べたような，旧法人税法34条１項及び法人税法34条２項の規定の趣旨
に照らして考慮すれば，納税申告の時点において，「不相当に高額な部分の
金額」について，必ずしも確定的な金額までは判明しないとしても相応の予
測は可能であるというべきである。したがって，旧法人税法施行令69条及び
法人税法施行令70条１号イの規定は，法律により委任された課税要件を規定
したものとして一般的に是認し得る程度に具体的で客観的なものであるとい
うべきである。

　以上によれば，旧法人税法施行令69条及び法人税法施行令70条１号イに規
定する上記①ないし④の事項を考慮して旧法人税法34条１項及び法人税法34
条２項の「不相当に高額な部分の金額」を判断し，これらの規定を適用する

ことについて，憲法84条の規定に違反するものということはできない。

　イ　(ア)　X社は，本件各更正処分の過大役員給与の認定は，同種の事業を営む法人でその事業規模が類似するものの役員給与支給額を用いない限り，一義的に導くことが決してできず，X社においてその適法性を一切検証することができないから，憲法31条に違反する旨主張する。

　(イ)　しかし，行政手続に憲法31条による保障が及ぶと解すべき場合であっても，納税者において，課税処分に至る経過についてその根拠となった資料等を網羅的に逐一検証できなければならないことまでをも保障したものとは解されず，本件各更正処分等が憲法31条に違反するとはいえない。

　ウ　(ア)　X社は，上場企業については，倍半基準により類似法人を選定すれば，過大役員給与となる場合があるのに，過大役員給与に係る課税処分を行わない一方で，X社に対して本件各更正処分をしたことは，憲法14条に違反する旨主張する。

　(イ)　憲法14条1項は，国民に対して絶対的な平等を保障したものではなく，合理的理由のない差別をすることを禁止したものであって，国民各自の事実上の差異に相応して法的取扱いを区別することは，その区別が合理性を有する限り，何ら同規定に違反するものではない。

　そして，旧法人税法施行令69条及び法人税法施行令70条1号は，旧法人税法34条1項及び法人税法34条2項に定める「不相当に高額な部分の金額」について，類似法人の役員報酬ないし役員給与の支給状況のみならず，当該役員の職務の内容，その内国法人の収益及びその使用人に対する給与の支給の状況も踏まえて判断することとしているのであって，前記に述べたところに照らし，これを踏まえてされた本件各更正処分等の判断に合理性があることは明らかである。したがって，X社の主張する上場企業について，単に売上金額についての倍半基準及び平均額法によれば，過大役員給与となる場合があるということをもって，本件各更正処分等が憲法14条に違反する旨の原告の主張は理由がない。

　(5)　以上検討のとおり，本件役員ら給与には，不相当に高額な部分の金額

があり，認定した本件役員ら給与の額については，損金の額に算入することができないというべきである。

4　東京高裁の判断

(1)　X社は，売上高と役員給与額には相関関係がないから，施行令にいう事業規模の類似する法人を抽出する基準として，売上高倍半基準を採用するのは違法である旨主張する。

しかし，X社の指摘によっても両者の間に相関関係がないとまでは認め難い上，売上高と営業利益，純資産，総資産及び従業員数との間にはそれぞれ相関関係があるとされており，本件の単式蒸留しょうちゅうの製造という事業については，売上金額を法人の事業規模を示す指標として事業規模が類似する法人を抽出することは合理的というべきである。

また，倍半基準は，対象の中から近似性を有するものを抽出する基準として合理的であり，仮にこの基準に該当しないものの中にも類似性があると一般的に考えられているものが存在するとしても，そのことにより倍半基準が合理性を有しないことにはならない。

X社の主張は失当であり，採用することができない。

なお，X社は，原判決で示している法人のうちには，グループ経営をしているものがあり，比較対照の資格を有しないと主張するが，グループ経営の法人であるからといって，直ちに事業規模の類似するものとして採用することが不相当であるとはいえず，不相当とすべき個別具体的事情の主張立証はないから，失当というべきである。

(2)　X社は，本件役員ら給与に不相当に高額な金額があるか否かの判断に際し，役員の能力は重要な比較検討要素であり，役員の能力を考慮しないとする原判決の判断は不当である旨主張し，経常利益率，自己資本比率，流動比率，総資本回転率，売上高成長率等の経営分析指標においてX社は優位な数値を示しており，これらの個別事情を検討すれば，本件役員らに対する役員給与の支給額は不相当に高額であるとはいえないと主張する。

しかし，役員の経営能力を別個の判断要素として考慮することは，何をもって役員の能力と評価すべきかあいまいであり，主観的・恣意的要素を判断要素に加えることになるから相当ではない。また，X社の指摘する経営分析指標と個々の役員報酬額との関係について確立された一般的な理解があるとはうかがわれず，X社の経営分析に係る指標の数値は，類似法人の代表取締役又は取締役の役員報酬ないし役員給与の最高額を超える額を支給することが不相当であるとの前記認定判断を覆すに足りるものではない。

　したがって，X社の主張は採用することができない。

　(3)　X社は，本件役員ら給与の変遷に関し，原判決の認定及び評価に誤りがある旨主張する。

　X社は，役員賞与も平成18年2月期に本件役員らに支給された給与総額に含めた上で，各事業年度の役員給与支給額の変遷をみるべきである旨主張するが，平成18年2月期の役員賞与は，利益処分であって，損金に算入される費用ではなく，役務の対価として一般に相当と認められる範囲の役員報酬の額とは別のものである。したがって，これを本件役員らに対する役員給与支給額に含めるのが相当であるとするX社の主張は，採用できない。

　また，X社は，平成19年2月期の役員給与支給額は平成19年2月期の収益状況により増減させることはできないのであるから，平成19年2月期の収益状況悪化を根拠に平成19年2月期の本件役員ら給与が過大であるとすることは不当である旨主張する。

　しかし，X社の収益状況が客観的にいかなる状態にあったかを本件役員ら給与に不相当に高額な金額があるか否かの判断要素の一つとすることは，旧法人税法施行令69条1号及び法人税法施行令70条1号イの定めからして当然であり，X社の主張は失当である。

　(4)　X社は，本件役員ら給与に不相当に高額な金額があるか否かの判断に際し，使用人給与額の変遷を考慮要素として評価した原判決の判断は不合理である旨主張する。

　しかし，使用人に対する給与の支払の状況を本件役員ら給与に不相当に高

額な金額があるか否かの判断要素の一つとすることは，旧法人税法施行令69条1号及び法人税法施行令70条1号イの定めからして当然であるから，X社の主張は採用することができない。

(5)　X社は，本件役員ら給与に不相当に高額な金額があるか否かの判断に際し，租税回避事案ではないことを不相当に高額であることの絶対的評価障害事実と解すべきであり，これと異なる原判決の判断は不当である旨主張する。

しかし，旧法人税法施行令69条1号及び法人税法施行令70条1号イの解釈適用において，租税回避事案ではないことをもって役員給与が不相当に高額であるとはいえないとすべき根拠はなく，X社の解釈は独自のものであって採用することはできない。

(6)　X社は，X社が本件各事業年度の確定申告をする時点で，本件役員ら給与につき，不相当に高額な部分の金額を予測することは不可能であったので，本件各更正処分等は租税法律主義を定めた憲法84条に反し，取り消されるべきである旨主張する。

納税申告の時点においてX社に不相当に高額な部分の金額について確定的な金額までは判明しないとしても，相応の予測は可能であること，旧法人税法施行令69条1号及び法人税法施行令70条1号イの規定は一般的に是認し得る程度に具体的で客観的なものであるというべきことは，原判決において説示するとおりである。X社は，本件各更正処分において過大役員給与とはしなかった限度の本件役員ら給与額は，入手可能な資料等から予測しうる類似法人の役員給与額を大幅に上回るものであるから，X社において相応の予測が可能であったとはいえない旨主張するが，X社は，本件役員ら給与の額が予測し得る類似法人の役員給与額に比して大幅に高額であることを認識することができたと認められるから，本件役員ら給与につき不相当に高額な部分が存在することにつき相応の予測が不可能であったとはいえない。

したがって，X社の主張は採用できない。

法人税法における役員給与課税の問題点　　**173**

Ⅲ　検　討

1　役員給与課税における利益処分の影響

⑴　従前の役員給与課税

　残波事件で争点となった不相当に高額な部分の金額の損金不算入規定については，その意義を検討[5]する必要があるものと思われる。このため，役員給与課税の改正の経緯等を含めた整理を行い，その後，不相当に高額な部分の金額の損金不算入規定の意義について検討を行うこととする。なお，不相当に高額な部分の金額の損金不算入規定については，形式基準と実質基準があるが，本稿では実質基準のみに焦点を当てて検討することとする。

　役員給与課税の対象について，平成18年度改正前では，現行の役員給与に相当するものを役員報酬，役員賞与及び役員退職給与で区分していた。ここでは，役員報酬を「役員に対する給与（債務の免除による利益その他経済的な利益を含む。）のうち，次条第４項に規定する賞与及び退職給与以外の者をいう」（旧法人税法34条２項）とし，役員賞与を「役員又は使用人に対する臨時的な給与（債務の免除による利益その他の経済的な利益を含む。）のうち，他に定期の給与を受けていない者に対し継続して毎年所定の時期に定額（利益に一定の割合を乗ずる方法により算定されることとなっているものを除く。）を支給する旨の定めに基づいて支給されるもの及び退職給与以外のものをいう。」（旧法人税法35条４項）と規定しており，役員退職給与以外のものを役員報酬と役員賞与に区分していた。

　そして，役員報酬と役員賞与の区分は，「役員報酬と役員賞与とを専ら

⑸　このような検討は，阿部泰隆「法人税法34条２項の定める，役員給与・退職金のうち，損金に算入しない「不相当に高額な部分の金額」の意義（上）」税務事例49巻11号12-13頁でもなされている。ここでは，「隠れたる利益処分説は現行法では成り立たない。そこで『不相当』といえる場合とは，存在するとしても，利益処分の中で適正性や透明性が担保されていない金額に限られるはずである」（13頁）とし，「法人税法34条２項は事実上ほとんど死に体というべきである」（13頁）と指摘している。

174　第２部　事例研究　法人税１

『臨時的な給与』であるか否かという給与の支給形態ないし外形を基準として報酬と賞与とに区分していると解される」（最高裁平成5年9月28日判決）と示されており、「臨時的な給与」という給与の支給形態ないし外形を基準にして役員報酬（定期支給）と役員賞与（臨時支給）とが区分されていた。

このような区分は、役員賞与が損金不算入の取扱いであったため、重要な意味があった。つまり、役員退職給与以外のものについて役員報酬に該当しない場合、役員賞与と認定されることになり、損金に算入される余地がなくなるためである。

こうした役員賞与の損金不算入の取扱いは、「利益処分の性質を有するものを損金から排除するのに、通常業務の対価であるか利益処分として支給すべきものであるかの判別が、実際上は容易ではないために税務執行の便宜と租税負担の公平という立場から、支給形態を基準として区別する」[6]と説明される。このような役員賞与は利益処分であるとの考えは、商法や従来の企業会計において考えられてきたものであり、「法人税に関する判例においても同様に解されてきた」[7]とされる。そして、法人税法では利益処分と考えられる役員給与を税務執行の便宜と租税負担の公平を考慮し、給与の支給形態ないし外形を基準に役員報酬と役員賞与を区分していた[8]。

(2) 平成18年度改正の意味

このような従来の役員給与課税について、平成18年度税制改正において現行の役員給与課税に改正されるが、その趣旨は「会社法制や会計制度など周辺的な制度が大きく変わる機会を捉えて、こうした役員給与の損金算入のあり方を見直すこととし、具体的には、従来の役員報酬に相当するものだけでなく、事前の定めにより役員給与の支給時期・支給額に対する恣意性が排除されているものについて損金算入を認めることとするとともに、従来課税上

---

[6] 鈴木一水「役員給与等に係る税制の整備の意義」税研195号42頁
[7] 金子宏『租税法第22版』（弘文堂、2017年）371頁
[8] この点については、財務省『平成18年度税制改正の解説』323頁でも、役員給与の改正の趣旨において、「この区分については、基準としては明確なものである反面、画一的・形式的に過ぎるといった指摘もあったところです」としている。

法人税法における役員給与課税の問題点　**175**

の弊害が最も大きいと考えられた法人の利益と連動する役員給与についても その適正性や透明性が担保されていることを条件に損金算入を認めることと しました」(9)とされている。ここでは，役員給与課税の改正の背景に，「会社 法制や会計制度など周辺的な制度が大きく変わる機会を捉えて」の改正であ ることが示されている。会社法では，「取締役の報酬，賞与その他の職務執 行の対価として株式会社から受ける財産上の利益」を「報酬等」としてまと め，定款に当該事項を定めていないときは，株主総会の決議によって定める ものとして取り扱うこととし（会社法361条1項），役員賞与も役員報酬と同 様の性質として利益処分の性質を否定している。また，企業会計でも，「役 員賞与は，発生した会計期間の費用として処理する」（「役員賞与に関する会 計基準」3項）とし，「未処分利益の減少とする会計処理を行うことが一般 的であった」（「役員賞与に関する会計基準」7項）ものを費用処理に取扱い を変更した(10)。

　このような変更を「会社法制や会計制度など周辺的な制度が大きく変わる 機会」と捉えての変更であれば，法人税法でも役員賞与に相当するものは利 益処分ではなく，費用という取扱いに変更することを是認したものと思われ る。

　平成18年度改正後(11)の役員給与課税をこのように捉えるならば，役員賞与 も役員給与に含め法人の費用として認め，利益処分の影響を排除する改正と いう意味になる。

⑼　財務省，前掲注⑻323頁
⑽　企業会計における取扱いの変更の理由は，⑴役員賞与と役員報酬の類似性及び⑵役員 賞与と役員報酬の支給手続が挙げられている（「役員賞与に関する会計基準」7項）。
⑾　平成18年度改正の後も，平成28年度改正及び平成29年度改正で給与形態が多様化に対 応するように改正が繰り返されているが，「平成18年度改正において，定期に定額を支 給する役員給与のほか，『事前の定めにより役員給与の支給時期や支給額に対する恣意 性が排除されているものについて損金算入を認める』，『利益と連動する役員給与につい て，適正性や透明性が担保されていることを条件に損金算入を認める』との整理がなさ れているところであり，この整理は維持すべきものと考えられます。」（財務省「平成29 年度税制改正の解説」302頁）とされ，平成18年度改正の大枠を維持している。

なお，東京地裁判決における34条2項の趣旨の説明では，「課税の公平性
を確保する観点から，職務執行の対価としての相当性を確保し，役員給与の
金額決定の背後にある恣意性の排除を図るという考え方によるものと解され
る」とされているが，「従来から『支給の恣意性排除』が趣旨であるとする
のは間違っている」[12]ものと思われる。

2 不相当に高額な部分の金額の損金不算入規定の意義

上述のように，役員給与に含めた役員賞与についても利益処分の性質を持
たない取扱いとなっているとすれば，不相当に高額な部分の金額を損金不算
入にする意義を見出すことができない。従前の役員給与課税であれば，役員
報酬を不相当に高額にすることで，役員賞与と認定されないようにすること
を防止することが想定でき，隠れた利益処分を損金に算入しないような意義
があったものと思われるが，現行ではこの説明も成り立たない。

わずかに残された意義としては，「隠蔽・仮装に近い」[13]場合や「『一見し
て明らかに高額』，『ふさわしくないほどの高額』といえる特段の事情」[14]の
学説が例示[15]されることがある。これらは，役員が法人に果たすと期待され
る役割が役員給与として支給された金額と比較して無い又は著しく少ない場
合には，損金不算入も考えられるというものと思われる。

ここでは，このような考えについて，役員給与の決定要因と他社との比較
困難性という観点と，この役割に比して過大な金額が支給された場合の影響
に分けて検討する。

(1) 役員給与の決定要因と他社との比較困難性

役員給与は法人と役員との間の委任関係に基づき支払われるものであり，

---

(12) 藤曲武美「過大役員給与・役員退職給与が争われた事例（残波事件）(2)」税務弘報64
巻13号156頁
(13) 渡辺充「役員給与の適正額—残波事件②・控訴審判決—」速報税理36巻19号48頁
(14) 大淵博義「過大な役員給与（報酬）認定の問題点とその今日的課題—「倍半基準」に
よる類似法人選定と過大認定の不当性を中心として—」税理59巻11号8頁
(15) この例示は，阿部，前掲注(5)13頁，を参照した。

役員には善管注意義務（会社法330条）や忠実義務（355条）があり，これが果たすべき役割ということになる。また，役員には，任務懈怠（会社法423条）等の場合，損害賠償責任を負うことになる。これらは，雇用契約に基づき支給される使用人給与とは性格を異にすることは明らかである。

　現代の企業経営を考えると親会社の役員は子会社の経営にも影響を及ぼし得ることもあり，企業全体の経営を向上させることが期待される。また，この成果は多様に評価されるものである。株主の立場で考えれば，利益の増大は，配当の増大をもたらすため，役員を高く評価する要素になるだろうし，配当政策の関係で配当がされない場合でも利益の増大は株価の上昇をもたらすと想定されるため，役員を高く評価する要素になる。また，このような利益の増大ではなくとも，業界によっては売上高の増大が市場シェアの拡大を通じて株価を上昇させる場合があり，このような場合には利益が増大しなくとも売上高の増大だけで役員の評価は高くなるだろう。

　また，役員となるべき人材が不足しているとすれば，より優秀と考えられる役員を確保するためにはより多くの給与を支払う必要があるはずである。もちろん，外部からヘッドハンティングする場合にはより多くの給与を提示する必要があるだろうが，現在の役員を他社に引き抜かれないという点でも確保のための給与が必要になるはずである。そして，どんなに高い役員給与を支払っても，それ以上に評価できる成果を出せば株主は納得するだろう。

　企業会計では，人材については，給与等として支払われた金額を費用として計上するが資産計上はしない。しかし，優秀な人材が同業他社と比較して超過収益力の源泉あることも考えられ，企業結合（税制でいえば組織再編）においてのれんを構成することが考えられる。このような超過収益力の源泉となる役員と比較するのであれば，同様の人材を他社で見い出して比較しなければ比較にならない。例えば，年齢や勤続年数で同様という比較では，より高い役員給与となって当たり前である（同じような金額であればエージェンシーコスト等を無視すれば他社にヘッドハンティングされるはずである。）。

　役員給与の決定において，役員給与以上のリターンが見い出せれば，上限

なく価格決定されるはずであり，実際に大企業の一部で莫大な役員給与が支給されている事例が生じている。このような莫大な役員給与は，その役員の果たした役割やその成果を考えれば，過大ではないかもしれない。役員給与が過大かどうかは，株主の承認を得られるか（自己の配当等を減少させるだけの価値を見出せるか），役員に多く支払い過ぎて使用人に不満が生じないか等の法人の経営上の問題であり，会社自治の問題である。他社との比較が困難であるだけでなく，他社との比較に意味がないものである。

残波事件においては，不当性を判断するための比準要素が争われているため，倍半基準の利用の是非[16]，売上高と役員給与の相関[17]や役員の能力評価と経営指標[18]等の検討が行われている。しかし，そもそも比較が困難であり，結局は実態を考慮するのではなく，定められた基準[19]に固執した判決となっていると思われる。

東京地裁判決では，「一般に，個々の法人における役員に対する報酬ないし給与の額について，『不相当に高額な部分の金額』の上限を確定的に定めることは，その性質上，極めて困難」であるとし，④の事項（その内国法人と同種の事業を営む法人でその事業規模が類似するものの役員に対する支給の状況等に照らし，当該役員の職務に対する対価として相当であると認められる金額を超える場合におけるその超える部分の金額）についても，「一般に公表された統計等により，法人の規模や業務に応じた役員報酬ないし役員給与の傾向ないし概要を把握することは可能であることが認められるところ，

---

[16]　長島，前掲注(3)28頁，大淵博義「定期同額給与―改正の影響及び今後の課題」税研195号52-53頁等

[17]　長島弘「役員給与に係る不相当性の判断と倍半基準（残波高裁判決）」税務事例49巻5号37-38頁

[18]　長島，前掲注[17]39頁

[19]　品川芳宣「役員給与・役員退職給与の適正額の算定方法」税研32巻4号98頁では，「倍半基準は，主として，推計課税（所法156，法法131）において用いられる手法であるところ，推計課税においては，平均的所得金額を推計するのであるからそれでよいとも考えられるが，本件のような『不当性』を判断する場合には，各比準要素において1倍以上の法人から選定すべきであると考える」としている。

このことからすれば，同事項についても入手可能な資料等から一定程度の予測は可能であるというべき」とする。そして，「旧法人税法34条1項及び法人税法34条2項の規定の趣旨に照らして考慮すれば，納税申告の時点において，『不相当に高額な部分の金額』について，必ずしも確定的な金額までは判明しないとしても相応の予測は可能であるというべきである」とする。

このように「一般に公表された統計等により，法人の規模や業務に応じた役員報酬ないし役員給与の傾向ないし概要を把握」して不相当に高額な部分の金額について予測可能であるとした場合，経営者の能力等を考慮したときは不相当に高額な部分の金額を含めることが妥当と考えても，法人は税負担を考慮し不相当に高額な部分の金額を除いた金額で支払うとしたべきであろうか。これは中立性に反するだけでなく，ヘッドハンティングされるリスク等は法人が負担することになるが，このリスクを背負わなければならない理由があるように思えない。

なお，「上場会社では，役員報酬がいかに多額でも税務調査で『不相当高額』として否認された例を筆者は聞いたことがない」（山本守之「事例から考える租税法解釈のあり方」税務弘報65巻6号131頁）との指摘もあり，この指摘に従えば上場会社（大企業）では不相当に高額とはされないようである。このような観点からは，中小企業の役員についてはヘッドハンティング等の説明に違和感が生じるかもしれないが，複数の役員のうち一部の役員が独立するリスク等もあり，役員給与を適正に支給しない場合に生じるリスクは中小企業にも存在するものと思われる。

(2) 過大な役員給与の支払の影響

過大な役員給与の計上は，法人税の課税所得を減少させ，法人税額を減少させることになる。一方で，支払を受けた役員は所得税の給与所得を増加し，所得税が増加する。累進課税を採用する所得税の最高税率が法人税法の税率を超え，給与所得控除が上限を設けられている現行制度においては，一定額以上の過大な役員給与は，所得税額と法人税額の合計で考えると税額を増加させることになる。この点は，残波事件においてもX社が租税回避事案でな

い旨の主張を行っている根拠でもあろうかと思われる。

この点については，所得税法と法人税法を一体と考えることの是非に関わってくる。理論的に考えた場合，代替課税説（法人個人一体課税説）[20]のような考え方であれば，所得税法と法人税法を一体と考えることと整合的ではある。しかし，アメリカのような法人（corporate）と個人（individual）を含めた所得税（income tax）を課しているのであれば別として，我が国では所得税法と法人税法が別々に定められている。このため，過大役員給与により所得税額が増大したことを，法人税の過大役員給与は法人税額の不足を生じさせたことと相殺できる訳ではないとも考えられる。

解釈論[21]としては，所得税額と法人税額の合計で税額が増加する選択（より高額な役員給与の支払）をしていることは，租税回避の意図がなかったという主張の根拠にはなるが，これをもって法人税法において不相当に高額な部分の金額の損金算入が認められることにはならない。しかし，この点は中立性の観点からも問題があるものと思われ，立法論として今後の税制改正で考慮すべき点であろう。

---

[20]　代替課税説（法人個人一体課税説）は，「法人の所得とその資本主の個人所得とを一体的に捕え，本来個人所得税のみで所得課税のすべての目的を達成すべきであるところ，個人所得に対する課税の捕捉をより合理的に行うため，法人の段階でその所得に対して（暫定的に）課税しようとするところに，法人税の課税根拠があるとする見解である。」（品川芳宣「法人税の課税所得の本質と企業利益との関係」税大論叢40周年記念論文集219頁）と説明される。

[21]　なお，過去（平成18年度改正で導入，平成22年度改正で廃止）に特殊支配同族会社の役員給与の損金不算入制度（旧法人税法35条）のような所得税の給与所得控除相当を考慮した課税を行ったこともある。この時は，給与所得控除の二重控除を考慮したようであり，所得税法と法人税法を密接な関係を考慮していたことがうかがえる。現状では給与所得控除の上限も設けられており，役員給与の増大が給与所得控除を利用した租税回避にもつながらない。不相当に高額な部分の金額の損金不算入規定を廃止は，今後の所得税率や法人税率に依存するところはあるが，少なくとも現行制度では大きな租税回避としては用いることができないものである。

Ⅳ　おわりに

　残波事件は，判示された内容についても，類似法人の支給額の最高額が採用されている点でも着目されるものであるが，「役員報酬（給与）の損金不算入の是非が争われることはままあるが，通常に勤務している役員に対する報酬（給与）の適正額が法廷で争われることは比較的少ないだけに，本件は注目される」[22]事件であり，役員給与課税を検討する格好の素材である。

　役員給与課税の規定が，一定のものを除き役員給与は損金の額に算入しないとする流れの規定は，原則損金の額に算入されるものとする必要がある[23]。これは，法人税の課税標準である課税所得の計算上，必要的に控除されるべきと考えられるからである[24]。現行の役員給与の規定だけをみれば，定期同額給与等が恩典的に認められているような規定ぶりである。

　また，平成28年度改正や平成29年度改正でも対応されてきているが，実務が先行し制度が後手になっている感が否めない。現行の規定の仕方では，制度が新たな支給方法に対応できない場合，法人が課税の負担を受けつつ新たな方法を採用するしかなくなる。これは，日本の企業の活性化の必要性の中で，課税が経済の足を引っ張ることになりかねない。

　本稿では，残波事件を参照し，不相当に高額な部分の金額の議論のうち実質基準に関する部分に焦点を当てて検討した。この部分については，現在の必要性を見い出せず，存在意義はない[25]と思われる。基本的には会社自治に

---

(22)　品川，前掲注(19)96頁

(23)　このような主張は，山本守之「役員給与損金不算入の理由—法人税法34条で退職給与を損金不算入とする場合—」税務弘報62巻8号105頁，にもある。

(24)　小原昇，佐々木浩「平成19年度の法人税関係（含む政省令事項）の改正について」租税研究693号23頁では，「法人税法の構造として第22条の別段の定めを規定しようとする場合には，このような見出しや構成内容とならざるを得ないものであって，そもそも役員給与を原則損金不算入と考えているといったことではない」とあり，役員給与は法人税法22条3項により原則損金算入され，法人税法34条は別段の定めとして損金不算入を定めているという説明がされている。

委ね不相当に高額な部分の金額の損金不算入規定は廃止すべきであろう。

$\left(\begin{array}{l}\text{第一審　東京地裁平成28年 4 月22日判決　Z888—1993}\\ \text{控訴審　東京高裁平成29年 2 月23日判決　Z888—2065}\end{array}\right)$

⑵5　隠蔽・仮装に関しては，法人税法34条 3 項が設けられている。

法人税重加算税賦課決定処分の取消された
裁決事例から，その対応を考察する

鈴木　茂夫

税理士

はじめに

　平成28年度税制改正で，国税通則法の一部が改正された。その中で加算税
の見直しが行われ，短期間に繰り返して無申告又は隠ぺい・仮装が行われた
場合に加算税の割合が加重される措置が導入された。このことにより，今後，
とくに主として継続企業に課される法人税の重加算税の課税処分への対応は，
従来以上に，慎重かつ丁寧な対応が必要であると考える。なぜならば，税務
調査を受けた法人が，重加算税の課税処分を安易に認めることは，その将来
にも影響することになりかねないからである。

　本稿では，原処分庁により課された重加算税の課税処分が取消された，平
成26年2月21日公表裁決を紹介し，そこから，類似する問題が生じた時の重
加算税の課税への対応方法について考察する。実務では，重加算税の課税問
題の中で，とくに帳簿書類等への記帳漏れがあった場合，故意に「隠ぺい又
は仮装を」行ったか否かの事実認定が問題となる場合が多いと思う。本件は，
帳簿書類等への記入がなされておらず，故意に「隠ぺい又は仮装を」行った
と，原処分庁から重加算税の課税処分がなされた事案であり，その事実認定
が問題となった事案である。請求人は，審判所において，関係者の陳述書，

184　　第2部　事例研究　法人税2

それを裏付ける証拠，審判所への答述等により主張を行った。その結果，審判所が，請求人の主張を認め，原処分庁による，重加算税賦課決定処分を取消した事件である。したがって，本件で行った，請求人の手法について考察することは，実務上役立つものと考える。

本件は，国税不服審判所ホームページで公開されている事案である。本件のような課税処分が取消された公開裁決は，課税の限界を示すものとして学ぶ点が多く，重要であると考える。したがって，本件は，原処分庁が重加算税を課す場合の限界を知ることができる事例でもあるといえる。

I 平成26年2月21日裁決の紹介

1 事 実

(1) 事案の概要

本件は，請求人の法人税について，原処分庁が，国税通則法（平成23年改正前，以下「通則法」という）第68条《重加算税》に規定する「隠ぺい又は仮装」行為に該当する雑収入計上漏れの事実が認められるとする更正処分を行ったのに対し，請求人が，雑収入計上漏れの事実はないとして，原処分の取消を求めた事案である。

(2) 基礎事実

① 請求人の概要

請求人は，昭和62年11月に設立された，資本金20,000,000円，代表取締役G（以下「G代表」という。）が経営する，冷凍食品の販売を行う法人である。また，J（以下「J課長」という。）は設立時より勤務する使用人である。

② 更正通知書に記載された更正の理由

(i) 平成17年10月期更正処分

平成17年10月期更正処分に係る更正通知書（以下「平成17年10月更正通知書」という。）には，更正の理由として，要旨次のとおり記載されている。

A 標題 雑収入の計上漏れ300,000円

B　内容　貴社は，貴社の従業員であるJ課長と取り交わした覚書におい
て，当従業員から差し入れを受けた金額のうち300,000円については，
平成17年9月27日に当該従業員が貴社に対し発生させた事業上の損失を
補填させるための弁償金として，返金しないこととしたにもかかわらず，
帳簿への記録をせず雑収入を除外していた事実が判明しましたので，当
該金額を雑収入の計上漏れとして当事業年度の所得金額に加算しました。

(ii)　平成19年10月期更正処分

平成19年10月期更正処分に係る更正通知書（以下「平成17年10月更正通知
書」と併せて「本件各更正通知書」いう。）には，更正の理由として，要旨
次のとおり記載されている。

A　標題　雑収入の計上漏れ1,200,000円

B　内容　貴社は，貴社の従業員であるJ課長と取り交わした覚書におい
て，当従業員から差し入れを受けた金額のうち1,200,000円については，
平成19年10月31日に当従業員が貴社に対し発生させた事業上の損失を補
填させるための弁償金として，返金しないこととしたにもかかわらず，
帳簿書類への記録をせず雑収入を除外していた事実が判明しましたので，
当該金額を雑収入の計上漏れとして当事業年度の所得金額に加算しまし
た。

③　請求人とJ課長との間の金銭の授受等

(i)　預け金の交付

J課長が，G代表に提出した平成7年12月12日付の「決意表明」と題する
書面には，J課長が「目標を成し遂げる強い意志を約束」し，「その為には会
社に私個人の財産200万円を預け」るとの記載があり，また，J課長から当審
判所への平成25年10月4日付の陳述書（以下「J陳述書」という。）及び当審
判所からの同年11月25日の質問調査において，当該決意表明と同日に請求人
へ預け金2,000,000円を交付した（以下，この金員を「本件預け金」とい
う。）旨陳述している。

(ii)　請求人とJ課長が取り交わした書面

　J課長の署名押印がある請求人宛の次の書面（以下「本件覚書」という。）には，日付順に要旨次のとおり記載されている。

　A　平成9年1月30日付の記載

　私，この般，平成8年10月より販売目標であった商品につき，平成9年1月31日までの期限でこの商品を販売目標に達することができませんでしたので，このペナルティとして，先に，お預けしてある金額より金500,000円をお支払い致します。

　B　平成17年9月27日付の記載

　私，この般，会社への貸付金1,500,000円のうち，300,000円を顧客交際費のため使用し，返金頂きました。

　C　平成19年10月31日付の記載

　私，この般，商品の損失責任及び稟議違反につき，1,200,000円を貸付金1,200,000円のうちお支払い致します。

⑶　**平成9年2月3日付の書面**

　J課長が，G代表に提出した平成9年2月3日付の「第10期決意表明」と題する書面（以下「平成7年12月12日付の「決意表明」と題する書面と併せて「本件各決意表明」という。）には，「第10期，先物販売予約55,000万円の注文を取る」として，「販売予約が達成できなかった場合，会社に預けてある150万円は没収して頂いて結構です。」と記載されている。

⑷　**帳簿への記録**

　請求人が，J課長との間の上記300,000円及び1,200,000円の本件預け金に関して，帳簿への記録を行ったとの事実はない。

Ⅱ　争　点

　本稿で取り上げる争点は，以下の2つである。

1　雑収入計上漏れの事実があるか否か

2 平成17年10月期及び平成19年10月期に「隠ぺい又は仮装」の行為があるか否か。

Ⅲ 当事者の主張

1 雑収入計上漏れの事実があるか否かについて

(1) 原処分庁の主張

次のとおり，平成17年10月期及び平成19年10月期には，雑収入計上漏れの事実が認められる。

（i） 平成17年10月期

A 「無償による資産の譲受け」に該当すること

次のBのとおり，請求人は，J課長が顧客交際費として，300,000円を費消したことを理由として，本件預け金のうち300,000円を同人に対し返金しないこととしたものであり，これは，法人税法第22条2項の「無償による資産の譲受け」に該当することから，雑収入になるものである。

B J課長申述内容

J課長は，要旨次のとおり申述しており，また，その内容は合理的であり信用できる。

（イ） 本件覚書は，業務で失敗した場合にG代表から書かされたものであり，文面はいずれもG代表が記載し，J課長が当該内容を確認した上で署名押印したものであり，その内容は，J課長が請求人に損害を与えたという理由で本件預け金を取り上げられたことが記載されている。

（ロ） 本件覚書の平成17年9月27日付の記載については，J課長が，これ以前に取引先との継続的な取引を行うため，請求人の現金300,000円を顧客交際費として取引先に渡したものの，結果的に，当該取引先との取引がなくなってしまったため当該300,000円が無駄になった責任として，本件預け金から填補することになり，その旨の文面をG代表が記載し，J課長に署名押印させたものである。

188 第2部 事例研究 法人税2

(ii)　平成19年10月期

　請求人は，J課長に対し，平成19年10月31日に1,200,000円を返金しないこととしたのであり，これは，法人税法第22条2項の「無償による資産の譲受け」に該当することから，雑収入になるものである。

(2)　請求人の主張

　次のとおり，平成17年10月期及び平成19年10月期には，雑収入計上漏れの事実は認められない。

(i)　平成17年10月期

　A　本件預け金のうち300,000円が返金されたこと

　次のBのとおり，J課長は，平成7年12月12日に請求人へ2,000,000円を差し入れたところ，平成17年9月頃，子の進学などにより資金が必要となり，手元不如意に陥ったため，G代表に対し，本件預け金のうち300,000円の返還を求め，同人もこれを了承したことから，同月27日，請求人からJ課長に対し300,000円が返還されたものであり，雑収入となるものではない。

　B　平成7年12月12日にJ課長が請求人に差し入れた2,000,000円の趣旨

　J課長は，請求人に対し，平成7年12月12日に，同日付の「決意表明」と題する書面とともに現金で本件預け金を交付した。また，J課長は，本件預け金を差し入れるに当たり，将来目標とする売上額等を達成できなかった又は稟議違反等により請求人に損害を与えた場合には，当該損害等を本件預け金により填補することを申し入れ，請求人もこれを了解していた。以上の経緯からすると，請求人とJ課長との間では，平成7年12月12日，J課長を寄託者，請求人を受寄者とする本件預け金の寄託契約（民法第657条《寄託》）が成立した（以下「本件寄託契約」という。）。

　また，両者の間に，本件寄託契約とともに，J課長が請求人に対し損害等を与えた場合には，請求人のJ課長に対する損害賠償請求権とJ課長の請求人に対する寄託物返還請求権を対当額で相殺する旨の合意（以下「本件相殺合意」という。）が成立した。つまり，両者の間には，本件相殺合意という特約付の本件寄託契約が成立したことになる。

(ii)　平成19年10月期

　J課長は，平成19年8月30日の売上分に関し，請求人の稟議内容に違反し，請求人の商品を決められた価格よりも低い価格で顧客に販売し，請求人に損害を与えた。また，J課長の平成19年10月期における営業成績も不振であったため，かかる稟議違反及び成績不振に基づく請求人のJ課長に対する本件預け金の残額の返還請求権を対当額で相殺することを合意したものであり，雑収入となるものではない。

2　平成17年10月期及び平成19年10月期に「隠ぺい又は仮装」の行為があるか否かについて

(1)　原処分庁の主張

　次のとおり，請求人には，「隠ぺい又は仮装」の行為がある。

　請求人は，J課長から本件預け金を受領した事実，平成17年9月27日に300,000円，平成19年10月31日に1,200,000円を返還しないこととした事実について，G代表自らが本覚書を社長室で管理していたにもかかわらず，いずれも帳簿に記載せず，雑収入として法人税法上の益金に算入すべきところ，法人税の確定申告に反映させていない。これらの行為は，積極的に事実と反する経理を行い，租税を免れようとする意思があったと認められることから，重加算税賦課の要件を満たす。また，本件覚書は，関与税理士に提示されることはなく，G代表の机の引出しにおいて管理されていたことからも明らかなように，請求人の行為は容易に判明するものではなく，単なる過少申告に該当するものではない。

(2)　請求人の主張

　次のとおり，請求人には，「隠ぺい又は仮装」の行為はない。

　請求人は，平成17年10月期及び平成19年10月期においては，いずれもJ課長に対し本件預け金の一部を返還したものであるから，雑収入に計上する理由はなく，仮に，これを返還した事実がないと認定されたとしてもそれは，事実認定の問題であり，請求人の行為が隠ぺいに該当するとは到底いえない。

また，法人税の確定申告に際し，関与税理士から雑収入について質問を受けた事実はなく，本件覚書は税務調査において容易に見い出されたことからすれば，請求人には隠ぺいの事実をうかがうことはできないのであり，せいぜい単なる不申告に相当する行為にすぎない。

Ⅳ　審判所の判断

1　法令解釈

(1)　争点1についての法令解釈

　法人税法第22条第2項では，内国法人の各事業年度の所得の金額の計算上当該事業年度の益金の額に算入すべき金額は，別段の定めがあるものを除き，資産の販売，有償又は無償による資産の譲渡又は役務の提供，無償による資産の譲受けその他の取引で資本等取引以外の取引に係る収益の額とするものとされているところ，ある収益をどの事業年度に計上すべきかについては，一般に公正妥当と認められる会計処理の基準に従うべきであり，収益は，その実現があった時，すなわち，その収入すべき権利が確定したときの属する事業年度の益金に計上すべきものであると解される。

(2)　争点2についての法令解釈

　通則法第68条に規定する重加算税は，同法第65条ないし第67条に規定する各種の加算税を課すべき納税義務違反が事実の「隠ぺい又は仮装」という不正な方法に基づいて行われた場合に，違反者に対して課される行政上の措置であって，故意に納税義務違反を犯したことに対する制裁ではないから，同法第68条第1項による重加算税を課しうるためには，納税者が故意に課税標準又は税額等の計算の基礎となる事実の全部又は一部を隠ぺいし，又は仮装し，その「隠ぺい又は仮装」の行為を原因とし過少申告の結果が発生したものであれば足り，それ以上に，申告者に対し，納税者において過少申告を行うことの認識を有していることまでを必要とするものではないと解するのが相当である。また，「事実を隠ぺいした」とは，課税標準等又は税額等の計

算の基礎となる事実を隠ぺいし，あるいは故意に脱漏したことをさすものと解される。

2　雑収入計上漏れがあったか否かについて

①　請求人提出資料，原処分関係資料及び当審判所の調査の結果によれば，次の事実が認められる。

⒤　G代表の陳述書

G代表が当審判所に提出した平成25年10月16日付の「陳述書」（以下「代表者陳述書」という。）には，次のとおり記載されている。

㋑　J課長より，平成17年9月頃，子供の大学進学，その引越しの支出のため一時的に手元不如意に陥ったことを理由に相談を受けたことから，請求人は，本件預け金のうち300,000円をJ課長に返還することとなった。

㋺　平成19年8月30日の売上分について，J課長が社内稟議に反する価格で販売したことにより，請求人が損害を被ったので，本件覚書の平成19年10月31日付の記載のとおり，J課長から，当時決意表明の証として請求人に預けてあった本件預け金の残額1,200,000円を没収することの了解を得て，同金員を請求人が被った損害に補填した。

⒤⒤　J課長の陳述書

J陳述書には，要旨次のとおり記載されている。

㋑　平成7年頃，J課長は，営業成績が低迷していたことから，自らの目標とする売上高達成の決意をG代表に示すため，平成7年12月12日に自ら署名押印した決意表明の交付とともに，J課長個人の財産である2,000,000円を請求人に預けた。その際，将来売上高目標等を達成できないなどの成績不振，稟議違反等により請求人へ損害を与えた場合には，当該損害額を本件預け金から補填することを了解した。

㋺　J課長は，平成17年9月頃，子供の教育費や部活動の遠征費，生活費等の出費が重なり一時的に手元不如意に陥り，G代表に相談したところ，本件預け金のうち300,000円が返金されることになり，請求人から，同月27日

に300,000円の返金を受けた。

(ハ) J課長は，平成19年8月30日の売上分に関し，請求人の稟議に違反し，決められた価格よりも低い価格で商品を販売しており，また，J課長の同事業年度における営業成績も不振であった。そこで，かかる稟議違反及び成績不振により請求人に与えた損害を補填するために，本件預け金の残額1,200,000円を使用することになった。

(iii) 本件調査担当者作成のJ課長に対する質問顛末書

本件調査担当者が，平成24年11月13日にJ課長に対し質問し，J課長の答弁の内容を記載したとされる質問顛末書と称する書面（以下「本件質問顛末書」という。）には，要旨次のとおり記載されている。

(イ) 本件覚書の内容は，業務で失敗するとG代表に書かされるもので，本件覚書の文面は，いずれもG代表が記載し，その内容をJ課長が確認し署名押印したものである。

(ロ) 本件覚書には，J課長が請求人に対し預けてあった2,000,000円を，J課長が請求人に損害を与えたことを理由に取り上げられたことが記載されている。

(ハ) 平成17年10月期については，当時新規に近い得意先である問屋に対し継続的な取引をお願いするに当たり，請求人の現金300,000円を「ご自由にお使いください」と交付したが，結果として翌年から，その問屋との取引がなくなってしまったため，当該支出額を，本件預け金から引いておくといわれ，そのような記述になったと記憶している。

この点，本件覚書の平成17年9月27日付の記載には「返金頂きました」との記載があるが，J課長は請求人から現金の返金を受けたのではなく，上記のとおり，平成17年9月27日に，問屋に交付した300,000円が無駄になってしまった責任を，その日に署名をもって責任を負わされたということである。

(ニ) 平成19年10月については，当時J課長が請求人に対し具体的に何の損害を与えたか記憶は定かではないが，G代表から本件預け金はこれでなくなったと言われたことを記憶している。商品クレームから損害を出したとか，

法人税重加算税賦課決定処分の取消された裁決事例から，その対応を考察する 193

又は安く売って損害を与えたとかではなく，G代表の理屈により支払わされたものである。

(iv) 審判所に対するG代表の答述

G代表は，当審判所に対し，要旨次のとおり答述した。

(イ) 平成17年10月期において，J課長が，カードのオーバーローン，子供の教育費等で困っていたので，同人から相談があり，お金を用立ててしてほしいと頼まれたため，本件預け金の中から返金することになった。

(ロ) J課長からは，当初500,000円又は1,000,000円という金額の返金を要求されたが，協議した結果，最低でも300,000円は返金してほしいという要請があったので，最終的に返金する金額は300,000円ということに落ち着いた。

② 判　断

(i) 平成17年10月期

本件覚書の平成17年9月27日付の記載には，「300,000円を顧客交際費のため使用し，返金頂きました。」と記載されているところ，代表者陳述書には，平成17年9月頃，本件預け金のうち300,000円をJ課長に返還することになった旨，また，J陳述書には，平成17年9月27日にG代表より300,000円が返金された旨がそれぞれ記載されていることに加え，G代表は，当審判所に対し，平成17年10月期において，J課長からお金を用立ててしてほしいと頼まれたため，本件預け金の中から返金することになった旨答述していることからすると，当該代表者陳述書，J陳述書及びG代表の答述は，相互に符合し，いずれも本件覚書の平成17年9月27日付の「返金頂きました」との記載内容と合致する。

反面，本件質問顛末書において，新規に近い得意先に対し300,000円を支出したとの記載については，本件覚書の「300,000円を顧客交際費のため使用し」たとの記載と合致するものの，本件質問顛末書における300,000円が無駄になった責任として当該支出を本件預け金から引いておくと言われ，現金の返金を受けたのではないとの記載は，本件覚書の「返金頂きました」と

の記載内容と相反する。

ところで，本件覚書の各記載については，当事者はいずれもG代表とJ課長であり，いずれも本件預け金に関する記載であるにも関わらず，本件覚書の平成9年1月30日及び平成19年10月31日付の各記載では，「お支払い致します」の文言が使用されている一方，本件覚書の平成17年9月27日付の記載ではそのような文言は使用されておらず，「返金頂きました」との文言が使用されている。

この点，本件質問顛末書では，J課長は300,000円の現金の返金を受けたものではないとしているが，仮にこのことが事実であれば，本件覚書の平成17年9月27日付の記載は，平成9年1月30日及び平成19年10月31日付の各記載と同様となるのが自然であるところ，上記のとおり，本件覚書の平成17年9月27日付の記載は，平成9年1月30日及び平成19年10月31日付の各記載と異なっている。

また，本件質問顛末書以外には，請求人がJ課長に本件預け金のうち300,000円を返金しないこととしたか否かについて，請求人が現実に本件預け金から利得を享受したと認定できるような証拠は見受けられないことからすると，請求人がJ課長に対し本件預け金のうち300,000円を返金しないこととしたと認めることはできない。

したがって，当該金員は雑収入となるものではなく，請求人の平成17年10月期において，原処分庁が主張するように300,000円の雑収入計上漏れがあったと認定することはできない。

(ⅱ)　平成19年10月期

平成19年10月期については，①代表者陳述書には，J課長から本件預け金の残額1,200,000円を没収することの了解を得て同金員を請求人が被った損害を補填した旨，②J陳述書には，2,000,000円をG代表に手渡す際，将来請求人へ損害を与えた場合にはそれによる損害額を本件預け金から補填することを了解した旨，③J陳述書には，請求人に与えた損害を補填するために本件預け金の残額1,200,000円を使用することになった旨及び④本件質問顛末

書には，本件預け金はJ課長が請求人に損害を与えたことを理由に取り上げられた旨がそれぞれ記載されており，当該代表者陳述書，J陳述書及び本件質問顚末書の内容は，いずれも本件覚書及び本件各決意表明の記載内容と合致する。

ところで，J課長が具体的に，いつ，どのような行為でもって，どの程度の金額の損害を請求人に与えたかは不明であるが，これらの事実関係を踏まえると，J課長は，自己の成績不振，稟議違反を理由に，平成19年10月期において，本件預け金1,200,000円の返還請求権を放棄したか，少なくとも返還請求権の行使をしない旨の意思表示を行ったものと推認される。

そして，この意思表示により，平成19年10月期に請求人は，法律上J課長からの預り金である1,200,000円の返還債務の免除を受けたか，あるいは，1,200,000円の支払が不要となった状態となり，その段階で収益の実現があったと認められる。

したがって，当該金員は雑収入に該当するものであり，請求人の平成19年10月期において，雑収入計上漏れがあったと認めることができる。

3 平成17年10月期及び平成19年10月期に「隠ぺい又は仮装」の行為があるか否かについての判断

代表者陳述書によればG代表は本件覚書をG代表の机の引出しに保管していたと認められる。

(i) 平成17年10月期

上記のとおり，請求人には雑収入計上の事実を認めることができない以上，「隠ぺい又は仮装」の行為も認められず，当該事実が「隠ぺい又は仮装」の行為に該当することを前提とした平成17年10月期の重加算税の賦課決定処分は，その前提を欠き違法である。したがって，平成17年10月期更正処分は，全部を取消すべきであるから，当該事業年度の法人税に係る過少申告加算税及び重加算税の各賦課決定処分は，その全部を取消すべきである。

(ⅱ)　平成19年10月期

　上記のとおり，請求人には雑収入計上漏れの事実が認められるところ，請求人は，当該事実を帳簿書類に記録していない。

　しかしながら，請求人は，そもそも本件預け金を返還しないこととなった結果，収益が実現したとの認識を有していなかったと認められることに加え，請求人が，故意に当該事実を帳簿書類に記録しなかったとか，雑収入発生の事実を隠ぺいしたとかの証拠も見受けられないことからすると，平成19年10月期において，請求人には，「隠ぺい又は仮装」の行為があったとは認められない。この点，原処分庁は，請求人が雑収入発生の事実を故意に隠ぺいした根拠として，本件覚書が関与税理士に提示されることはなくG代表の机の引出しにおいて管理されていた点をあげる。しかしながら，そもそも請求人には収益が実現したとの認識がなかったと認められることから，単にG代表が本件覚書を机の引出しで管理していたとの事実のみにより，雑収入発生の事実を隠ぺいしたものであるとは認定できず，原処分庁の主張は採用できない。

　したがって，平成19年10月期については，請求人には通則法第68条第1項に規定する事実の「隠ぺい又は仮装」の行為があったとは認められないから，平成19年10月期の重加算税の賦課決定処分については，取消すべきである。

Ⅴ　検　討

1　事務運営指針と本裁決の意義

　国税庁は，法人税の重加算税の賦課に関する取扱基準（事務運営指針）において，隠ぺい又は仮装について次のよう定めている。

第1　賦課基準

（隠ぺい又は仮装に該当する場合）

　1　通則法第68条第1項又は第2項に規定する「国税の課税標準又は税額等計算の基礎となるべき事実の全部又は一部を隠ぺいし，又は仮装し」とは，

例えば次に掲げるような事実（以下「不正事実」という。）がある場合をいう。

(1) いわゆる二重帳簿を作成していること。

(2) 次に掲げる事実（以下「帳簿の隠匿，虚偽記載等」という。）があること。

① 帳簿，原始記録，証ひょう書類，貸借対照表，損益計算書，勘定科目内訳書，棚卸表その他決算に関係のある書類（以下「帳簿書類」という。）を破棄又は隠匿していること。

② 帳簿書類の改ざん（偽造及び変造を含む。以下同じ。），帳簿書類への虚偽記載，相手方との通謀による虚偽の証ひょう書類の作成，帳簿書類の意図的な集計違算その他の方法により仮装の経理を行っていること。

③ 帳簿書類の作成又は帳簿への記録をせず，売上げその他の収入（営業外の収入を含む。）の脱ろう又は棚卸資産の除外をしていること。

(3) 特定の損金算入又は税額控除の要件とされる証明書その他の書類を改ざんし，又は虚偽の申請に基づき当該書類の交付を受けていること。

(4) 簿外資産（確定した決算の基礎となった帳簿の資産勘定に計上されていない資産をいう。）に係る利息収入，賃貸料収入等の果実を計上していないこと。

(5) 簿外資産（確定した決算の基礎となった帳簿に計上していない収入金又は当該帳簿に費用を過大若しくは架空に計上することにより当該帳簿から除外した資金をいう。）をもって役員賞与その他の費用を支出していること。

(6) 同族会社であるにもかかわらず，その判定の基礎となる株主等の所有株式等を架空の者又は単なる名義人に分割する等により非同族会社としていること。

以下，省略。

本件の場合，上記(2)③に該当するものと考える。請求人への預け金のうち，平成17年10月期の300,000円及び平成19年10月期における，1,200,000円が，

それぞれ帳簿書類に記録されておらず，原処分庁は重加算税の課税の対象となる，雑収入計上漏れがあると主張した。

審判所は，平成17年10月期については雑収入の計上漏れはなかったと認定し，重加算税の課税も取消した。その理由として，原処分庁の作成した質問顛末書でなく，G代表及びJ課長の陳述書，証拠として提出した本件覚書，G代表の審判所への答述が信頼できるものと評価されたことによる。

以下に，各々について整理してみる。

本件覚書の平成17年9月27日付記載

「300,000円を顧客交際費のため使用し，返金頂きました。」と記載されている。

G代表者陳述書

「平成17年9月頃，本件預け金のうち，300,000円をJ課長に返還した。」旨が記載されている。

J課長陳述書

「平成17年9月27日にG代表より300,000円が返金された。」旨が記載されている。

G代表の審判所への答述

「平成17年10月期において，J課長からお金を用立てしてほしいと頼まれたため，本件預け金の中から返金することとなった。」旨を答述している。

上記のG代表者陳述書，J課長陳述書及びG代表の答述が，相互に符合し，いずれも，本件覚書，平成17年9月27日付の「返金頂きました。」との記載と合致する。

原処分庁作成の本件質問顛末書

「300,000円が無駄になった責任として，本件預け金から引いておくと言われ，現金の返済を受けたのではない。」と記載されている。

上記のようにG代表者陳述書，J課長陳述書及びG代表の答述と，質問顛末書では明らかに300,000円についての記載が異なっている。この点について，審判所では，質問顛末書の記載は，本件覚書の「返金頂きました」という記

載内容と相反するものとし，また，質問顛末書以外に，請求人が現実に300,000円を受け取ったとする証拠も示されなかったことから，請求人の主張が認められ，雑収入計上漏れは認定されなかった。

何故，このような事実と相反する質問顛末書が作成されたのか疑問が生じるところである。

一方，審判所は，平成19年10月期については，請求人が，G代表者陳述書，J課長陳述書及び質問顛末書の内容と本件覚書及び本件決意表明と照らし，以下のように記載内容が合致することから，1,200,000円の収益の実現があったと認めた。

G代表者陳述書

「J課長から本件預け金の残額1,200,000円を没収することの了解を得て，当該金額を請求人が被った損害に補填した。」旨の記載がある。

J課長陳述書

「①2,000,000円をG代表に手渡す際，将来請求人へ損害を与えた場合にはそれによる損害額を本件預け金から補填することを了解したこと。②請求人に与えた損害を補填するために本件預け金の残額1,200,000円を使用することになった。」旨が記載されている。

本件質問顛末書

「本件預け金は，J課長が請求人に損害を与えたことを理由に取り上げられた。」旨の記載がある。

上記の証拠から，雑収入の計上漏れは，認定されたが，問題は，この1,200,000円が帳簿書類に記載されておらず，そのことが「隠ぺい又は仮装」の行為にあたるか否かである。

審判所は，「J課長の稟議違反及び成績不振に基づく請求人のJ課長に対する損害賠償請求権とJ課長の請求人に対する本件預け金の残額の返還請求権を対当額で相殺することを合意したものであり，雑収入となるものではない。」旨の請求人の主張から，請求人は，そもそも本件預け金を返還しないこととなった結果，収益が実現したとの認識を有していなかったと認定した。

さらに，請求人が故意に当該事実を帳簿書類に記録しなかったとか，雑収入発生の事実を隠ぺいしたとかの証拠が見受けられないとした。さらに，請求人には，収益が実現したとの認識がなかったと認められることから，本件覚書を，単にG代表が机の引出しで管理していたとの事実のみでは，隠ぺいには当たらないと認定した。その結果，原処分庁の主張を斥け，重加算税の賦課処分を取消した。

本件は，重加算税を課税するためには，単に帳簿書類に記録しなかっただけでなく，「故意に帳簿書類への記録をしなかった」こと又は「事実を隠ぺいしたとする」ことの，客観的証拠が必要であることを，審判所が示した裁決である。

八ッ尾順一氏は，無記帳と隠ぺい行為について，「無記帳者に対して，課税逃れの意図の推認をもって，重加算税の賦課決定を行うということであるが，何も記帳していないという事実の中で，このような推認は現実問題として不可能ではないかと思われる。むしろこのような推認を許すと，無記帳ということが不自然であるというだけで，課税庁から課税逃れの意図があると断定されるおそれの方が，税務執行上多くなるのではないかと危惧される。」[1]と述べられているが，本件は，まさにその危惧が現実となった事案である。

2　質問応答記録書について

本件では，質問顛末書が，課税処分の証拠として原処分庁より提出された。質問顛末書は，税務調査において，調査官により作成される書証で，事実関係あるいは納税者の意思を確認するために担当調査官により作成される。税務調査における書証として，申述書，申立書，確認書，抗弁書，聴取書，供述書，質問顛末書，嘆願書等がある。

税務大学校研究部池田誠教育官は，「申述書等は，納税者自らが所得発生原因事実等の存在を認めるものであり，その内容の真実性が認められれば，

---

(1)　八ッ尾順一『事例からみる重加算税の研究』47-48頁（清文社，第3刷，2000年）

課税処分の適法性を立証する証拠として，高い証拠力を有すると考えられる。しかしながら，当該文書のみを証拠として課税処分を行った場合には，その真実性に疑義が生じたときは，課税処分を取り消される可能性が高い。」[2]と述べている。本件では，本件覚書及び決意表明の客観的証拠があるにも係わらず，それらを証拠として採用せず課税処分を行い，担当調査官により，事実と異なる質問顛末書を作成された事案であり，原処分庁の提出した証拠は質問顛末書のみであった。このような，課税処分の方法は，強引な課税処分であったのではないかと考える。

国税庁は，平成25年6月に「質問応答記録書作成の手引」を公開した。その「はしがき」には，「質問応答記録書は，調査関係事務において，必要がある場合に，質問検査等の一環として，調査担当者が納税義務者に対し質問し，それに対し納税義務者等から回答を受けた事項のうち，課税要件の充足性を確認する上で重要と認められる事項について，その事実関係の正確性を期するため，その要旨を調査担当者と納税義務者等の質問応答形式等で作成する行政文書である。

事案によっては，この質問応答記録書は，課税処分のみならず，これに関する不服申立て等においても証拠資料として用いられる場合があることも踏まえ，第三者（審判官や裁判官）が読んでも分かるように，必要・十分な事項を簡潔明瞭に記載する必要がある。」と記載されている。

この「はしがき」から，担当調査官が，質問応答記録書を作成する目的は，明らかに課税処分の証拠として作成するものであることがうかがえる。

質問応答記録書がどんな場面で作成されるのかについて，質問応答記録書の手引FAQ（以下FAQ）問1(注)1には，「質問応答記録書等の作成の要否は，個々の事案における証拠の収集・保全の状況，非違の内容，調査過程における納税義務者等の説明や主張等を総合的に勘案して検討する必要がある。

---

(2) 池田誠「税務調査における事実認定の在り方について―裁決及び判決における事実認定の考察による―」214頁（税大論叢66号平成22年）

202　第2部　事例研究　法人税2

このため，証拠書類等の客観的な証拠により課税要件の充足性を確認できる事案については，原則として，質問応答記録書の作成は要しないことに留意する。」との記載がある。

　重要な点は，客観的な証拠がある場合には作成されないというところである。すなわち，質問応答記録書は，課税するために，客観的な証拠がない場合に作成される文書であるといえる。担当調査官が，質問応答記録書を作成し始めたら，課税するため，もしくは重加算税を課すために，作成するものと考えて良いだろう。とくに，納税義務者が非違事項については，認めているのに，担当調査官が，質問応答記録書を作成する場合は，担当調査官が重加算税を課すことを念頭においていると考えて対応するべきであろう。「隠ぺい又は仮装」を立証するための客観的な証拠が乏しい場合に，質問応答記録書で立証しようとしていると考えるべきである。

　本件のように，「本件覚書及び決意表明」という客観的な証拠があるにも係わらず，それらを考慮せずに質問顛末書を作成して重加算税を課税したのは無理があったものと考える。

　FAQ問3では，納税義務者等から聴取した事項を記録する場合として，「納税義務者等から聴取した事項を質問応答記録書に記録し，質問応答記録書を作成した旨を記載した調査報告書を作成する方法」が掲げられている。すなわち，質問応答記録書は調査報告書の一部として捉えることができる。さらに，「調査報告書は，調査関係事務において必要がある場合に，質問検査等の一環として，調査担当者が納税義務者等に対し質問し，それに対応し納税義務者等から回答を受けた事項等のうち，課税要件の充足性を確認する上で重要と認められる事項について，その事実関係の正確性を期するために，その要旨を記録し，統括官等（必要に応じて，税務署長又は副署長）に報告する行政文書である。」と記載されているところから，質問応答記録書は行政文書である。したがって，調査担当者が作成した，質問応答記録書の写しは，納税者には交付されない取扱いである。このことは，「質問応答記録書の作成の基本的なフロー」の中にも「質問応答記録書は，調査担当者と納税

法人税重加算税賦課決定処分の取消された裁決事例から，その対応を考察する　　203

義務者の応答内容を記録し，調査関係書類とするために調査担当者が作成した行政文書であり，納税義務者等に交付することを目的とした行政文書ではないことから，調査時に写しを交付してはならない。回答者からこれらを要求されても応じられない旨を説明する。」と記載されている。納税者が，当人についての質問応答記録書を入手するには開示請求によらねばならず，煩雑な手続きを要する。

民事訴訟法第228条は，文書の成立について，「1項，文書は，成立が真正であることを証明しなければならない。2項，文書は，その方式及び趣旨により公務員が職務上作成したものと認めるべきときは，真正に成立した公文書と推定する。4項，私文書は，本人又はその代理人の署名又は押印があるときは，真正に成立したものと推定する。」と規定している。すなわち，担当調査官が作成する，質問応答記録書は，公文書である行政文書であり，証拠力が高いものである。これに，対抗するためには，本件のように，私文書である，関係者本人の署名又は押印がなされた陳述書を作成し，提出するのが有効である。本件は，まさにそのことを示唆する事案といえる。

FAQ問15では「質問応答記録書への回答者の署名押印は任意である。」旨の記載がある。したがって，回答者は，質問応答記録書は課税するため，とくに重加算税の課税を行うために作成されるものであり，また，行政文書として高い証拠力を有するものであることを理解し，署名押印する場合には，慎重にかつ，その内容について理解・納得して署名押印しなければならない。あくまで，署名押印は，任意であることを忘れてはならない。

3　加算税の加重措置の概要について

平成28年度税制改正において，加算税について加重措置が導入された。この制度は，期限後申告等（①期限後申告書又は修正申告書の提出（更正又は決定を予知してされたものに限る。），②更正又は決定の処分，③納税の告知又は告知を受けることなくされた納付をいう。）があった場合において，その期限後申告等があった日前日から起算して5年前の日までの間に，その期

204　第2部　事例研究　法人税2

限後申告等に係る税目について無申告加算税（調査による更正又は決定の予知後に課されたものに限る。）又は重加算税を課されたことがあるときは，その期限後申告等に基づき課する無申告加算税又は重加算税の額は，その期限後申告等に基づいて納付すべき税額に10％の割合を乗じて計算した金額を加算した金額とするものである。

すなわち，平成29年1月1日以後は，その期限後申告等があった日の前日から起算して5年前の日までの間に，その期限後申告等に係る税目について重加算税を課されたことがあるときは，その期限後申告等に基づき課する重加算税（35％，40％）の額は，その期限後申告等に基づいて納付すべき税額に10％の割合を乗じて計算した金額を加算した金額（45％，50％）とすることとされた。なお，同改正については，同日以後の繰り返して行われる，2回目以降の重加算税の賦課決定から適用される（改正法附則54③後段）。

注意しなければならないことは，期限後申告等のあった日が加重措置の判定における基準日となるため，基準日から遡って5年以内に重加算税が課されたことがあるか否かの判定においては，平成28年12月31日以前に法定申告期限等が到来した国税に係る期限後申告等に基づき課された重加算税を含めて判定されることである。例えば，平成30年中の期限後申告等で重加算税が課された場合，その日から遡って5年以内に重加算税が課されていると，その重加算税は2回目となり，本制度が適用される。

Ⅵ　まとめ

上記Ⅴで述べたとおり，重加算税の課税は加重措置により2回目は10％が加算され，納税者にとって大きな負担になる。したがって，原処分庁から重加算税が課される場合，納税者が十分に納得をいかずに安易に受け入れることは避けなければならない。納税者は，税務調査にあたっては，担当調査官は重加算税を課すことを念頭において税務調査を行っているものと考えた，慎重かつ丁寧な対応が必要である。

課税処分が取消された裁決は，課税処分の限界を示すものである。我々は，それらの裁決を通じて課税の限界を知ることができる。本件は，ある取引が無記帳の場合に，「隠ぺい」な行為として，重加算税を課すにあたっての課税の限界を知ることのできる事例と言える。本件は，事実関係について真偽が疑われる場合に，単に，無記帳ということで，「隠ぺい又は仮装」として重加算税を課すためには，故意に当該事実の全部又は一部を隠ぺい又は仮装したという証拠が必要であり，質問顛末書のみでは不十分であり，それを裏付ける証拠が必要であることを示した裁決事例である。

　すなわち，本件では，請求人は，G代表並びにJ課長の陳述書及び審判所へのG代表の答述と，それらを裏付ける証拠として本件覚書等を提出し，事実関係について，詳細に，丁寧に示したことが有効だったと考える。また，原処分庁が作成した質問顛末書のみでは，証拠として採用されないこともあることを示したものである。このことは，質問応答記録書でも同様である。

　本件のような対応方法は，類似の事案が生じたときに，参考になるものである。

【参考文献】
・金子宏『租税法』（弘文堂，第22版，2017年）
・武田恒男編『加算税の最新実務と税務調査対応Q&A～判決・裁決・事例で解説』（大蔵財務協会，平成29年）
・武田恒男編『税務調査最前線～改正国税通則法を踏まえて』（大蔵財務協会，平成27年）
・波戸本尚ほか『改正税法のすべて』（大蔵財務協会，平成28年版）
・国税庁課税総務課『質問応答記録書作成の手引』（平成25年）

（平成26年2月21日裁決　TAINS J94—1—01）

交際費等の判断基準の明確化と交際費等分析フレームワークの提示

—国税不服審判所平成25年10月1日裁決（安楽亭事件）の分析—

細川　健

税理士（元国税審判官）

I　はじめに

　この論文の目的は，交際費等分析フレームワークを提示し，事実関係への当てはめを行うことにより，租税特別措置法第61条の4に規定する交際費等の判断基準を明確化することである。この論文の対象は租税特別措置法第61条の4に規定する交際費課税制度である。法人が行う役務提供のうち，対価の収受を伴わない役務提供に対応する原価の交際費等非該当性を明らかにし，交際費等該当性の判断基準を明確化するために安楽亭事件を分析する。

　具体的な分析方法としては，筆者の提唱する交際費等分析フレームワークを用いた徹底した文理解釈を行うことにより，最終的には，法人が行う役務提供のうち，対価の収受を伴わない売上に対応する原価が交際費等に該当しないことを明らかにし，交際費等の判断基準を明確化することにある。

　安楽亭事件は，法人が行う役務提供のうち，対価の収受を伴わない役務提供に対応する原価の交際費等該当性が争われ，納税者が国税不服審判所で審査請求を棄却されている。

　行政機関の保有する情報の公開に関する法律（以下「情報公開法」という。）第9条第1項により国税不服審判所情報公開窓口に情報公開請求し，

情報公開法に基づく情報公開請求を通じて明らかになった株主優待制度に係る未公開裁決のうち，国税不服審判所平成25年10月1日裁決[1]（以下「安楽亭事件」という。）を分析し，結論を述べる。

II 国税不服審判所平成25年10月1日裁決（安楽亭事件）の分析

安楽亭事件の分析を通じて，株主優待券を利用したときの売上値引きに対応する支払手数料及び対価の収受を伴わない売上に対応する売上原価の交際費等該当性を検討する。

自社が経営するレストラン及びフランチャイズ契約又は業務委託契約を締結している個人又は法人で株主優待券が利用され，株主優待券を利用したときに法人がフランチャイズ契約又は業務委託契約を締結している個人又は法人に支払った本件株主優待券の売上値引きに見合う支払手数料と自社経営の直営店舗の株主優待券の売上値引きに対応する売上原価の交際費等該当性が争われ，国税不服審判所は納税者の請求を棄却している。

1 事案の概要

納税者は飲食業を営む同族法人である。納税者は株主優待制度に基づいて平成20年3月期から平成23年3月期の各事業年度まで，一定の基準を満たす株主に対し券面額500円の株主優待券（以下「本件株主優待券」という。）を配付した。本件株主優待券は納税者直営店舗及びフランチャイズ契約又は店舗業務委託契約を締結した個人又は法人の店舗（以下「FC店舗等」といい，直営店舗及びFC店舗等を併せて「納税者店舗等」という。）で売上金額を限度として現金と同様に利用することが可能であり，納税者店舗等では本件株

---

[1] 行政機関の保有する情報の公開に関する法律（以下「情報公開法」という。）第9条第1項により国税不服審判所情報公開窓口に情報公開請求し，裁決書（関裁（法）平25第8号／平成25年10月1日裁決）の写しを取得した。

主優待券の利用金額を売上値引き勘定（借方）及び売上勘定（貸方）で処理していた。

納税者はFC店舗等に対し売上値引きに見合う金額を支払い、支払手数料勘定で処理していた。課税当局は直営店舗については売上値引きに見合う売上原価（原材料費＋人件費）の金額を、FC店舗等については支払手数料の金額を交際費等として更正処分及び過少申告加算税賦課決定処分等（以下「更正処分等」という。）を行い、納税者はこれを不服として関東信越国税不服審判所に審査請求した。

図1　安楽亭事件の概要

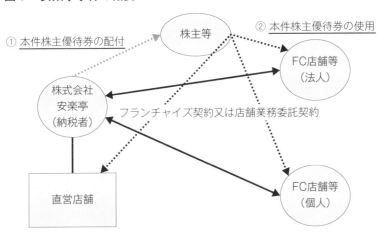

① 本件株主優待券を株主に配付したときの仕訳
　→→→株式会社安楽亭（納税者）が株主に本件株主優待券を配付
　仕訳なし
② 本件株主優待券を使用させたときの仕訳
　→→→株主又は株主から本件株主優待券を譲り受けた者が
　　　　本件株主優待券を使用
　→→→納税者が売上値引きを行う
（イ）直営店舗で本件株主優待券を使用させたときの仕訳
（借方）売上値引き××（貸方）売上××
（ロ）FC店舗等で本件株主優待券を使用させたときの仕訳
（借方）支払手数料××（貸方）現金××

（図は筆者が作成）

〈争点〉

争点1　（省略）

更正処分の理由附記に不備はあるか。

争点2

本件株主優待券の使用に係る費用は，租税特別措置法第61条の4第3項（筆者注：現行の租税特別措置法第61条の4第4項）に規定する交際費等に当たるか。

2　国税不服審判所の交際費等該当性の判断

〈国税不服審判所は三要件説に基づいて判断〉

国税不服審判所は「……措置法第61条の4第3項の文言に照らすと，特定の費用が同項の交際費等に当たるかについては，①支出の相手方が事業に関係ある者等であり，②支出の目的が事業に関係ある者等との間の親睦の度を密にして事業の円滑な進行を図ること……（中略）……であるとともに，③行為の形態が接待供応行為であることの三要件説を満たす必要がある」（裁決書11頁）と議論し，三要件説に基づいて交際費等該当性を判断している。

〈行為の形態について〉

国税不服審判所は「……飲食代から本件株主優待券使用額分の値引きを行っていたのであるから，本件株主優待券を無償で配付してこれを使用させていたものとして，同行為が本件における接待供応行為（以下「本件接待供応行為」という。）に当たると認めるのが相当である。」（裁決書12頁）（下線は筆者）と判断していて，「納税者が飲食代から本件株主優待券使用額分の値引きを行うこと」が法人の行為といえるのか，「本件株主優待券を無償で配付してこれを使用させること」と売上値引きとの関係，「本件株主優待券を無償で配付してこれを使用させること」が租税特別措置法第61条の4第4項の「接待，供応，慰安，贈答その他これらに類する行為」に該当するかが重要である。

210　第2部　事例研究　法人税3

〈支出の相手方について〉

国税不服審判所は「株主に対し，株主以外の一般顧客に対する各種割引券とは別に作成した優待券を……（中略）……配付しているのであり，明らかに，株主を対象として接待供応行為を行っていると認められる。」（裁決書13頁）と議論している。また，本件株主優待券が第三者に譲渡可能であり，本件株主優待券の利用者は株主に限定されない点については，「株主に対して，接待供応行為によって得る利益を第三者に付与する権能を与えたという意味を持つにすぎず，株主のかかる権能により本件株主優待券を譲り受けた第三者がこれを使用することになったにすぎないだけのことともいえ，支出の相手方に関する上記判断を左右するとはいえない。」（裁決書13頁）と議論し，本件株主優待券を使用する者が第三者であることは支出の相手方が租税特別措置法第61条の4第4項に規定する「得意先，仕入先その他事業に関係のある者等」（事業に関係のある者等）であるか否かの判断には無関係であると議論している。本件株主優待券を配付する者と本件株主優待券を使用する者に相違があることが，「得意先，仕入先その他事業に関係のある者等」（事業に関係のある者等）の基準を含めて交際費等該当性に無関係か否かを検討する必要がある。

〈支出の目的について〉

国税不服審判所は「本件株主優待券を配付して使用させることの目的は，①株主の歓心を買って②株主の地位を維持する関係を構築することにあり，それによって，③一般株主を安定株主とし，また，④一般株主ひいては市場の好感を得て株価を安定，上昇させるなどして，⑤事業の円滑な遂行を図ることにあると認めるのが相当である。」（裁決書14頁）（下線，付番は筆者）と判断している。国税不服審判所の判断が，租税特別措置法第61条の4第4項に規定する「接待，供応，慰安，贈答その他これらに類する行為のために支出」（支出の目的）から大きく乖離していることが重要な論点である。

3 国税不服審判所平成25年10月1日裁決（安楽亭事件）の分析

　国税不服審判所は安楽亭事件で更正処分等を認容し，課税当局の主張にほぼ沿った判断を下している。したがって，課税当局の主張と納税者の主張を対比させながら，安楽亭事件の判断を分析する。

(1)　三要件説に基づいた判断の分析

〈国税不服審判所が三要件説に基づいて判断したことの検討〉

　国税不服審判所は萬有製薬事件控訴審で示された三要件説に基づいて判断している。そして，交際費等該当性の判断基準の中で最も重要な「接待，供応，慰安，贈答その他これらに類する行為のために支出」（支出の目的）を三要件説に基づいて判断している。三要件説は支出の目的が租税特別措置法第61条の４第４項が規定する「接待，供応，慰安，贈答その他これらに類する行為のために支出」（支出の目的）から「支出の目的が事業に関係ある者等との間の親睦の度を密にして事業の円滑な進行を図ること」（裁決書11頁）（下線は筆者）と議論していて，条文を離れた文言の言い換えがあること，さらに，納税者が株主に本件株主優待券を配付し使用させるという事実関係に合わせての書き換えが行われているところに大きな問題がある。この問題は，「支出の目的の分析」で詳細に検討する。

(2)　支出の相手方の分析

〈課税当局が主張する支出の相手方の検討〉

　課税当局は「……本件株主優待券を配付することにより，株主に特別な経済的利益を受けることができる権利を贈答している」（裁決書５頁）と主張し，納税者が本件株主優待券を株主に配付したときを権利の贈答のときと考えている。その一方で，「……本件株主優待券を配付し，その後，この権利が行使されたことにより支出する費用は，交際費等に該当すると認定した」として，①納税者が本件株主優待券を配付する行為と②株主又は株主から本件株主優待券を譲り受けた者が本件株主優待券を使用する行為を併せて議論し，国税不服審判所が課税当局の主張を全面的に認める判断をしているところに安楽亭事件の最大の問題点がある。

納税者が本件株主優待券を株主に配付する行為が，仮に「接待，供応，慰安，贈答その他これらに類する行為のために支出」（支出の目的）を満たすとしても，本件株主優待券の配付という行為がされたときには納税者から現金，棚卸資産等の出捐がないので法人の資産減少をもたらさず，「接待，供応，慰安，贈答その他これらに類する行為のために支出」には該当しないことに留意する。

　次に，株主が本件株主優待券を使用する行為は，あくまで株主又は株主から本件株主優待券を譲り受けた者の行為であり，「納税者が株主に使用させる行為」及び「納税者が売上値引きをする行為」という接待等の行為の主語を納税者にするための理論構成には著しい論理的な飛躍がある。

　さらに，国税不服審判所が議論するように，株主又は株主から本件株主優待券を譲り受けた者が本件株主優待券を使用する行為を「納税者が売上値引きをする行為」と理論構成したとしても，「納税者が売上値引きをする行為」は法人の会計帳簿の借方に売上値引き金額，反対勘定科目の貸方に売上金額の記録がそれぞれあるものの，納税者による現金，棚卸資産等の出捐が伴わないことから「接待，供応，慰安，贈答その他これらに類する行為のために支出」には該当しないことに留意する。

　課税当局は，株主が本件株主優待券を第三者に譲渡することが可能であるとしても，「株主は，……（中略）……本件株主優待券の配付を受けた段階で特別な経済的利益を受けることができる権利を取得しているといえる」（裁決書5頁）と主張する。しかしながら，本件株主優待券が転々譲渡されていて，本件株主優待券を使用する者に株主以外の第三者が混入している蓋然性が高いことから，納税者が株主に本件株主優待券を配付し，使用させる行為を併せて一連の行為と捉える合理性は極めて低い。さらに，課税当局が主張するように本件株主優待券を配付する行為を「株主は，……（中略）……本件株主優待券の配付を受けた段階で特別な経済的利益を受けることができる権利を取得している」として一つの完結した行為と考えるならば，課税当局の①本件株主優待券を配付する行為と②本件株主優待券を使用する行

為と結びつけた議論には看過できない矛盾が生じている。また，「株主は，……（中略）……本件株主優待券の配付を受けた段階で特別な経済的利益を受けることができる権利を取得している」と支出の相手方の享受した経済的利益に焦点を当てるが，交際費等は「接待，供応，慰安，贈答その他これらに類する行為（以下「接待等」という。）のために支出」をした法人の行為を中心に考えるべきであり，接待等の相手方に明確な経済的利益の享受が生じるのは，お祝金，ビール券又は百貨店商品券等の贈答のように贈答品が現金そのもの又は市場での確定的な交換価値がある極めて限られたケースであり，課税当局と国税不服審判所の議論は行為課税という交際費課税の本質から大きく外れている。

〈納税者の主張する支出の相手方の検討〉

納税者は「本件株主優待券は使用者を制限しておらず，本件株主優待券を使用して飲食等した者が株主以外の不特定多数の者である場合，本件株主優待券の使用に係る費用の支出の相手方は事業に関係ある者等ではない。」と主張する。

確かに，本件株主優待券が株主からその家族や友人に譲渡され，場合によっては金券ショップ等を経て転々譲渡されて第三者が本件株主優待券を使用する場合があることを考えると，本件株主優待券の使用者に株主以外の者が入っている可能性は否定できない。しかしながら，納税者が主張するような「不特定多数の者」とまでは断定できない。

むしろここで重要なことは，①納税者が本件株主優待券を株主に配付する行為と②株主又は株主から本件株主優待券の譲渡を受けた者が本件株主優待券を使用する行為は全く別の行為であり，その主体も，それぞれ，納税者と株主又は株主から本件株主優待券の譲渡を受けた者であることである。本件株主優待券を使用する行為の主体は株主又は株主から本件株主優待券を譲り受けた者であり，法人たる納税者とは異なることに加え，本件株主優待券の配付を受けた株主が本件株主優待券を死蔵させたり，家族，知人及び第三者に譲渡したりして，株主が使用するとは必ずしも限らないことが重要であり，

納税者の主張の焦点がこの点から大きく外れていて、本件株主優待券の不特定多数の者による使用を主張していることが納税者の審査請求が棄却された原因の一つである。

〈本件株主優待券の使用に係る費用の起因になる行為は何か〉

さらに、最も重要なことは、課税当局が更正処分等を行い、国税不服審判所が交際費等該当性を認めた「本件株主優待券の使用に係る費用」の起因になる行為は、①納税者が本件株主優待券を株主に配付する行為や②株主又は株主から本件株主優待券の譲渡を受けた者が本件株主優待券を使用する行為（納税者が売上値引きを行う行為）ではないことである。そして、それぞれの行為からは「接待、供応、慰安、贈答その他これらに類する行為のために支出」、つまり、法人の現金、棚卸資産等の出捐による資産の減少が生じていない。

まず、納税者がFC等に支払う支払手数料は納税者とFC等とのあらかじめ定められた契約に基づいて、本件株主優待券の使用により発生する売上と売上値引きに対応する金額が納税者からFC等に支払われていて、支払手数料に該当し交際費等非該当の可能性が極めて高く、支払手数料に係る租税特別措置法関係通達の詳細な検討が必要である。

一方、株主又は株主から本件株主優待券の譲渡を受けた者が直営店舗で本件株主優待券を使用することにより発生する費用は、売上に対応する売上原価（原材料費＋人件費）であり、それぞれの売上原価の起因となる行為は、それぞれ、料理の材料を購入する行為と料理を作り顧客に提供する行為という法人の基本的な経済活動を構成している。したがって、支出の起因となるそれぞれの行為は「接待、供応、慰安、贈答その他これらに類する行為」には該当しない。

⑶ 支出の目的の分析

〈課税当局が主張する支出の目的の検討〉

交際費等該当性の判断で「接待、供応、慰安、贈答その他これらに類する行為のために支出」（支出の目的）は最も重要な条文から導かれる判断基準

である。課税当局は，「投資家は株主優待制度と配当を含めた利回りを投資時の指標の一つと考えているところ……（中略）……株主優待制度の目的が個人株主作りであることを自認しているのであるから，請求人（筆者注：納税者）は，本件株主優待券の使用に係る費用を支出し飲食等を提供することにより株主の歓心を買い，株主が請求人の株式を取得し株主の地位を維持することの動機となることを期待しているといえ，本件株主優待券の使用に係る費用の支出の目的は，株主の歓心を買い，株主の地位を維持する関係を構築することで事業の円滑な遂行を図ることであると認められる」（裁決書5頁）（下線は筆者）と主張している。租税特別措置法第61条の4第4項に規定する「接待，供応，慰安，贈答その他これらに類する行為のために支出」（支出の目的）を三要件説に基づいて「支出の目的が事業に関係ある者等との間の親睦の度を密にして事業の円滑な進行を図ること」（裁決書11頁）（下線は筆者）に言い換えることにより，結果的に，課税当局により交際費等に係る支出の目的が極めて幅広く解釈され，接待等に無関係な行為の目的までが幅広く交際費等に包摂されて交際費等該当性が主張され，国税不服審判所に認容されている。

〈納税者と渡辺充（2015）が主張する支出の目的の分析〉

納税者は「株主優待制度を導入した目的は，販売促進・広告宣伝（請求人店舗等の口コミ依頼）・顧客及び株主からの意見収集・投資家向け広報（以下「IR」という。）にあ（る）」と主張する。そして，渡辺充は，IRは株主や投資家に情報提供だけではなく，一般大衆に広く経営方針や活動成果を伝えることもIRの目的であり，株主優待制度はIRの一環で行われていると主張する（渡辺充，2015，p.34）。渡辺充の主張は，株主優待制度を含めたIRの目的は，広く経営方針や活動成果を伝えることであり，株主や投資家のみならず広く一般大衆であるというものである。渡辺充の議論は首肯できるものであり，IRの目的は何よりも，「接待，供応，慰安，贈答その他これらに類する行為のために支出」に限定されない広告宣伝，販売促進的要素が強い行為であることが重要である。渡辺充によれば，株主優待制度はIR活動の

一環であり，本件株主優待券の目的が「本件株主優待券の使用者に対し，店舗において一般客と同様に飲食させるに過ぎない」と課税当局により極めて偏狭に解釈されることを批判する（渡辺充，2015，p.34）。

その一方で，納税者は株主優待制度の目的を明確に意識し，本件株主優待券の配付がIR活動の一環で設けられたものであり，本件株主優待券を配付する行為が広く一般大衆を対象とする広告宣伝目的であることを，HP，本件株主優待券の送付説明書等に明示するべきであった。

〈株主優待制度に係る支出が接待等と判断された理由の検討〉

国税不服審判所がこのような判断を下した背景として，「（国税不服審判所の）IRを狭く解釈した狭見（ママ）」（渡辺充，2015，p.34）のみならず，三要件説の支出の目的が租税特別措置法第61条の4第4項が規定する「接待，供応，慰安，贈答その他これらに類する行為のために支出」（支出の目的）から「支出の目的が事業に関係ある者等との間の親睦の度を密にして事業の円滑な進行を図ること」（裁決書11頁）（下線は筆者）への条文を離れた文言の言い換えを行ったことに直接の原因がある。納税者が株主に本件株主優待券を配付し，株主と株主から本件株主優待券を譲り受けた者が本件株主優待券を使用する行為はIR活動の一環であるとしても，安定株主を確保することが目的であり，広い意味ではまさに「株主との間の親睦の度を密にして事業の円滑な進行を図ること」に該当する。実際，国税不服審判所は「本件株主優待券を配付して使用させることの目的は，①株主の歓心を買って②株主の地位を維持する関係を構築することにあり，それによって，③一般株主を安定株主とし，また，④一般株主ひいては市場の好感を得て株価を安定，上昇させるなどして，⑤事業の円滑な遂行を図ることにあると認めるのが相当である。」（裁決書14頁）（下線，付番は筆者）と判断していて，三要件説の支出の目的である「支出の目的が事業に関係ある者等との間の親睦の度を密にして事業の円滑な進行を図ること」を納税者が一般株主に株主優待券を配付するという事実関係に合わせて支出の目的を書き換えていることが判明する。

仮に，租税特別措置法第61条の4第4項に規定する「接待，供応，慰安，

贈答その他これらに類する行為のために支出」（支出の目的）に該当するか否かが，国税不服審判所によって厳密な文理解釈により検討されていれば，安定株主を確保するために株主に本件株主優待券を配付して使用させる行為はIR活動の一環にほかならず，一概に「接待，供応，慰安，贈答その他これらに類する行為」に該当するとは判断されなかった可能性が極めて高い。

租税特別措置法第61条の4第4項に規定する「接待，供応，慰安，贈答その他これらに類する行為のために支出」（支出の目的）は条文から導かれる三つの判断基準のうち最も重要な判断基準であり，厳密な文理解釈により条文にしたがって忠実に検討されるべきである。三要件説の支出の目的である「支出の目的が事業に関係ある者等との間の親睦の度を密にして事業の円滑な進行を図ること」により幅広に支出の目的を交際費等該当性があると判断するべきではない。

(4) 行為の形態の分析

租税特別措置法第61条の4第4項は，「接待，供応，慰安，贈答その他これらに類する行為のために支出」と規定していて，法人の行為が「接待，供応，慰安，贈答その他これらに類する行為」に該当するか，法人の「支出」つまり法人による現金，棚卸資産等の出捐が存在するか，「支出」がある場合，「支出」の起因となる「接待，供応，慰安，贈答その他これらに類する行為」は何か，さらに具体的には，「その他これらに類する行為」のメルクマールを検討する必要がある。

〈課税当局による行為の形態に関する主張の検討〉

課税当局は，「請求人は，株主に対して，請求人店舗等での飲食において現金と同様に取り扱われる本件株主優待券を配付し，これを請求人店舗等における飲食の際に使用させることにより，本件株主優待券の使用者に対して，一般消費者が受けることができる値引き又は割引の範囲を超えた特別の値引きを受けることができるという利益を受け取ることができることから，請求人は，本件株主優待券を配付することにより，株主に特別な経済的利益を受けることができる権利を贈答していると判断することが相当である。」（裁決

218　第2部　事例研究　法人税3

書6頁）（下線は筆者）と主張する。

　課税当局は「特別な経済的利益を受け取ることができる権利を贈答」と部分的には一つの行為を独立させて主張しながらも，一つ一つの行為については，「本件株主優待券を配付し，これを請求人店舗等における飲食の際に使用させることにより」と複数の行為を複合的に絡めて議論していて，①納税者が株主に特別な権利を贈答する行為と②株主又は株主から本件株主優待券を譲り受けた者が本件株主優待券を使用する行為とを納税者による連続的な行為であると明確な事実誤認に基づく主張をしていて，課税当局の当該主張には看過できない論理矛盾がある。そして，課税当局は，「特別な経済的利益を受け取ることができる権利を贈答」するときに接待等をする法人に金銭，棚卸資産等の出捐がないことから法人の資産の減少はもたらされず，「接待，供応，慰安，贈答その他これらに類する行為のために支出」に該当しないことを十分に認識しながらも，それを糊塗するために，「特別な経済的利益を受けることができる権利」という接待等の相手方の利益の享受を主張していると考えられる。法人が「接待，供応，慰安，贈答その他これらに類する行為のために支出」をしているか否かは，「接待，供応，慰安，贈答その他これらに類する行為」を行う法人の行為を中心に判断するのが行為課税と呼ばれる交際費課税の本質であり，「接待等の相手方の利益の享受」の有無は交際費課税の判定には基本的に無関係である。接待等の相手方の利益の享受は，「接待，供応，慰安，贈答その他これらに類する行為のために支出」（支出の目的）を補完する「その他の要素」に過ぎず，多くの場合，「その他の要素」にもなり得ない。

　〈国税不服審判所の行為の形態に関する判断の検討〉

　国税不服審判所は「……飲食代から本件株主優待券使用額分の値引きを行っていたのであるから，本件株主優待券を無償で配付してこれを使用させていたものとして，同行為が本件における接待供応行為（以下「本件接待供応行為」という。）に当たると認めるのが相当である。」（裁決書12頁）（下線は筆者）と判断している。

まず，「納税者が飲食代から本件株主優待券の使用分の値引きを行うこと」が法人の行為に該当するのか否か，仮に法人の行為に該当するとしても，法人は本件株主優待券の使用に対応する売上値引き金額を借方に計上し，売上金額を貸方に計上するという会計帳簿の記録をしたのみである。したがって，金銭，棚卸資産等の出捐が伴わないことから法人の資産の減少はもたらされず，「接待，供応，慰安，贈答その他これらに類する行為のために支出」に該当しないことが重要である。これは，法人が株主に本件株主優待券を配付するときも同様であり，金銭，棚卸資産等の出捐が伴わないことから法人の資産の減少はもたらされず，「接待，供応，慰安，贈答その他これらに類する行為のために支出」に該当しない。

　次に，本件株主優待券を使用する主体は法人ではなく，法人から本件株主優待券の配付を受けた株主又は株主から本件株主優待券を譲渡された株主の家族，知人又は転々譲渡を受けた第三者であり，行為の主体は明らかに異なる。交際費課税は「接待，供応，慰安，贈答その他これらに類する行為のために支出」に該当するか否かを法人の行為を中心に判断するべきであり，「①本件株主優待券を無償で配付して，②これを使用させ（る）」（裁決書12頁）（下線・付番は筆者）という二つの行為からは，「接待，供応，慰安，贈答その他これらに類する行為のために支出」，現金や棚卸資産等の出捐は生じない。

　そして何よりも特筆すべきことは，国税不服審判所は「行為の形態について判断」と議論しながらもそのメルクマールを一切検討しようとせず，唐突に，「……飲食代から本件株主優待券使用額分の値引きを行っていたのであるから，本件株主優待券を無償で配付してこれを使用させていたものとして，同行為が本件における接待供応行為（以下「本件接待供応行為」という。）に当たると認めるのが相当である。」（裁決書12頁）（下線は筆者）と判断していることである。このような条文の文理解釈から離れた，納税者に不利な判断が生まれること自体，「接待，供応，慰安，贈答その他これらに類する行為」（行為の形態）が課税要件として全く機能していないことの証左でもある。

　国税不服審判所の判断を普遍化するとすれば，接待等の相手方が利益を享

受することが接待供応行為に該当するという判断である。この判断は，国税不服審判所平成14年 5 月14日裁決（萬有製薬事件裁決）で示された「納税者が本件（英文）添削業務の本件差額負担金額を支出する行為は，納税者から本件（英文）添削業務の依頼者に対し経済的利益を供与するものであり，接待等の行為に該当する。」（下線は筆者）という接待等を行う法人の「経済的利益の供与」[2]とも明らかに矛盾する判断であり，論理が完全に破綻していて，納税者の救済という国税審判所の本来の役割を放棄しているとのそしりをも免れ得ないものである。

　結論として，国税不服審判所も課税当局と同様に「行為の形態」の基準を提示しないのみならず，「接待，供応，慰安，贈答その他これらに類する行為」（行為の形態）のうち，議論の要である「その他これらに類する行為」のメルクマールの探求すら試みていない。安楽亭事件を検討する限り，「接待，供応，慰安，贈答その他これらに類する行為」（行為の形態）は「接待，供応，慰安，贈答その他これらに類する行為のために支出」（支出の目的）を補完する「その他の要素」に過ぎないと考えられ，三要件説に基づいた検討は納税者に極めて不利な検討結果しかもたらさないことが判明する。そして，接待等の相手方が利益を享受することは，お祝金としての金銭そのものの贈答，市場での交換価値の確立しているビール券，百貨店商品券等いわゆる金券の贈答を除き，支出の目的を補完する「その他の要素」にさえ該当しない。

(5)　本件株主優待券の配付と使用への法人税法第22条第 2 項の適用関係

〈本件株主優待券の配付への法人税法第22条第 2 項の適用関係〉

---

[2]　国税不服審判所が議論し明らかにすべきは，租税特別措置法第61条の 4 第 4 項に規定されている「接待，供応，慰安，贈答その他これらに類する行為」（接待等の行為），つまり「行為の形態」の意義と範囲であり，「経済的利益の供与」は，接待等がもたらす結果，経済的効果に過ぎない。「その他これらに類する行為」は「その他のこれらに類する行為」とは異なり，「接待，供応，慰安，贈答」に形態が類似する行為であると文理解釈される。「接待，供応，慰安，贈答その他これらに類する行為」が接待等をする側の法人の現金，棚卸資産等の出捐という経済的効果，すなわち，「経済的利益の供与」を伴うことは自明のことであり，論理が破綻していると言わざるを得ない（細川健，2017a，p.115）。

次に，納税者が株主に本件株主優待券の配付を行うときの法人税法第22条第2項の適用関係を考える。納税者は株主にFC店舗等で本件株主優待券を使用する権利を株主に無償譲渡していることから，法人税法第22条第2項の適用により本件株主優待券を配付した法人の益金に算入される。そして，納税者が株主に本件株主優待券を配付したときが租税特別措置法第61条の4第4項に規定する「接待，供応，慰安，贈答その他これらに類する行為」に該当する可能性がある。しかしながら，納税者が株主に本件株主優待券を配付したときには，法人がビール券，百貨店商品券等を購入して顧客に贈答した場合とは明らかに異なり，金銭，棚卸資産等の出捐が伴わないことから，「接待，供応，慰安，贈答その他これらに類する行為のために支出」に該当しないことは明らかであり，交際費等には該当しない。したがって，広告宣伝費，販売促進費等に該当し，無償の資産の譲渡により益金に算入された金額は相殺されるものと考えられる。

〈本件株主優待券の使用への法人税法第22条第2項の適用関係〉

　本件株主優待券を使用するのは，法人から本件株主優待券を配付された株主又は株主から本件株主優待券を譲渡された者である。株主又は株主から本件株主優待券を譲渡された者が本件株主優待券を使用するとき，法人は本件株主優待券の使用金額に見合う額を会計帳簿の借方に売上値引き金額，貸方に反対勘定科目として売上金額を記録している。法人が売上値引き及び売上を記録する行為は金銭，棚卸資産等の出捐を伴わない行為であり，株主又は株主から本件株主優待券を譲り受けた者への無償の役務の提供が法人税法第22条第2項の適用により，一旦，納税者の益金に算入されるとしても，「接待，供応，慰安，贈答その他これらに類する行為のために支出」には該当しないことから，広告宣伝費，販売促進費等の事業経費に該当し，結果的に無償による役務の提供として益金に算入される金額は相殺されるものと考えられる。

(6)　支払手数料と売上原価の非交際費等該当性

〈FC店舗等への支払手数料の非交際費等該当性の検討〉

納税者はFC店舗等との契約に基づいて，株主又は株主から本件株主優待券を譲り受けた者が本件株主優待券を使用した金額に見合う額を支払手数料（以下「本件支払手数料」という。）として支払い，課税当局は交際費等に該当するとして更正処分等を行った。

　国税不服審判所は，「……本件株主優待券がFC店舗等で使用された場合，……（中略）……使用された本件株主優待券の額面分を値引きさせ，その値引き額を後日支払手数料としてFC店舗等に支払って補填している」，「……措置法通達61の4⑴−8，同9及び同13は，契約に基づき債務として履行する支出は交際費等に該当しない旨定めているから，本件株主優待券を配付したことにより請求人が支出した費用は交際費等に当たらない旨判断する。」と議論する。また，その理由付けとして国税不服審判所は「そもそも株主優待制度とは法人と株主による合意（契約）によってではなく，法人の任意によって行われるもの」（裁決書18頁）と議論する。しかしながら，納税者によるFC店舗等への支払手数料は，納税者と株主ではなく納税者とFC店舗等とのあらかじめ定められた契約に基づく支払いである。納税者のFC店舗等への支払手数料は，原契約の株主優待制度とは異なり，法人の任意による支払いではないことは明白である。国税不服審判所による本件支払手数料の租税特別措置法関係通達61の4⑴−8，同9及び同13への該当性検討は必須であると考えられる。そして，そもそも論として，本件支払手数料の支出目的はIR活動の一環としての支出であり，広告宣伝費又は販売促進費に該当し，「接待，供応，慰安，贈答その他これらに類する行為のために支出」（支出の目的）には該当せず，交際費等には該当しない。

〈直営店舗の売上原価の非交際費等該当性の検討〉

　国税不服審判所は，<u>本件株主優待券の使用に係る費用とは，請求人が，本件株主優待券を配付し使用させたことによって支出した費用であり，直営店舗に関しては，配付した本件株主優待券が使用されたことによって請求人が対価を受け取らなかった役務提供の原価</u>」（裁決書16頁）（下線は筆者）と判断している。

納税者が本件株主優待券を株主に配付する行為及び株主又は株主から本件株主優待券を譲り受けた者が本件株主優待券を使用する行為からは法人の金銭，棚卸資産等の出捐は伴わないことから法人の資産減少はもたらされず，「接待，供応，慰安，贈答その他これらに類する行為のために支出」には該当しない。

　さらに，株主又は株主から本件株主優待券を譲り受けた者が本件株主優待券を使用することにより生じる売上値引きの金額に対応する役務提供の原価（原材料費＋人件費）は，本件株主優待券の使用に見合う金額に対応する売上原価を原価計算の一環として計算しているに過ぎず，その起因となる行為はそれぞれ原材料を購入する行為と料理を調理して提供するという法人の基本的な経済的活動を構成する行為であり，飲食業を営む納税者の本来的な経済的行為である。また，「接待，供応，慰安，贈答その他これらに類する行為のために支出」には該当しない。なぜならば，納税者が本件株主優待券に対応する売上原価を受け取らないのは自明のことであるからである。したがって，国税不服審判所は，①本件株主優待券の配付，②本件株主優待券の使用及び③本件株主優待券の使用に見合う金額に対応する原価計算の三つを納税者の連続的な行為であるという明らかに誤った議論をしていて，「配付した本件株主優待券が使用されたことによって請求人が対価を受け取らなかった役務提供の原価」（裁決書16頁）（下線は筆者）が交際費等に該当しないことは明らかである。

⑺　本件原価按分算定式の正当性

　課税当局が直営店舗の本件株主優待券に見合う売上値引きの金額に対応する売上原価の額の算定に使用した算定式（以下「本件原価按分算定式」という。）は，分子が本件株主優待券の使用による売上値引きに見合う金額であり，分母が実際の売上金額に本件株主優待券の使用による売上値引きに見合う金額を加算した金額であり，それぞれの事業年度の原材料費の額と人件費の額の合計金額（以下「本件人件費」という。）を按分計算し，各事業年度の直営店舗の交際費等の金額を算定し更正処分等をしたと考えられる。

図2 法人の行為と飲食の提供，飲食の提供に対応する原価の関係（安楽亭事件裁決）

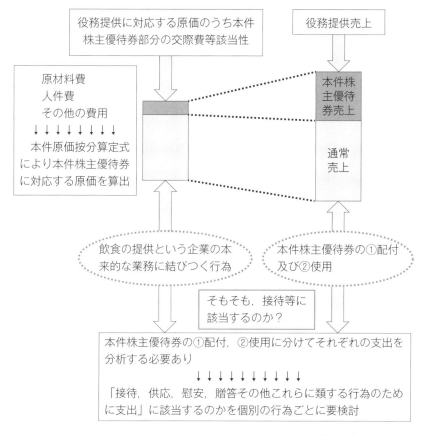

（図は筆者が作成）

　納税者は「交際費等とは，接待供応行為のために支出する金額である必要があるところ，原処分庁が本件株主優待券の使用に係る費用として挙げる項目のうち，本件人件費は，<u>本件株主優待券使用の有無にかかわらず，請求人において支出しなければならない費用であるから，『接待供応行為のために支出する金額』とはいえない</u>」（裁決書8頁）（下線は筆者）と主張する。これに対して，国税不服審判所は「<u>本件株主優待券の使用者とそれ以外の者との間で別異の取扱いを受けていない場合，本件人件費は，本件株主優待券の</u>

使用者とそれ以外の者を含め，直営店舗において役務の提供を受けた者全員のために支出されたとみるのが相当」（裁決書17頁）（下線は筆者）と判断している。

本件人件費が本件株主優待券使用の有無にかかわらず支出しなければならない費用であること，つまり，本件株主優待券の使用による売上値引き相当額と本件人件費に正の相関関係がないことを立証することは，原価計算上の理論的にはもちろんのこと，実証的にも極めて困難であり，国税不服審判所が「本件株主優待券の使用者とそれ以外の者との間で別異の取扱いを受けていない」（裁決書17頁）（下線は筆者）ことを根拠に本件株主優待券の使用者とそれ以外の者を平等に取り扱うことには高い経済的合理性があるものと考えられ，本件原価按分算定式の正当性を否定することは極めて困難であると考えられる。

図3 本件原価按分算定式の分析（安楽亭事件）

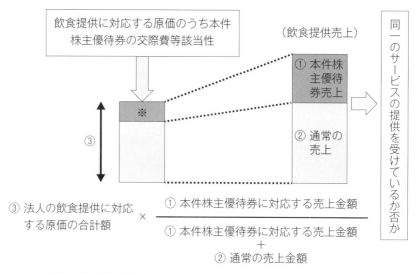

（図は筆者が作成）

したがって，課税当局が主張し，国税不服審判所が判断する本件株主優待

券の使用に係る売上原価の計算の交際費等該当性を材料費について認め，本件人件費部分のみの交際費等非該当性を主張することは，納税者の税務戦略の大きな誤りである。納税者は本件原価按分算定式の正当性を認めた上で，本件株主優待券の使用に係る売上原価（原材料費＋人件費）は本件株主優待券の売上に見合う金額に対応する原価計算を算定しているに過ぎず，「接待，供応，慰安，贈答その他これらに類する行為のために支出」には結びつかず，法人の本来的な経済活動を起因とする支出であることを主張するべきであった。

(8) 売上値引きの比率と交際費課税

その他の論点として，利用代金の全額ではなく，一部に本件株主優待券を使用し，残額を現金で支払った場合の課税関係がどのようになるのかという問題がある。

渡辺充は，株主が5,000円の飲食をしてそのうちの4,000円を徴収した場合，「原価を上回る回収がなされ，株主に対する接待といった行為に係る支出はことさら発生していない」（渡辺充，2015，p.35）と議論している。しかしながら，株主又は株主から本件株主優待券の譲渡を受けた者が本件株主優待券を使用する場合，その比率が低いにせよ全額を使用するにせよ売上値引きが発生する事実には変わりがないことから，売上値引き金額のうち売上原価に対応する金額が交際費等に該当するという議論も十分に可能である。売上金額のうち，本件株主優待券を使用する枚数を制限し，売上原価以下の金額に抑えたとしても，問題の本質的な解決にはつながらない。

実際，株式会社安楽亭は，平成24年9月14日付の「『株主優待制度』変更に関するお知らせ」と題するプレスリリースの中で，株主優待券の使用を50％以下に制限する改定を行う旨を発表し，その理由を「……経営の健全性，株主優待制度の長期の継続性，販売促進等，皆様からのご意見を参考に今回見直しを行い，平成25年7月1日より株主優待制度を改正する」旨を表明している[3]。

株式会社安楽亭の株主優待制度の変更は，交際費課税を避けるために渡辺

図4 本件株主優待券の利用率と売上値引き，売上原価率の関係
（安楽亭事件と本件株主優待制度の改定）

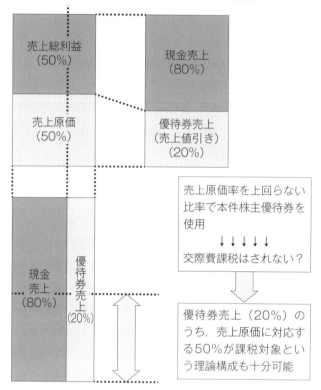

（図は筆者が作成）

充（2015）の議論に基づいた関与税理士等からのアドバイスがあったことは想像に難くない[4]。しかしながら，売上値引き金額の比率を売上金額の50％以下に抑えることにより，売上値引き金額の比率を，株式会社安楽亭の原価

---

(3) 【HPアドレス】〈https://www.anrakutei.co.jp/comp/ir/2012/20120914.pdf〉【閲覧日】平成29年4月1日
(4) 石田昌朗（2014a, 2014b）等は法人が売上原価率を上回る比率で株主優待券を使用する者から現金を徴収すれば，交際費課税の問題は生じない旨を主張する。その根拠は薄弱かつ不明確であり，役務提供に係る原価の交際費等非該当性の問題を混乱させているに過ぎない。

率を上回らない範囲に止めることは問題解決の本質からは程遠いばかりでなく，渡辺充自身も「……経済的利益の贈与は『贈答』と異なり，本件のように相手方が優待券を使用する枚数で，当該行為の本質に変化が生じるのはおかしな問題」（渡辺充，2015，p.35）と議論していて，本件株主優待券の使用比率を売上金額の原価率を上回らない範囲に抑えることが問題の根本的解決につながらないことを示唆している。

　株主又は株主から本件株主優待券を譲り受けた者が本件株主優待券を使用する行為は，株主又は株主から本件株主優待券を譲り受けた者の行為であり，法人の行為に該当しないことから，法人の「接待，供応，慰安，贈答その他これらに類する行為」に該当せず，本件株主優待券を使用したときに現金，棚卸資産等の出捐を伴わないことから，「接待，供応，慰安，贈答その他これらに類する行為のための支出」にも該当しないことを真正面から議論するべきである。

　株主優待券の使用制限によって，売上値引き金額の比率を，売上原価率を上回らない範囲に抑えることは問題の本質的な解決にはつながらないばかりでなく，問題の混乱に拍車をかけている。

4　小　括
〈国税不服審判所は法人の一つ一つの行為について交際費等該当性を判断するべきであること〉

　課税当局と国税不服審判所は，共に，納税者が本件株主優待券を配付し，株主又は株主から本件株主優待券を譲り受けた者が本件株主優待券を使用する別々の行為を，本件株主優待券を配付し，売上値引きを受けさせるという納税者による一連の行為と捉えていて，三要件説に基づいて交際費等に該当するとそれぞれ主張，判断をしている。しかしながら，法人の一つ一つの行為が「接待，供応，慰安，贈答その他これらに類する行為」に該当し，かつ，「接待，供応，慰安，贈答その他これらに類する行為のために支出」をもたらすか否かを真摯に検討し，判断しなければならない。

〈納税者が本件株主優待券を配付する行為の交際費等非該当性〉

納税者が本件株主優待券を配付する行為は，法人の金銭，棚卸資産等の出捐を伴わないことから法人の資産減少をもたらさず，「接待，供応，慰安，贈答その他これらに類する行為のために支出」に該当しない。

〈株主等が本件株主優待券を使用する行為の交際費等非該当性〉

本件株主優待券を使用する行為は，株主又は本件株主優待券を譲り受けた者の行為であり法人の行為ではない。仮に「納税者が本件株主優待券を使用させる行為」，「納税者が売上値引きをする行為」として行為の主体を納税者として理論構成したとしても，本件株主優待券を使用する行為のうち，直営店舗で売上値引きを記録する行為には現金，棚卸資産等の出捐を伴わないことから法人の資産減少をもたらさず，「接待，供応，慰安，贈答その他これらに類する行為のために支出」に該当しない。また，FC店舗等に売上値引きに見合う金額を支払手数料として支払う行為は，現金の出捐を伴うことは明らかであるものの，納税者とFC店舗等とのあらかじめ定められた契約に基づく手数料の支払いであり，事業経費等に該当する可能性が極めて高い。

〈三要件説の「行為の形態」について〉

納税者，課税当局及び国税不服審判所はいずれも，三要件説の法人の行為の形態について明確なメルクマールを示していないのみならず，議論の要である「その他これらに類する行為」の要件の探求さえも放棄している。そして，交際費等該当性は法人の行為を中心に分析するべきであるにも関わらず，接待等を受ける相手方の利益の享受という，誤った「その他の要素」を持ち込んでいて，自ら論理破綻を招いている。「行為の形態」の議論で明らかにするべきは，「接待，供応，慰安，贈答その他これらに類する行為」（行為の形態）のうち，「その他これらに類する行為」の意義と範囲である。安楽亭事件を分析する限り，「行為の形態」は支出の目的を補完する「その他の要素」に過ぎず，少なくとも課税要件ではない。

〈「支出の目的」について〉

納税者が本件株主優待券を株主に配付する行為は，広く一般大衆に向けた

230　第2部　事例研究　法人税3

IR活動の一環であり，「接待，供応，慰安，贈答その他これらに類する行為のために支出」（支出の目的）に該当しない。交際費等該当性の中で最も重要な「接待，供応，慰安，贈答その他これらに類する行為のために支出」（支出の目的）は厳密な文理解釈に基づく交際費等分析フレームワークにより行われるべきであり，誤った判断を導いたのは三要件説による支出の目的の言い換えに依拠したことにある。

Ⅲ　おわりに

　この論文の目的は，交際費等分析フレームワークを提示し，事実関係への当てはめを行うことにより，租税特別措置法通達第61条の4に規定する交際費等の判断基準を明確化することであった。

　法人が行う対価の収受を伴わない役務提供に対応する原価は，合理性の高い本件原価按分算定式に基づいて行われた原価計算の集計結果に過ぎない。対価の収受を伴わない役務提供に対応する原価（原材料費＋人件費）の起因になる行為は，飲食に係る原材料の購入とサービスの提供という法人の基本的な経済活動を構成する行為であり，「接待，供応，慰安，贈答その他これらに類する行為のために支出」の起因になる行為，つまり，「接待，供応，慰安，贈答その他これらに類する行為」に該当しない。

　法人が①本件株主優待券を発行し，②株主に配付し，③株主又は株主から本件株主優待券を譲り受けた者が本件株主優待券を使用する一つ一つの行為は，それぞれの行為が「接待，供応，慰安，贈答その他これらに類する行為」に該当するか否かを検討しなければならない。そして，それぞれの行為を起因として，金銭，棚卸資産等の出捐による法人の資産の減少が生じなければ，「接待，供応，慰安，贈答その他これらに類する行為のための支出」には該当しない。②株主に本件株主優待券を配付し，③株主又は株主から本件株主優待券を譲り受けた者が，本件株主優待券を使用する行為には，法人税法第22条第2項が適用され，一旦，無償の資産の譲渡，無償の役務の提供

が益金に計上されるとしても，法人による現金，棚卸資産等の出捐という「支出」を伴わないので交際費等に該当せず，広告宣伝費，販売促進費等の事業経費に該当する。

安楽亭事件において，課税当局及び国税不服審判所は，「その他これらに類する行為」のメルクマールを示していないのみならず，その探究さえ試みていない。交際費等該当性の判断は，租税特別措置法第61条の4第4項の厳密な文理解釈に基づいて行われるべきであり，接待等を行う法人の行為を中心に分析されるべきである。

安楽亭事件が示した接待等の相手方の利益の享受は交際費等該当性の判断には基本的に無関係であり，支出の目的を補完する場合には，「その他の要素」に分類される。そして，「接待，供応，慰安，贈答その他これらに類する行為」（行為の形態）も「接待，供応，慰安，贈答その他これらに類する行為のために支出」（支出の目的）を補完するその他の要素に過ぎない。

接待等を行う法人の接待等を受ける相手方への「利益の供与」は法人による「接待，供応，慰安，贈答その他これらに類する行為のために支出」から生じ，接待等を行う法人にもたらされる当然の経済的効果に過ぎず，多くの場合，条文から導かれる三つの基準を補完する「その他の要素」にもなり得ない。

三要件説は，交際費課税制度の最も重要な基準である「接待，供応，慰安，贈答その他これらに類する行為のために支出」（支出の目的）を「接待等の行為により事業関係者等との間の親睦の度を密にして取引関係の円滑な進行を図るためであること」に言い換えていて，支出の目的が条文の規定から大きく離れ，幅広く解釈されている。これは，安楽亭事件において納税者に不利な判断が行われた最大の要因である。

条文から導かれる三つの判断基準のうち，最も重要な支出の目的は，「接待，供応，慰安，贈答その他これらに類する行為のために支出」の厳密な文理解釈により判断されるべきであり，三要件説に基づいて「接待等の行為により事業関係者等との間の親睦の度を密にして取引関係の円滑な進行を図る

232　第2部　事例研究　法人税3

ためであること」により判断することは誤りである。

図5　交際費等分析フレームワークの構造と交際費等の判断基準

・「接待，供応，慰安，贈答その他これらに類する行為」（行為の形態）で
あるか否か
・接待等の相手方の認識（利益や便宜の供与の最低限の認識が必要）
・・・・・・・・・・・・・・・・・・・・・・・・・・・・
・接待等の効用，効果→→→交際費等該当性の判断と無関係
・接待等を行う法人が<u>利益を供与</u>→→→接待等を行う法人の「接待，供応，
慰安，贈答その他これらに類する行為のための支出」の当然の経済的効果
・接待等の相手方の<u>利益の享受</u>→→→特殊な場合のみ発生
　→→→ビール券，百貨店商品券の贈答（客観的な市場価値あり）
　　　cf. 本件株主優待券の交付（「支出なし」）
　→→→法人税法第22条第2項の無償の資産の譲渡，無償の役務の提供
　　　無償の資産の譲受け

（図は筆者が作成）

　交際費等該当性は租税特別措置法第61条の4第4項の徹底した文理解釈に基づいて，交際費等分析フレームワークの提示と事実関係への当てはめに基づいて行われるべきである。交際費等該当性は，(1)「交際費，接待費，機密費その他の費用」（企業会計上の費用），(2)「その得意先，仕入先，その他事業に関係のある者等」（事業に関係のある者等）及び(3)「接待，供応，慰安，

贈答その他これらに類する行為のために支出」（支出の目的）の条文から導かれる三つの基準により判断するべきである。それ以外の要素は，(4)「その他の要素」にいったん分類し，その重要度，役割及び三つの基準との関係を最終的に明らかにするべきである。この手法を交際費等分析フレームワークの提示と事実関係への当てはめと呼ぶ。

【引用文献】

石田昌朗　2014a.「自社の経営する飲食店で得意先を接待した場合の交際費等の金額について株主優待割引券の利用に係る交際費等の税務上の取扱い」。『国税速報』。第6330号。pp.5-9。

石田昌朗　2014b.「株主優待割引券の利用に係る交際費等の税務上の取扱い」。『国税速報』。第6336号。pp.9-13。

佐藤孝一　2011.「関係企業及びマスコミ関係者等に対する無料優待入場券の交付と交際費等課税，法人税の所得計算構造からの検討」。『月刊税務事例』。第43巻第9号。pp.7-12。

細川健　2017a.「交際費等の三要件説の限界と交際費等分析フレームワークの提示―萬有製薬事件を題材に―」。『LEC会計大学院紀要』。第14号。pp.109-136。

細川健　2017b.「役務提供に係る原価の交際費等非該当性と交際費等の判断基準の明確化―オリエンタルランド事件の分析を中心に―」。『税法学』。第578号。pp.171-194。

渡辺充　2015.「株主優待券の使用と交際費」。『旬刊速報税理』。第34巻第13号。pp.32-35。

（平成25年10月1日裁決　TAINS F0―2―528）

売上値引き及び単価変更処理に係る金額は
寄附金に該当しないとされた事例

山口　敬三郎

税理士

はじめに

　本件は，親会社と100％子会社の間の取引において，売上値引き及び単価変更に係る金額が寄附金に該当するか否かが争点となった事案で，地裁（Z888－1820，判時2247号7頁）において納税者勝訴で確定している。そこで，寄附金の定義及び寄附金となる取引についての基本的な考え方を検討し，本件事案における契約により実際に行われた取引が寄附金となるか否かについて，地裁は丁寧に事実認定を行っており，実務において取引を行うに当っての証拠の保存の重要性を改めて認識するのに格好の事例であると考える。

Ⅰ　事案の概要

　原告X社は，S社がその住宅用外壁部材等（以下「外壁」という。）の製造部門を分社化して設立した100％出資の子会社である。原告とS社は，「取引基本契約書」（以下「本件契約書」という。）及び「購入価格及び支払方法に関する覚書」（以下「本件覚書」という。）を取り交わし，外壁の製造・販売に関する合意をした。本件契約書3条は，「『外壁部材』の購入価格及び支払

方法については別途覚書を定める。」と定め，本件覚書1条1項に，S社が原告から購入する「外壁部材」の価格は，原則として合理的な原価計算の基礎に立ちS社・原告協議の上決定することが，同条2項に，S社の発注量の大幅な増減，経済事情の著しい変動が生じた場合は，原告・S社協議の上，購入価額を決定できることが定められている。

S社は，期初における当初取引価格を「購入価格暫定通知の件」などと題する書面により原告に通知していた。また，S社は，各半期の期末において，値増・値引調整を決定して，「期末値増・値引調整の件」などと題する書面により，その調整額を通知し，これに基づく単価の変更を依頼していた。

S社と原告は，各半期の期首以降，外壁の代金として，当初取引価格による金額を支払い，原告はこれを売上げとして処理した上，期末に売上値引き又は単価変更により期末の調整額を処理した。

本件は，原告が，平成15年3月期ないし平成17年3月期の各事業年度においてS社に対して行った製品（外壁）の売上値引き及び単価変更による売上の増減が法人税法37条に規定する寄附金に該当するとして，Y税務署長が本件各事業年度の法人税の各更正処分及び過少申告加算税又は重加算税の各賦課決定処分を行ったのに対し，原告が，期初に設定された取引価格は暫定的な価格であり，原告のS社に対する販売価格は期末に決定されるものであるなどと主張して，上記各更正処分等取消しを求めて提訴した。

II　争　点

本件売上値引き及び本件単価変更に係る金額が，法人税法37条の規定する寄附金に該当するか否か。具体的には，①本件外壁販売取引に係る契約価格は当初取引価格か期末決定価格か，②本件売上値引き及び単価変更は，原告の利益をS社に付け替えるだけにものであって，通常の経済取引として是認できる経済的合理性を有しないものか否か。

236　第2部　事例研究　法人税4

Ⅲ　原告の主張

「本件販売契約における契約価格，すなわち本件覚書１条１項の「合理的な原価計算の基礎に立ち，原告・Ｓ社協議の上決定」された外壁価格は，期末決定価格である。…原告とＳ社は，本件契約書等に基づき，期末に実績原価に従って仮価格と確定価格の差額を清算していたものであり，本件売上値引き及び本件単価変更は，合理的な原価計算による公正価格への変更であって，実質的贈与性を欠いている。したがって，本件売上値引き及び本件単価変更に係る金額は，寄附金には当たらない。」

Ⅳ　被告の主張

「本件売上値引き及び本件単価変更の手法や期末に合理的な原価計算を行っていたとは認め難いことからすれば，本件売上値引き及び本件単価変更は，単に原告の利益をＳ社に付け替えるだけにものであって，その実質は単なる贈与ないし債権放棄であり，通常の経済取引として是認できる合理的理由は何ら存しないことは明らかである。

　以上のとおり，本件販売契約における外壁の契約価格は，当初取引価格であり，本件売上値引き及び本件単価変更は，第三者間の通常の経済的取引として是認できる合理的理由がないのに，既に本件販売契約に基づいて発生した債権を放棄し，又は本件販売契約によって定まっていた取引価格を変更したものであって，経済的に見て贈与と同視し得る利益の供与である。したがって，本件売上値引き及び本件単価変更に係る金額は，法人税法37条７項所定の寄附金に該当する。」

V　地裁判旨

(1)　本件販売契約において合意されたとみるべき外壁の契約価格

「①S社が，当初取引価格に関して，生産会社方針検討会を経た後に発出
している通知書面の題名は，「購入価格暫定通知」などというものであり，
当初取引価格を算定するものに使用される売上係数も「暫定」ないし「改定
前（暫定）」と表示されていること，②生産会社方針検討会を経た後に，コ
スト検討会が開催され，同会において，各半期における原価低減目標が協議
され，これに基づき，S社は，原告を含む本件各子会社に対し，「購入単価
（暫定）設定について」などという題名の書面を発出し，それに従い，当初
取引価格とは異なる購入単価の設定を促していること，③原告においては，
これを受けて，予算計画を設定し当初取引価格とは異なった暫定価格を設定
していること，④期末又は期中において，S社は，原告に対し，一定の調整
額に基づく購入単価の変更を指示していることが認められるところ，以上の
ような，原告とS社との間で各半期において行われている複数の価格の設定
やそれに関する通知書面等の存在からみる限りにおいても，当初取引価格は，
後に改定が予定された暫定的なものとして扱われているとみるのが自然であ
る。」

「原告とS社との間において，原告がS社に対して販売する外壁につき，各
半期の期末又は期中においてそれまでの実績に基づいて行われる原価計算に
よって算定される実際原価（実績見込原価）を基礎として，それに一定の損
益算定方法（本件では「差異分析」等）により導かれる損益を加算するとい
う手法により，取引価格を決定するという内容の契約を締結することは，企
業の事業活動の在り方として一概に不合理であるとまでは断ずることはでき
ず，その原価計算及び損益計算方法の内容において不合理な点がなく，税負
担を逃れるための恣意的な利益調整ではないと評価されるものであれば，本
件覚書1条1項の『合理的な原価計算の基礎に立ち，S社・原告協議の上決

238　　第2部　事例研究　法人税4

定する』との定めに合致するものと解することが相当である。」

(2) 小 括

「以上のとおり，本件販売契約において合意されたとみるべき外壁の契約
価格は，各半期における期末決定価格又は期中決定価格であるから，その余
の点について判断するまでもなく，本件売上値引き及び本件単価変更により，
原告からS社に対し，経済的にみて贈与と同視し得る資産の譲渡又は利益の
供与がされたとは認められないから，本件売上値引き及び本件単価変更に係
る金額は法人税法37条7項の寄附金に該当しない。」

VI 検 討

1 寄附金の概念

(1) 寄附金の意義

寄附金とは，『広辞苑』では「公共事業または寺社などに金銭・物品を贈
ること」[1]を意味していると説明されている。

法人が行う寄附で，公益又は公共目的の寄附金は，原則として一定の基準
で損金の額に算入することを認めているが，一般の寄附金についても，一定
の基準で損金の額に算入できる限度を設定している。しかも，法人税法上の
寄附金は，金品又は物品を贈ることに限らず無償ないし経済的利益を贈与す
る場合等もあり，法人の課税所得計算上，種々の問題が生じている。

法人税法では，寄附金の額は，寄附金，拠出金，見舞金その他のいずれの
名義をもってするかを問わず，内国法人が金銭その他の資産又は経済的な利
益の贈与又は無償の供与をした場合における当該金銭の額若しくは金銭以外
の資産その贈与の時における価額又は経済的利益のその供与の時における価
額とされる（法人税37条7項）。ただし，経済的な利益の贈与又は無償の供

---

(1) 新村出『広辞苑（第六版）』699頁（岩波書店，2008）

与の場合でも，広告宣伝費及び見本品の費用その他これらに類する費用並び
に交際費，接待費及び福利厚生費とされるべきものは除かれている。

公共団体等への寄附金，私的な寄附金，子会社等への支援等は，金銭その
他の資産による贈与になるが，その他にも経済的な利益を相手方に与える行
為も法人税法上は寄附金とされる。

また，資産の譲渡，経済的な利益の供与をした場合には，その対価の額が
著しく低い時は，その資産の譲渡時の価額又は経済的利益の供与時の価額と
その価額との差額が実質的に贈与又は無償の供与をしたと認められる金額は，
寄附金とされる（法人税37条8項）。

公益法人等が，収益事業に属する資産のうちからその収益事業以外の事業
のために支出した金額は，その収益事業に係る寄附金とみなされる（法人税
37条5項）。なお，公益信託における信託財産が委託者に帰属しないこと，
一定の条件で特定公益信託として支出した金額は，寄附金とみなされる（法
人税37条6項）。

(2) 寄附金の性格

法人税法上の寄附金の性格について，大淵博義教授は，①非事業関連説，
②事業関連説，③非対価説，の3つの観点から検討されている[2]。

① 非事業関連説

非事業関連説は，「寄付金は，法人の事業活動とは全く関係なく行う財産
の出損である」という考え方である[3]。

中川一郎博士は，「寄付金とは，事業活動に関係なく支出される金銭その
他の資産の贈与などをいい，資産の贈与や経済的利益の無償の供与であって
も，それが法人の事業活動に関係のあるものであれば，寄付金には該当しな
いという考え方である。」[4]と述べている。

---

(2) 大淵博義『裁判例・裁決例からみた役員給与・交際費・寄附金の税務』568頁（税務
研究会，1996）
(3) 武田昌輔・後藤喜一編『DHC会社税務釈義』2019頁
(4) 中川一郎「親会社の子会社に対する無利息融資」シュトイエル70号33頁（1968）

すなわち，「寄附金は，事業活動とは関係なく当事者の一方（いわゆる贈与者）が無償で一定の財産を相手方（いわゆる受贈者）に与える意思を表示し，相手方がこれを受諾することによって成立する契約，すなわち贈与（民549）」であり，「事業活動に全く関係のない寄附金は，法人の必要経費とすべきであるかどうかが問題」となる[5]。非事業関連説によれば，事業活動に全く関係のない寄附金は，本来は損金の額に算入する必要がないものである。

　非事業関連説の立場から寄附金について述べているものとして，昭和38年税制調査会答申がある。

　税制調査会の「所得税法及び法人税法の整備に関する答申」（昭和38年12月）では，「法人が利益処分以外の方法により支出する寄附金の中には，法人の業務遂行上明らかに必要な寄附金と必要であることが明らかでない寄附金があり，後者は多分に利益処分とすべき寄附金を含むとの見地から，税法は後者に属する寄附金を税法上の寄附金とし，これについて損金算入限度を設け形式基準による区分を行うとともに，例外として指定寄附金及び試験研究法人に対する寄附金の制度を設けていると考えられる。

　また，現行取扱い上は，社会事業団体，学校，神社等に対する通常の意味の寄附金のみでなく，法人の行ったその事業の遂行上必要なことが明らかでない贈与，たとえば低額譲渡が行われた場合の贈与相当部分も税法上の寄附金に含めて取り扱われている。

　これらの点から，寄附金の範囲を明確化する意味において，税法上の寄附金が通常の意味の寄附金のほか，一般に無償の支出を含む旨法令上明らかにすることとする。

　この場合業務に全く関係のない贈与は，税法上の寄附金からから除き，限度計算を行うことなく損金不算入とすることが好ましいが，法令においてこれを規定すること及び執行上これを区分することが困難であることにかんがみ，無償の支出のうち業務に明らかに関係あるものとそれ以外のものに区分

(5)　武田他・前掲注(3)2019頁

し，後者を税法上の寄附金として取り扱う」こととしている。

非事業関連説では，一般的な政治献金や神社等への寄附や事業に関連しない関連法人への寄附等を寄附金とし，事業活動に関する無償の支出，たとえば親会社による子会社に対する無利息融資等は寄附金の範囲に含めていない点に，問題があるとの指摘がある[6]。

② 事業関連説

事業関連説とは，「法人税37条2項の寄附金は，事業遂行に関連ある寄付金について規定していたものであり，事業に関連のない寄附金は利益処分による支出として損金の額に算入されない」とする見解である[7]。

事業関連説では，「寄附金は，本来事業遂行と直接に関係がないものというべきである。ただ，例外として事業に関連のある寄附金があれば，それは損金計上を認めるが，しかし，無制限の支出を認めることは，かえって，国家にその負担が転嫁され公益に関係しない私人が選んだ支出先を補助する結果ともなるので一定の限度で損金計上を否認したものと解すべきである。法37条2項は事業遂行に直接関連がある寄付金について規定したものである」とされる[8]。

事業関連説では，寄附金は，事業遂行に関連するものに限られ，事業に関連のない贈与などは寄附金に該当しないことになり，このような考え方は，少数意見で，多くの判例では採用されていない[9]。

③ 非対価説

非対価説は，法人税37条の寄附金を，「名義のいかんや業務との関連性の有無を問わず，法人が贈与又は無償で供与した資産又は経済的利益，換言すれば，法人が直接的な対価を伴わないでした支出」（広島高裁昭和57年9月30日判決・税資127号1132頁）と解する考え方である。この判決では，親会

---

(6) 大淵・前掲注(2)570頁
(7) 大淵・前掲注(2)570頁
(8) 松沢智『新版租税実体法』314頁（中央経済社，1994）
(9) 大淵・前掲注(2)571頁

社が営業を分割して子会社を設立して，親会社に残った不動産業による収入だけでは費用を賄えなかったため，親会社と子会社6社との契約により子会社に負担させることになった負担金を子会社から親会社への寄附金とした事例である。すなわち，子会社が親会社に対して支払った負担金について，親会社からの経済的利益の供与を受けているとはみられないことから子会社が負担した負担金は対価性のない寄附金であるとした。

現在の通説，判例及び実務では，この非対価説に基づいているといわれている[10]。

2 経済的利益供与並びに低額譲渡と寄附金課税（法人税）

(1) 経済的利益供与と寄附金課税

経済的利益の意義については，「税務上，経済的利益の供与または受入れとは，義務に基づかない経済的価値の払出し，または権利に基づかないで利益の受入をするものを意味するものと思われる。」[11]といわれている。

経済的利益を供与した法人における法人税法上の課税所得の計算がどのようになるのかということは重要な問題である。しかし，経済的利益の供与に係る経理処理が適正な時価により決算に組み込まれている場合はともかくとして，一般的には，これらの経済的利益の供与に係る取引の経理処理は省略される場合がほとんどである。

「税法と企業会計との調整に関する意見書」（昭和41年10月17日，企業会計審議会中間報告）総論三，(7)では，「資産を無償譲渡又は低額譲渡した場合に，当該資産の適正時価を導入して収益を計上することの当否については，企業会計原則上まだ何ら触れるところがないので，これを明らかにすることが妥当である。」と述べているように，資産の無償譲渡や低額譲渡等の経済的利益の供与が行われた場合に，それらの資産の適正時価まで認識して収益

---

(10) 大淵・前掲注(2)571頁
(11) 海野安美『経済的利益の税務（現代税務全集17）』1頁（ぎょうせい，1981）

を計上する経理処理が慣行として成立していないことに加え，仮に適正時価により収益を認識しても計上したとしても，他方で同額の費用が計上されることになり結局純損益に与える影響に変化が生じないので，両建経理を省略して単にそれらの資産の帳簿価額相当額の原価算入に関する経理処理を行えば足りると理解されていたことによると思われる[12]。

　しかし，法人税22条（各事業年度の所得の金額の計算）2項は，「内国法人の各事業年度の所得の金額の計算上当該事業年度の益金の額に算入すべき金額は，別段の定めがあるものを除き，資産の販売，有償又は無償による資産の譲渡又は役務の提供，無償による資産の譲受かその他の取引で資本等取引以外のものに係る当該事業年度の収益の額とする。」と規定して，資産の無償譲渡等も収益の額として法人税法上の課税所得を構成することを明確にした。しかし，この条文の文言からは「収益の額」を何により測定するかは明らかではないが，現在では，資産の無償譲渡等があった場合には，その資産が有している時価相当額の経済的価値が譲渡者側から譲受者側に移転して譲受者側にその資産の時価相当額の経済的価値の実現があったことになる。これが法人税法上の課税所得計算上の益金の額に含まれるという考え方が確定している。よって，資産の無償譲渡や低額譲渡等の経済的利益の供与が行われた場合には，適正時価まで収益を認識して両建経理処理を一般化してもよいのではないだろうか[13]。

(2) 低額譲渡と寄附金課税

　経済的利益の供与としての低額譲渡に関する法人税法上の規定である法人税法第37条第8項は，「内国法人が資産の譲渡又は経済的利益の供与をした場合において，その譲渡又は供与の対価の額が当該資産のその譲渡の時における価額又は当該経済的な利益のその供与の時における価額に比して低いときは，当該対価の額と当該価額との差額のうち実質的に贈与又は無償の供与

---

(12)　鈴木章夫「経済的利益の供与」日税研論集17号54頁（1991）
(13)　同上　54頁

をしたと認められる金額は，前項の寄附金の額に含まれるものとする。」と
規定している。すなわち，低額譲渡に類する譲渡又は経済的利益の供与にお
ける低額部分の金額のうち，実質的に贈与又は無償の供与をしたと認められ
る金額は，寄附金の額に含まれることになる。

　低額譲渡等における低額部分の金額が寄附金の額に含まれる根拠は法人税
法第22条第2項に求めることになる。資産の低額譲渡等が存した場合には，
その譲渡等があった時に当該資産に係る時価相当額の経済的価値が譲渡者側
から譲受者側に移転するために，その時点で譲渡者側から譲受者側に時価相
当額の経済的価値が実現したとする「価値移転説」がある。そのほかに，資
産の低額譲渡等があった場合には，その譲渡等があった時にその対象となっ
た資産に係る時価相当額の有償譲渡が行われ，その有償譲渡によって得た対
価の一部が譲受者側に提供されたとする「有償取引同視説」などがある。法
人税法第22条第2項の「有償又は無償による資産の譲渡又は役務の提供」に
は，低額譲渡等も含まれるであり，しかも，この場合の益金の額に算入すべ
き収益の額は，その資産の譲渡対価の額そのものの外，その対価の額とその
資産の譲渡の時における時価との差額に相当する金額も含まれる。元来，低
額譲渡は，対価を収受する部分が「有償による資産の譲渡」に該当するもの
であり，対価の額とその資産の譲渡の時における時価との差額に相当する部
分が「無償による資産の譲渡」に該当するものと考えることができ，それぞ
れが法人税法第22条第2項に該当するため，低額譲渡における低額部分の金
額が益金に算入されるという主張もある。経済的利益の供与における低額部
分の金額についても同様に益金の額に算入されることになる[14]。

(3)　低額譲渡における「時価」の意義

　法人税37条8項における，「当該資産のその譲渡の時における価額又は当
該経済的な利益のその供与の時における価額」である，いわゆる「時価」と
は何を指すのであろうか。当該資産を利害関係のない第三者に特別の事情が

---

[14]　同上　60頁

存しない状態で有償譲渡した場合に通常付けられるべき価額，つまり，通常の市場価額を意味し，通常の「取引価額」ということになる。たとえば，大阪高裁昭和56年2月5日判決は，「譲渡者が商取引に拙劣なため時価を下回る価額でしか譲渡できず，そのため通常得べられし利益をえることができなかったときのように首肯できる理由がある場合には，実質的に贈与したとは認められず…」（訟月27巻6号1156頁）とか，大阪地裁昭和58年2月8日判決は，「ここにいう時価とは，客観的な市場価格を指称し，取引当事者がこれを認識していたと否とを問わない」（税資129号172頁）などがある。すなわち，「時価」とは，「通常の市場価額」であるが，抽象的なものといえる。しかし，資産等の譲渡に際してはその譲渡対価の額がその資産等の価額に比較して低額であるか否かを判断するであるから，規定の趣旨から考えるならば，その資産等を特段の事情の存しない状態で，その譲渡者の譲渡を必要とする個別事情を斟酌して譲渡する場合に通常成立するであろう取引価額がその資産等の価額となる。さらに，その価額を基準として実際の取引価額と比較検討して，「当該対価の額と当該価額との差額」の存否を判断することになる[15]。

(4) 低額譲渡における「実質的に贈与又は無償の供与をしたと認められる」の意義

「実質的に贈与又は無償の供与をしたと認められる」金額が寄附金の額に含まれるが，この場合における「実質的に贈与又は無償の供与をしたと認められる」ということをどのように理解するかということが重要な問題である。すなわち，その取引について実質的に贈与又は無償の供与をしたと認められる金額が存することを客観的に認識できる場合に，その「認められる金額」が法人税法第37条第7項に定める寄附金の額に含まれることになる。そして，その取引が適正な時価を反映したものでないこと及びかかる取引を行うに足る合理的な理由が存しないことについては，これを課税庁が立証しなければ

---

[15] 同上　64頁

ならない[16]。

判例の中には，たとえば大阪高裁昭和56年2月5日判決は，「低額譲渡の場合であっても，時価との差額が当然に寄付金の額に含まれるとされるのではなく，時価との差額のうち「実質的に贈与としたと認められる金額」が同条の寄附金の額に含まれるとされるのであるが，「実質的に贈与したと認められる」ためには，当該取引に伴う経済的な効果が贈与と同視し得るものであれば足りるのであって，必ずしも，贈与者が贈与の意思を有していたことを必要とせず，したがって，時価との差額を認識していたことも必要としないと解するのが相当である。」（訟月27巻6号1156頁）と判示しており，また，大阪地裁昭和58年2月8日判決は，「実質的に贈与したと認められるためには，その取引に伴う経済的な効果が贈与と同視し得るものであれば足りるのであって，必ずしも，贈与者が贈与の意思を有していたことを必要としないと解するのが相当である。」（税資129号172頁）と判示しているものがある。すなわち，「実質的に贈与したと認められる」とは，必ずしも譲渡者が贈与の意思を有していたことを必要としないし，時価との間に差額が存することの認識も必要としないとの趣旨の判例が多いのである。すなわち，その取引について，実質的に贈与又は無償の供与をしたと認められる金額が存することが客観的に認識できる状態にあれば，当該部分の金額が寄附金の額に含まれることになり，譲渡者が贈与の意思を有していたことは必要とされないのである[17]。

3　本件の契約価格

(1)　契約自由の原則

租税法における課税要件事実の認定は，外観に従って課税される場合を除いて，その実体に応じて課税されることになるが（法人税11条等），それは，

[16]　同上　65頁
[17]　同上　66頁

真実に存在する法律関係に即して要件事実の認定がなされることを意味することに限られ，それを超えて経済的成果や目的に即して法律の要件の存否を判断することを許容するものではない。

　では，私法における真実に存在する法律関係とは何かというと，対価を含めた契約内容については消費者保護法や労働法といった特別法による修正が入らない限り，公序良俗に反しなければ，契約当事者間で自由に設定でき，国家は干渉できないというのが「契約自由の原則」である。そうすると，本件判例のように特別法の対象とならない企業間の契約の対価の合意については，経済的にみていかに不合理な価格設定であっても当事者の合意が真に認められればそれが真実に存在する取引対価となるはずである。

　すなわち，本件判旨において，価格の事後修正が「税負担を逃れるための恣意的な利益調整ではないと評価されるものであれば」修正後の価格が当事者間で合意された価格であるといった限定を付するなど，対価決定過程の合理性を論じている部分が多くみられるが，それらは当事者自ら「合理的な原価計算の基礎に立ち」親会社と原告が「協議の上決定する」との定めを設けていたためであって，私法上，当事者間で合意する対価の決定過程が「合理的」であることが常に求められるわけではない。

　しかし，「寄附金」と認定されないためには，結果としての対価額が独立当事者間価格と乖離していないことが最も重要であるが，特に独立当事者間価格が不透明な取引においては，内部の価格決定プロセスを合理的なものとしておく必要がある[18]。

(2)　課税要件事実の認定

① 要件事実

　伊藤滋夫教授は，「要件事実とは，法律効果を生じるために必要な実体法（裁判規範としての民法）の要件に該当する具体的事実である。」[19]と述べて

---

(18)　西中間浩「最新判例・係争中事例の要点解説」税経通信69巻6号210頁（2014）
(19)　伊藤滋夫『要件事実の基礎』14頁（有斐閣，2000）

いる。すなわち，要件事実論とは，民事訴訟において主張立証されるべき事実について実体法上の法律効果の発生と関連づける考え方である。

　民事判決は，実体法上の権利の存否を判断することのより行われるが，権利の存否は，直接判断することができないために，権利の発生要件や消滅要件に該当する具体的事実により要件事実の存否を判断し，権利の発生・消滅を判断することになる。このような，要件事実についての主張立証が不十分な場合は，どの当事者がそれにより不利益を受けるかということが定まっていなければならない。そのために権利の発生・消滅を主張する当事者は，当該発生・消滅に関する要件事実を主張し，立証しなければならない。そのような主張立証がなされなければ，なされないことによる不利益を当該当事者が受けることになる[20]。

　②　租税法律関係と要件事実

　租税法律関係は，債務関係と今日では理解されている[21]。この債務関係は，私法上の債権・債務関係とはその性質を異にしており，以下の3点に要約することができる。

　ア　私法上の債務が当事者の合意により形成されるに対して，税法上の債務は個別税法の規定により定められた法定の債務である。

　イ　租税法律関係は，国家と私人というような公法上の法律関係である。

　ウ　租税が，公共サービスの資金調達の法的な手段であるので，その強い公共性を根拠として租税債権者である国家に種々の特権が付与されている。そのため，租税法律関係において，租税債権者である国家が租税債務者である国民に対して大きな優越性をもっている。

　私法上の債務関係は，債権者と債務者が対等な法主体関係にあるが，租税法上に債務関係は，実体租税法により国に優越的権限が付与されているので，対等な法主体関係ではない。そうすると，租税訴訟において私法上の債権債

---

[20]　同上　14頁〜15頁
[21]　租税法律関係の論争について要約した，山口敬三郎『給与所得者の納税義務と権利』（リンケージ・パブリッシング，2013）の17頁〜20頁を参照されたい。

売上値引き及び単価変更処理に係る金額は寄附金に該当しないとされた事例　　249

務関係をめぐる紛争を処理する場合と同様の取扱いをすることは，裁判における攻撃・防御をする上で，実質的な公平を確保できない結果を招くことになると指摘されている[22]。

　租税訴訟の当事者の租税法律関係のこの特質に着目した主張・立証の分配について，藤山雅行裁判官は，「更正処分取消訴訟の，立証責任については，安易に債務不存在確認訴訟に準じた取扱いをすることは許されず，その処分の性質が典型的な侵害処分であることに照らすと，…税額が更正処分の結論を下回るものでないことを全体として被告が立証すべきであり，その例外を認めるには，租税法規の趣旨が当該事実の立証責任を納税者に負わせるものであると読み取れるものであって，しかもその定めが憲法に違反しない場合に限られるといえよう。」[23]という見解を述べている。

③　私法と租税法の関係における課税要件の解釈適用

ア　課税要件の解釈適用

　租税法は，様々な経済取引を課税対象としており，経済取引は通常では私法によって規律されている。課税要件は通常，納税義務者，課税物件，課税物件の帰属，課税標準，税率等をいう。課税要件法である租税実体法（所得税法，法人税法等）は，民法等の私法により規律されている私法上の取引を前提にして課税要件規定は構成されている[24]。

　租税法の適用過程は，①経済取引事実の発生，②事実の認定，③私人間で行われた経済取引が民法上の売買の要件を充足しているのかといった「私法上の法律構成」が検討される。さらにその後に，④法律構成に該当する租税実体法の課税要件規定の選択，⑤該当する課税要件規定の適正な解釈，⑥課税要件の適用，に至ることになる。すなわち，重要なことは，私法上の法律関係がまず構成され，その法律関係に基づいて租税法の課税要件規定への当

---

[22]　増田英敏「租税訴訟における要件事実論」企画委員代表伊藤滋夫『要件事実の現在を考える』180頁～181頁（商事法務，2006）

[23]　藤山雅行「行政事件と要件事実」伊藤滋夫・長秀之編『民事要件事実講座2』304頁（青林書院，2005）

[24]　増田・前掲注[22]181頁

てはめが行われるのである[25]。

　イ　借用概念適用

　租税法が他の分野で用いられている概念を借用しているとき，これをどのように解すべきかについて以下の３つの説に分かれている[26]。

　i　独立説：租税法が借用概念を用いる場合も，それは原則として独自の
　　　意義を与えられるべきであるとする見解。

　ii　統一説：法秩序の一体性と法的安定性を基礎として，借用概念が原則
　　　として私法と同義に解すべきであるとする見解。

　iii　目的適合説：租税法においても目艇論的解釈が妥当すべきであって，
　　　借用概念の意義はそれを規定している法規の目的との関連において探求
　　　すべきであるとする見解。

　学説は，統一説を支持するのが多数説で，金子宏教授は，「借用概念は他の法分野におけると同じ意義に解釈するのが租税法律主義＝法的安定性の要請に合致している。すなわち，私法との関連で見ると，納税義務は，各種の経済活動ないし経済現象から生じてくるのであるが，それらの活動ないし現象は，第一次的には私法によって規定されているから，租税法がそれらを課税要件規定の中にとりこむにあたって，私法上における同じ概念を用いている場合には，別意に解すべきことが租税法規の明文またはその趣旨から明らかな場合は別として，それを同じ意義に解するのが，法的安定性の意味からは好ましい。」[27]とされている。

　④　課税要件事実の主張・立証責任[28]

　行政処分の取消訴訟における立証責任の分配基準には，行政行為の公定力

---

[25]　増田・前掲注[22]182頁～183頁
[26]　金子宏「租税法と私法」租税法研究６号４頁（1978）
　　　高野幸大「第３部　第２章　借用概念と固有概念に係る要件事実論」伊藤滋夫・岩崎政明編『租税法における要件事実論の展開』（青林書院，2016）の259頁～265頁において借用概念と要件事実論の関係が論じられている。
[27]　金子宏『租税法〔第十八版〕』115頁～116頁（弘文堂，2013）
[28]　増田・前掲注[22]187頁

　　　売上値引き及び単価変更処理に係る金額は寄附金に該当しないとされた事例　　251

を理由としてすべて原告が立証責任を負うとする公定力根拠説[29]，法治行政の原則を根拠として被告行政庁が行政行為の適法性のすべてにわたって立証責任を負うとする法治主義根拠説などの見解が主張されていたが，公定力と立証責任，あるいは法治主義と立証責任が論理的に結びつけることが困難であるといったことから上記のような説がその根拠と立証責任の分配の基準とが合理的に結びつかないという批判を解消することができなかった[30]。

立証責任に関する近似の有力説として以下の3説がある[31]。

ア　法律要件分類説[32]

民事訴訟における法律要件分類説を抗告訴訟に導入する考え方である。これは，行政処分の根拠規定を権限行使規定と権限不行使規定に分類して，前者については権限行使を主張する者（積極処分の取消訴訟では被告，消極処分の取消訴訟では原告）が，後者については権限を行使すべきではないと主張する者（積極処分の取消訴訟では原告，消極処分の取消訴訟では被告）がそれぞれ規定の要件事実について立証責任を負うという見解である[33]。

イ　個別検討説[34]

統一的な基準によることなく，適用すべき法規の立法趣旨，行政行為の特性，当事者間の公平，当該事案の内容，事物に関する立証の難易度等によって具体的事案についていずれの当事者の不利益に判断するかを決定するとの見解で，第一次的には立証責任を行政庁に負担させるが，反証責任などについて個別具体的に検討し国民の側にも負担させるというものである。この説は，アの説を批判する形で，登場した。

---

[29]　田中二郎『行政訴訟の法理』107頁（有斐閣，1986）
[30]　今村隆他『課税訴訟の理論と実務』134頁（税務経理協会，1998）
[31]　同上　134頁
[32]　滝川叡一「行政訴訟における立証責任」岩松裁判官還暦記念『訴訟と裁判』471頁（有斐閣，1956）
[33]　藤山・前掲注[23]322頁
[34]　雄川一郎『行政訴訟法』214頁（有斐閣，1957）

ウ 憲法秩序機能説[35]

基本的人権の尊重及び法治主義という憲法上の原則から，国民の権利を制限する侵害的行政処分については，国民の側から権利の拡張を求める場合には当該国民（原告）が立証責任を負うとする見解である。

上記の様に各説があり，ウ説が有力説とされているが，訴訟実務において受け入れられている通説は，アの法律要件分類説といえる[36]。しかし，いずれの説にも批判が存在している[37]。

租税法は，租税法律主義を原則としている。租税法律主義は，納税者の予測可能性及び法的安定性を確保することが憲法の規定により保障されている原則である。そして，この租税法律主義の機能を担保する制度として位置づけられているのが，租税争訟制度である。したがって，租税争訟における立証責任の分配基準についても，納税者の予測可能性及び法的安定性を保障する租税法律主義の要請にかなっていることが求められている。特に，租税争訟においては，予測可能性及び法的安定性の観点から立証責任の分配基準についてもその優劣が検討されなければならない。課税処分の取消訴訟における課税要件事実の立証の分配基準は，予測可能性及び法的安定性を確保する観点からは，法律要件分類説が最も優れた基準といえるであろう。

すなわち，この法律要件分類説は，「要件事実の特定とその証明責任の分配，すなわち『誰が，何を，証明すべきか』について裁判所と当事者との共通の理解の下で訴訟遂行を可能ならしめることを主眼にしている。したがって，当事者の主張・立証活動における予測可能性，法的安定性という観点で優れており，この説による証明責任の分配は，訴訟遂行過程における指針として非常に有効である。」[38]とされている，妥当な見解である。

---

(35) 高林克己「行政訴訟における立証責任」『行政法講座第 3 巻行政救済』301頁（有斐閣，1965）

(36) 春日偉知郎「行政訴訟における証明責任」南博方編『条解行政事件訴訟法』254頁（弘文堂，1987）

(37) 今村他・前掲注(30)131頁

(38) 春日・前掲注(36)265頁

課税処分取消訴訟では，課税処分の適法・違法が訴訟物で，租税行政庁の課税処分は，その権限行使（「この行為をしたときにはこの処分をおこなう。」といった規定）により行われるために，被告租税行政庁が，この権限行使規定の要件事実について立証責任を負うことになる。

一方，納税者が租税債権の消滅を主張する場合には権限不行使（「この行為をしたときにはこの処分を行わない」といった規定）の要件事実は，納税者である原告が立証責任を負わなければならない。

法律要件分類説によれば，課税処分の要件事実の立証責任の所在が明確になり，裁判所も納税者を含む訴訟当事者も立証責任の所在の予測可能性と法的安定性が確保されることになる[39]。

(3)　当初取引価格の暫定性（判旨要約）[40]

税務署長は，当初取引価格が本契約書に基づく取引価格であることを前提としているが，以下の諸点を考慮すると，当初取引価格は暫定的な価格といえる。

①　S社が，当初取引価格に関して，生産会社方針検討会を経た後に発出している通知書面の題名は，「購入価格暫定通知」などというものであり，当初取引価格を算定するのに使用される売上係数も「暫定」ないし「改定前（暫定）」と表示されていること。

②　生産会社方針検討会を経た後に，コスト検討会が開催され，同会において，各半期における原価低減目標が協議され，これに基づき，S社は，X社を含む各子会社に対して，「購入単価（暫定）設定について」などという題名の書面を発出し，それに従い，当初取引価格とは異なる購入単価の設定を促していること。

③　X社においては，これを受けて，予算計画を設定し，当初取引価格とは異なった暫定価格を設定していること。

---

[39]　増田・前掲注(22)191頁
[40]　藤曲武美「親子会社間の取引価格の決定方法」税務弘報62巻5号56頁〜57頁（2014）

④ 期末または期中において，S社は，X社に対して，一定の調整額に基づく購入単価の変更を指示していること。

　以上のような，X社とS社との間で各半期において行われている複数の価格の設定や，それに関する通知書面等の存在からみる限りにおいても，当初取引価格は，後に改定が予定された暫定的なものとして扱われているとみるのが自然である。

　本件覚書2条は，「S社がX社に支払う「外壁部材」代金の支払条件は，毎月末日締切，翌月末日支払いとする」と規定している。取引の実態等を踏まえると，本条文言は，期中は暫定的に当初取引価格で取引を行い，期末に価格を決定することを前提に，そのような一連の取引における代金の支払を毎月末日締め翌月末日払いで行うことを合意したにすぎないと解するのが相当である。

　当初取引価格は，予算計画を策定するための基準となるものとして利用されることが予定されている数値にすぎず，S社とX社との間で，本件販売契約上の契約価格として合意されていたとするには，相当疑義があると言わざるを得ない。

(4) 当初取引価格の非合理性（判旨要約）

　有償支給価格は，予定される生産量ないし発注量の多寡を問わず，一定なものとして定められているのに対し，次の事実に照らすと，有償支給価格及びこれに1.0を乗じて定められた当初取引価格が，本件各事業年度の各半期における合理的な原価計算の基礎に立つものとして決定されたものであると認定することは，当事者の客観的意思解釈としても，相当困難があると言わざるを得ない。

① S社のユニット住宅事業を取り巻く事業環境は，本件各事業年度に先立つ数年の間に相当変化し，販売棟数もそれに伴って変化していること

② 本件各事業年度の各半期においても，当初取引価格と，期末ないし期中に算出された外壁の実際価格（実績見込原価）が乖離しているために，売上係数が改定されていること

(5) 総コストカバー方式の合理性（判旨要約）

　X社は，期末決定価格が本件販売契約における契約価格であり，本件覚書1条1項の「合理的な原価計算の基礎に立ち，S社・X社協議の上決定する」との定めは，実際原価に一定の上乗せ利益を加算するという方法で価格決定をすることを意味し，いわゆる「総コストカバー方式」であるとする。したがって，本件販売契約におけるこのような価格決定の方法には合理性があり，税負担を逃れるための利益調整ではないとする。

　ユニット生産事業の事業内容，S社及びX社の関係，並びにX社の事業特殊性に鑑みると，X社とS社との間において，X社がS社に対して販売する外壁につき，①各半期の期末又は期中においてそれまでの実績に基づいて行われる原価計算によって算定される実際原価（実績見込原価）を基礎として，②それに一定の損益算定方法（「差異分析」等）により導かれる損益を加算する，という手法により取引価格を決定するという内容の契約を締結することは，企業の事業活動のあり方として一概に不合理であるとまでは断ずることはできない。

　その原価計算及び損益算定方法の内容において不合理な点がなく，税負担を逃れるための恣意的な利益調整ではないと評価されるものであれば，本件覚書1条1項の「合理的な原価計算の基礎に立ち，S社・X社協議の上決定する」との定めに合致するものと解することが相当である。

　S社，X社が採用していた総コストカバー方式の合理性からすると，本件販売契約における契約価格，すなわち「合理的な原価計算の基礎に立ち，X社とS社間で協議の上決定した価格」は，各半期における期末決定価格又は期中決定価格であると認められる。

　これと異なり，本件販売契約において合意された契約価格を当初取引価格と認めた上，その後に債権放棄又は取引価格変更合意があったと認めるべきとする税務署長の主張は，真実の法律関係から離れて法律関係を構成するものであり，採用することができない。

4 本件事実認定で重視された証拠

当事者が意図した価格設定方法が，原告主張の通りであったことを税務訴訟における事実認定の場面で主張する際に，一番安全な手段は契約書において「合理的な原価計算の基礎に立ち」親会社と原告が「協議の上決定する」といった曖昧な形で定めるのではなく，計算式そのものをより具体的に記載することである。

また，売買契約の内容は契約書に表れているが，実際の対価決定方法がこれと全く異なるものであったことが相手方から立証されれば，これと異なる合意がなされているとの認定がなされることも裁判においてはあり得ることである。そこで，明確な対価決定方法の記載された契約書に加えて，実際にも契約書記載のとおりの価格決定が行われていたことを示す間接的な証拠を多数書面で残すことがリスク管理の意味で重要となる。たとえば，本件裁判では，事実認定において価格形成過程で当事者間において交わされた文書の題名や記載内容，会議の議事録の記載等が事実認定において引用されているが，このような日常的な業務の記載内容については，単発の書面に記載された内容と異なり作為が入りにくいこともあって，実際の裁判においては効果的なものである[41]。

おわりに

今までにも，土地の譲渡が売買か交換か争われた岩瀬事件[42]のように契約自由の原則が支配する私法関係で，納税者が自由な意思で選択した私法上の法形式を，課税庁がその取引行為の実体に着目して否認し，別の法形式に引き直して課税したことが否認された事案があった。

課税庁は本件取引行為を「通常の経済的取引として是認できる合理的理由

---

[41] 西中間浩「最新判例・係争中事件の要点解説」税経通信69巻6号211頁（2014）

[42] 岩瀬事件については，「4.土地の譲渡が売買か交換か争われた契約行為（岩瀬事件）」山口敬三郎『重要租税判例の解釈』42頁（同友館，2011）を参照されたい。

がないのに，既に本件販売契約に基づいて発生した債権を放棄」したと認定して寄附金課税を行った。

契約自由の原則に対して課税庁が租税法の解釈適用においてどこまで納税者の行為を否認できるのかというのが本件の争点であった。

これに対して，地裁は，「本件販売契約において合意されたとみるべき外壁の契約価格は，各半期における期末決定価格又は期中決定価格であるから，…本件売上げ値引き及び本件単価変更により，原告からS社に対し，経済的にみて贈与と同視し得る資産の譲渡又は利益の供与がされたとは認められない」として寄附金課税を取り消した。

本件は地裁での事実認定の重要性を再認識する判決であったのではないだろうか。

平成23年12月の国税通則法の改正によって，すべての更正処分等に対して理由付記が義務付けられることになった。これにより，租税行政庁における「課税要件の認定，充足」の判断には，より厳格さが求められている[43]。

【参考文献】
・岸田貞夫「税務における要件事実論の考え方と今後の課題」税理59巻6号2頁（2016）
・伊藤滋夫・岩崎政明編『租税法における要件事実論の展開』青林書院（2016）
・伊藤滋夫編『租税法の要件事実』日本評論社（2011）
・竹下重人「課税要件事実の認定の構造」シュトイエル200号153頁（1978）
・中川一郎「課税要件と事実認定」税法学276号1頁（1973）
・植松守雄「税法の解釈適用と事実認定」税経通信33巻6号47頁（1978）

---

[43] 右山昌一郎『改訂版 新設された税務調査手続のすべてと税理士の権利』100頁（大蔵財務協会，2013）
田添正寿「親子会社間取引において売上値引き等による売上の減額が法人税法37条に規定する寄附金に該当しないとされた事例」税務事例47巻5号16頁（2015）

・中井稔「税務訴訟における事実認定と特別の事情」税務事例43巻10号1頁
　（2011）
・管野浅雄「租税法と契約解釈」租税訴訟9，289頁（2016）
・管野浅雄「租税法と契約解釈」租税訴訟10，37頁（2017）

（第一審　東京地裁平成26年1月24日判決　Z264—12394）

措置法61条の４（交際費等の損金不算入）の適用に歯止め

—福岡地裁平成29年４月25日判決—

山本　洋一郎

弁護士・税理士

Ⅰ　はじめに

　本来，福利厚生費・給与費等に属し損金算入されるべきものであっても，資本金が１億円超の会社の場合は，租税特別措置法（以下，「措置法」と略す。）61条の４に定める「交際費等」に該当するとして課税したり修正申告を勧奨したりする実務例がこれまで続いてきた。

このたび，従業員参加型の慰安行事について「交際費等」に該当するとした課税処分の取消し判決（以下「本件判決」という。）を得て，従前の流れに歯止めをかけることができた[1]ので，その判旨を紹介し，従前の学説・判例を整理し，今後の同判決の射程距離等を述べることとする。なお，同判決は一審で確定した。

---

[1]　福岡地方裁判所平成29年４月25日判決［未公刊・裁判所ウェブサイト未掲載，TAINS-Z888-2083］

Ⅱ　法令の定め

ア　措置法61条の4第1項（平成24年改正前）は，法人税法の特例として，法人が平成18年4月1日から平成24年3月31日までの間に開始する各事業年度において支出する交際費等の額は，当該事業年度の所得の金額の計算上，損金の額に算入しないと規定する。

イ　そして，措置法61条の4第3項（現行第4項）は，同条の4第1項に規定する「交際費等」について，「交際費，接待費，機密費その他の費用で，法人が，その得意先，仕入先その他事業に関係のある者等に対する接待，供応，慰安，贈答その他これらに類する行為…のために支出するもの（次に掲げる費用のいずれかに該当するものを除く。）をいう。」と規定し（柱書），「専ら従業員の慰安のために行われる運動会，演芸会，旅行等のために通常要する費用」（同項1号）等を掲記している。

Ⅲ　本件課税

1　ふたつの費用の損金不算入課税

本件は，原告が，平成20年3月期ないし平成24年3月期の法人税に関して，

①　従業員等に対する「感謝の集い」と名付けられた行事（以下，「感謝の集い行事」という。）に係る費用の一部（損金不算入額5期合計約1億円）

②　及び原告の工場内の下請企業の従業員に対して支給した「表彰金」と名付けられた金員（以下，「表彰金」という。）に係る費用（損金不算入額5期合計約3億6000万円）

を損金の額に算入して確定申告したところ，処分行政庁が，上記①②の各費用（合計約4億6000万円）につき，いずれも措置法（平成24年法律第16号による改正前のもの。）61条の4第3項（現行第4項）に規定する「交際費

措置法61条の4（交際費等の損金不算入）の適用に歯止め　261

等」に当たり，損金の額に算入することはできないとの判断に基づき，本件各事業年度の法人税の各更正処分（再更正処分，再々更正処分を含む。）及び過少申告加算税の賦課決定処分を行ったことから，原告が本件各更正処分等の取消しを求めた事案である。

2 「表彰金」課税の訴訟中の取消し

筆者が原告訴訟代理人となって，上記①②の各費用について争ったところ，そのうち②の「表彰金」に係る部分の更正処分については，原告の訴状・第１準備書面が出た段階で，早々と，原処分庁が訴訟外の職権により，当該更正処分の全部を取り消す減額更正処分をしてきた。しかも，減額更正の理由は原告の主張した理由をそっくり是認したものであった。この部分は（原告も訴訟の一部取下げをしたため）判決に至らなかった。

以下，①の「感謝の集い」に係る費用課税に対する判決（以下「本件判決」という）について論述する。

3 なお，本件訴訟は，ほかに，主位的請求の訴えとして，申告書にもともと過大に所得額を計上した誤りがあったのでその部分の取消も求めたが，この点は，取消を認めない判例が確定している[2]ため，原告は，この点が却下されることを覚悟のうえで，本件「感謝の集い」費用を否認した課税処分の取消請求を予備的請求としたものである。

Ⅳ 事案の概要

① 原告は資本金６億円の企業で，措置法61条の４の交際費等の損金不算入会社に該当する。原告の年商は500億円を越え，従業員数は1000人を

---

[2] 松江地判平成13年10月24日税務訴訟資料251号順号9010，その控訴審広島高裁松江支部平成15年5月30日税務訴訟資料253号順号9358，その上告審最判第三小法廷平成17年3月1日税務訴訟資料255号順号9946ほか。

262 第2部 事例研究 法人税5

超えており，グループ企業全体では，年商1000億円を超え，従業員数約3000人である。

② 行事の概要は次のとおり（判決文より要旨）。

a その目的は，専ら従業員の慰安，勤労意欲の向上等のためのもの。

b その参加者は，従業員約1200名全員に参加を呼びかけ，その参加率は約71ないし75％。従業員以外では原告役員，工場内専属下請負企業の従業員であって，取引先等の第三者は含まれていない。

c その開催場所は，リゾートホテルの宴会場。

d その内容は，コース料理等の飲食及びプロの歌手・演奏家による歌・演奏の鑑賞。

e その開催の時期・回数等は，毎年3月に年1回開催。日帰り。

f その1人当たりの費用は2万数千円。

V 本件の争点と判決の結論

1 本件の争点（判決文より）

(1) 従業員全員を対象として慰安目的で支出される費用は，福利厚生費として，措置法61条の4第1項の「交際費等」には該当しないといえるか。

(2) 本件「感謝の集い」行事に係る費用は，仮に，同条第1項の「交際費等」に該当するとしても，同条の4第3項（現行第4項）の「通常要する費用」に該当するといえるか。

2 本件判決の結論（判決文より）

上記1の争点のうち，(1)の「交際費等」に該当しないとの主張を採用するのは困難であるが，上記1の争点のうち，(2)の「通常要する費用」に該当するとし，原告勝訴とした。

Ⅵ　当事者の主張（判決文より。以下，アンダーラインは筆者加筆）

1　被告の主張

ア　本件行事に係る費用は，いずれも「交際費等」に該当すること

　本件行事は，原告及び協力会社等の全従業員を対象としており，これらの従業員は，措置法61条の4第3項の「その得意先，仕入先その他事業に関係のある者等」に該当することから，「交際費等」に該当する支出の相手方となる。また，本件行事は，参加者の慰安を目的として飲食の提供及びコンサート鑑賞を行ったものである。

　したがって，本件行事に係る支出は，措置法61条の4第3項柱書の「交際費等」に該当する要件を満たしている。

イ　本件行事に係る費用は，措置法61条の3項1号の「通常要する費用」の範囲を超えていること

　措置法61条の4第3項並びに措置法通達61の4(1)－10及び同(1)18によれば，会社の従業員等の慰安行事に係る費用は，「通常要する費用」の範囲内である限り，福利厚生費として「交際費等」から除外されるところ，当該費用が「通常要する費用」の範囲内であるか否かについては，当該行事が，法人が費用を負担して行う福利厚生事業として社会通念上一般的に行われていると認められるものであることを要し，その判断に当たっては，行事の規模，開催場所，参加者の構成及び一人当たりの費用額，飲食の内容等を総合して判断すべきである。

　本件行事については，本件行事の開催場所が宮崎市内の著名なホテルの大宴会場であり，一人当たり1万2000円の午餐の他にアルコール等の飲物が提供されて，著名な歌手やピアノ演奏家等による歌謡・演奏のコンサートが催されるなど大きな規模で行われたものであり，支出総額は，おおよそ2100万円ないし2700万円と高額であって，参加者の一人当たりの費用としてもおお

264　第2部　事例研究　法人税5

よそ2万2000円ないし2万8000円に上る。そして,この金額が,平日の昼の時間帯に,開演から終了まで4時間ないし4時間50分という比較的短い時間で行われた慰安行事に費やされた額としては極めて高額であることは明らかである。したがって,本件行事は,法人が費用を負担して行う福利厚生事業として社会一般的に行われていると認められる行事の程度を著しく超えているといわざるを得ない。

　上記によれば,本件行事に係る費用については,「交際費等」から除かれる福利厚生費（除外費用）には該当せず,「交際費等」に該当するというべきである。

2　原告の主張

　ア　まず,措置法61条の4第3項及び措置法通達61の4(1)-1によれば,全従業員を対象として慰安目的の行事に係る費用は,福利厚生費に該当し,「通常要する費用」であるか否かを問わず,そもそも「交際費等」には該当しない。すなわち,措置法61条の4第3項は,「交際費等」の支出の相手方につき「その得意先,仕入先その他事業に関係ある者等」と規定しているところ,この文言から一般的に理解されるのは取引相手であるから,従業員に対する支出は福利厚生費であって,「交際費等」には該当しないものの,特定の一部の従業員を対象とする場合には,法人の冗費が増大し,損金不算入制度の趣旨に反するから,福利厚生費ということはできず,例外的に「交際費等」に該当するものと解すべきである。

　本件行事は,原告及び協力会社等の全従業員に受益の機会が保障されたものであって,特定の一部の従業員を対象とするものではない。したがって,本件行事に係る費用（本件各福利厚生費を含む。）は,福利厚生費に当たり,「交際費等」には含まれないというべきである。

　イ　仮に,被告主張のとおり,福利厚生費について,「通常要する費用」を超える場合には,「交際費等」に含まれると解されるとしても,本件各福利厚生費は,「通常要する費用」の範囲内であると認められる。

措置法61条の4（交際費等の損金不算入）の適用に歯止め　　265

すなわち，福利厚生費が「通常要する費用」の範囲内であるか否かについては，実際の支出に即して，その目的達成との関係において通常要する費用かどうかという観点から，行事の規模，開催の場所，参加者の構成，飲食等の内容，一人当たりの費用額，会社の規模を判断要素として，判断すべきであって，実際の支出の目的達成とは無関係に，抽象的一般的に判断すべきではない。

本件行事については，本件行事の目的が全従業員に対して感謝の意を表するとともに，労働意欲の向上を図ることなどにあって，1000人を超える従業員全員を一堂に集める必要があること，工場での操業を2日以上停止させることはできないことなどに照らせば，上記判断要素のどの点についても「通常要する費用」の範囲に含まれるというべきである。

したがって，本件各福利厚生費は除外費用に該当し，措置法61条の4第3項の「交際費等」には該当しないというべきである。

3　原告の主張の補足（原告準備書面より）

前記2の「原告の主張」は，判決文で「原告の主張」として判示された部分であるが，原告は，その準備書面でより詳細な主張を展開しているので，以下，その判決文以外の準備書面の要旨を引用する。

(1)　本件の争点(1)「交際費等」に該当するか，の補足

措置法61条の4の「交際費等」に該当するのは，「支出の相手方要件」「支出の行為態様要件」「支出の目的要件」の三要件を満たす必要があると解されている。ところが前記被告の主張は，この三要件をバラバラに解釈し，かつ，「支出の相手方要件」「支出の行為態様要件」に該当すれば当然に「支出の目的要件」にも該当することになるかのように主張する点で誤りである。

この第3項の規定から一般国民が理解するのは，従業員との間で「交際費，接待費，機密費その他の費用」の支出をすることは，原則としてあり得ないことである。

(2) **本件の争点(2)「通常要する費用」に該当するか，の補足**

ア 「通常要する費用」の主張・立証責任は課税庁にある。したがって，課税庁側で，金額に限らず，どの点で何が「通常要する範囲」を超えているというのか，立証すべきであるのに立証できていない。

イ 肝心要の「行事の目的」が判断基準，判断要素から欠落している。

前記措置法61条の4第3項の1号の除外規定は，その文理上，「従業員の慰労を専らの目的」としている。「福利厚生費の目的」は，「従業員の教養を高め心身を豊かにさせ，生活労働環境を改善し労働意欲を向上させ，明日への活力を養成するため」のものである。よって，「通常要する費用」かどうかの判断基準として，この「行事の目的」との関係を論ずるべきである。

この目的達成との関係とは無関係に，単に社会通念上一般的に豪華かどうか等を判断基準とするのは，前記措置法61条の4第3項1号の文理に反し，交際費等の目的に反する誤りを犯すものである。

被告の主張は，前記(1)イ記載のとおり「行事の規模，開催場所，参加者の構成及び一人当たりの費用額，飲食の内容等」とあるだけで，肝心要の「行事の目的」が，判断基準からも判断要素からも抜け落ちている。

Ⅶ 判決理由の詳細 (判決文より。アンダーラインは筆者加筆)

(1) 措置法61条の4第3項の意義等

ア 措置法61条の4第1項は，法人が支出する「交際費等」の額は，当該事業年度の所得の金額の計算上，損金の額に算入しない旨を定め，同条の4第3項は，第1項に規定する「交際費等」とは，「交際費，接待費，機密費その他の費用で，法人が，その得意先，仕入先その他事業に関係する者等に対する接待，供応，慰安，贈答その他これらに類する行為…のために支出するもの」(「専ら従業員の慰安のために行われる運動会，演芸会，旅行等のために通常要する費用」等を除く。) をいうと定めている。

このような「交際費等」の損金不算入制度の趣旨は，本来の必要経費の範

措置法61条の4 (交際費等の損金不算入) の適用に歯止め 267

囲を超えた冗費，濫費を生ずる弊害を防止し，資本充実，蓄積等の促進を図るとともに，交際費等を徒に支出するならば，公正な取引を阻害し，公正な価格形成を歪めることにもなるため，これを防止する趣旨であると解される。

イ　ところで，措置法61条の4第3項が，「専ら従業員の慰安のために行われる運動会，演芸会，旅行等のために通常要する費用」について，損金不算入の取扱いを受ける「交際費等」から除外したのは（同項かっこ書，1号），従業員も「事業に関係のある者等」に含まれ，交際費の支出の相手方となるものの，専ら従業員の慰労のために行われる諸活動のために「通常要する費用」は，従業員の福利厚生費として法人が負担するのが相当であり，その全額につき損金算入を認めても法人の冗費・濫費抑制等の目的に反しないからであると解される。したがって，専ら従業員の慰安のために行われる行事に係る費用について，当該行事が，法人が費用を負担して行う福利厚生事業として社会通念上一般的に行われている範囲を超えており，当該行事に係る費用が社会通念上福利厚生費として認められる程度を超えている場合には，交際費等に当たり，損金算入が否定されることになると解するのが相当である。

そして，当該行事が福利厚生事業として社会通念上一般的に行われる範囲を超え，当該行事に係る費用が社会通念上福利厚生費として認められる程度を超えているか否かについては，交際費等の損金不算入制度の趣旨及び目的に鑑み，当該法人の規模や事業状況等を踏まえたうえで，当該行事の目的，参加者の構成（すなわち，従業員の全員参加を予定したものか否か），開催頻度，規模及び内容，効果，参加者一人当たりの費用額等を総合して判断するのが相当である。

ウ　なお，原告は，従業員全員を対象として慰安目的の行事に係る費用は，福利厚生費に該当し，費用の多寡にかかわらず，「交際費等」に該当しない旨主張するが，措置法61条の4第3項柱書及び同項1号の文言によれば，「専ら従業員の慰安のために行われる運動会，演芸会，旅行等のため」の費用であっても，上記イによる「通常要する費用」を超える場合には，除外費

用に当たらないものと解される。そして，法人の冗費・濫費抑制等の目的に照らせば，全従業員を対象とする慰安目的の行事であったとしても，当該行事に係る費用が「通常要する費用」を超える場合には損金算入を認めるのは相当ではないというべきである。したがって，従業員の慰安行事に係る費用については，対象が従業員の全員であるか，一部であるかを問わず，当該費用が「通常要する費用」を超える場合には「交際費等」に該当するというべきであり，原告の上記主張を採用するのは困難である。

(2) 「感謝の集い」行事に係る費用について

ア　本件行事は，原告及び協力会社等の従業員全員を対象とし，原告代表者が従業員に対する感謝の意を表し，従業員の労働意欲を向上させるために，他の従業員との歓談や交流の機会，コース料理及びコンサート鑑賞の機会を提供するものである（前提事実(2)ア，認定事実(1)。）

したがって，本件行事は「専ら従業員の慰安のために行われる」ものといえる。そして，本件行事の日程（同(3)），特に，従業員の移動時間（同(3)イ）及び本件ホテル行事の会場の性質（従業員が普段訪れることのない大型リゾートホテルの宴会場であること（同(2)イ，同(5)イ(イ)）並びに本件ホテル行事の内容（全従業員同士が集まる唯一の機会であり，従業員が普段味わう機会のないコース料理やライブコンサートの鑑賞を内容とするものであること（同(4)，同(5)イ(ア)及び(イ)）に照らせば，本件行事は，従業員にとってある程度の非日常性を有する場所への移動の要素を含むとともに，また，全従業員が一堂に会し，特別のコース料理を共に味わい，ライブコンサートを楽しむという非日常的な内容を含むものであって，従業員全員を対象とする「日帰り慰安旅行」であったといえる（同(3)イ）。

そこで，前記(1)イの検討結果に照らして，本件行事について，法人が費用を負担して行う福利厚生事業として社会通念上一般的に行われている範囲を超え，本件行事に係る費用が社会通念上福利厚生費として認められる程度を超えるものであるか否かについて検討する。

イ　まず，本件行事の目的は，原告が原告代表者のリーダーシップの下，

措置法61条の4（交際費等の損金不算入）の適用に歯止め　　269

生産及び販売体制の整備によって債務超過による倒産の危険を乗り越え，グループ会社を含めて黒字経営となったという経営再建の歴史的経緯を踏まえて，原告代表者が，その原動力となった従業員に感謝の気持ちを伝えて労苦に報いるとともに，従業員の労働意欲を更に向上させ，従業員同士の一体感や会社に対する忠誠心を醸成することにあった（認定事実(1)ア，イ，同(5)ア）。そして，このように従業員の一体感や会社に対する忠誠心を醸成して，更なる労働意欲の向上を図るためには，従業員全員において非日常的な体験を共有してもらうことが有効，必要であると考えられる。

この点，一般に従業員の慰安目的の福利厚生事業においては，慰安目的を達成するために，従業員に対し，感動や感銘をもたらすような非日常的な要素が含まれているのが通常であって，非日常的な体験としては，例えば，従業員が普段訪れることのない県外や国外への旅行（認定事実(6)ア），普段味わう機会のない食事や生の音楽鑑賞等が考えられる。（例えば，過去の裁判例（甲43）においても，従業員の慰安旅行について，外国旅行は，「慣れた国内の旅行に比してレクレーション，慰安としての効果も大きく，労働者の勤労意欲を高めるのにも有効」であるとされており，慰安行事における非日常的要素の重要性が指摘されている。）。本件調査の際，旅行会社からも，慰安旅行において従業員に対して「目玉として食事内容をグレードアップ」し，「日頃口に出来ない食材を提供」することの意義等が指摘されているところであって（同(6)イ），このような旅行会社の指摘内容（同(6)イ）等に照らせば，旅行先それ自体に非日常性が乏しい場合（例えば，旅行先が勤務先事業所の所在する県内である場合等）には，慰安旅行の形態を採るとしても，従業員の慰安目的を達成するために，旅行先において従業員に提供される料理や食事の場所及び娯楽等の質ないし等級を上げるという形態を選択することも，社会通念上一般的に行われていることであるものと認められる。

ウ　ところで，原告の事業状況（前提事実(1)イ，認定事実(3)ア）や従業員の女性比率の高さ等（同(3)ア）に照らせば，原告の事業に支障を来すことなく，可能な限り全員参加が可能な慰安旅行の日程を考えると，原告において

は，宿泊を伴う旅行は現実的ではなく，日帰り旅行にせざる得ない状況にあったといえる。もっとも，原告関連の事業所が九州各地（長崎県及び沖縄県を除く。）に点在することから，従業員の移動時間等を考慮すれば，日帰りの旅行先としては，宮崎県又はその近隣とせざるを得ないところ（同(6)ア），これらの地域は従業員にとっては普段訪れることのない場所とはいえず，非日常性に乏しく，同県内又はその近隣の観光地を回るという形態での日帰り旅行では，慰安目的を十分に達成するのは困難であって，多くの参加者を確保することも困難であったものと考えられる。そうすると，原告においては，福利厚生事業として慰安目的の達成可能な，意味のある行事としては，従業員の移動の負担を可能な限り軽減するとともに，行事の内容として，特別な食事や質の高い娯楽を等級の高い場所で提供するという点において非日常的要素を盛り込むという形態以外には企画が困難であったと考えられる（同(6)ア）。

エ　そして，まず，本件行事の開催場所については，本件行事の目的（認定事実(1)イ，同(2)ア）から，原告の従業員全員（1000人程）が一堂に会することが必要であったといえ，同程度の人員を収容できる会場であって，原告の本社に近い会場としては，本件ホテル（大型リゾートホテル）のコンベンションセンターのみであったことから（同(2)ア，イ），本件行事の開催場所を本件ホテルとしたことは，やむを得ないことであったものと認められる。

オ　次に，本件行事の内容についてみるに，上記イ及びウの検討結果に加えて，本件行事の目的，開催頻度，会場の性質，従業員の女性比率の高さ，日程の制約等に加えて，本件行事に参加するための従業員の移動時間は往復3時間ないし6時間に及ぶこと（認定事実(3)イ）などを考慮すれば，本件行事の内容として，県外へ旅行等に代わる非日常的要素として，大型リゾートホテルにおける特別のコース料理やプロの歌手や演奏家によるライブコンサート鑑賞を含めることには，必要性，相当性があったものと認められ，原告のような事業規模を有する優良企業が年に1回の頻度で行う福利厚生事業として社会通念上一般的に行われている範囲を超えるものであると認めるのは

措置法61条の4（交際費等の損金不算入）の適用に歯止め　　271

困難である。

　カ　さらに，本件行事に係る参加者一人当たりの費用は2万1972円ないし2万8726円であるところ，上記エ及びオのとおり，本件行事の会場及び内容等とともに，本件行事は，年1回，従業員の移動時間を含めると約8時間から約11時間を掛けて行われる行事であること（認定事実(3)イ）に照らせば，通常要する費用額を超えるものとは認め難い。そして，上記アのとおり，本件行事は，「日帰り慰安旅行」というべきものであるところ，仮に，旅行先の非日常性を主たる慰安要素として日帰り慰安旅行を企画するとすれば，（原告関連の事業所が設置されていない）長崎への慰安旅行が考えられ（もっとも，上記事情から非現実的であって，本件調査においても，1泊2日旅として検討されていた（同(6)ア(イ)）。）の「日帰り慰安旅行」に係る一人当たりの費用は2万6000円程度となると認められるのであって（同(6)ア(イ)），この費用額と比較すれば，本件行事に係る一人当たりの費用は，「日帰り慰安旅行」に係る費用として通常要する程度であるというべきである。

　キ　実際に，本件行事への従業員の参加率は，本件各事業年度とも70％を超えており（前提事実(2)イ），原告の業績の推移（認定事実(1)ウ）及び本件行事に対する従業員の受け止め方等（同(5)）によれば，本件行事は，従業員の更なる労働意欲の向上，一体感や忠誠心の醸成等の目的を十分に達成しており，その成果が原告の業績にも反映されているものと認められる。

　ク　上記アないしキの検討結果によれば，本件行事について，福利厚生事業（慰安行事）として社会通念上一般的に行われている範囲を超えており，当該行事に係る費用が社会通念上福利厚生費として認められる程度を超えているものと認めることは困難であるというべきである。

　なお，被告は，①「酒食等の提供を主としてなされる慰安旅行」と②「移動や宿泊等を伴う旅行を主としてなされる慰安行事」とは，その一般的に必要となる一人当たりの支出費用が異なるのであり，酒食等が旅行等より安価だからといって当然に当該支出が福利厚生費（通常要する費用）に該当するということはできない旨主張する。

しかしながら，上記アのとおり，本件行事は，上記②の要素をも含むものであって，「日帰りの慰安旅行」であると認められる。そして，上記イのとおり，上記①及び②の各要素は，いずれも従業員の慰安行事において慰安目的達成のために必要な非日常的要素であって，上記各要素は互いに排他的なものではなく，当該法人の規模や事業状況等によって，両要素を含む慰安行事も一般的に行われていると考えられる。

上記によれば，本件行事に係る費用について，「日帰り慰安旅行」に係る費用額との比較を行うことも十分な合理性を有するというべきであり，上記カのとおり，本件行事に係る費用は，「日帰り慰安旅行」に係る費用額と比較すれば，通常要する程度であるといえる。したがって，被告の上記主張を採用することは困難である。

ケ　上記クのとおりであるから，本件行事に係る費用（本件各福利厚生費を含む。）は，措置法61条の4第3項の「交際費等」に該当するとは認め難いというべきである。

(3)　前記(2)のとおりであるから，本件各福利厚生費は，措置法61条の4第1項の「交際費等」に該当するということは困難である。

Ⅷ　評　釈

以下，「1　従前の判例の動向」「2　従前の学説の動向」については，本件訴訟の原告準備書面において学術的分析を展開してきたので，その準備書面から引用することとする。

1　従前の判例の動向

(1)　交際費の二要件説・三要件説判決の分析

①　措置法61条の4の「交際費等」の意義については，従前の判例は，旧二要件説，新二要件説，三要件説[3]と解釈の変遷を経てきたが，三要件

---

(3)　東京高判平成15年9月9日（萬有製薬事件）・判例時報1834号28頁。

措置法61条の4（交際費等の損金不算入）の適用に歯止め　　273

説が妥当であると現在の通説も解している[4]。

② 本件の争点との関係

ア 「支出の目的」の要件の検討が不可欠であること

上記①の判決の変遷を見ると本件争点との関係で最も重要なことは，交際費等の要件について，いずれの判決も次の2点を挙げていることである。

・第1点 その「支出の目的」の要件を不可欠の要件としている点

・第2点 その「支出の目的」の内容を「接待等の行為により事業関係者等との間の親睦の度を密にして取引関係の円滑な進行を図るためのものであること」と定義している点

この2つの点，少なくとも第1の点，から明らかなことは，交際費等の意義として，「支出の相手方」の面から，「事業に関係のある者等」の概念に従業員が含まれるかどうかを論じる際に，単にその要件のみを分断して取り上げて論ずるのでは不充分で，「支出の目的」の面からの要件の検討も併せて論じなければならないということである。つまり，「支出の目的」の要件の検討を抜きにないし軽視して，「交際費等」の意義を論じることは誤りであるということである。

イ 被告の論旨が「支出目的」の検討を欠いていること

被告の主張には，「支出の目的」の面から見た福利厚生費と接待交際費との区別・検討が，スッポリ抜け落ちている。

(2) 最高裁判決の分析

① 最高裁昭和60年9月27日判決[5]は，上告審であることから，上告人が主に憲法30条・84条違反を主張したのに対し，単に「所論の点に関する原審の判断は，正当として是認することができ，原判決に所論の違法はない」等として，上告を棄却したものであって，上告理由書の個別の主

---

[4] 増田英敏著「税法上の交際費等の意義とその判断要件」『税務事例』36巻2号1頁（2004年）。

[5] 最判昭和60年9月27日・税務訴訟資料146号760頁
（一審：東京地判昭和56年4月15日・税務訴訟資料117号4頁，二審：東京高判昭和57年7月28日・訟務月報29巻2号300頁）。

張に立ち入ってその当否まで判示したものとなっていない。

しかも，その事案は，この最判のもととなった事実認定を行った一審判決[6]によれば，「いずれも，原告の社員等又はこれと原告代表者が夜間に飲酒若しくはこれを主体とする飲食をし，又は相当程度の酒を伴う比較的高価な食事をするのに要した代金である。いずれの飲食も従業員全体で行われたものではなく，その都度一部の者が集まってしたものであり，しかも，特定の者に偏っている。これに飲食の頻度（月数回から数十回—筆者加筆）や…飲食した場所（スナック，バー，すし屋，料亭等—筆者加筆）等を総合して考えれば，右飲食が，従業員全体の福利厚生のために行われる…従業員の慰安のため相当なものとして通常一般的とされる範囲内の行為であったと認めることができない」という事案であったから，上告審判決が上告人の個別の主張に立ち入ってその当否まで判示する必要がなかったものである。

②　なお，最判平成6年2月8日[7]も，上記最判昭和60年9月27日同様の判示しかしていない。

しかも，その事案は，この最判のもととなった事実認定を行った一審判決・二審判決によれば，「本件支出は，…その支払の相手先も支払額も多様であり同一基準によって支出されているということはできないから，やはり福利厚生費に当たるということはできない。」「いずれも，従業員の全員を参加の対象とせず，一部の従業員のみを参加対象（参加人員は最大で20名，最小で2名，大部分は7名以下の少人数である）として，居酒屋，中華料理店，焼肉屋，寿司屋，割烹店等で行われ…，回数も平成元年3月から同年12月までの間に53回という多数に及んでいるものであり，…法において負担するのを相当とするような従業員全体の福利厚生のための支出とみることは到底できない」という事案である。

---

(6)　東京地判昭和56年4月15日・税務訴訟資料117号4頁。

(7)　最判平成6年2月8日・税務訴訟資料200号562頁
　　　（一審：神戸地判平成4年11月25日・判例タイムズ815号184頁，二審：大阪高判平成5年8月5日・税務訴訟資料198号476頁）。

措置法61条の4（交際費等の損金不算入）の適用に歯止め　　275

③　以上のとおり，「全従業員が参加し，その経済的受益・サービスの内容も均等である場合」については，未だ最高裁判所の判決は出ていないのである。（かえって，その一審二審の事実認定が「一部の者が多数回にわたって…」の場合と判示していることからすると，上記最判は，いずれも「従業員全員参加型で年1回…」の場合には「交際費等」に当たらないと示唆しているとも言える。）

(3)　各下級審判例の分析

①　「全従業員が参加し，その経済的受益・サービスの内容も均等である場合」に関すると思われる判決は，東京地判昭和57年8月31日[8]，京都地判平成11年9月10日[9]，東京地判平成21年2月5日[10]のみであり，いずれも，地裁判決にとどまっている。

②　しかも，上記東京地判昭和57年8月31日は，創立30周年記念として，社内の専属下請け業者の従業員ではなく，社外の下請負会社の代表60名が招待をされた事案である。

上記京都地判平成11年9月10日も，創立10周年記念祝賀会として，取引先の106名が招待され，原告の従業員はわずか52名で，全従業員の33％という事案である。

したがって，これら2つの判決は，そもそも上記「全従業員が参加し，その経済的受益・サービスの内容も均等である場合」に該当していないのであるから，福利厚生費に該当せず，本件の参考にならない。

③　残る上記東京地判平成21年2月5日は，一人当たりの費用が5万3511円であった事案であり，この点だけから見ても，本件事案（一人当たりの費用が2万数千円）の参考とはならない。

---

[8]　東京地判昭和57年8月31日・行裁例集33巻8号1771頁。
[9]　京都地判平成11年9月10日・税務訴訟資料244号631頁。
[10]　東京地判平成21年2月5日・税務訴訟資料259号25順号11138。

2 従前の学説の動向

(1) 松澤智元判事の学説

本件の争点を争点と意識して採り上げた学説はほとんどなく，結果的に従前の課税実務を容認する学説しかなかった。その中にあって，ほぼ唯一というべき学説が，松澤智元東京地裁行政専門部判事・元日本大学教授の『新版租税実体法』[11]の論述である。以下，若干長くなるがその要旨を紹介して後世に残しておく（アンダーライン箇所は，筆者加筆。）。

「租税特別措置法規定の交際費等に該当するのは，支払の相手方が従業員の全部の場合ではなく特定の一部の場合に限られると解釈すべきである」としたうえで[12]，「交際費と福利厚生費との相違」について詳細に論述している[13]。

その根拠は，要約すると次のとおりである。

① 同規定の立法趣旨が，会社制度の存在目的（企業で獲得された利益は，株主，社会，全従業員という三者に還元すべきであること）に照らし，企業に従事する全従業員の福利厚生のための支出であれば，本来，その支出を抑制する必要はない。わが国における国民の福祉の向上という福祉国家の目的のためにも，法人たる企業は，その福祉国家を理念とする国によって制定された法によって設立を認められた法人制度であるから，全従業員の福利厚生の充実に意を用いるべきである。そうだとすれば，全従業員の福利厚生の目的に対しその支出に制限を加えるべきではない。それは，あたかも企業が従業員に対し給料を支給するのに，過大な支給は不必要であるとして他が介入して制限することはないというのと同視すべきである[14]。

交際費の抑制の立法趣旨は，濫費の抑制にしかなく，いわゆる社用族など一部の特定の従業員についての支出に限ることで充分である。

---

(11) 松澤智著『新版租税実体法』平成6年11月15日版中央経済社刊
(12) 松澤，前掲注(3)327〜331頁。
(13) 松澤，前掲注(3)331〜336頁。
(14) 松澤，前掲注(3)332頁，333頁。

②　租税特別措置法3項柱書きの「交際費等」となるための要件として，「交際費，接待費，機密費その他の費用」（支出の目的），「得意先，仕入先を他の事業に関係のある者等に対し」（支出の相手先），「接待，供応，慰安贈答その他これに類する行為」（行為の態様）の三要件を想定している。したがって，交際費等となるためには，支出の目的，支出の相手先，行為の態様の要件を具備したものとして，「交際費等」の意義を考えねばならぬ。そうだとすると，交際費等の概念について，「支出の相手先」として，取引先等だけでなく，従業員に対するものも含まれるとしても，「事業に関係のある」というしばりが係り，「接待等その他これに類する行為」というしばりが係るものに限られるのであるから，およそこれらのしばりに関係のない全従業員は含まれないと解釈すべきである[15]。

③　これに対し全従業員も交際費等の相手方に入るという見解の根拠のひとつとして，同法61条の4第3項のかっこ書き（当時）に「もっぱら従業員の慰安のために行われる運動会，演芸会，旅行のために通常要する費用を除く」と規定していること（その後の改正で，第3項の柱書きに（次に掲げる費用のいずれかに該当するものを除く）との定めを置き，その第1号に同文の定めを置く仕組みに改正された。…このかっこ内は筆者加筆）から，「通常要する費用」の程度を超えるものはすべて交際費等に入ると説く。

しかし，この見解は妥当ではない。このかっこ書きの文言は「その他政令で定める費用」との定め（当時）と併列的な次元で考えるものであって，特にここで明記したのは，<u>これらの費用が本来交際費等に該当するのであるがこれを除外するというような解釈をすべきではなく，広告宣伝を内容としたり，福利厚生を内容としたり，会議又は雑誌等の編集費，取材費というものが直接事業に関連を要する費用であって，ただその支出形態が交際費等の支出に類似しているということから，誤解を避けるために注意的に除外した確認規定にすぎないものと解すべき</u>である[16]。

---

[15]　松澤，前掲注(3)322頁，323頁，327頁。

④　そもそも，全従業員を対象に支出されるものは，給与か福利厚生費に限られるものであって，全従業員に対しては「交際」とか「接待」とかの概念が入る余地は社会通念上全く存在しないといわねばならない。全従業員に対して「慰安」や「贈答」することは，福利厚生費の範ちゅうであって，交際費等の問題ではない。従来の考え方は，これを全く看過している。会社がその従業員と事業遂行上"交際"するということはあり得ないというべきである[17]。

⑤　要するに，福利厚生の目的で全従業員を対象に支給されたものであれば，金額の多寡を問わぬといわねばならぬ。従来の考えは，目的観念を取り違えて"慰安の目的"を交際の目的ととらえていたために，福利厚生費と交際費の区別を混同していたように思われる。一部特定の者（従業員…筆者加筆）のみを対象とした支出は，そこに他の従業員と差別した恩恵的行為がみられ，それは前述したように交際費である。福利厚生費はあくまでも全従業員を対象とするものに限るものである[18]。

⑥　なお，同法61条の４第３項の定義には，「その他事業に関係のある者等」と定めているにとどまり，「従業員」という文言は明示されておらず，措置法基本通達61の４(1)－22に「従業員も含む」とあるにすぎないので，一部の特定の従業員に限定することは文理解釈論としても可能である（この⑥は筆者加筆）。

(2)　三木義一教授の学説

三木義一青山学院大学教授（現　学長）が，本件のために意見書（私的鑑定意見書）[19]を書きおろして下さった。その要点は，そもそもの措置法の制定の経緯・趣旨から同法の解釈は厳格でなければならないと明示した点，先行する下級審判決を詳細に分析し批判した点，「交際費等」の争点のほかに

(16)　松澤，前掲注(3)329頁。
(17)　松澤，前掲注(3)330頁。
(18)　松澤，前掲注(3)335頁。
(19)　三木義一著「意見書―従業員に対する福利厚生費と交際費の関係について」平成27年8月19日。

「通常要する費用」の争点も取り上げた点等，原告の主張の基盤となった意見書であるので，以下，その要旨を紹介しておく。

①　租税特別措置法の解釈方法

まず何よりも，本件の交際費課税の要件が租税特別措置法に定められていることを，裁判官は正確に理解すべきである。なぜ，法人税法にではなく，租税特別措置法に規定されているのか，その理由を理解しておかねばならない。

交際費が，寄付金のように，そもそも事業上の経費性が希薄な支出であれば，その損金性を法人税法本法で制約することも可能であったかもしれない。しかし，交際費は，企業会計上当然の損金であり，実際に支出している以上，その損金性を否定することは本来できないものである。

ところが，昭和29年の，いわゆる「社用族」の氾濫による資本蓄積への影響を懸念した政府は交際費の損金性を「政策的」に制限せざるを得なくなり，そのために，租税特別措置として損金算入否認規定を設けたのである。

租税特別措置は，通常は課税されるものを例外的に非課税にする優遇措置が多いが，交際費特例は全く逆に，本来原則課税されないものを，例外的・政策的に課税し，納税者に著しい不利益を及ぼす特別措置である。したがって，最高裁が，非課税規定を優遇措置として「厳格解釈」しなければならないと強調するなら（例えば，「不動産の収得」の解釈についての最高裁昭和48年11月16日民集27巻10号1333頁第二小法廷判決など），不利益措置としての租税特別措置の解釈はより厳密な「超厳格解釈」でなければならないはずである。

この点，交際費に関する租税特別措置法の解釈についての従来の裁判例は，まったく非体系的な錯覚した議論を展開している。例えば，東京地裁平成21年2月5日判決[20]をみると，次のような記述で交際費に該当するとしている。

「従業員の慰安行事のため支出する費用は，本来は損金に算入されない交

---

[20]　東京地判平成21年2月5日・税務訴訟資料259号順号11138。

280　第2部　事例研究　法人税5

際費等に該当するものであることを前提としつつ，その費用が『通常要する費用』の範囲にある限りは，従業員の福利厚生費として法人が負担するのが相当であり，その全額につき損金算入を認めても法人の冗費を抑制するなどの目的に反しないからであると解される」

まず，「従業員の慰安旅行が本来は交際費等に該当する」というのは，一体，法人税法及び企業会計のどこから出てくるのだろうか。全く税法を誤解した説明と言わざるを得ない。従業員全体を対象にした慰安旅行は本来福利厚生費であり，それが法人税法の原則である。また，交際費は本来損金に算入されないものではない。政策的に，本来は損金算入が当然なものを規制したに過ぎない。その意味で，この判決のこの文章は全く法人税法の仕組みを理解していない記述と言わざるを得ない。

したがって，本来は福利厚生費であるが，ただ，福利厚生の名目で特定の従業員等に対してのみ飲食費が支出されているようなときには，通常の福利厚生費としての実態が疑わしい場合があり得る。そのような場合は，特定の従業員に対する給与や交際費に該当するとしないと不合理な場合があり得るが，それはあくまでも例外である。

② 「交際費等」の規定内容

本来損金なのに，政策的に損金算入が否定されている「交際費等」の規定内容を次に確認しておこう。租税特別措置法61条の4（平成26年法改正前の本件課税年度に係るもの）の規定によると，損金算入が否定されるのは，「交際費，接待費，機密費その他の費用」で，「得意先，仕入れ先その他事業に関係のある者等に対する」支出であり，その行為が「接待，供応，慰安，贈答その他これらに類する行為」という三要件を具備するものに限られている。

この規定から，一般的に理解されるのは，取引相手に対する支出が規制の対象であり，従業員は原則として対象にならない，ということである。

ただ，そうすると，いわゆる社用族による冗費節約が形骸化されることから，従業員でも会社の費用で飲食を重ねる特定の従業員は例外的に規制の対

象にしなければならないので，事業関係者等に含めて規制せざるを得ないことになる。つまり，交際費課税の対象になるのは，一部の従業員が企業より接待等の利益を受けた場合に限定されているのである。逆に，企業が全従業員に接待するというのは法人税法の仕組みからはあり得ないのである。それは基本的に福利厚生費か，それが異常に高い場合には給与になりうるか，に過ぎない。

　ただし，企業が一部の従業員に便益を与えた場合であっても，全従業員に与える便益等と変わりがないものもある。このような場合に，一部の従業員が受けたということだけで交際費課税をするのは，冗費節約という政策目的にも合致しないので，特別措置法は「従業員の慰安のために行われる運動会，演芸会，旅行等のために通常要する費用」であれば，あえて交際費課税の対象にしないことを明記したのである。

　つまり，特別措置法の規定が従業員に対する支出を含めるとしても，それは社用族としての実態のある一部従業員に対する支出を対象にしたのに過ぎないのであり，全従業員を対象とするものは本来含めていないのである。

　また，一部の従業員に対する支出である場合でも，福利厚生としての実態がある場合もあるのであり，そういう場合は「通常要する費用」の範囲内として除外されているのである。

　この点を実務，裁判例が全く誤解していることが，こうした誤った課税を引き起こしている。

　③　従業員参加型の慰安行事の従前の下級審判決の分析

　被告が依拠しているのは，交際費課税を安易に認定してきた従来の裁判例にすぎないし，前提がだいぶ異なる。

　ア　まず，東京地裁昭和56年4月15日判決[21]は特定の役員・従業員が支出した飲食代の事案であり，本件とは全く前提が異なる。

　イ　また，京都地裁平成11年9月10日判決[22]は，従業員よりも取引先の対

---

[21]　最判昭和60年9月27日（税務訴訟資料146号760頁）の一審。

282　第2部　事例研究　法人税5

象者が圧倒的に多く，しかも従業員の少数割合しか出席しなかった事例であり，これまた前提が異なる。

　全従業員を対象とした事案としては，東京地裁昭和57年8月31日判決[23]と東京地裁平成21年2月5日判決[24]があるが，この点は先行裁判例として検討しておこう。

　ウ　まず，上記東京地裁昭和57年8月31日判決は「本件祝賀会の参加者627名の中には，下請業者60名が含まれており，本件祝賀会がもっぱら従業員慰安のためであるとはいえない」ということを根拠にした判決である。法律用語としての「もっぱら」を100％と解していることになる。

　しかし，通常の法律解釈としては「専ら」は「主として」の意味で使われており，その割合は通常7割程度ということを前提にしてきていることは周知のとおりである。

　また，この判決の解釈は，全従業員を対象にした福利厚生でも通常の費用を超えている場合には，交際費になるという誤った前提に立っている。従業員への支出が交際費課税の対象になるのは，全従業員への支出ではなく，特定の従業員に対する支出の場合であり，その形態等が接待等であるため交際費等といわざるを得ない場合である。少なくとも，全従業員が対象となっているものは，それが慰安目的であり，合理性があれば，福利厚生費であり，万一，異常に高額である場合には，その差額は全従業員に対する給与と解されることになり，いずれにせよ，租税特別措置の交際費等の範囲外の問題である。

　エ　次に，上記東京地裁平成21年2月5日判決は，上記昭和57年8月21日判決を前提にしているためか，前述のように，従業員に対する福利厚生費の位置づけを逆さまに理解しており，次のような前提で解している。

　「従業員の慰安行事のため支出する費用は，本来は損金に算入されない交

---

[22]　京都地判平成11年9月10日・税務訴訟資料244号631頁。
[23]　東京地判昭和57年8月31日・行裁例集33巻8号1771頁。
[24]　東京地判平成21年2月5日・税務訴訟資料259号順号11138。

措置法61条の4（交際費等の損金不算入）の適用に歯止め　　283

際費等に該当するものであることを前提としつつ，その費用が『通常要する費用』の範囲にある限りは，従業員の福利厚生費として法人が負担するのが相当であり，その全額につき損金算入を認めても法人の冗費を抑制するなどの目的に反しないからであると解される。

したがって，専ら従業員の慰安のために行われる行事が，交際費等から除外されるためには，法人が費用を負担して行う福利厚生事業として社会通念上一般的に行われている範囲のものであると認められることが必要であり，通常一般的に行われる範囲内のものであるか否かは，当該行事が従業員の全員参加を予定したものかその一部のみを対象としたものか，開催の場所，慰安行事の内容，参加者1人当たりの費用等を総合して判断すべきである。

しかし，現行の法の仕組みからすれば全く逆であり，法人が全従業員に対し，慰安のために支出するものは原則として福利厚生費であり損金算入可能であるが，例外的に，異常に高額な場合は差額分が給与になることはあっても，本租税特別措置法の規定外である。他方，特定の従業員の慰安目的のためであるとすると，その支出に合理的理由がなかったり，異常に高額であった場合には，本租税特別措置法の規定により交際費に該当する場合があり得るだけである。したがって，東京地裁平成21年判決は，福利厚生費も原則損金不算入という誤った前提の下で司法が果たすべき検討を怠った判断に過ぎない。

④　「通常要する費用」の解釈・立証について

なお，100歩譲って被告の論理が成り立ち，全従業員を対象にした慰安のための支出が交際費になるとしても，通常の費用の範囲内は除かれねばならないのであるから，被告は通常の費用はいくらで，本件ではそれをどの程度超えているということを立証しなければならないはずであるが，被告は，ただ高いというだけで何ら根拠を示していないし何ら立証をしていない。

それだけではない。このような解釈適用は，冗費節約の趣旨を全く没却するものでもある。

例えば，企業が何周年記念に海外旅行を考えたが，円安で費用が高くなっ

たため，その金額より安く国内での宴会にして従業員に我慢してもらって費用を抑えても，宴会として通常より高ければ，交際費課税されるという，冗費節約の趣旨に真っ向から反する解釈適用をしているからである。課税庁自らが交際費課税の立法趣旨に真っ向から反する解釈適用をしていることを，司法はきちんと租税法律主義の観点から規制すべきである。

(3) 小関健三教授の裁決評釈

続いて本件訴訟係属中に，小関健三旭川大学教授・公認会計士・税理士が，本件のもととなった裁決に対する評釈として論文[25]を発表された。その論文から，「『通常要する費用』の判断基準を交際費の三要件のうちの『支出の目的』に求め，従業員の慰安行事の場合は，その従業員の慰安という目的の観点から，その目的に関する具体的諸要素を考慮すべき」とのヒントをいただくことができ，その後の原告の「通常要する費用」の解釈論の基盤となすことができたものであるが，紙面の都合で省略する。

Ⅸ　本件判決の意義と射程距離等

1　本件判決の意義

(1) 初の歯止め判決

従前の数多くの判決が「交際費等に該当し，かつ通常要する費用の範囲を超えているので，課税処分は正しい」とする動向のなかで，本件判決は，その範囲を超えていないとしてその動向に歯止めをかけた初めての判決と思われる点で意義がある。

(2) 「通常要する費用」の判断基準

その「通常要する費用」の判断基準を「支出の目的」に求め，本件のよう

---

[25]　小関健三著「従業員に対する慰安行事費用の交際費等除外要件」税務弘報2016年4月号151頁以下の租税法務学会（理事長増田英敏教授）『裁決事例研究』に収録。なお，その後，本判決に対する租税法律主義，要件事実，立証責任に論及した論文として「従業員の慰安行事費用が『交際費等』に当たらないとされた事例（平成29年4月25日福岡地裁判決）」を『税務弘報』2017年10月号に発表された。

措置法61条の4（交際費等の損金不算入）の適用に歯止め　　285

な従業員の慰安行事の場合には，その従業員の慰安という目的の観点から，具体的な諸要素（当該行事の目的，参加者の構成，開催頻度，規模及び内容，効果，参加者一人当たりの費用額等）を総合して判断するのが相当であるとした点に意義がある。なお，本件判決の文中に「目的」という用語が実に10回出ている。

また，本件争点のうち，第一の「交際費等」に該当しないとして展開した原告の解釈論（福利厚生費は，交際費とその目的を異にし，法人税法・企業会計にとって本来的に経費・損金に算入されるものであること，交際費の三要件のうちの「支出の目的」を重視すべきこと，措置法の本件規定は厳格解釈をすべきこと等）は，その主張自体は本件判決で認められなかったものの，第二の「通常要する費用」に該当するとの本件判決の判断において，その判断基準を「支出の目的」に求めた点，福利厚生費の場合は具体的な慰安の目的に則して関係する具体的諸要素を検討すべきとした点で，第一の争点での原告の主張を実質的に考慮・反映していると評価できる。

(3) 「通常要する費用」の判断要素

さらに，従業員の全員を対象とする日帰り慰安旅行にあっては，判断要素として「非日常的な」要素が含まれているのが通常であって，その要素に則して開催場所，内容，単価等の具体的事情を考慮すべきとした点（裏返せば，抽象的・画一的な「日常的な」開催場所，内容，単価等を考慮すべきではないとした点）で，従前の判例・課税実務の壁を打破した点で意義がある。なお，本件判決の文中に「非日常性」という用語が実に12回出ている。

2 本件判決の射程距離

本件判決は，国が控訴しなかったため一審で確定したが，今後，同種事案で他の下級審判決・最高裁判決の先駆けとして射程をのばす可能性がある。

本判決の持つ意義について，永年，国税庁幹部として課税実務に精通してきた品川芳宜筑波大学名誉教授は，「（本件判決の）判断については，（従前の）裁判例等に照らすと，損金算入の対象となる福利厚生費の範囲を拡大し

ようとしているようにも考えられる。しかしながら…交際費課税の制度それ自体が消費促進を必要としている現下の経済情勢に適合なくなっていること，最近の雇用情勢においては，各企業とも，従業員の確保とモチベーションの高揚を図る必要から，ある程度多額な費用をかけた福利厚生事業を行わざるを得ないこと等からみて，本判決の判断は，妥当な判断であると考えられる」と評価し[26]，将来の立法改正をも示唆しているように見受けられる。

（第一審　福岡地裁平成29年4月25日　Z888—2083）

---

[26]　品川芳宣著「従業員に対する慰安旅行費用の交際費等該当性」税研平成29年11月98頁以下

青色申告承認取消処分に係る裁量権の踰越・濫用と判断過程審査

泉　絢也
千葉商科大学商経学部専任講師

はじめに

　税務署長は，青色申告の承認を受けた居住者について，帳簿書類の備付け，記録又は保存に不備があるなど一定の取消事由に該当する事実がある場合には，その承認を取り消すことができる（所法150①）。税務署長は，取消事由に該当する事実があれば必ず青色申告の承認を取り消さなければならないのではない。現実に取り消すかどうかは，個々の場合に応じ，その合理的裁量によって決すべきであると解されている（大阪高裁昭和38年12月26日判決・行集14巻12号2174頁，最高裁昭和49年4月25日第一小法廷判決・民集28巻3号405頁等参照）。

　国税庁長官は，青色申告の承認を取り消す処分（以下「承認取消処分」という。）が裁量処分であることを前提に，取り消すか否かの裁量判断を行う際の基準[1]として，平成12年7月3日付けで「個人の青色申告の承認の取消しについて（事務運営指針）」（以下「本件事務運営指針」という。）を発遣

---

[1]　通達が有する裁量基準の設定機能について，酒井克彦『アクセス税務通達の読み方』75頁以下（第一法規，2016）参照。

している。事務運営指針は事務運営に関する通達である。部局等の長が発する職務上の命令で，事務の取扱い又は運営に関する準則となるものであり，少なくとも内部的には拘束力を有している。

　しかしながら，現実の課税実務においては，本件事務運営指針の規定内容や趣旨に必ずしも適合しないような取扱いを行っているケースも皆無ではない[2]。例えば，関係法令や本件事務運営指針に照らした場合に，必ずしも青色申告承認の取消しが相当であるとは限らないにもかかわらず，十分な審査を経ずに，税務調査官が，更正処分の手間や争訟リスクを回避するために，修正申告を提出する（併せて適正申告の申し出を提出する）のであれば，取消しをしないと説明するようなケースが見受けられる。また，取消しが相当であるにもかかわらず，税務調査官が，取消しに伴う増差税額が算出されないため，承認取消処分に係る手間を嫌い，取消しを見合わせるなど，他事考慮を経て，本件事務運営指針の内容や趣旨にそぐわない執行を行うようなケースも存在する。承認取消処分を行うか否かという点を調査における取引材料として利用するようなケースも珍しくはない。

　このような状況に加えて，青色申告承認の取消しが取消事由の存在する年まで遡って行われるものである上（所法150①），その取消しによって青色申告者のみに認められている純損失の繰越し（所法70）などの利用が認められないことになることを考慮すると，承認取消処分に係る裁量判断の統制のあり方について検討する必要があると考える[3]。本稿でとりあげる横浜地裁平成17年6月22日判決（税資255号順号10060。以下「本判決」という。）は，税務署長における承認取消処分に係る裁量権の踰越・濫用の有無を審査するに当たり，①裁量権の行使のあり方・限界を提示し（裁量権の行使に係る

---

(2)　もっとも，本件事務運営指針は個別的な取扱いを行うべきケースがあることを否定するものではない。この点は，名古屋高裁金沢支部昭和43年10月30日判決（行集19巻10号1695頁），東京地裁平成16年10月15日判決（税資254号順号9780）も参照。
(3)　承認取消処分に係る裁量統制手段として理由付記に着目する論稿として，泉絢也「青色申告承認取消処分に係る裁量統制手段としての理由付記―行政手続法下における判例法理の深化を企図して―」税法578号3頁以下参照。

青色申告承認取消処分に係る裁量権の踰越・濫用と判断過程審査　　289

「考慮要素」をリストアップし，「判断の観点」を明示し），かつ，②考慮要素の選択を含む裁量権行使の意思決定過程・判断過程に照準を合わせる審査方式を採用し，もって密度の高い審査を実現し，税務署長に委ねられた裁量権の範囲の逸脱又は濫用があったという結論に到達している。承認取消処分に係る裁量判断の統制のあり方や裁量権の踰越・濫用の争い方を検討する際の参考となる判決といってよい[4]。

I　事案の概要

　歯科医院を営む個人である原告は，所得税法143条の青色申告の承認を受けて，平成10年分ないし平成12年分（以下「本件係争各年分」という。）の所得税の確定申告を行った。被告K税務署長は，青色申告に係る帳簿書類の備付け，記録又は保存が，所得税法148条1項の規定に従って行われていないことを理由として，同法150条1項1号により，平成10年分以降の青色申告の承認を取り消す処分（以下「本件青色申告承認取消処分」という。）をするとともに，原告の本件係争各年分の所得税に係る各更正処分及び各過少申告加算税賦課決定処分を行った（以下，当該各更正処分及び当該各過少申告加算税賦課決定処分を併せて「本件各課税処分」という。）。

　これに対して，原告は，本件青色申告承認取消処分は被告において裁量権の踰越又は濫用があり，本件各課税処分は青色事業専従者控除を認めていない違法があるなどとして，上記各処分の取消しを求めた。

---

(4)　承認取消処分に係る裁量問題を検討する際に，本判決を素材にとりいれている論稿として，酒井克彦「青色申告の承認やその取消し場面における裁量権問題」税理53巻1号89頁以下参照。

Ⅱ　前提事実

1　原告の業務の概要等

・原告は，歯科医院を個人で経営してきた者である。

・原告は，歯科医院を開業した昭和62年ころから，同医院の経営に係る事業所得の確定申告について被告の承認を受け，青色申告の方法により行っていた。

・平成10年ないし平成12年当時，歯科医院において，歯科医師は原告1名であった。原告は，スタッフとして歯科衛生士2名，ローテーション制による学生の歯科助手アルバイト3名，受付にレセプト要員1名，受付対応として1名，計7名を雇用しており，医院に同時に出勤しているのは3，4名という状況であった。会計ないし経理専門のスタッフは雇用していなかった。

2　本件各課税処分等の経緯

原告は，本件係争各年分の所得税について，公認会計士・税理士であるA（以下「A税理士」という。）に依頼して，いずれも法定申告期限内に，青色申告により確定申告をした。平成13年11月ころから平成14年2月ころまでの間に，K税務署個人課税部門のB調査官とC調査官が，上記各確定申告に係る所得税の税務調査（以下「本件税務調査」という。）を実施し，平成14年3月1日に被告が，本件各課税処分を行った。原告は，その後，不服申立てを経て，本訴に及んでいる。

Ⅲ　争　　点

本件青色申告承認取消処分について被告の裁量権の範囲の逸脱又は濫用の違法があるか（その他の争点については，本稿では取り扱わない）。

Ⅳ　当事者の主張

1　原告の主張

本件青色申告承認取消処分は，被告の有する青色申告承認の取消しに関する裁量権の行使について，法律で画された裁量権の範囲を逸脱したものであって，裁量権の踰越に当たり違法である。仮に被告の裁量権の範囲内であったとしても，本件青色申告承認取消処分は，裁量権の濫用に当たり，違法である。

2　被告の主張

原告の帳簿書類につき，青色申告に係る帳簿書類の備付け及び記録が，所得税法148条1項の規定に従って行われていないことは明らかであるから，同法150条1項1号の規定に該当し，本件青色申告承認取消処分は適法である。

Ⅴ　裁判所の判断の要旨

1　青色申告制度の趣旨及び青色申告承認の取消しの意義

本判決は，「青色申告制度の趣旨及び青色申告承認の取消しの意義」について，次のとおり判示する。

⑴　「青色申告制度は，一定の帳簿書類（同法148条）を備付けて所定の事項を記録し，これを基礎として申告を行う納税者に対し，青色の申告書を用いて申告することを認め，これに伴い一定の手続上の保障や所得計算上の特典を与えることによって，申告納税制度の下において，納税者が帳簿書類を備えて，収入・支出を正確に記入し，それを基礎として所得と税額を正しく計算し申告するという慣行の定着を図るための方策として設けられたものである。」

292　第2部　事例研究　所得税1

(2) 「〔筆者注：所得税法が〕青色申告承認の取消しに関する定めを設けているのは……青色申告制度が，一定の帳簿書類を備え付け，信頼性のある記帳をすることを約束した納税者が，その記帳に基づき所得及び税額を正しく算出して納税申告することを期待して，そのような納税者に対し一定の手続上の保障や所得計算上の特典を与えるものであることから，青色申告の承認を受けた納税者について，特典等の付与を継続することが青色申告制度の趣旨・目的に反することとなるような一定の事情がある場合には，その承認を取り消すことができるものとすることによって，青色申告制度の適正な運用を図ろうとすることにあるものと解される。」

2　個人の青色申告承認の取消しに係る税務署長の裁量権とその限界

本判決は，「個人の青色申告承認の取消しに係る税務署長の裁量権とその限界」について，次のとおり判示する。

(1)　上記1に示した「青色申告制度の趣旨及び青色申告承認の取消しの意義や所得税法150条1項柱書及び同項各号の規定の内容からすれば，同項各号に規定する事由が認められる場合に，青色申告の承認を取り消すかどうかは，基本的には税務署長の合目的的かつ合理的な裁量に委ねられているということができる〔下線筆者〕」

(2)　「その裁量権の行使は，上記青色申告制度の趣旨及び青色申告承認取消しの意義に照らし，かつ，実際上，個人として事業所得等を生ずべき業務を行う納税者の帳簿書類の備付け，記録及び保存の水準は，その業種，業態，経営規模等が反映した一定の限界を有するものとならざるを得ないことにかんがみれば，当該納税者に係る具体的な同項各号該当事由の内容，程度，更にはその者の納税申告に係る信頼性の破壊の程度等を総合的に考慮して，それが真に青色申告による納税申告を維持させるにふさわしくない内容，程度に達しているものといえるかどうかという観点からこれを判断すべきものということができる。〔下線筆者〕」

(3)　「このことを本件に即していえば，本件青色申告承認取消処分をする

かどうかの判断に当たっては，被告において，原告に係る所得税法150条1項1号に該当する帳簿書類の備付け，記録の不備の程度，内容，その不備に基因する当該納税申告に係る信頼性の破壊の程度等を総合的に考慮して，それが真に青色申告による納税申告を維持させるにふさわしくない内容，程度に達しているものといえるかどうかという観点からこれをすべきものであって，原告に係る帳簿書類の備付け，記録の状況が同条1項1号に該当するものであったとしても，そのことのみを根拠として，直ちに本件青色申告承認取消処分が被告の合目的的かつ合理的な裁量に委ねられた範囲内にあるものであることを基礎づけることはできないといわなければならない」

(4)「また，上記青色申告制度の趣旨及び青色申告承認の取消しの意義に適合しない目的や動機に基づいて青色申告承認取消処分がされたり，裁量権の行使が，考慮すべき事項を考慮せず，考慮すべきでない事項を考慮してされたために，その判断が上記の観点から合目的的かつ合理的なものとして許容される限度を超え，著しく不当である場合には，その青色申告取消処分は，税務署長に委ねられた裁量権の範囲を逸脱し，又はその濫用があったものとして，違法となるものと解すべきである。〔下線筆者〕」

(5)「この関係を更にふえんすると，……更正又は修正申告等の納税義務及び税額の確定のための制度ないし手続と納税者の地位及び納税申告の方法に関わる青色申告承認の取消しの制度ないし手続とは，その目的及び効果を異にするものであることからすれば，税務署長が，青色申告承認取消処分をするかどうかの裁量権を行使するに際して，その納税者が税務調査担当者の調査の結果に基づく修正申告のしょうように応じようとしなかったとの事情を考慮して当該納税者に対する青色申告の承認を取消した場合においては，考慮すべきでない事項を考慮して裁量権の行使がされたために，その判断が合目的的かつ合理的なものとして許容される限度を超えた，著しく不当なものとして，その処分は違法とすべき場合があるというべきである。〔下線筆者〕」

3 裁量権の範囲の逸脱・濫用の有無に関する判断

⑴ 原告の帳簿書類の備付け，記帳等の状況に関わる評価

ア 本判決は，本件税務調査において，原告は，担当のB調査官及びC調査官に対し，原告の平成10年分の所得税の青色申告に関する帳簿書類として，〔1〕日計表，〔2〕金銭出納帳，〔3〕総勘定元帳，〔4〕決算仕訳リスト及び〔5〕合計残高試算表を提示したことを認める。その上で，例えば，日計表は，現金の支出について，月日ごとの「摘要」欄に支出の費目が，「支払金額」欄にその金額がそれぞれ記載されているのみであり，「収入金額」欄及び「差引残高」欄には一切記載がないとか，また，総勘定元帳は，特定の勘定において「残高」欄の金額が累計1211万5120円のマイナスとなっているなど，詳細な事実認定を行っている。

イ このことを踏まえて，本判決は，原告の平成10年分の帳簿書類について，事業所得の金額が正確に計算できるように，事業所得を生ずべき事業に係る資産，負債及び資本に影響を及ぼす一切の取引を正規の簿記の原則に従い，整然と，かつ，明りょうに記録している（所規57①）とはいえないとする。また，すべての取引を借方及び貸方に仕訳し，取引の発生順に，取引の年月日，内容，勘定科目及び金額を記載した帳簿（仕訳帳）及びすべての取引を勘定科目の種類別に分類して整理計算し，その勘定ごとに，記載の年月日，相手方の勘定科目及び金額を記載した帳簿（総勘定元帳）を備え，記帳している（所規58，59）ということができないことも明らかであるとする。その上で，「したがって，原告の平成10年における事業所得を生ずべき業務に係る帳簿書類の備付け及び記録は，所得税法148条１項に規定する財務省令で定めるところに従って行われていない（所得税法150条１項１号）ものというべきである。」と判示する。

ウ 他方，本判決は，「原告について青色申告承認取消処分をするかどうかの判断に当たっては，被告において，原告に係る所得税法150条１項１号に該当する帳簿書類の備付け，記録の不備の程度，内容，その不備に基因する当該納税申告に係る信頼性の破壊の程度等を総合的に考慮して，それが真

青色申告承認取消処分に係る裁量権の踰越・濫用と判断過程審査　　295

に青色申告による納税申告を維持させるにふさわしくない内容，程度に達しているものといえるかどうかという観点からこれをすべきものであって，原告に係る帳簿書類の備付け，記録の状況が同条1項1号に該当するものであったとしても，そのことのみを根拠として，直ちに本件青色申告承認取消処分が被告の合目的的かつ合理的な裁量に委ねられた範囲内にあるものであることを基礎づけることはできない」とする。

エ　その上で，本判決は，「本件においては，<u>被告は，このような原告に係る帳簿書類の備付け，記録の不備が，原告の業種，業態，経営規模等を考慮してもなお，真に青色申告による納税申告を維持させるにふさわしくない内容，程度に達しているとの点については，的確な主張・立証を行っていないものといわざるを得ない〔下線筆者〕</u>」と判示する。

(2) 本件税務調査から本件青色申告承認取消処分及び本件各更正処分がされるに至るまでの経緯等に関わる評価

ア　本判決は課税処分に至るまでの経緯として次の事実を認定する（ただし，修正申告の慫慂に関して認定された事実を中心に筆者が抜粋）。

《平成14年2月7日のA税理士との面談》

・B調査官らは，平成14年2月7日，K税務署において，A税理士に対し，是否認事項明細書を示し，その記載内容に従って，次の点を説明した。

① 売上の計上漏れがあること

② 支払手数料の過大計上があること

③ 原告の妻Dの専従者給与について専従の事実及び支払の事実を確認できないので，必要経費への算入は認められないこと

④ 原告の帳簿書類が正規の簿記の原則に従った帳簿書類とは認められず，青色申告特別控除の要件に該当しないので，控除額を減額し，10万円とすること

⑤ 雑所得の計上漏れがあること

・併せて，<u>B調査官らは，原告の帳簿書類の備付け及び記録は不備であると認められ，青色申告承認の取消要件に該当するので，原則的には青色</u>

申告承認の取消しが相当であるところ，上記是否認事項明細書に記載された内容に沿って修正申告を行えば承認取消処分はしないこととするが，修正申告に応じなければ承認取消処分をする旨を伝えた。

・A税理士は，原告の帳簿書類の備付け及び記録に不備はないため，青色申告特別控除は認められるべきであり，また，妻Dに専従の事実及び給与の支払の事実はある旨反論した。

・A税理士は，B調査官らに対し，上記B調査官らの説明内容を持ち帰り，原告に説明する旨述べた。

《平成14年2月12日の電話による回答》

・A税理士は，平成14年2月12日，B調査官に電話をかけた。そこで，売上及び雑所得の計上漏れ，支払手数料の過大計上並びに青色申告特別控除の減額については税務署の見解に従い，修正申告に応じるが，青色事業専従者給与の必要経費への算入が認められないことについては，妻Dには専従の事実及び給与の支払の事実があり，納得できないから，これについての修正申告には応じられないという原告の意向を伝えた。

・B調査官は，上司であるK税務署個人課税第2部門の統括国税調査官にその旨を報告した。B調査官らは，被告に対し，原告の青色申告承認の取消しについての決裁を上げ，その結果，本件青色申告承認取消処分がされた。また，同処分を前提とし，上記是否認事項明細書に記載された否認事項に基づいて，本件各更正処分がされた。

イ　本判決は，本件税務調査を経て本件青色申告承認取消処分がされるに至る経緯などを検討することにより，同処分は，本件税務調査の担当者であるB調査官らが調査の結果に基づいて原告に対し慫慂した修正申告について，原告が，B調査官らの指摘事項の大部分を受け入れ，これに従う意向を示したものの，金額的には大きな部分を占めることとなる妻Dに係る青色事業専従者給与の否認については，これを受け入れて修正申告をすることを拒否したことから行われたものであると推認される旨判示する。

ウ　加えて，本判決は，更正又は修正申告等の税額の確定のための制度な

いし手続と青色申告承認の取消しの制度ないし手続とは，その目的及び効果を異にするものであって，更正処分と承認取消処分とは，それぞれの制度の目的や要件に適合するように，それぞれの観点から適切に行われるべきであることなどを摘示する。

エ　その上で，本判決は，「このように，本件青色申告承認取消処分は，被告において，原告が本件税務調査担当者らの調査の結果に基づく修正申告のしょうように応じようとしなかったことから行ったものと認められるのであり，その裁量権の行使は，上記青色申告制度の趣旨及び青色申告承認の取消しの意義に適合しない動機に基づいてされたか，そうでないとしても，考慮すべき事項を考慮せず，考慮すべきでない事項を考慮してされたものといわざるを得ない〔下線筆者〕」と判示する。

(3) 結　論

以上の判示を経て，本判決は次のとおり結論付ける。

「本件青色申告承認取消処分については，原告に係る帳簿書類の備付け，記録の不備が，原告の業種，業態，経営規模等を考慮してもなお，真に青色申告による納税申告を維持させるにふさわしくない内容，程度に達しているとの点についての被告の的確な主張・立証がないばかりでなく，被告において，少なくとも，考慮すべき事項を考慮せず，考慮すべきでない事項を考慮して裁量権の行使をしたものと認められ，その判断は合目的的かつ合理的なものとして許容される限度を超え，著しく不当なものであるというべきであるから，被告に委ねられた裁量権の範囲を逸脱し，又はその濫用があったものとして，本件青色申告承認取消処分は違法であるというほかはない。〔下線筆者〕」

VI　検　討

1　本判決の意義

本判決は，税務署長における承認取消処分に係る裁量権の行使のあり方・限界を提示（裁量権の行使に係る「考慮要素」をリストアップし，「判断の

観点」を明示）した点に意義がある。すなわち，本判決は，青色申告の承認を取り消すかどうかは，基本的には税務署長の合目的的かつ合理的な裁量に委ねられているという先例の立場を踏襲する。そして，この青色申告承認の取消しに係る税務署長の裁量権の行使は，当該納税者に係る具体的な所得税法150条1項各号該当事由の内容，程度，更にはその者の納税申告に係る信頼性の破壊の程度等を総合的に考慮して，それが真に青色申告による納税申告を維持させるにふさわしくない内容，程度に達しているものといえるかどうかという観点からこれを判断すべきであると判示する。裏から述べるとすると，税務署長の裁量権は合目的的かつ合理的な裁量に委ねられた範囲内において行使されなければならない，という裁量権行使の限界を示している。

　本判決が行った考慮要素の選択が特徴的であることも指摘しておこう。すなわち，本判決は，上記の総合考慮すべき事項の中に，個人として事業所得等を生ずべき業務を行う納税者のその業種，業態，経営規模等，あるいはそのような納税者の帳簿書類の備付け，記録及び保存の水準は当該業種等を反映した一定の限界を有するものとならざるをえないことを含めているか，少なくとも総合考慮の場面において加重された配慮を要求している。他方，修正申告の慫慂に応じないことを考慮して裁量判断することは他事考慮（考慮すべきではない要素）に該当すると理解している。

　また，本判決は，税務署長において承認取消処分に係る裁量権の踰越・濫用があったか否かを審査するに当たり，考慮要素の選択を含む裁量権行使の意思決定過程・判断過程に照準を合わせる審査方式の採用を宣明している。このことも本判決の1つの意義として捉えることができる。

2　裁量処分に対する司法的統制

⑴　行政裁量とその司法的統制

　立法時に，立法者が生起しうるあらゆる事態を想定して具体的な定めを置くことは不可能であるし，行政機関の専門技術的又は政策的判断に委ねることが望ましい事項もある。そこで，立法者が立法に際して行政庁に判断の余

地を与えることがある。これを行政裁量という。行政裁量を認めるということは、行政庁の判断を裁判所の判断に優先させることを意味する[5]。

　もっとも、現代においては、裁量権は憲法や根拠法令等が認める一定の範囲内で行使されるべきものであり、法や司法的統制からまったく自由な裁量は認められないと解されている（いわゆる羈束裁量と自由裁量の相対化）[6]。行政事件訴訟法30条は、裁判所は、行政庁の裁量処分について、裁量権の範囲をこえ又はその濫用があった場合に限り、その処分を取り消すことができる旨定める。この規定は、行政庁の裁量処分に対する裁判所の審査には限界があること及び他方で、裁量権の踰越・濫用があった場合には裁判所はこれを取り消すことができることを両面的に確認している。

(2) 社会観念審査

　裁量権の踰越・濫用になる場合としては、事実誤認、法の目的違反・動機違反、法の一般原則（比例原則、平等原則、信義則）違反などが挙げられる[7]。実際にどの程度の密度で審査が行われるのか、すなわち裁判所がどの程度踏み込んで裁量審査を行うのかという点に関して、判例は古くから、社会観念審査という密度の小さい審査を行ってきた。社会観念審査とは、社会観念上著しく妥当性を欠く場合においてのみ裁量権の濫用を認めるものであり（最高裁昭和52年12月20日第三小法廷判決・民集31巻7号1101頁など参照）、最小限審査とよばれることもある。社会観念審査は、裁判所が行政庁の判断を全面的に審査しなおし、両者が一致しない場合には、裁判所の判断を優先して行政行為を取り消す審査方式である判断代置審査と対置される[8]。

　もっとも、「社会観念」という用語ないし概念は、比例原則や平等原則など法の一般原則としての審査基準に具現化される余地がある[9]。ともすると、

---

[5] 宇賀克也『行政法概説Ⅰ　行政法総論〔第5版〕』41頁、317頁以下（有斐閣、2013）参照。

[6] 常岡孝好「裁量権行使に係る行政手続の意義―統合過程論的考察」磯部力ほか編『行政法の新構想Ⅱ』236頁（有斐閣、2008）。

[7] 宇賀・前掲注[5]323頁以下参照。

[8] 宇賀・前掲注[5]325頁以下。

各審査基準や考慮要素に付着して妥当性の欠如の程度を図るモノサシにもなりうる[10]。社会観念審査の定義や実際の使用方法にもよるであろうが，社会観念審査は，究極的には裁量判断の結論を問題にするものであったとしても，考慮要素の選択，評価・重み付けを含む裁量権行使の意思決定過程・判断過程に着眼するような審査の実施を排除するものではないことに留意すべきである。

(3) 判断過程審査

最近の裁判所は，考慮すべき事項を考慮しなかったか（要考慮要素考慮不尽），考慮すべきでない事項を考慮していないか（他事考慮）など行政庁による裁量権行使の意思決定過程・判断過程のあり方の是非及びその合理性の有無を問題にする傾向がある。このような審査を判断過程審査という。判断過程審査は，行政庁に比較的狭い裁量を認め，かなり密度の高い審査を行うものと評価されている[11]。

近時の最高裁判決が各種の裁量権行使について広く判断過程審査を用いていることから，判断過程審査は裁量審査に係る判例法理の到達点とも評されている[12]。ただし，最高裁判所は，かような考慮要素に着目した審査を実施しつつ，これを社会観念審査の枠内で行う傾向にある[13]。例えば，最高裁平

---

(9) 市橋克哉ほか『アクチュアル行政法〔第2版〕』110頁〔本多滝夫執筆〕（法律文化社，2015）は，社会観念違反を具体的に判断するための規範には目的適合性の原則と，平等原則，比例原則，信義則といった行政上の法の一般原則があると説明される。事実誤認，法の目的違反・動機違反，法の一般原則という裁量審査に用いられる基準と社会観念審査との関係をどのように整理するかという点については，議論のあるところである。榊原秀訓「行政裁量の『社会観念審査』の審査密度と透明性の向上」紙野健二ほか編『行政法の原理と展開』118頁以下（法律文化社，2012），塩野宏『行政法Ⅱ〔第5版補訂版〕』147頁（有斐閣，2013），櫻井敬子＝橋本博之『行政法〔第5版〕』117頁（弘文堂，2016），曽和俊文ほか編著『事例研究行政法〔第3版〕』102頁以下〔中原茂樹執筆〕（日本評論社，2016）なども参照。

(10) なお，小早川光郎『行政法講義〔下Ⅰ〕』196頁（弘文堂，2002）は，「判例における最小限審査の一要素としての」社会観念上著しく妥当性を欠く（ことが明らか）かどうか，という審査の観点は社会観念審査とよばれることがあるとされた上で，「社会観念」の捉え方によっては一定の深さないし密度をもった審査にも至りうるという見解を述べられる。

(11) 宇賀・前掲注(5)325～326頁，櫻井＝橋本・前掲注(9)115頁以下参照。

成18年11月２日第一小法廷判決（民集60巻９号3249頁）は，行政庁の裁量判断の過程の適切性の観点を考慮する審査枠組みを採用しているが，判断の過程において考慮すべき事情を考慮しないことが直ちに裁量権の逸脱又は濫用になるとしているわけではない。同最高裁判決は，行政庁が考慮すべき事情を考慮しない結果，判断の内容が社会通念に照らし著しく妥当性を欠くものと認められる場合に裁量権の逸脱又は濫用になるとしていることに注意を要する(14)。判断過程を統制する審査と社会観念審査の融合ともいうべき現象が起きているのである(15)。

　ところで，裁量処分を下す判断過程で考慮すべき要素を考慮せずに判断した場合（要考慮要素考慮不尽），逆に，この判断過程で考慮すべきでない要素を考慮して判断した場合（他事考慮）に裁量処分を違法とする場合の当該違法判断の基準は，考慮すべき要素又は考慮すべきでない要素を行政庁が実際に考慮したかどうかだけを問題とするものである。それゆえ，比較的単純でいわば形式的な審査といえる（形式的考慮要素審査）。これに対して，本来重視すべき考慮要素を軽視する場合や本来過大に評価すべきでない要素を過重に評価した場合にも裁量処分を違法とする場合の当該違法判断の基準は，考慮された要素の考慮の仕方が過小又は過大でなかったかどうかを問題にしており，要考慮要素の重要度を計りその重要度に相当程度見合った考慮がなされているかどうかを審査しようとするものである。よって，より複雑で立ち入った審査といえる（実質的考慮要素審査）(16)。

---

(12)　常岡孝好「職務命令違反に対する懲戒処分と裁量審査（一）―最判二〇一二年一月一六日集民二三九号一頁を素材として―」自研89巻８号30頁以下参照。

(13)　常岡孝好「職務命令違反に対する懲戒処分と裁量審査（二・完）―最判二〇一二年一月一六日集民二三九号一頁を素材として―」自研89巻９号29頁参照。

(14)　森英明「判解」最高裁判所判例解説民事篇平成18年度1160頁参照。

(15)　常岡・前掲注(12)43頁，橋本博之「行政裁量と判断過程統制」法研81巻12号512頁，須藤陽子「裁量の瑕疵」法教373号34頁参照。

(16)　常岡・前掲注(13)32頁参照。東京高裁昭和48年７月13日判決（行集24巻６＝７号533頁）や最高裁平成18年２月７日第三小法廷判決（民集60巻２号401頁）は，実質的考慮要素審査を採用したものとみることができる。

かように考慮要素の選択，評価・重み付けを含む裁量権行使の意思決定過程・判断過程に着目する審査にはいくつかのバリエーションがある。究極的には裁量判断の結果に審査の目を向けるような社会観念審査であったとしても，裁量権行使の意思決定過程・判断過程に焦点を当てる審査を実施するならば，審査密度は高まるであろう。いずれにしても，行政庁の裁量処分に対する司法的統制の場面において，行政庁に比較的狭い裁量を認め，密度の高い審査を行う判断過程審査，あるいは裁量権行使の意思決定過程・判断過程に着目する審査が存在感を増しているといってよい。

3 審査密度の向上とその要因

管見する限り，これまで裁判所は，税務署長における承認取消処分に係る裁量権の踰越・濫用の有無を審査する際に，重大な事実誤認，法の目的違反・動機違反，法の一般原則（比例原則，平等原則，信義則）違反などの基準，あるいは社会観念審査又は判断過程審査といった審査方式を少なくとも明示的には提示しない傾向にあった[17]。かような傾向をどう評価すべきか，また，本判決が採用した審査方式は判断過程審査又はこれと融合を果たした社会観念審査のいずれに属するか，という点をここで詳細に検討することはさけるとしても，本判決は，税務署長における承認取消処分に係る裁量権の踰越・濫用の有無を審査する際に，考慮要素の選択を含む裁量権行使の意思決定過程・判断過程に照準を合わせる審査方式を明示的に採用していることが注目される。

さらにいうならば，(1)裁量権の行使のあり方・限界を提示し（裁量権行使に係る「考慮要素」をリストアップし，「判断の観点」を明示し），(2)考慮要素の選択を含む裁量権行使の意思決定過程・判断過程に照準を合わせる審査方式を採用したことが，本判決の審査密度の向上に寄与しているのではないかと考える。以下，この点について検討を加える。

(1) 裁量権の行使のあり方・限界の提示（裁量権行使に係る「考慮要素」
のリストアップと「判断の観点」の明示）

ア　本判決は，税務署長における承認取消処分に係る裁量権の行使のあり
方・限界を提示（裁量権行使に係る「考慮すべき要素」をリストアップし，
「判断の観点」を明示）している。すなわち，本判決は，承認取消処分に係
る裁量権の行使は，納税者に係る具体的な所得税法150条１項各号該当事由
の内容，程度，更にはその者の納税申告に係る信頼性の破壊の程度等を総合
的に考慮して，それが真に青色申告による納税申告を維持させるにふさわし
くない内容，程度に達しているものといえるかどうかという観点からこれを
判断すべきである旨判示する。税務署長の裁量権は合目的的かつ合理的な裁

---

(17)　本判決以後に出されたもの含めて参考となる裁判例を挙げておく。大阪地裁昭和56年
９月30日判決（税資120号691頁），大阪高裁平成２年１月31日判決（税資175号314頁），
東京地裁平成２年７月11日判決（税資180号26頁），津地裁平成７年11月30日判決（税資
214号583頁）及び控訴審である名古屋高裁平成８年４月26日判決（税資216号320頁），
東京高裁平成10年10月29日判決（税資238号989頁），旭川地裁平成11年６月８日判決
（税資243号193頁），岡山地裁平成15年４月30日判決（税資253号順号9335），名古屋地裁
平成16年10月28日判決（判タ1204号224頁），東京地裁平成17年７月８日判決（税資255
号順号10073）及び控訴審である東京高裁平成17年12月22日判決（税資255号順号10257），
東京地裁平成19年12月20日判決（税資257号順号10853），東京地裁平成23年11月２日判
決（税資261号順号11803）及び控訴審である東京高裁平成24年８月９日判決（税資262
号順号12020），東京地裁平成27年１月27日判決（税資265号順号12593）及び控訴審であ
る東京高裁平成27年11月18日判決（税資265号順号12753）。これらの中には，考慮すべ
き要素の提示や考慮要素の重み付けを示唆するもの，あるいは納税者の主張に呼応する
ような形で，比例原則，平等原則，不正な動機といった基準に照らした審査を展開する
ものもあるが，そのような裁判例であっても，裁量審査の基準や審査方式についての一
般論は示していない。
　他方，わずかではあるが，裁量審査の基準や審査方式について，一般論ないしそれに
近い形で触れている裁判例として，長野地裁平成５年11月25日判決（税資199号909頁），
東京地裁平成16年10月15日判決（税資254号順号9780）及び控訴審である東京高裁平成
17年４月27日判決（税資255号順号10014），東京地裁平成17年４月22日判決（税資255号
順号10009）がある。また，国税不服審判所の裁決の中には，社会観念審査を意識した
ものが看取される。国税不服審判所平成７年２月28日裁決（裁決事例集49集340頁），国
税不服審判所平成12年11月21日裁決（裁決事例集60集463頁），国税不服審判所平成14年
12月12日裁決（裁決事例集64集359頁）参照。
　いずれにせよ，本判決は，考慮要素の選択を含む裁量権行使の意思決定過程・判断過
程に照準を合わせた審査方式を明示的に採用した点に意義があるが，かかる審査方式は
その後の裁判例において必ずしも定着を果たしていない。

第２部　事例研究　所得税１

量に委ねられた範囲内において行使されなければならない，という裁量権行使の限界の存在を判示越しに見ることができる。

　イ　そして，本判決は，原告の平成10年における事業所得を生ずべき業務に係る帳簿書類の備付け及び記録は，所得税法148条１項に規定する財務省令で定めるところに従って行われていない（所法150①一）と断じる。続いて，原告について承認取消処分をするかどうかの判断は，被告において上記の考慮要素と観点からこれをすべきものであって，原告に係る帳簿書類の備付け，記録の状況が所得税法150条１項１号に該当するものであったとしても，そのことのみを根拠として，直ちに本件青色申告承認取消処分が被告の合目的的かつ合理的な裁量に委ねられた範囲内にあるものであることを基礎づけることはできないとする。

　ウ　その上で，本判決は，本件において被告は，このような原告に係る帳簿書類の備付け，記録の不備が，原告の業種，業態，経営規模等を考慮してもなお，真に青色申告による納税申告を維持させるにふさわしくない内容，程度に達しているとの点については，的確な主張・立証を行っていないと判示する。

　エ　上記判示から直ちに，被告に委ねられた裁量権の範囲を逸脱し又はその濫用があったという本判決の結論を引き寄せることも考えられるが，本判決は，さらに踏み込んで検討を加えている。すなわち，本判決は，次の諸事情を挙げて，「原告に係る帳簿書類の備付け，記録の不備に基因する納税申告に係る信頼関係の破壊の程度という観点からは，原告に有利に斟酌すべき事情」を指摘することができるとする。

・原告が経営する歯科医院の業態や経営規模が，歯科医師が原告１名だけという個人医院の域を出ないものであること
・本件税務調査の結果によっても，調査の重点項目の１つとされた原告の自由診療に係る売上計上漏れの金額は，本件係争各年分とも比較的少額にとどまり，かつ，これが各年分の診療収入額に占める割合は極めて小さいこと

・平成 6 年ころの税務調査により約1200万円もの自由診療に係る売上計上漏れが指摘されたことから，その後は，原告においても帳簿の記載漏れがないようにそれなりの注意を払っていたものと窺われること

・平成12年分については支払手数料の過大計上があったが，確定申告における計上額と比較すると，過大計上額が著しく高額であるとはいえないこと

オ　本判決は，かような原告に有利に斟酌すべき事情を並べた上で，「被告において，本件青色申告承認取消処分をするかどうかの判断に際してこのような事情を適切に斟酌したものと認めるに足りる的確な証拠はない（かえって，B調査官の証言によれば，上記のような事情は，本件青色申告承認取消処分をするかどうかの判断に際しては，ほとんど考慮されなかったものと窺われるところである。）。」と摘示し，被告に委ねられた裁量権の範囲を逸脱し又はその濫用があったという最終評価に向かうための一押しを行っている。

カ　また，本判決は，上記の裁量権行使に係る「考慮すべき要素」のリストアップと「判断の観点」の明示をする際，「実際上，個人として事業所得等を生ずべき業務を行う納税者の帳簿書類の備付け，記録及び保存の水準は，その業種，業態，経営規模等が反映した一定の限界を有するものとならざるを得ないこと」に配慮すべきであるという態度を明らかにしている。このことを見過ごしてはならない。本判決は，ここで配慮すべきであるとされた内容を，実質的に上記の考慮すべき要素に含めているといってもよいであろう。

キ　事実上の推定を働かせたものであるかという点も含めて，主張責任や立証責任の所在等に関する本判決の立場は必ずしも明らかではない。かような留意を付さなければならないものの，「原告に係る帳簿書類の備付け，記録の不備が，原告の業種，業態，経営規模等を考慮してもなお，真に青色申告による納税申告を維持させるにふさわしくない内容，程度に達しているとの点についての被告の的確な主張・立証がない」などの判示からすれば，本判決が税務署長に対する規範となりうる裁量権行使のあり方・限界を正面か

ら示したことをもって，本判決において審査密度の向上をもたらした1つの要因と捉えることができよう。

⑵ 考慮要素の選択を含む裁量権行使の意思決定過程・判断過程に照準を合わせる審査方式の採用

ア 本判決は，裁量処分としての承認取消処分が裁量権の範囲を逸脱し又は濫用があったものとして違法となる場合について説示する。すなわち，本判決は，「青色申告制度の趣旨及び青色申告承認の取消しの意義に適合しない目的や動機に基づいて青色申告承認取消処分がされたり，裁量権の行使が，考慮すべき事項を考慮せず，考慮すべきでない事項を考慮してされたために，その判断が上記の観点から合目的的かつ合理的なものとして許容される限度を超え，著しく不当である場合には，その青色申告取消処分は，税務署長に委ねられた裁量権の範囲を逸脱し，又はその濫用があったものとして，違法となるものと解すべき〔下線筆者〕」とする。違法かどうかを審査する裁判所の側から眺めると，かかる説示は行政裁量に対する司法審査の方式としての側面を有することに気が付く。若干異なる表現が用いられている箇所はあるが⒅，ここで示された審査方式は社会観念審査と判断過程審査の融合現象を連想させる（下線部分を強調して読むならば，判断「過程」に着目しつつも，究極的には判断「結果」を問題とするにとどまるものである。この点では形式的考慮要素審査に近い。）。

イ 考慮要素の選択を含む裁量権行使の意思決定過程・判断過程に照準を合わせる審査方式の採用を宣言した本判決は，被告の他事考慮（考慮すべきでない要素の考慮）の存否へと審査を進める。ここでの審査は，前記Ｖ3⑵に掲げる処分に至る経緯のほか，「税務行政実務上の通常の事務処理の手順としては，青色申告の承認を受けた納税者の帳簿書類の備付け，記帳等の状

⒅ その後の判示内容を踏まえて読むならば，本判決が「社会観念」又は「社会通念」というフレーズではなく，「合目的的かつ合理的なものとして許容される限度を超え」ているかどうかを定式に組み込んでいるのは，青色申告に関する規定に軸足を置いた審査を行うための伏線であるという見方もありうるかもしれない。

況についての改善意思の有無を確認するために，税務署長宛てに，帳簿の不備を認め，今後は是正する旨の上申書の提出を求めているものと認められるところ〔B調査官証言〕，本件においては，本件税務調査から本件青色申告承認取消処分に至るまでの経過の中で，A税理士がB調査官から上記のような上申書の提出を求められ，あるいは促されたことはなかった」[19]，「このような経緯もあって，本件税務調査が青色申告承認の取消しにまで発展してしまったことは，原告にとり，思いがけない事態であったものと認められること」などにも触れている。

　ウ　また，本判決は，本件税務調査を経て本件青色申告承認取消処分がされるに至る経緯や上記(1)エの原告に有利に斟酌すべき諸事情に照らせば，「本件青色申告承認取消処分は，本件税務調査の担当者であるB調査官らが調査の結果に基づいて原告に対ししょうようした修正申告について，原告が，B調査官らの指摘事項の大部分を受け入れ，これに従う意向を示したものの，金額的には大きな部分を占めることとなる妻Dに係る青色事業専従者給与の否認については，これを受け入れて修正申告をすることを拒否したことから，行われたものと推認される」と判示する。

　エ　そして，本判決は，「更正又は修正申告等の税額の確定のための制度ないし手続と青色申告承認の取消しの制度ないし手続とは，その目的及び効果を異にするものであって，更正処分と青色申告承認取消処分とは，それぞれの制度の目的や要件に適合するように，それぞれの観点から適切に行われるべきである」ことを再度確認する。その上で，「適正な税額の確定のための手続という観点からみれば，本件において，原告が青色事業専従者給与の否認を受入れず，修正申告のしょうように応じなかったとしても，原告の妻Dに事業専従者としての実体はなく，かつ，妻Dに対する給与の支払の事実

---

(19)　本件事務運営指針は，所得税法150条1項1号該当の場合に，適正申告の申し出による承認取消処分の見合わせを行うことを定めるものではない。この点は，本事案の裁決である国税不服審判所平成15年3月20日裁決（裁決事例集65集296頁）も参照。上記判示は，被告職員であるB調査官がそのような証言をしていることをもってなされたものであろう。

308　第2部　事例研究　所得税1

もないとの被告の認定判断を前提とすれば，被告において，適正な税額の確定のために更正処分を行えば足りるのであって，このことについて格別の支障があったものとは認められない」と判示する。

オ　これにとどまらず，本判決は，青色申告承認の取消しの要否という観点からみれば，上記(1)エの諸事情や，以前に税務調査が行われた平成6年ころから，原告においては，平成10年当時と同様の帳簿書類を備え付け，平成10年当時と同様の方法による記帳を行っていたにもかかわらず，その税務調査の際には，調査担当者から青色申告承認の取消しの点が問題として示されることはなかったこと等の事情を考慮し，「被告においては，まず，所得税法148条2項の規定に基づいて，原告の帳簿書類の備付け，記録等の状況の改善についての必要な指示をし，原告がその指示に従わなかった場合において，同法150条1項2号の規定に基づいて原告に係る青色申告承認の取消しを行うという手順を踏むのが相当であった」と判示する[20]。

カ　このような検討を経て，本判決は，税務署長において他事考慮があったものと判断する。すなわち，「このように，本件青色申告承認取消処分は，被告において，原告が本件税務調査担当者らの調査の結果に基づく修正申告のしょうように応じようとしなかったことから行ったものと認められるのであり，その裁量権の行使は，上記青色申告制度の趣旨及び青色申告承認の取消しの意義に適合しない動機に基づいてされたか，そうでないとしても，考慮すべき事項を考慮せず，考慮すべきでない事項を考慮してされたものといわざるを得ない」と判示する。

キ　上記イないしカの判示は，本件と同じように承認取消処分に係る裁量権の濫用の有無が争われた他の裁判例よりも，比較的踏み込んだ審査を行った印象を与えるものである[21]。上記に示した審査方式の採用が審査密度の向

---

[20]　かかる判示の妥当性については更なる検討をする余地もある。参考として，東京地裁平成23年11月2日判決（税資261号順号11803）参照。ただし，冒頭で述べたように，承認取消処分というのは，税務調査官によって都合のいい使い方をされてきたことを踏まえると，上記判示にも一定の理解を寄せることはできる。

上に貢献していると考える。

最後に

　被告に委ねられた裁量権の範囲の逸脱又は濫用があったものとして，本件青色申告承認取消処分を違法と判断した本判決の結論の妥当性は，本件が簡易な記録の方法及び記載事項による記帳（所規56①ただし書）に関する事案であること，そして帳簿書類の備付け等の具体的な状況に強く左右されるものであり，評価しづらい面がある。他方，本判決は，①裁量権の行使のあり方・限界を提示し（裁量権の行使に係る「考慮要素」をリストアップし，「判断の観点」を明示し），かつ，②考慮要素の選択を含む裁量権行使の意思決定過程・判断過程に照準を合わせる審査方式を採用し，もって密度の高い審査を実現することで，被告に委ねられた裁量権の範囲の逸脱又は濫用があったという結論に到達したものと考える。そうであれば，承認取消処分に係る裁量判断の統制のあり方や裁量権の踰越・濫用の争い方を検討する際の参考となる判決といってよいであろう。もっとも，本判決に関して，いくつかの留意点や問題点が残されている。最後にこの点を指摘しておきたい。

　・必ずしもその立場は明らかではないが，承認取消処分に係る裁量権の踰

⑵　比較の参考として，東京高裁平成10年10月29日判決（税資238号989頁）を挙げておこう。この事案では，所轄税務署の担当統括国税調査官は，調査担当者からの報告を受け，納税者が帳簿書類の提示要求に応えず，十分な修正申告をする意思もないことが確認できたことから，上記調査担当者に対し，青色申告承認の取消し及び更正処分をすることを前提に調査を進めるよう指示した。上記統括国税調査官は，さらに，再度，納税者本人に会って，帳簿書類の提示を求めるとともに，その帳簿書類が現実にあるのかどうか，帳簿書類がある場合には提示するつもりがあるのかどうか念を押して確認してくるよう指示した。そして，かかる指示の後に，承認取消処分が行われているという事情があった。承認取消処分に当たり，修正申告の慫慂に応じないという他事考慮があったか否かという観点から，裁量の踰越・濫用の有無を突き詰めて検討する余地もあったと思われるが，東京高裁判決は，そのような観点からの検討は行わずに，裁量権の踰越・濫用はなかったものと判断している。ただし，この事案では，帳簿書類の不提示が問題とされていたことと修正申告案が事業所得の赤字をなかったものとする内容であったことが影響している可能性もある。

越・濫用の有無に係る主張責任や立証責任の所在に関する本判決の立場が結論に影響を及ぼした重要な要素であるという見方もありうる。本判決は、裁量処分の取消訴訟における主張責任や立証責任が課税庁にあると解している、そうではなく納税者側が一応の立証を果たしたことを前提としているにすぎない、あるいは評価根拠事実や評価障害事実に限って課税庁にその主張責任や立証責任があるという立場であるなど、いくつかの線で分析を試みることができる。

・本件では、修正申告の慫慂に応じないことから本件青色申告承認取消処分が行われたという他事考慮に関する事情ないし証拠が存在した。また、本判決によれば、慫慂された修正申告案の内容は「原告が青色事業専従者給与の否認を受入れず、修正申告のしょうように応じなかったとしても……被告において、適正な税額の確定のために更正処分を行えば足りるのであって、このことについて格別の支障があったものとは認められない」ものであった。これらの点で事案としての個別性ないし特殊性がある。

・一般に、承認取消処分に係る裁量判断に際し、修正申告の慫慂に応じないことを考慮することが他事考慮に該当するといえるかは議論の余地がある[22]。

・修正申告の慫慂に応じないことを考慮して裁量判断することが他事考慮に該当するとしても、本件において被告は、①所得税法150条1項1号の取消要件充足の判断をし、次に②取消しが相当であるという裁量判断をし、その後に、③事務処理の手間などの考慮を経て、取消しが相当ではあるが、修正申告の慫慂に応じるならば、承認取消処分を見送るとい

---

[22] 納税者が修正申告の慫慂に応じなかったことを承認取消処分に係る裁量判断の考慮要素に含めることを必ずしも否定しない立場であることが窺われる裁判例として、岡山地裁平成19年5月22日判決（税資257号順号10716）及び控訴審である広島高裁岡山支部平成20年1月31日判決（税資258号順号10881）参照。修正申告案の内容に応じて、他事考慮に該当する場合と該当しない場合があるのではないかという視点も含めて検討の余地がある。

う判断を行った可能性も残されている。修正申告の慫慂に応じないことを，②の段階ではなく③の段階で考慮しているとすれば，結局，②の裁量判断自体に裁量権の濫用はない（③の段階で他事考慮を行ったことをどのように評価するべきであるかという問題にすぎない），という反論も不可能ではない。

・本判決は，「修正申告のしょうように応じようとしなかったとの事情を考慮して当該納税者に対する青色申告の承認を取消した場合においては，考慮すべきでない事項を考慮して裁量権の行使がされたために，その判断が合目的的かつ合理的なものとして許容される限度を超えた，著しく不当なものとして，その処分は違法とすべき場合がある」と判示する。修正申告の慫慂に応じなかったことをもって，直ちに裁量権の踰越・濫用があるという評価に"雪崩れこむ"と解しているわけではない。

・本判決は，承認取消処分に係る裁量権を行使する際に考慮すべき要素として，納税者に係る具体的な所得税法150条1項各号該当事由の内容，程度，その者の納税申告に係る信頼性の破壊の程度等をリストアップした。おおむね賛同できるが，例えば，取消しによる経済的損失の程度，隠蔽又は仮装に係る金額の多額性，取消事由該当の帰責性，悪質性，改善可能性，税務署長による是正指示の状況，取消年分後の状況，適正申告の申し出や修正申告の有無なども含めて，裁量権を行使する際に考慮すべき要素又は考慮すべきでない要素の種類と各考慮要素の比重・重み付けについて更に検討を重ねる余地がある。ここでは，考慮すべき要素と考慮すべきではない要素の位置付けが法律上明らかであればよいが，判定者の価値判断に左右される部分が大きいとすると，司法判断の基準としては困難や問題を生じうることに注意を向けておきたい[23]。

・本判決は，承認取消処分に係る裁量権を行使する際に考慮すべき要素の中に，個人として事業所得等を生ずべき業務を行う納税者のその業種，

---

[23]　川神裕「裁量処分と司法審査（判例を中心として）」判時1932号15頁参照。

業態，経営規模等，あるいはそのような納税者の帳簿書類の備付け，記録及び保存の水準は当該業種等を反映した一定の限界を有するものとならざるをえないことを含めているか，少なくとも総合考慮の場面において加重された配慮を要求している（前記VIの1参照）。かように青色申告者の業種，業態，経営規模等を，青色申告者に要求する帳簿書類の備付け等の程度を緩和する方向で働かせることに対して，青色申告制度や青色申告承認の取消しに係る規定の趣旨に適合しないのではないかといった批判が向けられることも予想される[24]（ただし，適正な申告に資するという観点からみた場合に，飲食店におけるレジペーパーやレジデータに係る資料といったように，納税者の営む業種等によって，重要視されるべき帳簿書類，作成されるべき帳簿書類の種類やその記載の程度等が異なるという議論はなしうる[25]。）。

・裁判所の審査密度の大小や裁判所によって採用される審査方式が，行政庁に与えられた裁量権の範囲や程度と深く関わりがあるという理解を前提とするならば[26]，所得税法150条1項各号に定める取消事由ごとに，税務署長に与えられた裁量権の範囲や程度を整理ないし精査することも必要であろう[27]。

【参考文献】

泉絢也「青色申告承認取消処分に係る裁量統制手段としての理由付記―行政

---

[24] 参考として，東京地裁平成17年7月8日判決（税資255号順号10073）及び控訴審である東京高裁平成17年12月22日判決（税資255号順号10257）参照。

[25] 参考として，津地裁平成7年11月30日判決（税資214号583頁），福岡地裁平成21年11月16日判決（税資259号順号11313），東京地裁平成23年11月26日判決（税資261号順号11803）及び控訴審である東京高裁平成24年8月9日判決（税資262号順号12020）など参照。また，国税不服審判所平成23年6月23日裁決（裁決事例集83集727頁）も参照。

[26] この点に関する議論として，常岡・前掲注[13]30頁や村上裕章「判断過程審査の現状と課題」法時85巻2号14頁以下など参照。

[27] 例えば，岡山地裁昭和54年5月30日判決（訟月25巻10号2693頁）や国税不服審判所平成24年6月19日裁決（裁決事例集87集249頁）は，法人税法127条1項1号該当の場合の税務署長の裁量の範囲は必ずしも広いものではないとする。

手続法下における判例法理の深化を企図して—」税法578号 3 ～29頁

市橋克哉ほか『アクチュアル行政法〔第 2 版〕』（法律文化社，2015）

宇賀克也『行政法概説 I 　行政法総論〔第 5 版〕』（有斐閣，2013）

川神裕「裁量処分と司法審査（判例を中心として）」判時1932号11～16頁

小早川光郎『行政法講義〔下 I 〕』（弘文堂，2002）

酒井克彦『アクセス税務通達の読み方』（第一法規，2016）

酒井克彦「青色申告の承認やその取消し場面における裁量権問題」税理53巻
　　1 号89～96頁

榊原秀訓「行政裁量の『社会観念審査』の審査密度と透明性の向上」紙野健
　　二ほか編『行政法の原理と展開』117～138頁（法律文化社，2012）

櫻井敬子＝橋本博之『行政法〔第 5 版〕』（弘文堂，2016）

塩野宏『行政法 II 〔第 5 版補訂版〕』（有斐閣，2013）

須藤陽子「裁量の瑕疵」法教373号29～35頁

曽和俊文ほか編著『事例研究行政法〔第 3 版〕』（日本評論社，2016）

常岡孝好「裁量権行使に係る行政手続の意義—統合過程論的考察」磯部力ほ
　　か編『行政法の新構想 II 』235～267頁（有斐閣，2008）

常岡孝好「職務命令違反に対する懲戒処分と裁量審査（一）・（二・完）—最
　　判二〇一二年一月一六日集民二三九号一頁を素材として—」自研89巻 8 号
　　27～49頁， 9 号24～50頁

橋本博之「行政裁量と判断過程統制」法研81巻12号507～535頁

村上裕章「判断過程審査の現状と課題」法時85巻 2 号10～16頁

森英明「判解」最高裁判所判例解説民事篇平成18年度1146～1171頁

（第一審　横浜地裁平成17年 6 月22日判決　Z255—10060）

無形固定資産等の償却事件

土屋　清人

税理士

はじめに

　この事件は，被告人が主に著作権使用料収入を隠し3年間無申告等を行い所得税法違反で懲役1年及び罰金600万円の判決（懲役刑は4年間の執行猶予）を受け，控訴したが棄却された事件である。

　争点は，支出した過去の経費等々が繰延資産に該当するか，無形固定資産に該当するかという問題から，それらの減価償却費（繰延償却費）が経費として認められるかという点である。

　この判決のもっとも疑念を抱く点は，検察が損益法によってのみ所得金額を算定している点である。損益法による利益（所得）は，「収益－費用」によって算出される。そのため，損益法においては，費用に該当しないものは，はじめから排除されることになる。同時に「収益－費用」のみによって利益計算を行うことは，実体勘定を用いて本当に利益があったかどうかを証明していないことになる。

　本件において問題となるのは，支出したものが費用になるか，資産になるか，が問われなければならないはずである。そして，資産になった場合に税法上償却できるか否かが争われることになろう。しかし，その不明確な支出

を裁判官に判断してもらうための修正貸借対照表が作成されていない。

このため，被告人が支払ったという無形固定資産の額が検証されていない。検察が支払っていないというのであれば，現金・預金の変動がないことを証明しなければならないはずである。これは一定期間の貸借対照表を作成し比較すれば明白になる。この点は，推計課税を行う方法論として，また，訴因記載の所得金額及び逋脱額に影響を与える問題であると考える。仮に，貸借対照表を作成せずに損益法のみで推計課税を行うのであれば，費用も推計する必要があるのではなかろうか。

本件は，適正な手続きと推計課税の検証が実施されずに判決が出されたものと思料する。裁判における修正貸借対照表の意義を中心に論究する。

I　事案の概要

本件は，被告が行っていた著述業及び不動産賃貸業を営んでいたものであるが，被告人の著作物に係る著作権使用料の徴収等を委託した会社を通して，同使用料をアメリカ所在の銀行に開設した被告人名義の預金口座に入金させるなどの方法により平成23年から25年までの所得を秘匿したものである。

平成23年分の実際総所得金額は7049万1061円（所得金額総括表及び修正損益計算書による）であったにもかかわらず，所轄税務署に対し所得税確定申告書を提出せず，所得税額1113万7400円（逋脱税額計算書による）を免れたものである。

平成24年分の実際総所得金額は5549万6100円（所得金額総括表及び修正損益計算書による）であったにもかかわらず，所轄税務署に対し所得税確定申告書を提出せず，所得税額825万1400円（逋脱税額計算書による）を免れたものである。

また，25年分の実際総所得金額は5013万4994円（所得金額総括表及び修正損益計算書による）であったにもかかわらず，所轄税務署に対し総所得金額が466万3754円で，これに対する所得税等の税額は，源泉徴収税額を控除す

ると 8 万7208円の還付を受けることになる旨の虚偽の所得税等の申告書を提
出し，平成25年分の正規の所得税等の税額712万7300円と前記還付税額のう
ち，所得税額706万6112円（逋脱税額計算書による）を免れたものである。

Ⅱ 争 点

平成15年から21年にかけて支出した経費等々が繰延資産に該当するか，無
形固定資産に該当するかという問題から，それらの償却費が経費として妥当
性があるかという点が争点となった。

Ⅲ 被告人の主張

1 被告が平成15年から21年にかけて，著作物を電子辞書等に搭載するた
めに電子データ化や加工に要した費用として合計 1 億0328万7881円を支出し
ており，かかる支出は繰延資産又は無形減価償却資産たるソフトウエアの取
得費用に該当し，本件各年分の必要経費として算入すべきであると主張する。
2 そうでなくても，上記 1 の被告人主張の金額を 5 年間の均等償却する
のと同額程度又は概算で収入の30パーセントないし50パーセント程度が，被
告人の毎年の必要経費として推計され，その立証責任を負う検察官において
排斥できない以上は，所得金額から控除すべきであると主張する。

Ⅳ 供述等

1 加工作業に係る費用について

関係各証拠によれば，被告人は，電子データ化した自己の著作物を電子辞
書等に搭載させるに当たり，平成17年頃以降は，電子辞書等の製造メーカー
との交渉その他契約に関する業務全般を実弟が代表取締役を務めるＴ有限会
社に委託しており，被告人の著作物の電子データを電子辞書等に適合するよ

無形固定資産等の償却事件　　317

うに加工する作業が必要になった場合には，T有限会社が自らを発注者として日本国内の大手ソフト会社3社のうちいずれかの会社にその業務を依頼し，これにかかる費用もT有限会社において支払い，完成した製品については，T有限会社又は同社が指定するメーカーに納品させることとされ，実際にこのように運用されていた。そして，被告人が大手ソフト会社に支出したと主張する金額は，平成16年10月から平成20年8月までの間の合計1292万8005円であるという。

2　米国内における電子データ化のために要した費用

　被告人主張1の金額のうち，合計9213万3664円については，米国内で，既に書籍化されていた自己の著作の内容を，パソコンなどを使用してテキストデータとして打ち込み，メモリースティックなどの記録媒体に保存して日本に郵送するためにかかった支出（タイピスト人件費，郵送代，保険料等），同著作の音声データ化・画像データ化・DVD化などの記録媒体に保存し日本に郵送するための支出（スタジオ代，役者，カメラマン，エンジニアの人件費等）であり，自己の著作を電子データ化するために支出したものであるという。そして，米国において作成したこれらのデータを大手ソフト会社に依頼して電子辞書や携帯電話機等に適合するように加工作業をさせたと供述した。

V　検察の主張

1　被告人主張1について

(1)　繰延資産性

　繰延資産とは，不動産所得，事業所得，山林所得又は雑所得を生ずべき業務に関し個人が支出する費用のうち，支出の効果がその支出の日以後1年以上に及ぶもので，政令で定めるものとされ（所得税法2条1項20号），政令で開業費，開発費，自己が便益を受けるために支出する費用等が定められて

いる（同法施行令７条１項各号）。

　そして，開業費とは，不動産所得，事業所得又は山林所得を生ずべき事業を開始するまでの間に開業準備のために特別に支出する費用であり（同項１号），開発費とは，新たな技術若しくは新たな経営組織の採用，資源の開発又は市場の開拓のために特別に支出する費用である（同項２号）。

　被告人は，英語教材等の執筆等の事業を遅くとも平成３年頃に開始していたいと認められるが，この点をさておき，これらの執筆した書籍等を電子データ化して電子辞書等に搭載して当該書籍等に係る著作権の二次使用に係る著作権使用料収入を得る事業が新たな事業である。と考えたとしても，同事業が開始されたのは，平成14年ないし15年であり，このことを鑑みれば，平成15年に支払われた当該支出のみがこれに当たる余地を残すに過ぎない。

　開発費の妥当性については，被告人の電子データ化は既存の技術を用いて行ったものであるため，開発費の定義の中にある新たな技術若しくは新たな経営組織の採用には該当しないため，開発費には該当しない。

　また，被告人が支払ったと主張する米国業者に対して電子データを作成した対価及び大手ソフト会社に支払ったものは，加工した対価に過ぎないため，自己が便益を受けるために支出する費用等が定められている（同法施行令７条１項各号）繰延資産には該当しない。

　任意償却（所得税法施行令137条３項）については，平成23年分24年分の所得税申告はしていないため，また25年分は確定申告を行っているが任意償却金額を記載していないため，任意償却を論ずる余地はない。既に支出から60か月の均等償却期間が経過したことが明らかな本件は，繰延資産として扱う余地はない。

⑵　無形減価償却資産性

　同支出がソフトウエアの取得費に該当するかについて検討する。ソフトウエアは，減価償却資産のうちの無形固定資産とされており（所得税法施行令６条８号リ），取得費を償却でき，償却期間は，当該ソフトウエアが「複写して販売するための原本」である場合には３年，「その他のもの」である場

合には5年とされ（耐用年数省令別表3），「開発研究用」である場合には3年とされている（耐用年数省令別表6）。

ここにソフトウエアとは，コンピュータ・ソフトウエアのことであり，具体的には，①コンピュータに一定の仕事を行わせるためのプログラム，及び②システム仕様書，フローチャート等の関連文書であり，コンテンツはこれに含まれないが，ソフトウエアとコンテンツとが経済的・機能的に一体不可分と認められるような場合には，両者を一体として扱うことができると解すべきである（日本公認会計士協会「研究開発費及びソフトウエアの会計処理に関する実務指針」参照）。

ア　大手ソフト会社に対する支出について

前記の無形減価償却資産性の大手ソフト会社による加工作業により作成された製品が，単なるコンテンツかソフトウエアとコンテンツが一体となったものかは，取調べ済みの証拠からは断定できない。（被告人の主要な三つの著作物については，単なるコンテンツであることが強くうかがわれる。）。

しかしながら，仮にその製品が，ソフトウエアであったとしても，前記加工作業は，T有限会社が発注し，加工作業を施された後の製品もT有限会社に納品されているのであるから，同ソフトウエアの取得者は，T有限会社であって，被告人ではないと見る余地が大きい。

また，被告人がソフトウエアを取得したと仮定しても，同ソフトウエアは，電子辞書等に搭載して不特定多数の顧客に販売することが予定されているものであるから，「複写して販売するための原本」に該当し，償却期間は3年となる。したがって，本件課税期間の初年である平成23年分を基準として3年前である平成21年以降に取得したソフトウエアの取得費のみが，その取得時期に応じて，本件各課税年分において計上することができることになるにとどまるところ，被告人のソフト会社への支出は，平成20年前にされているため，平成23年分以降の必要経費として計上することはできない。

イ　米国業者に対する支出について

供述等のⅣの2の米国内における電子データ化のために要した費用につい

320　　第2部　事例研究　所得税2

ては，これを裏付けるような客観的な証憑が，その核心部分に限ってであれ，提出されているとは評し難い。小切手の支払記録合計3万8023ドル（弁護人主張の為替レート合計456万2876円）のみしかない。加えて，被告人の認識の観点から見ても，概算においてさえ，国税局の調査，検察官の取調べ，公判廷でのその額が大きく変転しており，真実そのような支出があったのだとすれば到底説明がつかないというべきである。よって，支出の存在自体について，反証レベルの証明度を前提としても，大きな疑義をとどめざるを得ない。

これらの支出によって作成されたという製品は，テキストデータ，音声データ及び画像データであるから，それ自体は，ソフトウエア等には該当しない。したがって，平成21年以降に取得したソフトウエアの取得費用に該当するものがないため，平成23年分以降となる本件各年分の経費として計上する根拠はない。

2　被告人主張2について

前記に論じた被告人が支出したとされる合計1億0328万7881円については，支出したという前提に疑義があるほか，その繰延べや償却と同程度，又は収入額の30パーセントないし50パーセント程度を本件各年分の費用として推計されるべきであるとする点も，税法上の根拠がないだけではなく，本件の証拠関係の下で，適正な見積りにもなり得ないもので，およそ採用に由ない。

Ⅵ　裁判所の判断

本件各年分の収入に対する経費の額は，各調書等によりその実額が明らかにされており，各所得金額総括表及び修正損益計算書のとおりである。判示の各所得金額は，検察官により，合理的な疑いを超えて証明されていると認められる。被告人の主張にはいずれも理由がなく，各所得税逋脱の事実が認められる。

Ⅶ　控　訴

1　本件控訴を棄却する。控訴の趣旨は，事実誤認，法令適用の誤り及び量刑不当の主張であるが，原判決の判断は，論理則，経験則等に照らして不合理な点はなく，法令の適用にも誤りはない。また量刑も相当であって，弁護人の主張には理由がない。2以降にて，原審記録を調査して検討する。

2　繰延資産該当性について

(1)　開業費について

　弁護人は，被告人の書籍等の電子データを電子辞書等に搭載するために必要な仕様は，電子辞書，携帯電話ごとに異なっており，被告人はその独自の仕様に合わせるために，平成20年まで多額の費用を負担していたのであるから，平成20年までに負担した費用は，開業準備のために支出した特別の費用であり開業費に該当するものであり，平成15年の支出のみが開業費に該当する余地があるとした原判決は，法令の適用を誤っていると主張する。

　しかしながら，開業費とは，「事業所得等を生ずべき事業を開始するまでの間に開業準備のために特別に支出する費用」である（所得税法施行令7条1項1号）ところ，仕様の異なる電子辞書，携帯電話に搭載するごとにそれぞれの独自の仕様に合わせることは「新たな事業の開始」ではなく，平成15年に支払われたもの以外は，事業を開始した後に支出したものであって，「事業を開始するまでの間に」支出する費用に該当しない。原判決に法令適用の誤りはなく，弁護士の主張は採用できない。

(2)　開発費について

　弁護人は，被告人は，著作物のデータ化，音声化，電子辞書・携帯電話用データへの仕様変換等の新たな技術を採用して本件費用を支出したのであるし，被告人が本件費用を支出したのは，著作物を電子辞書，携帯電話に搭載するという新たな市場を開拓するためであるから，本件費用は開発費に該当

するものであり，原判決は法令の適用を誤っている，と主張する。

　しかしながら，開発費は，繰延資産のひとつであるから，既に代価の支払が完了し，これに対応する役務の提供を受けたにもかかわらず，その効果が将来にわたって発生すると予想される費用である必要がある。本件費用は，弁護人の主張によっても，自己の著作物を電子辞書等に搭載して二次使用に係る著作権使用料収入を得るために電子データ化等に必要な費用であって，収益が生じるのは，費用を支出し，役務の提供を受けて電子データ化したものを取得したことによるのではなく，電子データ化されたものが電子辞書等に搭載されて販売されるからであり，役務の提供を受けたことにより直接的に収益が生じるわけではない。したがって，開発費に当たらないことは明らかである。

(3)　自己が便宜を受けるために支出する費用について

　弁護人は，所得税法施行令7条1項3号ホが「自己が便益を受けるために支出する費用で支出の効果がその支出の日以後1年以上に及ぶもの」を繰延資産に該当するとしているところ，東京地方裁判所平成16年6月30日判決が，「支出の効果」とは，費用収益対応の原則における「収益」の発生を意味するものであって，「支出の効果がその支出の日以後1年以上に及ぶもの」というのは，費用収益対応の原則の下，当該費用の支出が1年以上に及ぶ継続的な収益を発生させる性質を有するものをいうと解するのが相当である，と判示していることに依拠して，同号ホの「支出の効果」とは，収入の発生を意味するのであって，支出の相手方から受ける便益を意味するものではないとした上で，被告人は，本件費用を支出して，著作物を電子辞書や携帯電話に搭載して二次使用させることにより，電子辞書会社及び携帯電話会社から1年以上にわたり著作権使用料を得ることができたのであるから，本件費用の支出は，所得税法施行令7条1項3号ホの繰延資産に該当するものである，と主張する。

　本件費用に繰延資産性は認められないが，弁護人の主張を踏まえ，更に検討する。弁護人が援用する裁判例の事案においては，委託料を支出してソフ

トウエア開発のために役務の提供を受け，役務の提供による成果物であるソフトウエアが完成・納入されれば，このソフトウエアを販売，賃貸等の形態により利用することによって継続的な「収益」を発生させることができるから，ソフトウエア開発のための委託料という「費用を支出」することによって，委託による役務の提供の成果物であるソフトウエアの販売等による「収益」が得られるという「効果」が発生するという対価関係が認められる。

これに対し，本件においては，被告人が，米国業者が電子データを作成したり，大手ソフト会社等が当該電子データを電子辞書等に適合するように加工したりすることについて，その対価を支払っても，それだけでは著作権使用料は発生せず，著作権使用料は，電子辞書等のメーカーが，米国業者が作成した電子データや当該電子データを電子辞書等に適合するように加工した製品を利用して商品化し，販売することによって生じるものであり，電子データ化や電子辞書等に適合するための加工作業に対する「支出」によって，「収益」である著作権使用料収入が発生するという「効果」が発生するという直接的な対価関係は認められない。したがって，本件費用の支出は，自己が便益を受けるための支出する費用には当たらない。

3　無形減価償却資産該当性について

⑴　ソフトウエアの「業務の用に供された時期」について

弁護人は，減価償却資産を取得した場合に減価償却を開始する時期は，取得時や取得のための費用を支払った時ではなく，業務の用に供された時からであり，本件においては，ソフトウエアが業務の用に供された時とは，ソフトウエアが搭載された電子辞書や携帯電話の販売が開始された時であり，電子辞書会社や携帯電話会社にソフトウエアが納品されてから数年後のことであるから，平成23年から25年分において減価償却されることになる，と主張する。

しかしながら，大手ソフト会社等による加工作業によりソフトウエアが完成して製品が納品されれば，納品されたソフトウエアを利用して商品化する

ことが可能となり，業務の用に供されたと解されるから，ソフトウエアの納品時を減価償却の開始時期とすることが相当である。

(2) ソフトウエアの減価償却費の計上時期

ソフトウエアの取得費用の支払時期が減価償却の開始時期となるとしても，平成20年に支出した費用は，平成20年から23年にかけて減価償却を行うことになると弁護士は主張する。

しかし，この点に関しては，平成20年に支出した費用につき減価償却の対象となるのは，平成20年分から22年分の3年間である。原判決に法令の適用の誤りはなく，弁護人の主張は採用できない。

(3) 米国業者に対する支出について

原判決は，米国内における電子データ化のために支出し，その支出によってテキストデータ，音声データ及び画像データ（又はこれらのデータが記載された各記録媒体）を作成したことについて上記ソフトウエア作成の前行行為等として理解するとしても，大手ソフト会社等による前記のような加工作業を介しない限りソフトウエアになり得ず，大手ソフト会社等によるそのような作業に係る支出につき，平成21年以降に取得したソフトウエアの取得費用に該当するものがないのだから，やはり平成23年分以降となる本件各年分の経費として計上する根拠に欠ける。

なお，弁護人は，「米国業者に対する支出の存在は明らかである」，「テキストデータ，音声データ及び画像データもソフトウエアと同様に扱うことができる」旨の事実誤認の主張もしているが，原判決は，これらの点につき，原審弁護人による同様の主張を前提とした上で上記の判断を示したものである。

4 必要経費の推計について

弁護人は，必要経費の立証責任は課税庁側にあり，必要経費の実額を立証できない場合は必要経費を推計しなければならず，被告人が推計した必要経費は合理的なものであるから，収入から差し引かなければならない。概算に

より必要経費を差し引く場合，サービス業の経費率は消費税の簡易課税税度において売上の50パーセントとされていることから，少なくとも収入額の30パーセントから50パーセントを必要経費として差し引かなければならない，と主張する。

しかしながら，原判決が説示するように，本件各年分の収入に対応する経費の額は，原審で取り調べられた各調査書等によりその実額が明らかにされており，各年分の支出として，更に経費が存在することの具体的な主張も反証もされていないのであるから，判示の各所得金額は，検察官により，合理的な疑いを超えて証明されていると認められる。

原判決の上記判断は，論理則，経験則等に照らして不合理な点はなく，法令の適用にも誤りはないから，弁護人の主張には理由がない。

Ⅷ　検　討

1　検察が修正貸借対照表を作成しない問題点

被告人の事業は継続事業を行っているものである。継続事業を行う場合は，会計期間を区切り経営成績，つまり所得を計算する。この際に重要なものが次の新しい期につなぐための貸借対照表の存在である。貸借対照表は，期間損益計算の利益を適正にする役割があり，損益計算書の連結環といわれているものである。

したがって，会計期間を区切ることによって貸借対照表が発生することになる。売上で考察すると，今期の売上に計上しない場合，つまり次期の売上になるものは貸借対照表において売掛金という資産に計上しなければならい。費用で考察すれば，今期の外注に計上しない場合，次期の外注になるものは貸借対照表において買掛金という負債に計上しなければならい。つまり，適正な期間損益計算をするためには，貸借対照表の存在が不可欠なわけである。継続事業を行っている場合において利益計算（所得計算）をするためには，貸借対照表は不可欠なものであるにもかかわらず，検察は作成していない。

貸借対照表の重要性を複式簿記の視点で考察すると，利益計算（所得計算）と資産との不可分な関連性がわかる。複式簿記は単に借方・貸方で仕訳を行うものと思われているが，複式簿記の特質は損益の原因を明らかにすると共に，実体としての資産の裏付けをもって利益計算を行うところに特徴がある。そのために損益計算書では名目勘定（費用勘定・収益勘定）を使用する。つまり，名目勘定で構成されている損益計算書を作成することによって，利益がどのような原因によって発生したかを計算するわけである。

　しかし，この名目勘定の裏には実体勘定が隠れている。つまり名目勘定の裏は資本（元手）となる。つまり，利益が発生したら，それが資産として存在していることを意味するものである。それ故，損益計算書で算出された利益の額と貸借対照表における利益の額は一致する。一致していなければ誤りがあるということである。したがって，本件において検察は利益計算に誤りがあるか証明していないことになる。

　証明していなくても逋脱事件には変わりはないかも知れない。しかし，利益計算に誤りがあれば，税額にも誤りが発生する。大きな金額に誤りが発生すれば，訴因記載の実際所得金額及び逋脱額にも影響を及ぼすものである。したがって，利益計算（所得計算）は，損益計算書と貸借対照表の２つを作成しなければならない。なぜならば，損益計算書と貸借対照表は，それぞれが欠点を補完し合って利益計算を算出するものであるからである。

　損益計算書の欠点とは，収益・費用とみなされない財産・負債の把握が困難なことである。貸借対照表の欠点とは，利益の原因分析ができない点や資本金の変動を把握できない点である。したがって，適正な利益計算を行うためには，それぞれの欠点を補完するため，損益計算書と貸借対照表の作成が必要不可欠なものとなる。

　本件においては，修正損益計算書は作成されているが，修正貸借対照表は見当たらない。これでは，実体として現実に利益が増加したか不明である。そして，修正損益計算書の利益の額と修正貸借対照表の利益の額が一致しているか不明である。青色申告の要件でも貸借対照表の作成が求められている

のは，上記の理由からである。

2　推計課税の問題点

　南博方教授の『租税争訟の理論と実際（増補版）』106頁によれば，我が国の推計方法は大きく分けると四つあるという。第一に純資産増減法（純資産比較法），第二に消費高法，第三に比率法，第四に単位当たり額法である。その中で，比較的広く使用されるものが比率法であるという。比率法とは，「納税者の売上金額，仕入金額などに比率（差益率，所得率など）を適用して，所得金額を算定するものである。その比率には，本人比率，同業者率，実調率，標準率がある。」[1]とのことである。

　本件における推計は，上記の四つのうち，検察はどれを使用したのか。仮に比率法であれば，何らかの比率を用いて経費を立てる余地があるのではないか。なぜならば，著作権使用料収入が存在しているのであれば，それに見合った経費を算出すべきである。この経費を認めていないということは，本件の推計は他の推計方法によって行われたことになる。

　第二の消費高法は「消費支出・生活費から所得を推計する方法である。」[2]から本件の推計方法には該当しない。また，第四の単位当たり額法は「収穫高・販売個数・原材料の数量・従業員数・消費電力等の計算単位の一単位当たりの所得額（または生産量・稼高等）を決定し，全所得額を推算する方法である。」ことから，これも本件の推計方法には該当しない。したがって，消去法で残るのは純資産増減法となる。

　純資産増額法であれば，「財産・債務の増減により純資産の増減額を算定し，所得を推計する」[3]ことになる。しかしながら，何度も繰り返しているが検察は修正貸借対照表を作成していないのである。この点から考えると，検察は推計を適切に行っているとはいえないのではないか。

---

(1)　南博方『租税争訟の理論と実際（増補版）』（弘文堂，1980年）153頁
(2)　前掲書106頁
(3)　前掲書106頁

所得概念から考えると，所得概念とは2種類ある。一つは「制限的所得概念」，もう一つは「包括的所得概念」である。当然，今の税制は「包括的所得概念」を取っている。この「包括的所得概念」とは，別名「純資産増加説」という。すなわち「納税者の期首および期末における各種の資産および負債を集計して，期首純資産の額と期末純資産の額を算定し，その差額，すなわち，期中の純増加額をもって所得とする方法である。」資産増減法と同じものである。したがって，検察が修正貸借対照表を作成していないことは，所得計算においても問題であると考えざるを得ない。この点は初級簿記の最も重要な点であり，はじめに勉強する点である。この点を検察は行っていない。

　また，検察が修正損益計算書のみ作成し，修正貸借対照表を作成しないことは，裁判官の判断を誤らせるものではなかろうか。「証拠の証明力は，裁判官の自由な判断に委ねる。」（刑事訴訟法318条）とあるが，貸借対照表とは，その決算日現在の資産・負債の額を提示するものである。完全なるストックとして価値ある一つの証拠である。その貸借対照表を裁判官に提示しないことは，裁判官の公正な判断を阻害させることにはならないのか，疑問が生じるところである。

　修正貸借対照表を作成すれば，支出した現金・預金が経費として認められないならば，私的流用でない限り何らかの資産として処理することとなる。本件の場合は，無形固定資産として計上されよう。会計学では，無形固定資産の範囲は非常に広い。税法上経費と認められなければ，修正貸借対照表に償却せずにそのまま無形固定資産を計上しておけば良いのである。あとは，裁判官の判断に任せれば良いのである。しかし，検察は修正損益計算書しか作成していないため，無形固定資産の存在を抹殺しているものである。損益計算書のみで利益を算定することは，はじめから不明確な経費は除外されてしまう。それを予防するために，修正貸借対照表の作成が必要不可欠なのである。

　修正貸借対照表を作成する場合，現金・預金の減少分について，被告人が

検察に事業に使用したといえば，税法上の解釈で経費にならないものは，資産に計上しておくしか方法がない。そうしなければ，損益計算書と貸借対照表の利益額が一致しないからである。したがって，本来は修正貸借対照表を一つの証拠として裁判官に提出すべきである。

　上記のように考察すると，少なくとも所得算定と推計課税において論理性を欠いているのではなかろうか。

　逋脱額は量刑においても重要な意味を持つことは，しばしば論究されるところである。佐藤秀雄氏の研究によれば，訴因記載の実際所得金額及び脱税額は「民事訴訟においては主として損益法によって行われているとする裁判所が大部分である」[4]と指摘している。

　損益法は，「収益－費用」によって利益（所得）を算定し，損益法に対する財産法は「期末資本－期首資本」によって利益（所得）を算定する。詳細に説明すれば，財産法の期末資本とは「期末資産－期末負債」であるため，先に見た推計方法の純資産増額法に該当するものである。つまり，民事訴訟においては，純資産増額法によって実体財産の増減を確認せずに訴因記載の所得金額等を算出しているわけである。

　筆者は，以前に逋脱事件の裁判で専門家証人として法廷で検察調書の誤りを指摘し，「訴因の変更」をして頂いた経験があるが，その誤りとは間接費の配賦に関する会計処理であった。もちろん逋脱という罪名自体は変わらないが，被告人に対し不必要な税金は無くなった。裁判で不必要な税金を課することは，人権侵害であり財産権の侵害でもある。

　だからこそ，検察は「訴因の変更」を行うわけである。そうであるならば，逋脱事件で重要な点は，所得金額の算定である。その所得金額の算定は，やはり会計の知識を生かして適正手続きに基づき所得金額を算定すべきである。本件においては，修正貸借対照表を作成していないため，所得金額の算定は，

---

(4)　佐藤秀雄「租税逋脱訴訟における逋脱所得額の認定」税経通信1月号（税務経理協会，2005年）44頁

残念ながら会計上適正な手続きに基づいて行われていないと考えられる。

　仮に，検察が行った損益法のみによって推計課税をするのであれば，先に見た推計方法の一つ「比率法」を使用すべきであろう。その際には，当然経費も推計すべきである。経費において同業者率などを使用して，経費も推計すべきである。なぜなら，著作権使用料収入が存在しているわけだからである。高額な収入が発生しているのであれば，一般的には何らかの経費が発生する。検察は同業者率の経費の話も一切提示せず，収益のみ推計課税するのは妥当な方法なのか疑問が残るものである。

むすびにかえて

　所得や利益の計算においては，損益計算書と貸借対照表は両方を作成して意味があるものである。だからこそ，初級簿記では，授業のはじめに損益計算書と貸借対照表の作成の仕方をみっちり勉強するものである。たとえ学生の解答が損益計算書だけ正しく，貸借対照表が間違えたら，「まだ会計の仕組みがわかっていない」と叱られ，はじめから初級簿記を勉強し直す必要があるのだ。それほど基本的なことである。その基本的な事をやらずして裁判が行われているとは驚嘆に値する。最後に世界的に著名な会計学者であった岩田巌教授（元一橋大学教授）の言葉を記しておきたい。損益法を補完するものが財産法であると…。財産法とは貸借対照表を作成することである。

（第一審　東京地裁平成29年5月9日判決）
（控訴審　東京高裁平成29年11月1日棄却）

源泉徴収義務者から受給者への請求の可否

―東京地裁平成28年 3 月25日判決を契機に―

山本　洋一郎
弁護士・税理士

I　はじめに

　国と源泉徴収義務者（給与支払者）と給与受給者の三者間の法律関係のうち，源泉徴収義務者と給与受給者との法律関係について，最判昭和45年12月24日第一小法廷（民集24巻13号2243頁）は，「給与受給者は給与支払者からの支払請求に対し，源泉納税義務を負わないこと又はその義務の範囲を争って，給与支払者の請求の全部又は一部を拒むことができる」旨判示し，この判例が確立し，同判例は学界においても通説として支持されている（金子宏著「租税法第22版」弘文堂932頁以下）。

　ところが，源泉徴収義務者はどのような法律構成によって請求できるのか，給与受給者はどのような法律構成によって請求を争いうるのか，等についての議論が残されたままであった。

　この前記最高裁判決で残された課題について踏み込んだ判決が最近出たので（東京地判平成28年 3 月25日（平成26年㈠第33074号損害賠償請求事件）），その給与受給者(被告)側代理人として勝訴判決を得た者として以下，紹介する。

　なお，同判決では別に現金横領の有無も争点となり，この点も被告勝訴と

なったが，省略する。

II　事案の概要（判決文より）

　本件は，原告が運営する医院に医師として勤務していた被告に対する給与について，原告が，課税庁から，源泉徴収義務を免脱したとして追徴課税処分を受けたことから，原告が被告に対し，主位的に不当利得に基づき，予備的に原告と被告間の返還合意に基づき，原告の納付した源泉徴収税分，重加算税分及び不納付加算税分の支払を求めた事案である。

1　原告は，診療機関の運営を目的とした設立された医療法人社団であり，東京都において医院（以下「本院」という。）を運営している。また，原告は，東京都にある分院（以下，本院と併せて「原告各医院」という。）も経営していた。

2　被告は，平成19年8月頃，原告に勤務医として採用された医師である。

3　原告の被告に対する給与は，平成21年4月支給分まで月額160万円であり，そこから29万1820円が源泉徴収されていたが，下記5の支払が始まったのと同時期の平成21年5月支給分以降は月額60万円減額となって月額100万円となり，そこから10万3670円が源泉徴収されていた。

4　被告の妻は，平成21年4月23日に設立された訴外Y株式会社（以下「訴外Y社」という。）の代表取締役を務めている。

5　原告と訴外Y社とは，平成21年5月18日，原告が訴外Y社に対し，原告各医院の薬品管理業務等を，月額消費税抜きで60万円（消費税込で63万円）で請け負わせるという管理業務請負契約を締結し，原告から訴外Y社へ同年5月から毎月63万円が支払われた。

6　また，原告は，平成22年4月6日，埼玉県にある建物（以下「本件建物」という。）を，月額9万2000円で第三者から賃借し，被告が入居（無償）した。

7　原告は，平成26年4月頃，訴外税務署（以下「税務署」という。）よ

り税務調査を受けた。税務署は，原告の，上記 5 の訴外Y社に対する管理業務請負代金である月額63万円（税込）の支払及び上記 6 の本件建物の賃料相当額である月額 9 万2000円の支払を，いずれも原告の被告に対する給与の一部であると認定し，これらを被告の給与に加算した上で源泉徴収をすべきあったところを原告が行っていないと結論付けた。その結果，税務署は，原告に対し，原告の訴外Y社への支払分に対する源泉徴収税額1214万4207円，被告の本件建物の賃料支払に対する源泉徴収税額121万5261円の合計1335万9468円（以下まとめて「本税分」という。）及びこれに加えて，重加算税及び不納付加算税の合計417万7000円（以下「加算税分」という。）の総合計1753万6468円（以下「原告納税額」という。）についての追徴課税処分（以下「本件追徴課税処分」という。）をした。

Ⅲ　争点（判決文より）

1　原告納付額について，被告に法律上の原因のない利得があるか
2　原告と被告との間に，原告納付額を被告が原告に支払う旨の合意があるか
3　本件支払合意は錯誤無効か

Ⅳ　当事者の主張（判決文より）

1　争点 1 について

（原告の主張）

　原告は，本件追徴課税処分を受けて原告納税額を納付したが，原告は原告納税額の損害を被り，被告は本税分は余分に給与の支給を受け，加算税分はそのために必要となったものであるから，その全部について不当に利得をしている。よって，被告は，原告に対し，原告納付額から既払分200万円を控

除した1553万6468円を支払う義務を負う。

（被告の主張）

否認し，争う。

原告納付額のうち，本税分1335万9468円については，原告と被告の間で，被告は源泉徴収税額を負担しないとの合意があった。また，加算税分については，法律上原告が全て負担すべきものである。よって，本税分及び加算税分とも被告への求償は許されない。

2　争点2について

（原告の主張）

原告と被告は，平成26年6月初旬頃に行われた協議（以下「本件協議」という。）において，被告が，原告に対し，少なくとも本税分を，平成26年6月から毎月末日限り100万円ずつ合計14回（ただし，最終支払額は35万9468円）の分割で支払うとの合意（以下「本件支払合意」という。）をした。

（被告の主張）

否認し，争う。

本件支払合意は，不納付加算税の支払をすべきか，一括納付するか分割納付するかという重要な部分が決まっておらず，成立していない。

3　争点3について

（被告の主張）

仮に本件支払合意が成立していたとしても，それは錯誤により無効である。本件協議は，原告側の税理士A（以下「A税理士」という。）の主導の下で行われたものであるところ，A税理士は，税務の専門家として，国税局から源泉所得税が徴収されたら，原告は被告に当然に全額求償できる旨を告げ，税の専門的知識を全く有していない被告はそのように信じた。しかしながら，A税理士の見解は誤ったものであった。よって，被告は，A税理士の見解を真実と誤信し，錯誤に陥ったものであるから，その結果である本件支払合意

は錯誤により無効である。

（原告の主張）

否認し，争う。

Ⅴ　被告主張の補足（被告準備書面より）

判決文で被告の主張として判示されなかったが，被告の主張の基本となる
主張を被告準備書面で展開したので，以下，引用する。

1　原告の主張の要旨

原告の主張は，源泉所得税の本税相当額について「給与支払者と給与受給
者との民と民との私法関係において，給与支払者が給与支払後に国に納付し
た源泉所得税の差額相当額について，給与支払者が給与受給者に当然に請求
でき，給与受給者はこれに従わなければならないとし，その根拠が所得税法
222条であるとするもの」である。

2　原告の主張の誤り

上記原告の主張は，所得税法222条の存在を原告があらたに発見したかの
ような主張となっている。しかし，被告の従前からの主張は，この所得税法
222条の存在を知ったうえで，最高裁判決（昭和45年12月24日）及び金子宏
東大名誉教授らの通説の見解に従う論理を展開してきたものである。

つまり，国（官）と給与支払者（民）との公法上の徴収の権利義務につい
て定めた同法222条の存在を知ったうえで，給与支払者（民）と給与受給者
（民）との私法上の法律関係については，公法上の法律関係と別箇独立した
（私法上の）法律関係であって，別箇に事実認定及び評価をすべきであると
いう論理に従うものである。そのことは，既に被告の準備書面で主張したと
ころである。あらためてくり返すと次のとおりである。

336　第2部　事例研究　所得税3

(1) 前提となる法律関係について
① 公法上の債権債務関係と私法上の債権債務関係の併存
源泉徴収納付の法律関係について，現在の最高裁判例（「最判昭和45年12月24日民集24巻13号2243頁」ほか）では，給与等受給者（納税義務者）は国との直接の関係は切断されており，国と給与等支払者（徴収義務者）との法律関係と，給与等支払者と給与等受給者との法律関係とは，それぞれ別個に存在するものとされ，前者は公法上の債権債務関係であり，後者は私法上の（民民同士の）債権債務関係とされている。（通説でもある。金子宏著「租税法21版」弘文堂890頁以下）
② 給与等受給者が給与等支払者からの源泉所得税相当額の求償権の行使を争いうること
そこで給与等受給者は，給与等支払者から納付した源泉所得税等について求償権の行使を受けたときは，源泉徴収義務の存否及び範囲について（民民同士で）争うことができるとされている（前掲最判昭和45年判決。通説でもある。前掲金子著890頁）。
③ よって，給与等支払者と給与等受給者との合意でその存否及び範囲を取り決めれば，その合意に拘束される関係になるのである。

なお，上記最高裁判決は，学説・下級審の対立に終止符を打った統一見解であって，その後の判例はこれを前提とするものばかりである。例えば，この見解を前提として主張・立証責任に論及して判示したものとして，大阪高判平成 3 年 9 月26日（税務訴訟資料186号635頁）がある。

3 通達における使い分け

(1) 国税庁ホームページで公表されている法令解釈の国税庁の通達（所得税基本通達221－1）は，あくまで国（官）と給与支払者（民）との関係を定めたものではあるが，その中で給与支払者（民）と給与受給者（民）との関係を前提に言及したものがあり，その表現は次のようになっている。

所得税法221条の規定により同条に規定する者から源泉徴収に係る所得税を徴収する場合において, …
(1)　当該税額を徴収していなかった理由が, 当該徴収すべき税額を支払者が負担する契約となっていたことによるものである場合には, 取引手取額により支払金額が定められていたものとして, 181〜223共 −(4)により計算する。
(2)　当該税額を徴収していなかった理由が, (1)の理由以外のものである場合には, 既に支払った金額のうちから当該税額を徴収すべきであったものとし, 既に支払った金額を基準として計算する。この場合において, その計算した税額を納付した支払者が, その納付した税額につき222条《不徴収税額の支払金額からの控除及び支払請求等》に規定する控除又は請求をしないこととしたときは, 当該控除又は請求をしないこととした時においてその納付した税額に相当する金額を税引き手取額により支払ったものとし, その支払ったものとされる金額に対する税額を181〜223共 − 4により計算する。

　(2)　つまり, 上記(1)の通達(1)は「当該徴収すべき税額を支払者が負担する契約となっていたことによるものである場合には, 取引手取額により支払い金額が定められていたものとして…」と表現され, 民民同士の間の契約（合意）がどのように定められていたか次第であることを当然の前提とする表現となっている。

　従って, この通達も, 上記2の最高裁判決・通説の解釈を前提とし, あくまで民民同士の間の契約（合意）がどのように定められていたかを検討すべきものとなっている。

4　本件における合意

　(1)　被告の主張は, 給料月額を160万円から100万円に減額し, 源泉所得税額が減額された時点（平成21年5月）で, 「給料手取額を100万円から減額後の源泉所得税額（11万0960円）を控除した額（88万9040円）とする」旨の合意が原告・被告間で成立したという主張であり, 借り上げマンションに居住することとなった後も同様であったという主張である。

338　　第2部　事例研究　所得税3

(2)　上記(1)の合意の成立を示す直接・間接の事実及び証拠

①　直接事実は，被告陳述書の３頁から５頁の次の会話と，被告本人尋問の結果である。

a　私が平成21年春頃，院長に「税金が高くて手取りが少い，何とかなりませんかねー」ともらしたのに対し，院長が「従前の月額給与を削って，…の方法を取れば節税できるよ」と誘ったこと。

b　訴外Y社が設立された平成21年４月23日頃，院長が「これまでよりも先生（被告）の給与の源泉徴収天引き分が減額され，その分給料の手取りが増えるよ，節税になるよ」と言われ，私は「手取りが増えて，ありがとうございます」と答えたこと。

②　重要な間接事実は，次のとおり。

c　（被告が原告に就職した平成19年８月頃に）「将来，何かあったときにはその源泉所得税相当額を被告が負担する」というような話は一切出たことはなかったこと。

d　その後，被告が原告の各医院から独立（平成25年10月に独立）する際に，「その源泉所得税相当額を原告が預かる」等格別の対応も一切しなかったこと。

e　その後，（平成26年４月頃に）税務調査を受けて原告が（同年５月頃に）納付した後になって，原告は，突如，納付した源泉所得税相当額を請求したのであり，それまで一切話題にさえ出ない状態が継続したこと。

Ⅵ　裁判所の判断

1　争点１（原告納付額について，被告に法律上の原因のない利得があるか）及び争点２（原告と被告との間に，原告納付額を被告が原告に支払う旨の合意があったか）について

(1)　源泉徴収による所得税の納税者は，支払者であって受給者ではないから，法定の納期限にこれを国に納付する義務を負い，それを怠った場合に生

ずる附帯税を負担すべき者は，納税者（徴収義務者）たる支払者自身であって，その附帯税相当額を受給者に請求することはできないと解されており（最判昭和43年（オ）第258号同45年12月24日第一小法廷・民集24巻13号2243頁参照），これを本件について見ると，原告納付額のうち，加算税分については，徴収義務者であり納税者である原告が，受給者である被告に請求することはできないと解される。よって，加算税分については，被告の不当利得となることはない。

(2)　そこで，本税分について検討する。

この点，受給者は，源泉徴収による所得税を徴収されまたは期限後に納付した支払者から，その税額に相当する金額に支払を請求されたときは，自己において源泉納税義務を負わないことまたはその義務の範囲を争って，支払者の請求の全部または一部を拒むことができるものと解されているので（前掲最高裁判決参照），支払者である原告が原告納付額を国に納付していたとしても，原告が直ちに，これを受給者である被告に対して不当利得として請求できるものではなく，その義務の範囲は原告と被告の間の私法関係によって決せられるものと解される。

(3)　事案の概要のほかに，証拠及び弁論の全趣旨によれば以下の事実が認められる。

ア　まず，本件追徴課税処分の前に，原告と被告のどちらが原告が納付することになる税額を負担するかについて，明確な合意があったことを認めるに足りる証拠はない。

原告は，このような場合には，不当利得返還請求権に基づき，当然に原告から被告に対する求償が認められると解しているようにも見える。しかしながら，原告は，訴外Y社との管理業務請負契約については，これが被告の給与から源泉徴収される税額を減らすものであることを，本件建物の賃貸借契約については，これが被告に居住の利益を与えるためのものであることを，いずれも了承し，容認して各契約を締結していたと考えられ，また，処分の対象者であり，異議の申立てができる支払者と違って，受給者も源泉納税義

務の存否・範囲について争う余地が残されるべきであるとする前掲最高裁判決の趣旨からしても，明確な合意がないにもかかわらず，事前に受給者がいかなる金額についても支払う旨の合意が成立したと推認することはできないと考えられる。そうであるとすると，原告と被告の間に明確な合意がない場合には，当然に，原告が被告に対し，原告納付額を求償できる，あるいは，原告が被告に対し求償できるとの合意が成立していたと推認することはできないと解される。そして，明確な合意が認められない本件においては，別途合意が成立した場合でなければ，原告は，被告に対し，求償することはできないと解するべきである。

イ　そこで，（本件追徴課税処分の後の一筆者加筆）本件支払合意の成否について検討する。

　㋐　本件支払合意に関しては，本件協議において原告の意を受けたA税理士が，被告が原告納付額全額を支払う必要があるといったことを被告に伝え，被告がこれに対して一括では支払えないので月100万円の分割にしてもらえないかと回答しているところ，両者が何らかの合意をしたのであれば，後の紛争を避けるためにそれを書面にすることも十分に考えられるが，税務の専門家であるA税理士が同席していたにもかかわらず，原被告間で書面等は作成されておらず，本件支払合意の成否及びその内容についての客観的な証拠はない。

　㋑　原告代表者本人は，この点についてはA税理士に任せていたと供述しているところ，A税理士は「加算税，延滞税含めて全額払うという形で。ただ，一括では払えないので，取りあえず本税から100万ずつ支払っていく形となりました」「源泉本税プラス加算税，延滞税を含めたところを被告が負担するという形で終わったという感じでいます」と証言している。

　これに対し，被告は，A税理士から「1750万くらいありますと。これは先生に関係するものだから，先生が払うべきもんなんだから，払え」「先生が絶対払うもんなんだから，払ってもらわんと困るんだ」と言われたので，「どうしても僕に払えというんであれば，100万ずつの分割払いしかで

きない」と言い，「僕も自分の税理士さんに，B先生に聞いてみます」ということで終わったと供述している。

　(ウ)　この点，被告の供述は，A税理士から原告納付額全額を支払うように強く言われ，1750万円という大金について支払を求められて驚くとともに，払わなくてはならないとしても一括ではなく100万円ずつの分割でなくては支払ができないと回答したという被告の心情の変化を自然な流れで説明するものになっており，原告納付額全額について支払を求められれば，通常は即答できず，また，税金関係に通じていない被告が，その場で支払を決断できたとも考えにくいことと整合的であり，信用性が高い。これに対し，A税理士の証言は，原告納付額全額について100万円の分割で支払うことになり，その充当順序も本税から充当していくというところまで決まったという結論のみが内容となっており，そのような結論に至った協議の内容等が示されておらず，税金についてそれほど知識のなかったと思われる被告が，充当順序も含めて合意に至ったとする結論についても唐突との印象がぬぐい去れず，信用性に乏しい。

　ウ　以上によれば，本件合意について書面が作成されていないこと，前記のような被告の供述内容が自然で信用性の高いものであるのに対し，A税理士の証言は，本件協議の結論のみの指摘となっており信用性に乏しいことも考慮すると，本件協議の席で，本件支払合意が成立したと認めることはできない。

　エ　なお，被告は，合計200万円を支払っているが，これは専門家であるA税理士に言われた以上は，何か原告に支払わなくてはならないと被告が考えたためであり，専門家である被告訴訟代理人に相談して支払う必要はないと言われて以降は支払っていないというのであるから，このことを本件支払合意が成立した証左とすることはできない。

　(4)　以上からすると，その他原告の主張するところに鑑みても，原告納付額について，原告が被告に対し不当利得返還請求をすることができると解することはできず，また，本件支払合意も認められない以上，原告の被告に対

する，原告納付額についての請求は認められない。

2 以上によれば，その余の点を判断するまでもなく，原告の請求は全て理由がないので原告の請求を棄却することとし，主文のとおり判決する。

Ⅶ 評 釈

1 本判決の法解釈論における意義

⑴ 本判決の法解釈論における意義は，給与支払者が，後日，源泉所得税・附帯税を納付しても，当然には給与受給者にその支払義務はないこと，その法律構成は不当利得が成立しないことであると明確に判示したことである。

⑵ なお，前掲最高裁昭和45年12月24日の事案は，附帯税分については，そもそも源泉徴収義務者固有の債務と判断してその給与受給者に対する請求権を否定し，源泉所得税本税分については，その請求を認めた原判決の判断を結論において認めているが，その理由は，給与受給者(被告)が，専ら，「現行の源泉徴収制度の条文が国と源泉徴収義務者との関係のみを定め，その追徴課税処分自体を給与受給者が国を相手に争うことを認めていないのは憲法違反の違法がある」等と憲法違反の理由のみで上告したため，憲法違反ではないとの理由しか判示されていない。この源泉所得税本税分の請求を認めた点についてはいかなる理由によるものかこの最高裁判決に明示されていないため先送りされた課題となっている。この点を明示したのが本判決の意義と思われる。

この課題に論及したのが前記引用の大阪高判平成３年９月26日（税務訴訟資料186号635頁）と思われるが，ここでもその理由付けは明確となっていなかったと思われる。

⑶ 本件事案で，税務署の調査，源泉徴収義務者の納付後の平成26年６月初旬頃の給与支払者と給与受給者との協議において，支払の話題が出たことは争いがなく，ただその支払合意の確定には至らなかったとの事実認定を本

件裁判所が示し，100万円ずつ2回支払済みであったことも，その支払合意の確定の証左とすることはできないと判示した。

ただし，筆者が支払ストップをかけずに払い続けていたとしたら，果して同様の判示となったかを考えると，危なかったと回顧される。この点，税理士の中には，民と民との法律関係についても，つい官と民との法律関係と混同する傾向があり，税理士でもある筆者としては，税理士の業界において本判決の意義が今後とりあげられることを希望する。

(4)　筆者は，本件事案において前記Ⅴの4⑵の①②のａｂｃｄｅのとおり，源泉所得税の減額の事実がありながら，就職の時，在職中，さらには退職後税務調査までの間に，その不足分をいついかなる時点で被告が支払うかの話題が全く出ていない事実があることから，その分は給与支払者が自己負担する旨の合意が給与受給者との間で成立していたと推認することのできた事案ではないかと思っている。

2　本判決の射程距離等

(1)　上記最判昭和45年12月24日以降に，源泉徴収義務に関連して，以下の判決等が出ている（前掲金子著22版926頁ないし934頁等）。

①　最判平成4年2月18日民集46巻2号77頁（源泉徴収納付が過大になされた場合に，給与受給者は，直接国に対して差額の還付を求めたり，納付すべき税額から控除することはできず，給与支払者に対してのみその差額の給付を求めることができる）

②　東京高判平成6年9月29日行裁例集45巻8・9号1819頁（給与支払者が源泉所得税を負担し，給与受給者がこれを負担しない旨の合意がある場合には，その源泉所得税の課税標準たる給与の額は，現実に支払われた給与の額に，これにかかる源泉所得税額分を加算した金額である）

③　最判平成23年1月14日・判例時報2105号3頁（元従業員の退職給与に係る分配金について破産管財人は源泉徴収義務を負わない）

④　最判平成23年3月22日民集65巻2号735頁・判タ1345号111頁（給与支

払者が給与受給者から，給与の支払を命ずる仮執行宣言付き判決に基づく強制執行によりその回収をされた場合に，給与支払者は国に対して源泉徴収義務を負う所得税法183条1項の「給与等の支払をする者」に当たる）

しかし，いずれも，本件の課題（源泉徴収義務者は給与受給者に対してどのような法律構成によって請求できるのか，給与受給者はどのような法律構成によって争いうるのかの課題）に直接踏み込んだ判決ではなかった。学界も，この間，これら最判等が出るたびに当該最判等限りでの判例評釈をしてきたものの，この課題について直接踏み込んだ学説は見当たらなかった。

(2) 最判昭和45年12月24日と最判平成23年3月22日との相互関係

上記最判平成23年3月22日は，「国に対して給与支払者が源泉徴収義務者を負う」とする理由付けとして，次の三つを判示している。

① 給与支払者が，強制執行によりその回収を受ける場合であっても，それによって，上記の者の支払債務は消滅するのであるから，それが「給与等の支払」に当たると解するのが相当であること。

② 同項（所得税法183条1項）は，「給与等の支払」が任意弁済によるのか，強制執行によるのかによって何らの区別を設けていないこと。

③ 上記の場合，「給与等の支払」をする者がこれを支払う際に源泉所得税を徴収することはできないことは，（上告人の）所論の指摘するとおりであるが上記の者は，源泉所得税を納付したときには，法222条に基づき，徴収をしていなかった源泉所得税に相当する金額を，その徴収されるべき者に対して請求等することができるのであるから，所論の指摘するところは，上記解釈を左右するものではないこと。

ところが，上記最判昭和45年12月24日では，上記のとおり，「給与等支払者から求償権の行使を受けた給与受給者は，その源泉徴収義務の存否及び範囲を争うことができる」と判示されている。そのため，給与等支払者は，給与受給者からはその請求権の存否及び範囲を争われるおそれがあるのに，そのような不確実な権利が存在することを理由に，国への源泉徴収納付を強い

られる結果となっている。この二つの最判の食い違いをいかに解すべきか。この点こそが，本件の東京地裁事件において代理人が内心で苦慮し，判例・学説を探した課題であった。

　少なくとも，両最判で最判が変更されたとの判決・学説は皆無であった。では，両最判を矛盾なく整理できる解釈はないだろうか。

(3)　両最判の相互関係に関する筆者の試案

　筆者が現時点で整理した解釈は次のとおりである。

　ア　所得税法の222条は「…これらの規定（第一章ないし第五章までの規定）により所得税を徴収して納付すべき者がその徴収をしないでその所得税を納付をその納付の期限後に納付した場合には，これらの者は，…当該徴収をさるべきものに対し当該所得税の額に相当する金額の支払を請求することができる」と定めている。

　しかし，同条は，「第一章ないし第五章までの規定により所得税を徴収して納付すべき法律関係（以下「当該法律関係」という）があること」を前提とした定めとなっている。従って，そもそも，当該法律関係が存在しない場合は，給与等支払者から給与受給者に対する所得税相当額の請求権はないのである。このことは，同条の文言に「これらの規定により所得税を徴収して納付すべき者」との文言があることからも明らかである。

　イ　そして，当該法律関係の有無すなわち徴収義務の存否及び範囲について，一方で，給与等支払者（民）は，国（官）に対して源泉徴収納税告知処分の取り消し争訟において争うことができるとされている。他方で，給与等受給者（民）は，当該争訟の当事者になれないと解されているが，別途，給与等支払者（民）から給与等受給者（民）に対する請求訴訟において，当該法律関係の有無すなわち徴収義務の存否及び範囲について，争うことができる仕組となっている。

　ウ　次に，給与等支払者から給与等受給者に対する請求訴訟において，その徴収義務の存否及び範囲を争う関係は，いかなることが請求原因となり，いかなることが積極否認ないし抗弁となるのであろうか。

① 第一の考え方は，上記最判昭和45年12月24日を根拠に，給与等支払者が国に納付したことから，直ちに（あるいは当然に），給与等受給者に対して不当利得として請求できるものではないとしたうえで，給与支払者が納付することになる税額を給与等支払者と給与等受給者のどちらが負担するかについての合意の有無で決まると解する考え方である。これが本件の東京地裁判決であろう（上記Ⅵの1(2)(3)参照）。

その場合，給与等支払者の請求原因は，給与等支払者が納付することとなる所得税相当額を給与受給者が負担する旨の合意があったこととなり，当該合意がなかったことが給与等受給者の否認（積極否認）ということになろう。

② 第二の考え方は，給与等支払者が国に納付したことから直ちに（あるいは当然に）給与等受給者に対して不当利得として請求できるものでないとする点までは第一の考え方と共通するが，給与等支払者の請求原因は，Y社への支払及び家賃負担が被告に対する給与に当たること等を主張立証することとなろう。他方，給与等受給者は，給与等支払者が納付することとなる所得税相当額を給与等支払者が負担する旨の合意があったことを抗弁として主張立証することとなろう。（なお，本件では，この抗弁説に立った場合をおもんぱかって，上記Ⅴの4の(1)(2)ａｂｃｄｅを強調した。）

(4) **まとめ**

いずれにせよ，上記二つの最判の相互関係について整理をした判決の出現，少なくとも学説の出現が待たれるところである。

（第一審　東京地裁平成28年3月25日判決）

マンション敷地評価事件

笹本　秀文

税理士

はじめに

　高度成長期に大量に供給されたマンションは，建物の老朽化や区分所有者の高齢化が急速に進んでいる。そのうえ耐震性は低く階段でエレベーターの設置がないなど構造・設備機能の点で劣るものがほとんどある。建替えによる更新が必要なマンションが確実に増加している。

　筆者が税理士の補佐人として贈与税更正処分等取消請求事件（以下，本事件という）は，財産評価について不動産鑑定評価書による鑑定評価額と，税務署が財産評価基本通達（以下，評価通達という。）により評価した評価額との間に大幅な乖離があり，建替え決議前の老朽化したマンションの相続税法22条の時価つまり客観的交換価値とは一体いくらなのかを争点とした。

　そして今後さらに老朽化したマンションのストック増大が見込まれる中で，マンションの客観的交換価値，時価をめぐって，今まで基礎控除範囲内のため水面下の問題であったが，相続税改正により同様の係争事件が今後起こるであろうことが予想される。

　こうした現状を踏まえ，老朽化したマンションの財産評価，特に将来的な建替えが見据えられながらも建替え決議が成立していない段階での相続又は

348　第2部　事例研究　相続税1

贈与により取得した場合における時価は一体いくらなのかを検討する。

(1) マンション敷地を路線価評価することの疑問点

マンション敷地と単独所有ビルに隣接していると仮定した場合，マンション敷地と単独所有ビルの敷地を路線価方式により評価額を試算する。

E
D
C
B
A
A～Eの共有　500㎡

甲
3F
2F
1F
甲　100㎡

① 財産評価基本通達に基づく財産評価

試算条件：路線価100万円/㎡，各種補正率は計算外とする。

(イ) マンション敷地

100万円×全体評価500㎡×共有持分1/5＝1億円

(ロ) 甲所有宅地

100万円×100㎡＝1億円

② 疑問点

イ マンション敷地と単独所有ビル宅地で同額の評価となる。甲土地を売却する場合は，甲のみの意思で建物を解体できるため，更地価額となるのは当然である。しかし，マンション敷地は区分所有建物を取り壊せば共用部分も取り壊される。これは共有物の変更（民法251条）の変更にあたる。共有者AからEまでの全員の同意が必要である。このため甲の土地のように何ら制約のない白紙の更地価額とはならないはずであるが，甲宅地と同じ更地の評価額となる。

ロ 借家の敷地の用に供されている宅地（借家建付地）は自用地の価額から借地権割合を借家権割合を乗じた割合を控除している（評価通達26借家建付地評価）。通常借地権割合70％借家権割合が30％とすると21％の減額となる。マンション敷地は自由な用途に使用できるものではなく，マンションの敷地利用権にすぎないので土地の利用は限定されている。

マンション敷地評価事件　349

当然，更地価額から減額をされるのが当たり前となるが，何ら評価減の手当はされていない。

ハ　さらに区分所有法により土地建物を分離処分の禁止により専有部分と敷地利用権とは分離して処分することはできない（区分所有法第22条）。財産評価通達は区分所有法の改正があっても改正されることなく，土地は路線価評価，建物は固定資産税評価額と区分して評価して合計額を財産評価としている。

(2)　日本税理士連合会税制審議会「資産課税における財産評価制度のあり方について」[1]も次のように指摘している。

①　共有土地

現行の財産評価基本通達の取扱いでは，共有財産の持分の価額は，その財産の全体を評価した後，その価額を持分の割合であん分して評価することとされている。したがって，区分所有建物（マンション）の敷地の価額は，その敷地を一画地として評価した価額に持分の割合を乗じて計算することになる。しかしながら，実際の取引価額は，そのように評価した価額では成立せず，評価額を下回る例が多い。現行の取扱いは，共有持分の各部分の価額の合計額は，その財産が共有でないものとした場合の価額に一致するという考え方に基づくものであるが，適切な時価算定の方法とはいえない。現行の取扱いによって評価した価額から一定の減額を行うか，持分ごとに個別に評価する方法に改める必要がある。

②　家　屋

家屋の相続税評価は，固定資産税評価に依存しており，固定資産税評価額が時価を反映した適正なものであるかどうかが問題となる。

家屋の固定資産税評価は，再建築価格法によっているが，取引の実態として家屋のみが売買される例が少ないこと，また，土地とともに家屋が取引さ

---

(1)　日本税理士連合会税制審議会「資産課税における財産評価制度のあり方について」平成20年12月18日

れる場合には，相対的に家屋の価額が低額になることなどからみると，評価額が時価を超える例も少なくない。とりわけ，建築後の経過年数が長い家屋ほどその傾向が強い。固定資産税の評価において，20％という高い残価率が設定されていることもその一因である。

固定資産税評価額を決定する際の経年減価の方法を見直すか，取得価格を基とするなど，相続税において独自の評価方法を検討すべきである。

(3) マンションの時価について次の裁判がある。

同潤会江戸川アパート事件はマンションの時価を算定した判決で次のようにされている[2]。

そもそも，建替え決議が成立する以前に各区分所有者が敷地に対して把握していた権利は，現存する区分所有建物の敷地に対する権利にほかならず，複数の区分所有者が存在する区分所有建物の敷地という制限の付着した権利であるから，その価額は，『敷地の[3]「白紙の更地価額」から「現存建物の取壊し費用」を控除した額』にはならない，なぜなら，「現存建物の取壊し」は，区分所有者の特別多数による決議がなければ実現しないことであり，決議実現までのコストを経済的に算定すると決して些細な額ではないからである。実際に，建替え決議が存在しない段階で老朽化した現存建物の敷地の価額を鑑定評価すれば，著しく低廉な額となるのが通常である。「建替え決議」が成立したことにより，その敷地は，「老朽化した区分所有建物の敷地」ではなく「（新しい）再建建物の敷地」という前提で評価されることになるが，「利用方法に限定のない更地」になるわけではない。要するに建替え決議の成立・不成立を問わず，区分所有者はその敷地について，「（現存建物の取壊し費用を控除した）白紙の更地価額」相当分の権利を有していないのである。

---

[2]　東京地方裁判所平成16年2月19日建物明渡等請求事件，平成14年（ワ）27896号，民事部第40部）（東京高等裁判所平成16年7月14日建物明渡等請求控訴事件，平成16年（ネ）第1559号，第17民事部

[3]　「白紙の更地価額」とは，その土地の利用方法が全く限定されていない状態の更地をいう。

I 事案の概要

(1) 本件マンションの所有者（以下「原告」という。）が，平成19年 7 月21日に父から贈与された本件マンションについて，原告側評価額に基づき，平成20年 3 月11日に贈与税の課税価格を23,000,000円として相続税精算課税制度により贈与税額を零円と記載した本件贈与税の申告書を提出した。

(2) 一方，税務署長は，本件相続税評価額72,062,340円に基づき，平成21年 6 月30日に平成19年分贈与税の更正処分及び過少申告加算税の賦課決定処分（以下併せて「更正処分等」という。）を行った。

(3) これに対し，原告は，平成21年 7 月17日，更正処分等の全部の取消しを求め，原処分庁に対し異議申立てを行ったが，平成21年10月16日付異議決定書において棄却された。

(4) 異議決定を受けて，原告は，平成21年11月11日，国税不服審判所に対し，更正処分等に不服があるとして審査請求を行った。

(5) 国税不服審判所は，平成22年10月13日，更正処分等に対する審査請求を棄却する旨の裁決を行った。

(6) 平成23年 4 月11日　原告は更正処分を不服として，国に対して取消訴訟を提起した。

II 前提事実

1 本事件に係るマンション（以下「本件マンション」という。）の概要

本件マンションの属する一団の建物及びその敷地は，都内のターミナル駅から徒歩 7 ～ 8 分程度の緑豊かで閑静な住宅地に存する団地型マンションである。日本住宅公団（現：UR都市機構）により全 5 棟148戸が昭和33年に分譲されたもので，昭和30年代の高度経済成長期における団地ブームの第一号

ともいえる存在だったとされている。

本件マンションは，このうち，居住用区分所有建物の専有部分及び管理用
事務所・階段室の共有持分並びにこれらに附随する敷地の共有持分である。

老朽化が進行していく中で建替えが発意され，10年あまりに及ぶ建替えの
検討が重ねられていった結果，平成19年10月に建替え決議が成立した。その
後，等価交換方式による建替えの具体的スキームが固まると共に合意形成も
進捗していき，平成21年4月に本件マンションは解体され，新たな建替え後
のマンションが平成23年11月竣工した。

2 本件マンションの建替え事業の経緯

本件マンションの建替え事業（以下「本件建替え事業」という。）における
主な経緯は以下のとおりである。

年月	本件建替え事業の経緯
平成18年2月	建替推進決議,建替推進委員会設置決議,事業パートナーを選定する旨の決議
平成18年4月	建設会社との建替え事業協力に関する覚書締結
平成18年9月	建物基本計画案作成の着手について承認
平成19年4月	税理士 笹本が××税務署に事前相談
平成19年4月	建物基本計画案承認
平成19年5月	建設会社との建替え事業協力に関する覚書(その2)締結
平成19年6月	**贈与日**
平成19年10月	**建替え決議**
平成20年3月	臨時総会開催・建替え事業協力に関する覚書(その3)他の承認
平成20年5月	建設会社との建替え事業協力に関する覚書(その3)締結
平成20年6月	近隣説明会
平成20年7月	総合設計・一団地認定
平成20年8月	住戸選定完了
平成20年8月	設計説明会
平成20年9月	等価交換契約説明会
平成20年9月	建築確認取得
平成20年10月	建替え実施に関する臨時総会(等価交換契約締結着手承認)

平成20年11月	等価交換契約締結(原告)
平成20年12月	借家人退去
平成21年2月	全権利者契約完了
平成21年3月	物件引渡日
平成21年4月	建物解体
平成21年9月	新築工事開始
平成23年11月	建物竣工

本件マンションの概要

【土地】

所在地	東京都××区
地目	宅地
地積(公簿)	11,353.53㎡
地積(実測)	11,345.91㎡
共有持分	20/2,784

【建物1】

種類	居宅
構造・階層	鉄筋コンクリート造陸屋根4階建
床面積	42.31㎡

【建物2】

種類	階段室
構造・階層	鉄筋コンクリート造陸屋根4階建
床面積	1階6.08㎡,2階8.49㎡ 3階8.49㎡,4階8.49㎡
共有持分	1/8

【建物3】

種類	事務所
構造・階層	鉄筋コンクリート造陸屋根平屋建
床面積	9.28㎡
共有持分	20/2,784

建替え後のマンションの概要

【敷地概要】

敷地面積※	11,005.53㎡
用途地域	第2種低層住居専用地域
指定建ぺい率	60%
指定容積率	200%

※実測数量から提供公園予定面積340.38㎡
を控除した面積

【計画概要】

用途	共同住宅
構造	鉄筋コンクリート造
階数	地上5階地下3階建
棟数	6棟
延べ面積	32,169.42㎡
住戸数	247戸

Ⅲ　争　点

　本件の争点は，本件各更正処分のうち原告らの申告に係る課税価格及び贈与税額を超える部分並びに本件各賦課決定処分の適法性であり，具体的には，上記の課税価格等を計算する基礎となる原告受贈不動産の価額を評価通達に定められた評価方式によって評価したものとすることが相続税法22条の規定の許容するところであるか否かが争われた。

Ⅳ　当事者の主張

1　国の主張

(1)　評価通達評価

　本件不動産の価額は，次のとおり，評価基本通達の定めにより評価した72,062,340円である。

1,022,868円×（11,345.91㎡（実測地積）－1,561.63㎡（公衆化道路））＝10,008,026,915円

1,230,000円（正面路線価）×0.84（奥行価格補正率）×0.99（不整形地補正率）＝1,022,868円

10,008,026,915円×（1,022,868円×185.88㎡（北側方面）×10%（減額割合）＝9,989,013,845円

9,989,013,845円－51,200,000円（埋蔵物調査費用64百万円×80%）＝9,987,813,845円

9,937,813,845円×20/2,784（持分）＝71,392,340円

71,392,340円＋670,000円（建物固定資産税評価額）＝72,062,340円

①　本件不動産の相続税評価額は，72,062,340円であると認められるとこ

ろ，本件甲土地の近隣における公示価格及び取引事例を基にこれらと比較して本件不動産の土地の時価（客観的交換価値）を算定すると，107,316,471円となる。

1,526,781円（公示価格）×9,784.28㎡（公衆化道路控除後）×20/2,784＝107,316,471円

したがって，本件不動産の相続税評価額は，客観的交換価値とみるべき合理的な範囲内にあり，特別な事情があるとは認められない。

② 本件贈与の日において，本件マンションの各区分所有者が，敷地の持分を出資し，建替え事業完了後にそれぞれの出資に見合った価額の新築住戸を取得する方式を採用した建替えが行われる蓋然性が高いことから，請求人が主張する不動産鑑定会社が作成した平成19年7月25日付の不動産鑑定評価書の鑑定評価額23,000,000円は，本件不動産の将来性を考慮し，土地の財産価値に重きを置く積算価額を比準価額より重視すべきであるところ，積算価額は参考程度としていることから，本件マンションの建替え計画の存在を適切に反映したものとはいえず，本件不動産の客観的交換価値（時価）を評価した価額であるとは認められない。

(2) 贈与税に係る課税実務においては，評価通達において財産の価額の評価に関する一般的な基準を定めて，画一的な評価方式によって贈与により取得した財産の価額を評価することとされている。このような方法が採られているのは，贈与税の課税対象である財産には多種多様なものがあり，その客観的な交換価値が必ずしも一義的に確定されるものではないため，贈与により取得した財産の価額を上記のような画一的な評価方式によることなく個別事案ごとに評価することにすると，その評価方式，基礎資料の選択の仕方等により異なった金額が時価として導かれる結果が生ずることを避け難く，また，課税庁の事務負担が過重なものとなり，課税事務の効率的な処理が困難となるおそれもあることから，贈与により取得した財産の価額をあらかじめ定められた評価方式によって画一的に評価することとするのが相当であるとの理由に基づくものと解される。

そして，評価通達に定められた評価方式が贈与により取得した財産の取得

の時における時価を算定するための手法として合理的なものであると認められる場合においては，上記のような贈与税に係る課税実務は，納税者間の公平，納税者の便宜，効率的な徴税といった租税法律関係の確定に際して求められる種々の要請を満たし，国民の納税義務の適正な履行の確保（国税通則法1条，相続税法1条参照）に資するものとして，相続税法22条の規定の許容するところであると解される。さらに，上記の場合においては，評価通達の定める評価方式が形式的にすべての納税者に係る贈与により取得した財産の価額の評価において用いられることによって，基本的には租税負担の実質的な公平を実現することができるものと解されるのであって，同条の規定もいわゆる租税法の基本原則の1つである租税平等主義を当然の前提としているものと考えられることに照らせば，評価通達に定められた評価方式によっては適正な時価を適切に算定することのできない特段の事情があるとき（評価通達6参照）を除き，特定の納税者あるいは特定の財産についてのみ評価通達に定められた評価方式以外の評価方式によってその価額を評価することは，たとえその評価方式によって算定された金額がそれ自体では同条の定める時価として許容範囲内にあるといい得るものであったとしても，租税平等主義に反するものとして許されないものというべきである。

2　原告の主張

本件不動産の価額の算定に際しては，以下のとおり，評価基本通達により難い特別な事情がある。

①　一般的なマンションの売買は，区分所有建物の専有床面積に着目して行われているが，評価基本通達の定めによりマンションを評価する場合には，マンションが共有財産であり，単独所有の建物とその敷地に比し，制約があるということが考慮されず，マンションの土地部分と建物部分を区分し，それぞれ別個の不動産として価額を算定することとなるから，建物の専有部分の床面積に対応するその敷地面積が広大な本件マンションの時価の算定を評価基本通達の定めにより行うと売買の実態と乖離した非常に高い価額となる。

②　本件マンションは，築50年の旧日本住宅公団が供給した団地型マンションで，住戸面積は狭く，建物も経年劣化し，給排水設備は陳腐化し，エレベーターはなく高齢者に対応した構造にはなっておらず，今日の水準からみると居住性能は著しく不十分な建物である。

③　本件マンション不動産の価額は，本件鑑定評価額とするのが相当である。被告は，本件マンションの建替えが行われる蓋然性が高かったことが考慮されていないから，本件鑑定書の信用性はない旨主張するが，客観的にみて建替え事業が確実に実現するであろうと判断できるのは，建替え決議がなされた平成19年10月28日以降であり，本件贈与の日においては，建替えの検討・計画段階にすぎず，建替えが確実に実現すると判断できる状況ではない。

相続税法第22条は時価主義をとっているから，本件不動産の評価額の判断は，贈与時点の本件不動産の客観的交換価値によるべきであり，本件贈与の日には，建替えが行われる蓋然性が高かったとはいえないから，被告分庁の主張は失当である。

④　税務署の事前確認

平成19年4月5日，筆者は，かねて原告から相談を受けていた原告のマンションの贈与に係る贈与税の取扱いについて，渋谷税務署に事前相談に赴いた。筆者の「渋谷税務署事前相談記録」には，「路線価評価すると土地共有持分が大きいため約6,600万円，等価交換金額は路線価割戻で8,000万円，売買事例価額だと2,000万円位なのであまりにも差額がある。」等の旨を述べたところ，資産課税部門担当者は，「通常の方法でやるしかないと考えられる，鑑定評価という方法もあります。」旨の回答を受けた。

V　裁判所の判断

1　第一審判決

相続税法22条は，贈与により取得した財産の価額につき，同法第3章において特別の定めがあるものを除き，当該財産の取得の時における「時価」に

よるべき旨を定めているところ，ここにいう時価とは，当該財産の客観的な交換価値をいうものと解される。

　ア　評価通達に定められた評価方式は宅地及び家屋の時価を算定するための手法としての一般的な合理性に疑いを差し挟む余地は特段見当たらない。

　イ　これに対し，原告らは，評価通達にはマンションの敷地に関する固有の評価方法が定められていないことから，その使用，収益，処分に大きな制約があるマンションの敷地であっても更地と同視され，路線価方式によりその価額が評価されることになるところ，マンションの実際の取引価格は，専有部分の床面積，築年数，設備内容等の建物の現状を重要な要素として決定されているから，敷地の価額を路線価方式により評価してマンションの価額を算定したとしても，マンションの時価を表すことにはなるとは限らず，とりわけ老朽化が進んで取引価格が下落したマンションでは，路線価方式による敷地の評価額がマンションの時価を大きく上回るという現象が容易に生じ得るなどとして，評価通達に定められた評価方式はマンションの価額を算定するための手法として不合理であると主張する。

　しかし，評価通達が区分所有に係る財産の各部分の価額の評価に関する定め（評価通達3）を置いていることからすれば，評価通達に定められた評価方式は，共有財産の持分の価額の評価に関する定め（評価通達2）とあいまって，マンションの価額を評価することをも想定していると解されるし，一概にマンションといっても，その立地や規模，築年数等において多種多様なものがあることに照らすと，個別具体的な事情を考慮することなしに，前記アのとおり宅地及び家屋の時価を算定するための手法としてその合理性に疑いを差し挟む余地の認められない評価通達に定められた評価方式がおよそ一般的にマンションの価額を算定するための手法として不合理であるということは，適当ではなく，原告らの指摘するような問題は，個別の事案ごとに，評価通達に定められた評価方式によっては適正な時価を適切に算定すること

マンション敷地評価事件　　359

のできない特段の事情があるかどうかを判断するに当たって斟酌されることになるものというべきである。

　本件管理組合は，阪神淡路大震災の発生を契機の一つとして，平成8年2月から，地震に対する耐震強度不足への不安と建物の老朽化に伴う不具合の発生を理由に，建替え委員会を設置し，建替えについての検討を開始して，平成13年6月からは，隣接する土地にある区分所有建物との一体建替えによる高層化も検討されたが，同計画については，平成17年に検討が打ち切られた。この間の平成15年5月に本件管理組合が住宅の区分所有者である組合員に対して実施したアンケートにおいては，「住宅が狭い」，「地震が心配」等の理由を挙げて建替えを希望する意見が，97名の組合員から回収した90の回答のうちの86パーセントである77を占めていた。

　平成18年2月18日，本件管理組合の臨時総会が開かれ，住宅の「建替え推進決議」等の決議がされた。「建替え推進決議」については，組合員総数92名（議決権総数148票）中の出席と取り扱われる83名（議決権数134票）のうち賛成が82名（133票），反対が0名（0票），無効が1名（1票）であった。上記の臨時総会においては，上記の決議のほか，隣地との境界の確定についての組合員の同意，建替え推進委員会の設置及び建替え事業のパートナーとしての鹿島建設の選定に関する決議もされ，境界の確定に関する議題については，本件管理組合の理事が，他の境界部分に関しては現状ではトラブルとなっている場所はない旨の説明をした。

　平成19年6月30日，第7回住宅建替えに関する地権者勉強会が開かれ，70名が出席し，建替え推進委員会及び鹿島建設が作成した同日付けの「住宅建替え計画第7回勉強会資料」が配付された。本件勉強会資料の「資料3住戸選定のルール（案）」には，「皆さまの現住戸の資産評価額を手持ちポイントとします。」，「ポイントの単価は，概算で1ポイントあたり約4.5～約4.7万円です。」

　　評価通達に定められた評価方式による本件各不動産の評価額が本件各贈
　　与時における本件各不動産の時価を上回っているといえるか

前記の本件ポイント表では，現在の資産の評価として，原告甲のマンションは2000ポイントと評価され，原告乙のマンションは1800ポイントと評価されており，本件勉強会資料とも併せると，ポイントについては，鹿島建設との間での金銭による清算の基礎ともされ，関係する税の額を試算する基礎ともされているところ，原告らに係る上記のポイントの数に前記の1ポイント当たりの金額の概算値のうちの最小値である4万5000円を乗じると，原告甲のマンションの価額は9,000万円，原告乙のマンションの価額はいずれも8,100万円と算定されることになる。

　本件マンションの建替えが実現する蓋然性が相当程度に高まっていたというべき当時の状況の下で，評価通達に定められた評価方式による本件各不動産の評価額が本件各贈与時における本件各不動産の時価を上回っていると直ちに認めることはできない。

2　控訴判決要旨

　相続税法22条は，贈与等により取得した財産の価額を当該財産の取得の時における時価によるとするが，ここにいう時価とは当該財産の客観的な交換価値をいうものと解される（最高裁平成二〇年（行ヒ）第二四一号同二二年七月一六日第二小法廷判決・裁判集民事第二三四号二六三頁）。

　ところで，相続税法は，地上権及び永小作権の評価（同法23条），定期金に関する権利の評価（同法24条，25条）及び立木の評価（同法26条）については評価の方法を自ら直接定めるほかは，財産の評価の方法について直接定めていない。同法は，財産が多種多様であり，時価の評価が必ずしも容易なことではなく，評価に関与する者次第で個人差があり得るため，納税者間の公平の確保，納税者及び課税庁双方の便宜，経費の節減等の観点から，評価に関する通達により全国一律の統一的な評価の方法を定めることを予定し，これにより財産の評価がされることを当然の前提とする趣旨であると解するのが相当である。そして，同法26条の2は，各国税局に土地評価審議会を置き，同審議会が土地の評価に関する事項で国税局長から意見を求められたも

のについて調査審議し，当該意見を踏まえて土地評価をすることによって土地評価の一層の適正化を図るものである。同条も，多種多様であり時価の評価が必ずしも容易なことではない土地評価につき，その意見を土地評価審議会に委ねるものであり，同法の上記趣旨に沿う規定であると解される。

同法の上記趣旨を受けて，国税庁長官は財産評価基本通達を定め，この通達に従って実際の評価が行われている。

同法の上記趣旨に鑑みれば，評価対象の不動産に適用される評価通達の定める評価方法が適正な時価を算定する方法として一般的な合理性を有するものであり，かつ，当該不動産の贈与税の課税価格がその評価方法に従って決定された場合には，上記課税価格は，その評価方法によっては適正な時価を適切に算定することのできない特別の事情の存しない限り，贈与時における当該不動産の客観的な交換価値としての適正な時価を上回るものではないと推認するのが相当である（最高裁平成二四年（行ヒ）第七九号同二五年七月一二日第二小法廷判決・民集六七巻六号一二五五頁参照）。」。

以上によれば，本件各贈与時にはJ住宅の建替えが実現する蓋然性が高かったというべきであるから，本件各贈与時においてJ住宅の建替えの実現性に不透明な部分があったということはできず，評価通達が定める評価方法によっては適正な時価を適切に算定することができない特別の事情が存在したということはできない。したがって，上記建替えを前提として評価通達が定める評価方法に従って本件各不動産を評価して決定された課税価格は，贈与時における本件各不動産の客観的な交換価値としての適正な時価を上回るものではないと推認される。そうすると，本件各贈与時においてJ住宅の建替えの実現性に不透明な部分があるとして上記建替え前の客観的な交換価値を算定する本件各鑑定評価額は，その前提を欠くというべきであるから，本件各鑑定評価額に基づく原告らの主張は，本件各不動産につき評価通達による評価方法によっては適正な時価を適切に算定することのできない特別の事情をいうに足りないことは明らかである。

したがって，本件各贈与時にはJ住宅の建替えが実現する蓋然性が高かっ

たと認められることからすると，原告らの主張は，その前提を欠くものであるから，本件各不動産について評価通達による評価方法によっては適正な時価を適切に算定することのできない特別の事情があると認めることはできず，評価通達の定める評価方法による本件各不動産の評価額が本件各贈与時における本件不動産の客観的な交換価値としての適正な時価を上回らないとの推認を覆すに足りない。

　以上によれば，評価通達の定める評価方法による本件各不動産の評価額は，本件各贈与時における本件不動産の客観的な交換価値としての適正な時価を上回るものとは認められない。

　控訴人らは，評価通達に定める評価方式はマンションの評価方法としてそもそも不適切である上，本件各贈与がされた時期はJ住宅の建替え計画に係る建物基本計画案が承認されていたにすぎず，本件一括建替え決議がされていないのであるから，J住宅の建替えが実現する蓋然性が高いとはいえないため，本件各不動産については評価通達による評価方法によっては適正な時価を適切に算定することができない特段の事情が認められるというべきであり，また，控訴人らには課税逃れの意思は全くないのであって，控訴人らが本件各不動産を贈与等する場合に建替え後の客観的な交換価値に対し課税すれば足り，実質的には課税上の弊害が生じないのであるから，本件各不動産については評価通達によるのではなく取引事例比較法という控訴人ら提出に係る鑑定評価の方法により評価をすべきであり，それにもかかわらず，評価通達に定める評価方式には一般的な合理性に疑いを差し挟む余地はなく上記特段の事情があるとはいえないとした原審の判断は，実質的には老朽化マンションを新築マンションと同様に評価するものであり，不当であるなどと主張する。

　しかしながら，区分所有財産の評価の手法を定める評価通達3が，個別具体的な事情を考慮することなく一般的にマンションの価格を算定する手法としてそれ自体合理性を欠くとまでいうことはできず，むしろ本件各不動産のように建替えのために一旦取り壊して更地にすることが予定されているマン

ションの価格の算定手法としては，かえって合理的なものであるといえる上，本件各不動産の評価について個別具体的な事情を考慮して検討しても，上記引用に係る原審の認定事実によれば，本件各贈与がされた時期には本件一括建替え決議がされていないものの，その約３か月前には本件管理組合の臨時総会において本件基本計画案を承認する旨の決議がされたところ，組合員総数104名のうち同決議に反対する者は一人もいなかったのであり，その約四か月後には本件各不動産はポイントによって等価交換契約における譲渡価格が具体的に示されていたことからすると，本件各贈与の時点において既にJ住宅の建替えが実現する蓋然性が高かったと認めるのが相当である。当該認定事実を前提とすれば，本件各不動産の客観的な交換価値は建替えを前提とするものになったというべきであり，それにもかかわらず，控訴人らが主張する本件各鑑定評価額は，取引事例比較法に基づく比準価格によって建替え前の客観的な交換価値を算定するものであるから，その前提を欠くというほかない。現に，控訴人らは，本件各贈与の約一年後には，等価交換契約に基づき本件各更正処分に係る課税価格を優に超える価格で本件各不動産を譲渡しているのであるから，本件各不動産について，昭和33年に建築されて耐震基準も満たさず老朽化の進んだ建替え前のものを前提として評価するのは，かえって，課税の公平性の確保という観点からしても相当ではない。そのほかに控訴人らの当審における主張を改めて十分に検討しても，控訴人らが多々指摘する建替えに関する阻害要因については，上記補正の上引用する原判決が指摘するとおり，その具体性を欠くものであってマンションの建替えに当たって生ずる一般的な懸念の域を超えるものではなく，また，貸宅地と同様に70パーセントの評価減を行うべきとする当審の追加主張もその根拠を欠くものである。そのほかの主張を含めて控訴人らの主張の実質は，J住宅の建替えの蓋然性が高くなかったことを前提とするものに帰するものであって，上記判断を左右するに至らない。

3 最高裁判所

⑴ 本件上告を棄却する。

⑵ 本件を上告審として受理しない。

Ⅵ 検 討

マンション建替え事業の現場で税務相談をさせて頂いている筆者の立場からと，また裁判の補佐人として提出した証拠資料及び意見書は全く判決でふれて頂けなかったものをご紹介して本件の問題点を検討する。

1 取引価額との比較

⑴ 高層マンションの評価通達　評価と取引価額との比較

マンションの価格は土地価格＋建物価格でなく，近隣の専有面積あたりの単価で決　まり，階層と方角により変わるということが裏付けされる。

高層階になればなるほど財産評価基本通達と売買取引価格との差額が発生する。実際の高層マンションの財産評価基本通達評価と取引価額との比率表は次のように19.6％〜42.4％　となっている（平成21年分の取引事例による。）。

（単位：円）

マンション名	土地	建物評価	㋐財産評価基本通達評価	㋑取引価額	比率㋐／㋑
Ⓐ	37,749,934	8,451,446	46,201,380	109,000,000	42.4％
Ⓑ	37,749,934	8,219,911	45,969,845	109,000,000	42.2％
Ⓒ	21,081,918	10,432,337	31,514,255	85,000,000	37.1％
Ⓓ	24,302,275	12,025,923	36,328,198	124,800,000	29.1％
Ⓔ	8,868,412	8,603,777	17,472,189	89,000,000	19.6％
					平均 34.08％

(2) 本件マンションの場合

本件マンションの新築後の販売価格は甲199,000千円，乙124,400千円とされている。これに対する財産評価基本通達評価は甲58,471,683円，乙79,344,375円である。

これの比較表は次になる。

氏　　名	①販売価格	②財産評価通達評価	比　率（②／①）
甲	199,000千円	79,344千円	39.8%
乙	124,400千円	58,471千円	47.0%

② 判決による時価8,170万円と評価通達評価による比率は次になる。

氏　　名	Ⓐ時　　価	Ⓑ財産評価通達評価	比　率（Ⓑ／Ⓐ）
甲	90,000千円	72,062千円	80.0%
乙	81,000千円	64,881千円	80.1%
		平均	80.0%

時価と財産評価通達評価額との比率は，甲乙平均の80％と高層マンション売買価格と財産評価比較表のⒺの19.6％である。これを比較すると19.6％分の80％は実に4倍の開きが生じることになる。

また判決では，上記新築のマンションの評価の方が安くなることに対し次のように判断している。

「原告らは，評価通達に定められた評価方式によると，住宅の住戸の価額が新築で床面積も広い新住宅の住戸の価額を上回るという社会常識に反する帰結になるとも主張するが，新住宅においては総戸数の増加等により各区分所有者の敷地に対する持分の割合が住宅におけるそれよりも減少していることなどからすれば，原告らの主張は，上記に認定判断したところを直ちに左右するものとはいい難い。」

等価交換は，土地を一部売却をして，新築建物を購入する建替え手法である。余剰容積があったため，従前土地の持分から計算すると80㎡の土地を所有しているから評価が高くなるのである。新築後の販売価額が相続税法22条の客観的交換価であろうから，新築したマンションは時価の評価通達による

366　第2部　事例研究　相続税1

評価は40％である。

品川芳宣教授は「マンションの敷地の自分の持分が60㎡あると言っても，その60㎡を自由に処分できるわけではないので，その持分に対する利用が非常に制限されるわけですね。そういう制約された持分と制約のない宅地と同じように評価するやり方は非常に，問題があるからこそ，宅地持分価額＋建物の価額＝取引価額にはならないわけです。」[4]と指摘されている。

築50年の古ぼけた雨漏りのするマンションが時価との比率では80％である。この大きな差は租税平等主義の範囲内であろうか。

租税平等主義の平等とは何をもって平等としているのか，実質的な平等は，どんな場合も平等である。しかし形式的な平等は，不平等を平等として扱っている。これを実質的平等と改めるべきである。

評価通達は法律でもない，所詮，通達。あまねく通達平等主義それが租税平等主義にはならない。

形式的でなく，実質的に公平平等でなければならない。高層マンションの相続税評価とか，本件マンションのように土地持分の大きい老朽化したマンションのように，実態とかけ離れているため評価通達は形式的な平等である。租税平等主義は実質的平等でなければならないはずである。

2　蓋然性について

(1)　他地区の建替え事業

本件マンションは事業化できた珍しい事例であり，リーマンショック等の経済変動により中断している建替え事業や，建替え決議が成立しても大震災の影響により中断しているところもあり，建替え事業は経済変動を大きく受けやすい事業であることを認識せず，たまたま事業が順調に推進できたから蓋然性が高いと結果論で判断している。個別の地権者との合意形成の大変さを全く理解していない。

---

(4)　品川芳宣・緑川正博「相続税財産評価の論点」（ぎょうせい平成9年）109頁

(2)　住宅管理組合理事長のあいさつ草稿

平成21年3月，管理組合解散時のあいさつ草稿を証拠資料として提出した。草稿の中で，建替え事業の大変であったことについて次の3点を挙げている。

① 近隣への対応

② 借家人の退去

③ 難攻地権者との交渉

※①の近隣への対応は割愛する。

(3)　借家人については，「本件マンションの地権者は，平成18年8月頃から本件建替え事業の実現に向け借家人との間の賃貸借契約終了に向けて準備を進めていたものであり，借家人の存在が必ずしも本件建替え事業の実現の大きな障害になっていたとは言い難い」と国側は主張している。

当時の状況は，平成20年4月時点，退去状況協議中6件係争中1件とあり，7件の借家人が交渉中であった。

訴訟となった借家人家主の「断行の仮処分」の手続きをとることになっており，これを理事長の意見で取りやめになり，平成20年12月にやっと退去した。贈与時点の平成19年6月と7月で立ち退き交渉は全く進んでおらず，建替え事業に対して借家人の存在が大きく立ちはだかっていたことが判断できる。

(4)　地権者との個別契約の合意形成

平成19年10月の建替え決議に欠席された区分所有者が1名存在した。その権利者とは鹿島の担当者は交渉不可能となり，担当部長が出て来たこと，管理組合の担当理事全員で交渉にあたったこと，平成21年1月14日から2月26日の契約まで連日のように電話や手紙を出し，理事長以下理事がいかに大変な思いをして契約まで持って行ったかが明らかにされている。

贈与時点平成19年6月と7月頃にはこの難攻地権者は隠れていて表にはいなかった。牙を隠して自分の番が来たら牙をむく準備をしていた，それが平成21年1月からのことである。このような地権者が必ず5％から10％位はいるために建替え事業は進まないのである。

368　第2部　事例研究　相続税1

本件マンションの建替え事業が稀にみる速さで事業化できたのは，難攻地権者が少なかったからである。

　平成21年2月に契約にたどり着けた地権者が存在することは平成19年4月の基本計画案時には判明せず，等価交換契約を一人一人締結する段階で初めて自分は反対であることを強烈に主張してくる。事業が推進しないとわからないものである。

　平成19年4月の基本計画案時に本件建替え事業の蓋然性が高かったとはとても考えられない。

　相続税22条は時点課税であり，その後の事情を斟酌するには，確実であるといえる事実が必要である。建替え事業で，借家人の存在，地権者の合意形成交渉は着手していない時期であり，建替え事業が確実であるという事実は贈与時点では存在はしていない。

⑸　マンション建替え事業の現場

　最近のマンション建替え事業は建築費が高騰して，それが保留床価額にまだ反映されておらず次のような状況である。

・事業協力会社は選定されたが，区分所有法の建替え決議に至らない。

・区分所有法の建替え決議は行ったが，その後の経済変動から，事業が中断している。

・区分所有法の建替え決議・権利変換計画の認可は行われたが，その後の経済変動から，工事会社が決まらず着工が遅れている。

　確実性の高い建替え事業であるはずの権利変換手法でさえ建替え事業が頓挫している。

⑹　従前資産評価額の提示

　鹿島が従前資産額をポイントで提示をしているから蓋然性が高いと判断しているが，区分所有者との同意を取るためには，早い段階から建替え事業の従前資産評価額はお伝えしているものである。そうでないと権利者から不平不満が続出して合意形成の交渉にも入れない。従前資産評価額は早めに提示するので，これをもってとても事業の蓋然性が高いとは考えられない。

⑺　事前買取

　鹿島が事前に買い取った8,170万円の契約が成立しているからといってこ
れも事業の蓋然性が高いとも考えられません。よく事業現場に行くとゼネコ
ン名義の隣接地やマンションの数部屋を所有している例は枚挙にいとまがな
いほどである。事業推進のため管理組合から頼まれたり，独自の判断で買い
取ったりしているものである。この事前買い取りをもってまた蓋然性が高い
とはとても判断できないものである。

⑻　マンション建替え研究所主任研究員の意見書

　業者は，等価交換契約をすべての区分所有者と締結しないと既存建物の解
体工事や再建建物の新築工事に入ることができないため，通常は各区分所有
者と締結する等価交換契約は，全区分所有者との等価交換契約が締結される
ことを停止条件とした契約となる。すなわち，区分所有者の中において，1
名でも等価交換契約の締結に応じない者がいる場合には，等価交換契約は発
効しないわけであり，当然ながらその後の工事等の業務も進まないことにな
るわけである。

　建替え決議時点では建替えに賛成したものの，その後，事業会社との等価
交換契約の締結を拒絶する区分所有者が存在する可能性があることである。
こうした事態は，相手方は事業会社に対して，主としてより高い金額の提示
を求めることで発生するが，中には，もともと建替え計画には反対であった
ものが，敢えて建替え決議に賛成をしたのちに，等価交換契約を拒むことで
事業の妨害を図る可能性が考えられるわけである。

　マンションの建替えの円滑化等に関する法律による建替えの場合には，建
替え決議後に，権利変換計画についての決議があり，この決議に非賛成の場
合にも建替え組合は売渡し請求権を行使できることから，こうした区分所有
者がいる場合でも法的に対応することが可能であるが，等価交換方式で建替
えをする場合には，このようなケースでは対応ができない。

⑼　不動産会社　常務執行役員　蓋然性について意見書

　任意の等価交換事業である限りにおいては，共有物の処分に該当する敷地

利用権（土地所有権）の共有持分の譲渡となる等価交換契約は，すべての区分所有者との契約締結が完了することが等交換契約の成立条件であることから，建替え事業であっても等価交換事業の手法により実施された建替えの蓋然性の有無については，すべての区分所有者との等価交換契約成立時点と考えるのが妥当であるべきといえる。

⑩　大学院教授及び弁護士の意見書

等価交換契約であるので法律的には交換契約のみである。交換契約による建替え，民法の建替えで区分所有者全員が，同意したときである。区分所有法や建替え法の建替えではないので，これらを完全に区分する必要がある。このことを裁判所も税務署も全くわかっていない。

判決は蓋然性について明確にすべきである。建替え決議の3か月前なのか，6か月前であればどうなのか，蓋然性が高いのはこれとあれとこのような事情があるから高いと説明すべきである。

爾後のことを取り入れるなら，その説明をすべきである蓋然性の高いとしたのはこれである。蓋然性の高いとなる基準を示していない。

実質は等価交換事業であるため全員との個別の等価交換契約完了日が建替え決議である。その前段階である本件では蓋然性は高くはなかった。贈与時で蓋然性が高いとはいえない。ここまできたらほぼ間違いない時点は，それは区分所有者の全員との契約完了日である。平成21年2月である。

共有地の等価契約は全員との契約ができた時点が蓋然性が高いとされる時点である。その証拠に契約書に停止条件が必ず入っている。共有地の交換は民法の規定による。だから停止条件付契約となる。その契約前の段階では蓋然性が高いとはいえない。

民法の共有地の交換である。これで建替えになるというのは全員との等価交換契約が完了した時で後戻りできない時点である。

⑪　意見書からのまとめ

上記各意見書からすると本事件では，建替え決議がされる以前の建替えの蓋然性が全くない時点での権利の贈与となるので，本件マンションの価値は，

それを将来にわたって自己利用することを前提に考えるべきである。本件マンションを現況の状態で使用することになるので，実際に土地上に存在し，区分所有者個人の単独の意思では解体もできない既存建物が存在しなくなることが当然のこととして，戸建用地とは全く違う，土地の共有者の全員の同意がなければ不可能な土地利用を可能と考える，土地のみを従前の利用形態と違う形で有効利用できることを前提とした土地だけの価値を切り出して評価することは，評価の方法としては誤りである。

　土地と建物を現状で利用する前提で取引事例を参考に一体評価することが適正である。

　本事件での建替えの蓋然性に関する認識，老朽中古マンションの資産評価については，贈与時点平成19年7月では原告は本件マンションに居住をしており，日々の生活を送っていた状況であった。贈与時点で建物取壊しの区分所有者全員の同意があったものとした仮定の状況，つまり実際に存在する現存の本件マンションが存在せず，土地の使用収益を制約する権利が一切付着していないものとの条件での，財産評価となっている。建物として社会的経済的に機能を有する請求人が居住していた本件マンションの建物の存在を全く無視したものである。

　法に定められた事項や実際に起きている事象などから判断できる事実を誤認し，また，世の中で一般的になされている行為の妥当性・適正さを理解せずに，一方的な解釈により誤った判断がされたものといえる。

3　開発利益について

(1)　評価通達評価

①　マンションの土地の持分割合を，全体の敷地の時価を算定して，その各人の持分割合をかけて算定するという評価方法である。つまり，マンションの敷地の持分は，それ自体が自由な用途に使用できるものではなく，マンションの敷地利用権としての価値を有するにすぎませんから，土地の利用の汎用性は限定されたことになるという特殊な要因を考えると，通常の更地価

額の評価額を基本とするのであれば，自由な用途利用が制限されている，すなわち，マンション敷地としてのみの利用に限定されているマンションの敷地持分の時価は，更地価額とは異なる減額要素があって当然である。しかしながら更地価額を評価している評価通達は建替え決議の時価である開発利益を含んだ評価となる。

売渡し請求の「時価」は建替えを相当とする状態（建物の老朽化等によりその効用を維持・回復するのに過分の費用を要する状態）での建物及び敷地の価格ではなく，「建替え決議の存在を前提とした（つまり，建替えによって実現される利益を考慮した），区分所有権及び敷地利用権の客観的取引価格」である。

評価通達とは，建替えによって実現されるべき利益（開発利益）を考慮した価額であることになる。

②　判決では，「本件マンションの建替えが実現する蓋然性が高かったと認めるのが相当である。」と判断しているのなら現存建物の取壊し費用を控除しなければならないものを建物の固定資産税評価額で評価して加算しているのも疑問点として挙げられる。

(2)　市街地再開発事業の場合

従前資産の価額（都市再開発法80条1項）は，評価基準日における従前資産の評価額をいうものであり，権利変換計画の決定前の日である評価基準日の時点における近傍類似資産の取引価格その他の諸事情を考慮して定められるべきものと解するのが相当であって，開発利益は，評価基準日後の権利変換計画の認可及び権利変換期日を経た市街地再開発事業の進展及びその完成によって生ずるものである以上，都市再開発法上，従前資産に係る上記「相当の価額」の算定において，評価基準日後の事後的な事情に基づいて発生する開発利益は考慮すべき対象に含まれていないもというべきである[5]。

---

[5]　東京地方裁判所（第一審）平成21年3月37日平成20年（行ウ）第464号
　　従前資産価額増額請求事件
　　控訴審　東京高等裁判所平成21年（行コ）第177号　平成21年11月12日

(3)　判決では，建替えの蓋然性が高くなる時点はいつなのか，建替え推進決議なのか，建替え決議なのか，明らかにしていない。評価通達は開発利益を含めた評価額になるのでこれを含むべきか否かの判断も全くされていない。

　マンションの売渡し請求の時価の判決(2)区分所有法63条４項に基づく売渡し請求（マンション建替えに際して，建替え決議に賛成せず，建替えに参加しない区分所有者に対して，その区分所有権及び敷地共有持分権の売渡しを請求すること）を行う場合の「時価」について，裁判所が具体的且つ明快な基準を示した画期的なものであるといわれている。

　しかしながらこの判決から10年余を経過して，現況のマンション建替え事業の進捗状況を鑑みると，課税上の評価では，建替え決議後においても建替えの実現性・蓋然性に係る不安定要素を価格形式要因とする減額評価を行うべきものであると考えられる。

4　実務対応

(1)　税務当局の質疑応答事例によるマンション用地の評価方法

　マンションの敷地の評価の考えとして税務署の調査段階で嘆願をした。調査段階でなく事前の協議をして個別評価方法として認められる可能性があると考えられる。

　「資産税関係質疑応答事例集（平成13年３月）」及び「資産評価企画官情報第２号（平成４年５月12日）」

　「マンションの敷地の用に供されている宅地の価額は，その敷地全体を評価し，その価額にその所有者の共有持分の割合を乗じた金額によって評価する。この場合，そのマンション敷地に公衆化している道路，公園等の施設の用に供されている宅地が含まれていて，建物の専有面積に対する共有持分に応ずる敷地面積が広大となるため，この評価方法により評価することが著しく不適当であると認められる場合には，その公衆化している道路，公園等の施設の用に供されている宅地部分を除外して評価しても差し支えない。」とされている。

本件のマンションの専有面積42.31㎡で，これに対応する土地共有持分を計算にすると次のようになる。

11,353.53㎡×20／2,784＝81.56㎡

建物専有面積の２倍の敷地面積となるので，上記応答事例のように敷地面積が著しく広大である。

本件マンションの道路部分，通路部分，駐車場スペース部分，寺側入口部分のがけ地と物置と緑地部分，１号棟の北側の緑地と駐車場部分，１号棟から５号棟までの間のすべり台ブランコが置いてある部分，５号棟南側の緑地部分等につきましては，宅地として自由にならない土地である。土地全体面積11,353.53㎡から除外をする。本件マンションの土地利用状況からすると建物の建築されている敷地部分が自由に使用できる土地であり，各棟入口の通路部分を含めた敷地が建物専有面積に対応する土地共有持分になると考えられる。

【マンションの敷地の評価方法】

路線価×所有棟の建物の求積による地積×所有マンション床面積／所有棟建物延べ床面積

(2) 第一種市街地再開発事業

第一種市街地再開発事業において，権利変換期日前までに相続が開始した場合には，実務上，土地及び建物は，従前の土地・建物として評価されており，第一種市街地再開発事業が実現する蓋然性は全く考慮されていない。権利変換期日後において初めて，土地については，施設建築敷地の価額に各人の権利変換後の共有部分の割合を乗じて評価され（施設建築物の工事が完了するまでの期間が１年を超えると見込まれる場合については，その価額の95％相当額によって評価される），施設建築物の一部の給付を受ける権利については，権利変換計画に定めるその権利の70％相当額によって評価されることになる。

このようにマンション建替え事業の特殊性を考慮して明確にする必要がある。残念ながら今回の裁判でこのような評価方法を考案すべきと考えていたが，国は新しい評価方法を裁判において検討することは一切なかった。

(3) 品川芳宣先生　意見書

品川芳宣教授は，判決解説で異議と問題点として次のように述べられている。

「評価通達におけるマンションの評価方法に幾つかの難点があるところ，それらの難点が本件各判決によって解決されたとも考えられない。本件においては，たまたま本件マンションについての一括建替えが進捗しており，各室について新築マンションとの等価交換が顕在化しつつある段階での贈与であったが故に，マンション評価についての問題点が覆い隠されたものとも言える。よって，今後とも，評価通達における中古マンションの評価方法のあり方が検討されるべきである」[6]。

(4)　円滑化法の制定や区分所有法の改正などによって，マンション建替えをめぐる社会的環境は大きく変わりつつある。法整備はいまだ十分なものとはいい難く，実務上の支障も少なくないといわれている。

マンション建替えは建物の区分所有という制度自体の合理性を継続して限られた社会資源の有効利用を図るという公益的，社会政策的観点も包含する（注2の判決の冒頭部分）。

日本の国土は狭い。その限られた土地をさらに有効利用するための建替え事業である。税制も建替え事業を推進しやすいように評価通達の改正をすべきである。税務上の評価方法について機会あるごとに不合理な点をご理解頂き建替えに携わる業界を挙げて評価通達改正を要望してゆくことが重要であると考える。

> 第一審　東京地裁平成25年12月13日判決　Z263—12354
> 控訴審　東京高裁平成27年12月17日判決　Z265—12771

---

(6)　品川芳宣・TKC税研情報26巻2号35頁「建替え検討中のマンションに関し鑑定評価が行われた場合の評価通達適用の可否」〈判例解説〉

歩道状空地の私道供用宅地該当性

長島　弘
・・・・・・・・・・・・・・・・・・・・・・・・・・・・・・
立正大学法学部准教授・税理士

はじめに

　私道の用に供されている宅地（以下「私道」という。）について財産評価基本通達（以下「評価通達」という。）24では，70％の評価減を認めているところ，納税者が相続により取得した「本件歩道状空地」が，評価通達24にいう私道供用宅地に該当しないとして更正された事案について，第一審，控訴審ともに納税者の主張が認められなかった事案がある[1]。

　しかしその事案について，最高裁第三小法廷は平成29年2月28日，原審を破棄し高裁に差し戻した。そこでこの最高裁判決の内容を検討する。

I　事案の概要

　本件は，本件被相続人の相続人である原告らが，相続税の申告において，

---

[1]　筆者は既に，拙稿「歩道上空地が財産評価基本通達24の適用される私道供用宅地に該当しないとされた事例」本誌49巻3号16-31頁（以下「前稿」という。）に，第一審，控訴審の批評を記している。紙幅の都合上，本稿では当事者の主張は割愛しているため，それはこの前稿を参照されたい。

原告P1（以下「原告P1」という。）が相続により取得した「本件相模原土地」及び「本件大和土地」（併せて「本件各土地」という。）の価額の算定に当たり，本件各土地の一部は評価通達24に定める私道の用に供されている宅地（以下「私道供用宅地」という。）であるとしたのに対し，相模原税務署長が，上記一部は私道供用宅地には該当せず，本件各土地を貸家建付地として評価すべきとして更正処分及び過少申告加算税賦課決定処分をしたことから，原告らが，これらの処分の取消しを求める事案である。

Ⅱ　前提事実等（争いのない事実，顕著な事実及び弁論の全趣旨により容易に認められる事実）

(1)　本件被相続人は，平成20年3月19日に死亡し，原告らは，本件被相続人を共同相続した（以下「本件相続」という。）。原告P1は本件被相続人の長男，原告P2は本件被相続人の二女であり，原告P3，原告P4及び原告P5はいずれも本件被相続人の長女の子で，代襲相続人である。

(2)　本件被相続人の相続財産の中には本件各土地が含まれていたところ，本件相続開始時の本件各土地の状況は次のとおりである。

ア　本件相模原土地について（別紙5参照）

(ア)　本件相模原土地は，共同住宅3棟（以下「本件相模原共同住宅」という。）の敷地となっており，その西側において市道2線と接面し，その北側においても市道と接面している。

(イ)　本件相模原土地のうち，西側の市道沿いの一部及び北側の市道沿いの一部には，インターロッキング舗装が施された幅員2mの歩道状空地（別紙5見取図の塗潰し部分。以下「本件相模原歩道状空地」という。なお，これとは別に，道路名が塗潰されている。）が整備されている。

(ウ)　本件相模原歩道状空地の南端は，本件相模原共同住宅のうち最も南側に位置する建物の敷地内にある居住者用の駐車場の出入口に接面している。

(エ)　本件相模原土地のうち，本件相模原歩道状空地を除く通路部分は，本

件相模原歩道状空地と同様にインターロッキング舗装が施され，本件相模原土地と一体として整備されている。

本件相模原土地の概要

1　本件相模原土地の見取図　　　　　　　　　　　　　　　（別紙5）

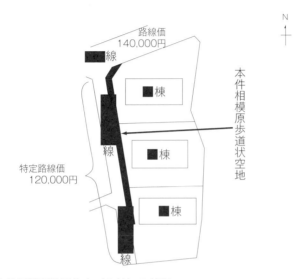

2　本件相模原共同住宅（3棟）の状況　　　　　　　　　（単位：㎡）

区分	①敷地面積	②建築面積	③建ぺい率 (②/①)	④延面積	⑤容積率 (④/①)
A	456.4	137.88	30.21%	312.96	68.57%
B	492.27	141.37	28.71%	312.96	63.57%
C	486.37	134.39	27.63%	312.96	64.34%
合計	1435.04	—	—	—	—

（注1）上記の各面積は，建築計画概要書に記載の面積による。
（注2）本件相模原土地の建築基準法第53条《建ぺい率》第1項の規定による建築物の建ぺい率は60%である。
（注3）本件相模原土地の建築基準法第52条《容積率》第1項の規定による建築物の容積率は160%である。

イ 本件大和土地について（別紙6参照）

㋐ 本件大和土地は，共同住宅8棟（以下「本件大和共同住宅」といい，本件相模原共同住宅と併せて「本件各共同住宅」という。）の敷地となっており，その西側において市道とそれぞれ接面している。

㋑ 本件大和土地のうち，南側の市道沿いの部分，西側及び東側の市道沿いの一部は，インターロッキング舗装が施された幅員2mの歩道状空地（別紙6見取図のの塗潰し部分。以下「本件大和歩道状空地」といい，本件相模原歩道状空地と併せて「本件各歩道状空地」という。なお，これとは別に，道路名が塗潰されている。）が整備されている。

㋒ 本件大和土地内にある居住者用の駐車場から南側沿いの市道へ出入りすることは，本件大和歩道状空地を通過することのみにより可能となっている。

㋓ 本件大和土地のうち，本件大和歩道状空地を除く通路部分は，本件大和歩道状空地と同様にインターロッキング舗装が施され，本件大和土地と一体として整備されている。

本件大和土地の概要

1 本件大和土地の見取図 　　　　　　　　　　　　　　　（別紙6）

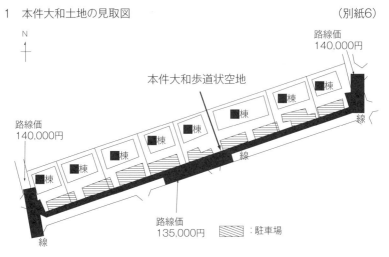

2　本件大和共同住宅（8棟）の状況　　　　　　　　（単位：㎡）

区分	①敷地面積	②建築面積	③建ぺい率 （②/①）	④延面積	⑤容積率 （④/①）
1	370.39	122.59	33.09%	201.68	54.45%
2	487.49	132.64	27.20%	221.78	45.49%
3	645.64	203.34	31.49%	328.98	50.95%
4	353.60	122.59	34.66%	201.68	57.03%
5	370.60	131.90	35.59%	201.68	54.41%
6	779.89	274.74	35.22%	462.46	59.29%
7	407.14	119.97	29.46%	215.04	52.81%
8	447.81	132.64	29.61%	221.78	49.52%
合計	3862.56	―	―	―	―

（注1）上記の各面積は，建築計画概要書に記載の面積による。

（注2）本件大和土地の建築基準法第53条第1項の規定による建築物の建ぺい率
は50%である。

（注3）本件大和土地の建築基準法第52条第1項の規定による建築物の容積率は
80%である。

(3)　原告らは，平成20年5月25日付けで，本件相続に係る遺産分割協議を
し，原告P1が本件各土地及び本件各共同住宅の所有権を取得した。

Ⅲ　争　点

　本件の争点は，本件各歩道状空地が評価通達24の適用される私道供用宅地
に該当するか否かである。

Ⅳ　裁判所の判断

第一審
1　認定事実

　前記前提事実に加え，証拠及び弁論の全趣旨によれば，以下の事実が認め
られる。

⑴　**本件相模原土地について**

ア　本件被相続人は，本件相模原土地を含む自己所有地について，本件相模原共同住宅の建築を企図し，平成14年11月21日付けで，相模原市長に対し，都市計画法30条１項に基づく開発行為の申請を行い，相模原市長は，同法32条に定める協議及び同意を経た上，同月22日付けで，上記開発行為を許可した。その後，本件被相続人は，平成15年５月９日付けで，上記開発行為に関する工事が上記開発許可の内容に適合している旨の検査済証の交付を受けた。

イ　本件相模原歩道状空地は，上記の本件相模原土地等の開発行為において整備されたものと認められる。すなわち，相模原市長が開発許可をした平成14年当時，相模原市には本件相模原指導要綱が定められており，本件相模原指導要綱30条には，「開発者は，開発等事業区域が接する道路に道路構造令（中略）第11条に規定する幅員の歩道が設置されていない場合において，予定建築物の用途が共同住宅（地階を除く階数が３以上のもの），事務所，店舗，集会場等のときは，当該道路の境界から開発等事業区域内に幅員２ｍ（括弧内省略）以上の空地を確保し，歩道の形態として整備し，管理を行うものとする。」と定められていたところ，都市計画法32条に定める協議や同意については，実務上は，本件相模原指導要綱に添った開発事業であれば，原則として，開発許可がされることになっていたことから，本件相模原歩道状空地は，この要綱を踏まえた相模原市の指導に基づき整備されたものと認められる。

ウ　本件相模原土地は，本件相続開始時点において，本件相模原共同住宅の敷地となっており，その西側において市道２線（いずれも幅員４ｍ）と接面し，その北側において市道（幅員6.06m〜8.01m）と接面している。本件相模原土地のうち，西側の市道沿いの一部及び北側の市道沿いの一部には，インターロッキング舗装が施された幅員２ｍの本件相模原歩道状空地が整備されている。

エ　本件相模原歩道状空地とこれに接する市道３線との間には，若干の段差があるものの，特に出入りを遮るものはなく，外観上，車道脇の歩道とし

て，居住者等以外の第三者も利用可能な状態となっている。また，本件相模原歩道状空地は，遅くとも平成25年4月以降は，近隣の相模原市立鶴園小学校の通学路として指定され，児童ら約50名が通学に利用している。

オ　本件相模原共同住宅の3棟の建物敷地の各用途地域は，いずれも第1種中高層住居専用地域であり，建築基準法上の容積率は160％，建ぺい率は60％である。

カ　本件相模原歩道状空地は，建築基準法42条1項及び同条2項並びに道路法3条に定める道路のいずれにも該当しない。

キ　本件相模原共同住宅の建築確認（建築基準法6条1項参照）に当たり提出された建築計画概要書においては，本件相模原歩道状空地を含む本件相模原共同住宅の敷地面積を基に建ぺい率等が算出されている。

また，原告P1は，本件相続開始後である平成21年12月28日，同人が代表取締役を務めるダイレクト21に本件相模原共同住宅及び本件相模原土地を譲渡しているところ，当該譲渡における本件相模原土地の価格算定に当たり，本件相模原歩道状空地は，本件相模原共同住宅の敷地と同一の単価で評価されている。

ク　本件相模原歩道状空地については，地方税法348条2項5号に定める公共の用に供する道路に該当するとの認定を受け，平成22年度以降，固定資産税等が非課税とされている。

(2)　**本件大和土地について**

ア　本件被相続人は，本件大和土地を含む自己所有地について，本件大和共同住宅の建築を企図し，うち4棟については平成14年10月29日付けで，残りの4棟については平成15年6月6日付けで，それぞれ，大和市長に対し，都市計画法30条1項に基づく開発行為の申請を行い，大和市長は，同法32条に定める協議及び同意を経た上，平成14年11月7日付け及び平成15年6月17日付けで，上記各開発行為を許可した。その後，本件被相続人は，平成15年4月16日付け及び同年11月14日付けで，上記開発行為に関する工事が上記開発許可の内容に適合している旨の検査済証の交付を受けた。

イ　本件大和歩道状空地は，上記の本件大和土地等の開発行為において整備されたものと認められる。すなわち，大和市には開発許可の基準の細目に関する都市計画法施行令25条2号ただし書の運用基準について定めた「都市計画法施行令第25条第2号ただし書の運用基準」（平成12年11月1日施行，同14年4月1日一部改正。以下「本件大和運用基準」という。）があり，本件大和運用基準では，開発区域が接する前面道路の幅員が4m以上で，開発区域の面積が1000平方m以上の場合には，開発区域に接する前面道路部分に沿って，当該道路を含み幅員6m以上を通行可能な道路状に整備することとされている。そして，都市計画法32条に定める協議や同意については，実務上は，本件大和運用基準に添った開発事業であれば，原則として，開発許可がされることになっていたところ，本件大和土地等の開発の面積はいずれも1000平方m以上であることから，本件大和運用基準を踏まえた大和市の指導に基づき，本件大和土地の南側沿いの市道（幅員4m）と併せて幅員が2mの本件大和歩道状空地を整備したものであると認められる。

なお，上記開発行為に当たり，本件大和土地の西側と東側に位置する土地について，都市計画法40条2項による帰属を原因として被相続人から大和市に所有権移転をしている。これは，当時，大和市には，本件大和運用基準のほか，本件大和指導要綱（平成11年4月1日施行）があり，詳細な改正等の経緯は不明であるものの，同法13条(8)において，「道路後退　開発区域に接する既存道路が6m未満の場合にあっては，道路の中心線から開発区域側に水平距離3m（中略）の線まで後退し，帰属又は寄附することを原則とする。」とされていることから，同規定を踏まえた大和市との協議において，上記所有権移転をすることとしたものと考えられる。

ウ　本件大和土地は，本件相続開始時点において，共同住宅8棟（本件大和共同住宅）の敷地となっており，その西側において市道（幅員3.14m），その東側において市道（幅員5m）及びその南側において市道（幅員4m）とそれぞれ接面している。本件大和土地のうち，南側の市道沿いの部分，西側の市道沿いの一部及び東側の市道沿いの一部は，インターロッキング舗装

が施された幅員2mの本件大和歩道状空地が整備されている。本件大和土地内にある居住者用の駐車場から市道へ出入りすることは，本件大和歩道状空地を通過することのみにより可能となっている。

エ　本件大和歩道状空地とこれに接する市道との間には，若干の段差があるものの，特に出入りを遮るものはなく，外観上，車道脇の歩道として，居住者等以外の第三者も利用可能な状態となっている。また，本件大和歩道状空地は，遅くとも平成25年4月以降は，近隣の大和市立西鶴間小学校の通学路として指定され，児童ら約35名が通学に利用している。

オ　本件大和共同住宅の8棟の建物敷地の各用途地域は，いずれも第1種低層住居専用地域であり，建築基準法上の容積率は80％，建ぺい率は50％である。

カ　本件大和歩道状空地は，建築基準法42条1項及び同条2項並びに道路法3条に定める道路のいずれにも該当しない。

キ　本件大和共同住宅の建築確認に当たり提出された建築計画概要書においては，本件大和歩道状空地を含む本件大和共同住宅の敷地面積を基に建ぺい率等が算出されている。

ク　本件大和歩道状空地については，地方税法348条2項5号に定める公共の用に供する道路に該当するとの認定を受け，平成22年度以降，固定資産税等が非課税とされている。

2　検　討

(1)　以上の認定事実を前提として，本件各歩道状空地が評価通達24の適用される私道供用宅地に該当するか否かを検討する。

この点，評価通達24は，私道供用宅地の価額は，自用地の価額の100分の30に相当する価額によって評価する旨及びこの場合において，その私道が不特定多数の者の通行の用に供されているときは，その私道の価額は評価しない旨を定めているが，ここにいう「私道」がいかなるものかについて，同通達上は明記されていない。

そこで検討すると，私人が所有する道という広い意味で私道を捉えた場合，その中には，例えば，複数の建物敷地のいわゆる接道義務を満たすために当該各敷地所有者が共有する道であって建築基準法上の道路とされているものもあるであろうし，他方において，宅地の所有者が事実上その宅地の一部を通路として一般の通行の用に供しているものもあり得るところである。このうち，前者は，これに隣接する各敷地の所有者が，それぞれその接道義務を果たすために不可欠のものであるから，個別の敷地所有者（すなわち私道の一共有者）の意思により，これを私道以外の用途に用いることには困難を伴うといえるし，また，道路内の建築制限（建築基準法44条）や私道の変更等の制限（同法45条）も適用されるのであって，その利用には制約があるものである。これに対し，後者は，宅地の所有者が宅地の使用方法の選択肢の一つとして任意にその宅地の一部を通路としているにすぎず，特段の事情のない限り，通路としての使用を継続するか否かは当該所有者の意思に委ねられているのであって，その利用に制約があるわけではない。

　このような違いを宅地の価額の評価という観点からみた場合，前者については，上記のような制約がある以上，評価通達24が定めるように，所定の方法により計算された価額の30％で評価することとし，それが不特定多数の者の通行の用に供されているためにより大きい制約を受ける状況にあるといえるときにはその価額を評価しないとすることには，合理性があるものということができる。しかしながら，後者については，そもそもかかる制約がなく，特段の事情がない限り，私道を廃止して通常の宅地として利用することも所有者の意思によって可能である以上，これを通常の宅地と同様に評価するのがむしろ合理的というべきである。そうすると，評価通達24にいう「私道」とは，その利用に上記のような制約があるものを指すと解するのが相当である。

　この点，評価通達24を解説した文献（乙28[2]）においては，同通達の定め

---

[2]　判決からは，詳細は明らかではない。

386　第2部　事例研究　相続税2

につき，次のような解説がされているが，これは上記検討と基本的に同様の考えに出たものであり，既に述べた前者の場合に類するものとしてア及びイが，後者の場合に類するものとしてウが例に挙げられているものと解される。

　ア　私道のうち不特定多数の者の通行の用に供されているものについては，〔1〕当該私道について第三者が通行することを容認しなければならず，〔2〕私道内建築の制限により，通行を妨害する行為が禁止され，〔3〕私道の廃止又は変更が制限されること等の制限があり，取引実態からみても，かかる場合には私道の減価[3]を100％としている事例が多いことなどから，私道の価額を評価しないこととしたものである。

　イ　専ら特定の者の通行の用に供されているものは，その使用収益にある程度の制約はあるものの，所有者の意思に基づく処分の可能性が残されていることなどから，所定の方法により計算した価額の30％の相当額によって評価することとしたものである。

　ウ　敷地の所有者が当該敷地の一部を公道に通じる通路としてのみ使用している場合には，当該通路部分は自用地としての評価を行い，私道としての評価は行わない。

　(2)　そこで，本件各歩道状空地が評価通達24の適用される私道供用宅地に該当するか否かを検討する。

　まず，本件各土地は，いずれも公道に接しているのであり，本件各歩道状空地は，接道義務を果たすために設けられたものではない。したがって，本件各歩道状空地の利用について，私道としての建築基準法上の利用制限が課されることになるわけではない。

　本件各歩道状空地が設けられたのは，相模原市や大和市から，要綱等に基づき歩道部分を設けるように指導されたことによるものであるが，かかる指導がされることとなったのは，本件被相続人が，本件各土地上に，それぞれ共同住宅を建築するべく，都市計画法に基づく開発行為を行うこととしたた

---

[3]　原文は，「原価」となっていた。

めである。すなわち，本件各土地の利用方法として様々な選択肢があり得る中で，本件被相続人は，上記開発行為をすることを選択したのであって，その結果，上記指導を受けて，本件各歩道状空地を設けることとなったものであるところ，かかる指導によって本件各歩道状空地を設けることを事実上やむなくされたことをもって仮に制約と評価する余地があるとしても，かかる制約は，それを受入れつつ開発行為を行うのが本件各土地の利用形態として適切であると考えた上での選択の結果生じたものということができる。しかも，本件各土地は，本件被相続人が所有し，原告らが相続したものであり，その利用形態は同人らが決定し得るものであって，同人らが，その意思により，本件各土地の利用形態を変更すれば，上記のような制約を受けることもなくなるのであるから，通常の宅地と同様に利用することができる潜在的可能性とそれに相応する価値を有しているといえる。また，制約の態様についてみると，本件各土地においては，歩道としての供用が求められているにすぎないし，しかも，本件各歩道状空地も含めて建物敷地の一部として建ぺい率等が算定されているのであって，つまるところ，同部分は，所定の容積率の建物を建築し得るための建物敷地としての役割をも果たしており，それに相応する価値を現に有していると考えられるところである。

　この点，前記(1)でみた，複数の建物敷地の接道義務を満たすために当該各敷地所有者が共有する私道の例などでは，個別の建物敷地所有者が当該敷地の利用形態をどのように選択しようと，当該私道を私道以外の用途に用いることは困難というべきであるし，また，私道部分と建物敷地部分は区別されており，前者を建ぺい率等算定のための建物敷地として用いることもできない（建築基準法施行令2条1項1号参照）。

　以上のような事情に照らすと，評価通達24が想定している私道に課せられた制約の程度と，本件各歩道状空地に課されている上記の制約の程度は，大きく異なるものといわざるを得ないのであり，前記(1)で検討したところをも勘案すると，後者の程度の制約しかない本件各歩道状空地をもって，評価通達24の適用される私道供用宅地に該当するということはできないものという

388　第2部　事例研究　相続税2

べきである。

　付言すると，現に，本件相模原歩道状空地については，前記１(1)キのとおり，原告Ｐ１がダイレクト21に本件相模原共同住宅及び本件相模原土地を譲渡した際の本件相模原土地の価格算定に当たって，他の敷地部分と同一の単価で評価されているところである（なお，上記譲渡価格の算定に係る別件相模原鑑定書は，原告らの担当者とは別の法人税調査担当者がダイレクト21に対する法人税の実地調査において収集したものを，本件の担当者が調査資料として収集・保管したものであるところ，原告らは，相続税の調査において，全く別人格の法人であるダイレクト21に対する調査において別部門の調査担当者が入手していた資料を，本件の調査担当者が収集することは，調査における裁量権の範囲を逸脱するから，別件相模原鑑定書は違法収集証拠として本件訴訟から排除されるべきである旨主張するが，更正処分における調査（通則法24条参照）の手段・方法は，課税庁の合理的な選択に委ねられており，課税庁が内部において既に収集した資料を検討して正当な課税標準を認定することも上記選択に係る裁量の範囲内であると解されるから，この点に関する原告らの主張を採用することはできない。）。

　(3)　原告らは，本件各歩道状空地は，近隣の小学校の通学路として指定されており，私道としての負担を強いられているなどと主張する。しかし，上記通学路としての指定は，本件相模原歩道状空地については相模原市立鶴園小学校により，本件大和歩道状空地については大和市立西鶴間小学校ないし大和市教育委員会によってされるものであるが，いずれについても，通学路の指定に当該歩道状空地ないし私道の廃止又は変更を規制する権限はなく，仮に通学路として使用することができなくなった場合には，隣接する道路や迂回できる道路などを新たに通学路として指定することになるというものであることが認められ，評価通達24が想定するほどの制約が課せられているとはいえない。

　また，原告らは，甲25，26の各調査報告書によれば，本件各歩道状空地はいずれも私道供用宅地として評価すべきであり，その減価は100％である旨

主張する。しかし，上記各調査報告書は，本件各歩道状空地を私道として評価すべきであるとする根拠として，主として条例によって歩道として整備することが義務付けられていることを挙げるのみであり，これまで検討してきたところと異なる見解を前提とするものであるから採用することはできない。

さらに，原告らは，本件各歩道状空地について，公共の用に供する道路として固定資産税等が非課税とされていることから，相続税についても同様に取り扱うべきである旨の主張をする。しかしながら，公共の用に供する道路について固定資産税を非課税とする旨を定める地方税法348条2項の規定は，同項各号において非課税とされている他の固定資産と同様に，主として，固定資産の性格及び用途に鑑み，固定資産税を非課税とすべきものを定めたものであると解されるところであり，同項によって固定資産税が非課税とされたとしても，必ずしもその財産的価値がないことを意味しないというべきであって，相続税についても同様に取り扱うべきであるとはいえない。

その他，原告の主張するところを検討しても，本件において，既に述べたところを左右するだけの事情があるとはいえない。

3　本件各処分の適法性について

これまで説示してきたところ及び弁論の全趣旨によれば…本件各処分は適法であるというべきである。

控訴審(4)

①　控訴人らは，イ(5)は法令等に基づく制約を予定しておらず，所有者の意思による現況の変更の可能性があっても，減価評価することを許容してい

---

(4)　控訴審は，原審を引用し，その判断を支持しているが，以下のように一部加筆修正をしている。

(5)　控訴審判決には，原判決21頁12行目末尾の次に加える指示があるのみであり，原本での確認ができないため正確な挿入箇所は不明であるが，内容等から，原判決「2　検討(1)」中の評価通達24を解説した文献（乙28）に記載されているア～ウの中のイに関するものと思われる。

ると読むべきである旨主張する。しかしながら，乙28は，私道供用宅地，すなわち，その利用に上記のような制約がある宅地のうち，不特定多数の者の通行の用に供されているものと特定の者の通行の用に供されているものとをア及びイとして区別したものと解されるから，控訴人らの主張は採用できない。

②(6)〔この点について控訴人らは，相続税法22条が財産の価額は当該財産の取得の時における「時価」によるとし，評価通達1(2)が時価とは「財産の現況に応じ」て認められる価額をいうとしているにもかかわらず，控訴人らが全く予定していない，将来の本件各歩道状空地の利用形態の変更をも考慮することは誤りである旨主張する。しかしながら，上記潜在的可能性は，利用形態の変更が制限されていない本件各歩道状空地の現況（現時点における客観的可能性）にほかならず，控訴人らの主観的事情によって左右されるものではないから，控訴人らの主張は採用できない。〕

③(7)（控訴人らは，本件各歩道状空地を除いても建物を建てることができることを理由として，本件各歩道状空地が上記価値を有することを否定する主張をするが，現に上記のとおりの算定がされている以上，本件各歩道状空地が建物敷地としての役割を果たしており，それに相応する価値を現に有していることは明らかであるから，控訴人らの主張は採用できない。）

④(8)　控訴人らは，東京地裁平成26年10月15日判決及び東京高裁平成18年4月20日判決を引用し，道路状宅地のうち，専ら特定の者の通行の用に供さ

---

(6)　前記同様，原判決22頁21行目の「いえる」の次に加える指示があるのみであるが，内容等から，原判決「2　検討(2)」中の「本件各土地は，本件被相続人が所有し，原告らが相続したものであり…通常の宅地と同様に利用することができる潜在的可能性とそれに相応する価値を有しているといえる。」の「いえる」と「。」の間に挿入されるものと思われる。また，元の段落番号は(6)である。

(7)　前記同様，原判決22頁26行目の「ところである」の次に加える指示があるのみであるが，内容等から，前掲注(6)挿入箇所の次の文「また，制約の態様についてみると，…それに相応する価値を現に有していると考えられるところである。」の「ある」と「。」の間に挿入されるものと思われる。

(8)　前記同様，原判決25頁3行目末尾の次に加える指示があるのみであるが，内容的には挿入箇所の特定は不要と思われるので，特定しない。

れているものについては，法令上の制約の有無にかかわらず，私道供用宅地と認定し，30％相当額で評価するのが税務当局の実務であるとも主張する。しかしながら，これらの判決は，私道供用宅地であることに争いのない点で，本件とは事案が異なるし，これらの判決から，専ら特定の者の通行の用に供されている道路状宅地であれば，それを私道供用宅地と認定するのが税務当局の実務であると認定することもできない。

上告審

1～3は略

4　原審は，上記事実関係等の下において，要旨次のとおり判断して，本件各処分は適法であり，上告人らの請求をいずれも棄却すべきものとした。

私人が所有する道を私道と捉えた場合，〔1〕建物敷地の接道義務を満たすために建築基準法上の道路とされるものは，道路内の建築制限（同法44条）や私道の変更等の制限（同法45条）などの制約があるのに対し，〔2〕所有者が事実上一般の通行の用に供しているものは，特段の事情のない限り，私道を廃止して通常の宅地として利用することも可能であるから，評価通達24にいう私道とは，その利用に〔1〕のような制約があるものを指すと解するのが相当である。

本件各歩道状空地は，建築基準法等の法令上の制約がある土地ではなく，また，本件各歩道状空地が市から要綱等に基づく指導によって設置されたことをもって上記〔1〕のような制約と評価する余地があるとしても，これは被相続人がそれを受入れつつ開発行為を行うのが適切であると考えた上での選択の結果生じたものであり，上告人らが利用形態を変更することにより通常の宅地と同様に利用することができる潜在的可能性と価値を有するから，評価通達24にいう私道供用宅地に該当するとはいえない。

5　しかしながら，原審の上記判断は是認することができない。その理由は，次のとおりである。

(1)　相続税法22条は，相続により取得した財産の価額は，当該財産の取得

の時における時価による旨を定めているところ，ここにいう時価とは，課税時期である被相続人の死亡時における当該財産の客観的交換価値をいうものと解される。そして，私道の用に供されている宅地については，それが第三者の通行の用に供され，所有者が自己の意思によって自由に使用，収益又は処分をすることに制約が存在することにより，その客観的交換価値が低下する場合に，そのような制約のない宅地と比較して，相続税に係る財産の評価において減額されるべきものということができる。

そうすると，相続税に係る財産の評価において，私道の用に供されている宅地につき客観的交換価値が低下するものとして減額されるべき場合を，建築基準法等の法令によって建築制限や私道の変更等の制限などの制約が課されている場合に限定する理由はなく，そのような宅地の相続税に係る財産の評価における減額の要否及び程度は，私道としての利用に関する建築基準法等の法令上の制約の有無のみならず，当該宅地の位置関係，形状等や道路としての利用状況，これらを踏まえた道路以外の用途への転用の難易等に照らし，当該宅地の客観的交換価値に低下が認められるか否か，また，その低下がどの程度かを考慮して決定する必要があるというべきである（この二重下線部分は，裁判所ウェブサイトから公表されている判決において，下線が引かれている箇所である。）。

(2)　これを本件についてみると，本件各歩道状空地は，車道に沿って幅員2mの歩道としてインターロッキング舗装が施されたもので，いずれも相応の面積がある上に，本件各共同住宅の居住者等以外の第三者による自由な通行の用に供されていることがうかがわれる。また，本件各歩道状空地は，いずれも本件各共同住宅を建築する際，都市計画法所定の開発行為の許可を受けるために，市の指導要綱等を踏まえた行政指導によって私道の用に供されるに至ったものであり，本件各共同住宅が存在する限りにおいて，上告人らが道路以外の用途へ転用することが容易であるとは認め難い。そして，これらの事情に照らせば，本件各共同住宅の建築のための開発行為が被相続人による選択の結果であるとしても，このことから直ちに本件各歩道状空地につ

いて減額して評価をする必要がないということはできない。

(3)　以上によれば，本件各歩道状空地の相続税に係る財産の評価につき，建築基準法等の法令による制約がある土地でないことや，所有者が市の指導を受け入れつつ開発行為を行うことが適切であると考えて選択した結果として設置された私道であることのみを理由として，前記(1)において説示した点について具体的に検討することなく，減額をする必要がないとした原審の判断には，相続税法22条の解釈適用を誤った違法があるというべきである。

6　したがって，原審の判断には判決に影響を及ぼすことが明らかな法令の違反があり，論旨はこの趣旨をいうものとして理由がある。原判決は破棄を免れない。そして，本件各歩道状空地につき，前記5(1)において説示した点について更に審理を尽くさせるため，本件を原審に差し戻すこととする。

Ⅴ　考　察

相続税法22条のは，「相続，遺贈又は贈与により取得した財産の価額は，当該財産の取得の時における時価」とあり，評価通達24において私道の評価について「24　私道の用に供されている宅地の価額は，…定めにより計算した価額の100分の30に相当する価額によって評価する。この場合において，その私道が不特定多数の者の通行の用に供されているときは，その私道の価額は評価しない。」と定められているのみであり，私道該当性の判断基準は何も示されていない。

なおタックスアンサーNo.4622私道の評価では，「私道には，1公共の用に供するもの，例えば，通抜け道路のように不特定多数の者の通行の用に供されている場合と，2専ら特定の者の通行の用に供するもの，例えば，袋小路のような場合があります。私道のうち，1に該当するものは，その私道の価額は評価しないことになっています。2に該当する私道の価額は，その宅地が私道でないものとして路線価方式又は倍率方式によって評価した価額の30％相当額で評価します。（以下略）」とされていることから，不特定多数の

者の通行の用に供されている私道は100％評価減，専ら特定の者の通行の用
に供するものは70％評価減が認められる旨，示されている。

　もっとも，評価通達の定めにより計算したものが，果たして真に時価かと
いった問題はあるが，その点はここでは触れず，本件各歩道状空地が，評価
通達24に該当するか否かについて，検討する。

1　裁判所の判断の基準

　第一審及び控訴審の判断（以下「原審等」という。）においては，私道に
ついて二つに分けている。

　①　複数の建物敷地のいわゆる接道義務を満たすために当該各敷地所有者
が共有する道であって，建築基準法上の道路とされているもので隣接する各
敷地の所有者が，それぞれその接道義務を果たすために不可欠のものである
から，個別の敷地所有者の意思により，これを私道以外の用途に用いること
には困難を伴い，また，道路内の建築制限や私道の変更等の制限も適用され，
その利用には制約があるもの

　②　宅地の所有者が事実上その宅地の一部を通路として一般の通行の用に
供しているもので，宅地の所有者が宅地の使用方法の選択肢の一つとして任
意にその宅地の一部を通路としているにすぎず，特段の事情のない限り，通
路としての使用を継続するか否かは当該所有者の意思に委ねられているので
あって，その利用に制約がなく，特段の事情がない限り，私道を廃止して通
常の宅地として利用することも所有者の意思によって可能であるもの

　そしてこの①について，原則70％評価減であるが，それが不特定多数の者
の通行の用に供されているためにより大きい制約を受ける状況にあるといえ
るときにはその価額を評価しないとしている。また②については評価減は不
要というものである。

　これに対して最高裁は，「私道の用に供されている宅地については，それ
が第三者の通行の用に供され，所有者が自己の意思によって自由に使用，収
益又は処分をすることに制約が存在することにより，その客観的交換価値が

低下する場合に，そのような制約のない宅地と比較して，相続税に係る財産の評価において減額されるべきものということができる」と，使用・収益・処分の制約が存することにより客観的交換価値が低下する場合には評価減し得るものとしている。またその制約については，「建築基準法等の法令によって建築制限や私道の変更等の制限などの制約が課されている場合に限定する理由はなく」と法令等によるものである必要はないとして，「私道としての利用に関する建築基準法等の法令上の制約の有無のみならず，当該宅地の位置関係，形状等や道路としての利用状況，これらを踏まえた道路以外の用途への転用の難易等に照らし，<u>当該宅地の客観的交換価値に低下が認められるか否か，また，その低下がどの程度かを考慮して決定する必要があるというべき</u>」と，判断の要諦は，客観的交換価値の低下の有無及びその程度であるとしている。

2 裁判所引用文献の判断基準

原審等は，乙28を引用して納税者の主張を斥けているが，そこには私道は以下の3つに分類されている。

❶ 私道のうち不特定多数の者の通行の用に供されているもの

❷ 専ら特定の者の通行の用に供されているもの

❸ 敷地の所有者が当該敷地の一部を公道に通じる通路としてのみ使用している場合

そして❶については，第三者の通行容認，私道内建築の制限，私道の廃止又は変更の制限があり，取引実態からも，100％評価減を認めるというものである。一方❷は，その使用収益にある程度の制約はあるものの，所有者の意思に基づく処分の可能性が残されていることなどから，所定の方法により計算した価額の70％評価減としたものであり，❸は評価減なしとしたものである。

3　裁判所の判断基準と上記引用文献との齟齬

　原審等は，一般の通行の用に供しているものであっても，宅地の所有者が宅地の使用方法の選択肢の一つとして任意にその宅地の一部を通路としているにすぎないものは，私道を廃止して通常の宅地として利用することも所有者の意思によって可能であるものとして評価減は不要とするが，これは上記引用文献では❷に該当するはずである。❷は第三者が通行しているが，その利用者も不特定多数ではなく，所有者の意思に基づく処分の可能性が残されているというものである。一方❸は，私道の形状を示していても，敷地の所有者が当該敷地の一部を公道に通じる通路としてのみ使用しているというものであって，現況として何ら利用上の制約もなく，また所有者の意思に基づく自由な処分が可能というものである。

　本件各歩道状空地は，現に不特定多数の第三者が通行し，公道に隣接して事実上公道の歩道として機能している。そうである以上，上記文献の分類でみるならば❸ではなく❷に分類されよう。控訴審は，この点上記分類は，不特定多数の者の通行の用に供されているものと特定の者の通行の用に供されているものにより区分したものにすぎない，すなわち分類の切り口が異なるため，判断材料とはならない旨判示している。しかし切り口は異なるとしても，評価減の根拠としている部分は判断材料になり得よう。もっともこの文献の示した判断基準が正当か否か議論すべきものであるが，裁判所が引用している以上，これに則った反論は許されよう。そもそも不特定多数の者の通行の用に供されているものと特定の者の通行の用に供されているものによる区分は，評価通達24の定めそのものであり，分類の切り口が異なるという判示は正当ではない。

　控訴審は，私道供用宅地，すなわち，その利用に制約がある宅地のうち，不特定多数の者の通行の用に供されているものと特定の者の通行の用に供されているものとを区別したものと解されるとするが，利用に制約がある宅地のみがこの「私道の用に供されている宅地」であるならば，評価通達24はなにゆえ私道としての通行をしている者の不特定か否かのみの差異で規定して

いるのであろうか。評価通達も文理解釈すべきものであり，「私道」という
意味にそのような付加を課すべきではないであろう。

4　本件土地の考慮要素
⑴　本件各歩道状空地に課せられた制約の程度
　国側は，本件各歩道状空地は，法令上の制限を受けておらず，また，開発
許可後に他の用途に転用することについても法令等による規制を受けていな
いのであるから，開発行為の当時，許可権者の指導に原告らの主張するよう
な事実上の拘束力があったとしても，かかる事情は，その後に生じた本件相
続における相続財産の評価に何ら影響を及ぼすものではないと主張する。開
発後にその指導内容と異なるような変更が可能であるとして，評価減が不要
という。また，納税者側が減価は100％である旨主張する根拠としている調
査報告書が，本件各土地の開発当時施行されていなかった条例によって歩道
の設置が義務付けられていたとする点において誤っているとして，その調査
報告書の内容を否定するのは，現行において施行されていたとしても開発当
時施行されていなかった以上，それに制約されないのであるから歩道の設置
義務はないはずという主張である。
　しかし，この主張を肯定すれば，行政指導による制約を真に受け，転用等
をしない事による経済的損失は税負担も含め全て指導をされた側が負担すべ
きという事になるが，行政側の主張として許されるものとは到底思えない。
またこれでは税負担分を回復するために，自由な転用を奨励する事になりか
ねないであろう。
　たしかに法的制約ではない以上，法的にはそれに従わずに自由に転用する
ことが可能であり，この点納税者も認めている。また評価通達24－6におい
て，セットバックを必要とする宅地の評価において70％の評価減を定めてお
り，評価通達としては法的制約について70％評価減と考えているとみること
もできそうではあるが，そうではない。
　何故なら，評価通達24－6の場合というのは，現状の制約ではなく建替え

という将来の制約であり，現状・将来ともに制約されるものならば100％の評価減とされるべきであるからである。上記引用文献において❶の100％の評価減を認めるものとされているものも，この趣旨に合致するものである。

　そもそも，評価通達24は法的制約を要件としているものではないことは，評価通達24の内容から明らかであろう。上記したように，評価通達24は，私道として不特定多数の者の通行の用に供されているものについて100％の評価減を認めているが，これを反対からみれば，不特定多数の者の通行の用に供されていなくとも70％の評価減を認めているものと解される。そしてこの不特定多数の者の通行の用に供されていないものとして，上記タックスアンサーNo.4622私道の評価に，「専ら特定の者の通行の用に供するもの，例えば，袋小路のような場合」とあるが，これは上記❷にあるようにその制約は限定的であるということを前提に規定されている。

　なお原審等は，この行政指導による制約は，被相続人が開発計画を選択した結果というが，それは被相続人の選択であり，相続人の選択ではない。被相続人が遺した財産価額を算定するに当たり，被相続人の選択した結果，価額が減少したものならば減価するのは当然であるところ，この判断には説得力はないであろう。

⑵　**その他の考慮要素**

　原審等は，本件各歩道状空地も含めて建物敷地の一部として建ぺい率等が算定されている点から宅地として機能しているという点を挙げている。確かに上記したように評価通達24－6において，セットバックを必要とする宅地の評価において70％の評価減とされているがこのセットバックを必要とする宅地の場合，建ぺい率等を算定する分母とはなし得ない。この点，本件各歩道状空地は分母となし得るが，各建物はこれを分母として計算して規定を満たしているものではなく，本件各歩道状空地の面積を分母に算入しなくとも充分クリアできるものである。この点，本件各歩道状空地の面積が定かではないため数値にて根拠を示し得ないが，別紙5－6の表をみればわかるように，建ぺい率や容積率の上限まで相当余裕があり，本件各歩道状空地がこの

算定に影響はない事は，すぐに理解できよう。

　原審等において，ある意味，最も心証形成上大きかったであろうと推測できるものが，本件相続開始後である平成21年12月28日，原告が，自身が代表取締役を務める会社に本件相模原共同住宅及び本件相模原土地を譲渡した際に，本件相模原歩道状空地を本件相模原共同住宅の敷地と同一の単価で評価している点であろう。しかし，原則，評価通達により算定されたものが時価であるとされているのであるから，この事は切り離して考えるべきであろう。

5　過去の裁判例の判断基準

⑴　各裁判例の判断基準

以下に各裁判例で示された判断基準を掲げる。

⒜　さいたま地裁平成17年11月30日判決[9]

「評価通達24は，私道を〔1〕公共の用に供するもの，つまり，不特定多数の者の通行の用に供するいわゆる通り抜け道路と，〔2〕袋小路のように専ら特定の者の通行の用に供するいわゆる行き止まり道路とに分け，上記〔1〕に該当するものについては，私有物としての利用が大きく制限され，公共性も強くなり，私道を廃止して宅地となる可能性は極めて小さくなるので評価しないこととし，上記〔2〕に該当するものについては，ある程度の制約はあるが，私有物としての使用，収益，処分は可能であり，特にそのような私道に沿接する土地が同一人の所有に帰属することとなると，私道はその敷地内に包含されて宅地となる可能性があることから路線価の30パーセントに相当する額により評価することとしているものと認められる」

⒝　東京高裁平成18年4月20日判決[10]

「隣接宅地等の特定の関係者の通行の用に供されているものにすぎず不特定多数の者の通行の用に供されているものとはいえないから，被控訴人が本

⑼　税務訴訟資料255号順号10215。LEX/DB 25420344。
⑽　税務訴訟資料256号順号10371。LEX/DB 25450765。

件私道の価額を路線価により計算した価額の30パーセント相当であるとして本件各課税処分をしたことに違法はない」

(C)　神戸地裁平成20年 3 月13日判決[11]

「土地全体が一棟の貸家の敷地として利用されているといえ，原告ら主張のように，上記貸家の借家人らが本件敷地部分を通行していたとしても，それは，本件敷地部分を上記一棟の貸家の敷地として利用しているにすぎないものであり，乙土地のうち本件敷地部分を他と区別して評価する必要性，合理性は認められないから，本件敷地部分は評価通達24に定める私道に該当しない」

(D)　広島地裁平成25年 6 月26日判決[12]

「一般的に「私道」とは「公道」の対義語として，道路として利用されている私有地を指していう用語であるところ，評価通達24の後段が，この「私道」の価額を評価しないとした趣旨は，不特定多数の者によって道路として利用されている私道の場合，道路としての用法に応じて利用されることになり，第三者が通行することを容認しなければならないこと，道路内建築の制限により，通行を妨害する行為が禁止されること，私道の廃止又は変更が制限されることなどの一定の利用制限があり，また，このような私道を含む宅地の売買実例等から見ても私道の減価を100％としている事例が多いという取引実態にあることを踏まえたものと解される。…これに対し，評価通達24の前段にいう「私道」…とは，後段で想定した不特定多数の者が利用する私道とは異なるものであり，具体的には，多数とはいえ，特定の者による道路としての利用の負担だけが想定されているものと解される。そして，そのような私道の場合，第三者との関係における道路としての利用関係の負担が問題となって客観的な交換価額を減じさせられるが，私有物として，所有者の意思に基づく処分の可能性は残されているといえるし，また私道に沿接する

(11)　税務訴訟資料258号順号10919。LEX/DB 25470620。
(12)　税務訴訟資料263号順号12240。LEX/DB 25506395。

土地が私道所有者と同一人の所有に帰属することになると，現在の私道は容易にその敷地内に包含されて，私道ではなくなってしまうことになることから，評価価額がないとするのではなく減額評価するにとどめているものと考えられる。」

　(E)　広島高裁平成25年11月28日判決[13]

　「一般的に「私道」とは，道路として利用されている私有地を指すものであり，評価通達24において減額評価ないし価額評価しないとされることからすると，道路として利用されていることにより宅地としての客観的な交換価値が減じられるようなものを指すと考えられる。そうすると，ここでいう「私道」とは，第三者に道路として利用させている宅地をいうものと解される。そして，評価通達24後段が，私道が不特定多数の者の通行の用に供されているときに，その私道の価額を評価しないとした趣旨は，宅地としての利用が大きく制限され，第三者に道路として利用される状況が変更される可能性が極めて小さいことにあるものと解される。また，評価通達24前段が，上記以外の私道について，「100分の30に相当する価額」で減額評価するとした趣旨は，私道が，不特定多数の者の通行の用に供されていない場合は，私道に沿接する土地を取得することなどにより，第三者に道路として利用される状況が変更される可能性があることによるものと解される。」

　(F)　東京地裁平成26年10月15日判決[14]

　「本件通達は，一般に，私道がその接する宅地と一体不可分の関係にあるものとして利用及び取引がされており，その接する宅地の効用に寄与することによって，私道自体の効用が認められるものであり，私道そのものの効用としては，オープンスペースとしての効用，一時的な占有，駐車スペースとしての利用に加え，抵当権や地役権等の設定が可能であり，また，状況によ

---

[13]　税務訴訟資料263号順号12344。LEX/DB 25506467。
[14]　LEX/DB 25521914。tainsZ264－12544。拙稿「位置指定道路とされている行き止まりの私道の評価」本誌45巻6号44-54頁で紹介した裁判例・裁決の中の第4事案（裁決）の第一審判決である。

り用途の変更が可能である一方，建築基準法や道路交通法の規定の適用を受ける私道については，それぞれにおいて私権の制限を受けることとなるなど，私道には，宅地や路状敷地に比べて低いものの，一定の価値があると認められるが，それは必ずしも一定の水準にあるものではなく，私道のもつ効用の程度等により幅の広いものとなっていることを前提に，私道の用に供されている宅地の評価に当たり，その私道を，〔１〕不特定多数の者の通行の用に供するいわゆる通り抜け道路と，〔２〕袋小路のように専ら特定の者の通行の用に供するいわゆる行き止まり道路とに分け，上記〔１〕に該当するものは，私有物としての利用が大きく制限され，公共性も強くなり，私道を廃止して宅地となる可能性は極めて小さくなるので評価せず，上記〔２〕に該当するものは，ある程度の制約はあるが，私有物としての使用収益は可能であり，特にそのような私道に接する宅地が同一人の所有に帰属することとなると，私道がその接する宅地内に包含されて宅地となる可能性があることから…100分の30に相当する価額によって評価することとしたものである」

(2) 本件の判断基準と過去の裁判例の判断基準

上記裁判例の判断基準をみれば，私有物としての使用収益が可能で，私道に接する宅地が同一人の所有に帰属して私道がその接する宅地内に包含されて宅地となる可能性があるとしても，70％の評価減を認めている。控訴審は「私道供用宅地であることに争いのない点で，本件とは事案が異なる」というが，何故これらの事案において70％評価減とされた私道供用宅地が，本件各歩道状空地とその制約の程度が異なるのか何も示していない。

これまでの裁判例からは，判決が私道と判断する上記（この章の第１項「１　裁判所の判断の基準」の冒頭部分）①は100％の評価減であり，②の中に70％評価減と評価減なしが含まれているものと思われる。

6　最高裁の判断基準

本件最高裁判決は，評価通達を何ら根拠とするものではなく（法源性がない以上，当然ではあるが），相続税法22条が「時価」とあるところ，現に存

する制約の客観的交換価値に対する影響の有無によって決すべき旨，判示している。原審等こだわった制約が法的なものであるか否かという点は，何ら判断基準にはならないとしている。要は相続時点の客観的交換価値である「時価」に，それが影響しているか否かという点を重視したのである。

なお本件において判例となり得る点は，その下線部からは，評価額を減額すべきか否かは，相続時点の客観的交換価値である「時価」の低下の有無及び低下その程度により判断すべきであり，その減額に当たり，宅地の評価減の要否及び程度は，私道としての利用に関する制約の有無のみならず，宅地の位置関係，形状等や道路としての利用状況，用途転用の難易等を総合判断すべきというものであるである。

7 本件最高裁判決の疑問点

この判決は，私見と同じ見解である[15]ことから，この最高裁判決への批判はないが，それでも幾つかの疑問が残る。というのは，これまでの相続税法22条をめぐる最高裁判例では，相続時の現況を重視せず，潜在的可能性から減額を不要とする立場であったと解される。最高裁二小平成22年7月16日判決[16]は，贈与における社団医療法人の出資の評価について，贈与時の定款の規定からは出資者が殆ど払戻しが受けられないこととなっていることから，その時価が低いものとする納税者の主張に対し，定款の変更が可能であることから「仮にある時点における定款の定めにより払戻し等を受け得る対象が財産の一部に限定されるなどしていたとしても，客観的にみた場合，出資社員は，法令で許容される範囲内において定款を変更することにより，財産全体につき自らの出資額の割合に応じて払戻し等を求め得る潜在的可能性を有

---

[15] 前稿において，評価減が認められるべき旨記している。筆者は，相続税法上「時価」であることから，評価通達の適用を当然視する現行の課税実務に疑問を持っており，その意味でこの判決は論理的に正当であるといえよう。

[16] 裁判所ウェブサイト。裁判所時報1512号2頁。集民234号263頁。訟月57巻6号1910頁。税資260号順号11480。筆者は既に，拙稿「みなし贈与／社団たる医療法人の出資持分の評価」本誌5号106-122頁にこの判決の批評を著している。

404　第2部　事例研究　相続税2

するもの」として，評価通達194-2では出資を適切に評価することができない特別の事情はないとし，この同通達の原則的評価方法によるべきとする原審を支持している。

　本件第一審は「本件各土地の利用形態を変更すれば，上記のような制約を受けることもなくなるのであるから，通常の宅地と同様に利用することができる潜在的可能性とそれに相応する価値を有している といえる。」と，また控訴審は「上記潜在的可能性は，利用形態の変更が制限されていない本件各歩道状空地の現況（現時点における客観的可能性）にほかならず，控訴人らの主観的事情によって左右されるものではない」として，すなわち「利用形態を変更することにより通常の宅地と同様に利用することができる潜在的可能性と価値を有する」ものと判断して，原告・控訴人の主張を排斥している。すなわち，潜在的可能性は客観的交換価値である時価の低下をもたらさないという基本的理解に基づくものであるといえるが，それは上記最高裁平成22年判決の判旨に沿うものである。

　対象が異なるとはいえ，最高裁は判断を改めたものといえるのか，それとも事案が異なることから判断を改めたわけではないとみるべきか疑問が残るところである。しかし判例変更ならば，裁判所法10条により大法廷によるべきことになるところ，これが大法廷ではなされていないことから，判断を改めたわけではないと考えるべきであろう（この場合，この両判決の整合性をどうとるかが問題となろう）か，それとも根底にある判断の基準ではあるが元よりこの点は判例ではないとみるべきであろうか。私見は，元々判例は限定的にとらえるべきと解していることから，この後者と考えるが，その場合，根底の判断基準はいずれが正当か疑問が残る。

$$\left(\begin{array}{l} \text{第一審　東京地裁平成27年 7 月16日判決　Z65—12697} \\ \text{控訴審　東京高裁平成28年 1 月13日判決　Z888—2003} \\ \text{上告審　最高裁平成28年 2 月28日判決　Z888—2047} \end{array}\right)$$

消費税法12条の2第1項の「出資の金額」と
労務出資・信用出資の評価の基準ないし評価の標準
―東京国税不服審判所平成29年6月15日裁決（裁決事例集No.107登載）―

馬場　陽

. . . .

弁護士

はじめに

　消費税法9条1項本文は，課税期間に係る基準期間（法人についてはその事業年度の前々事業年度をいう［消費税法2条1項14号］）の課税売上高が1,000万円以下の事業者について，消費税を納める義務を免除する（事業者免税点制度）。この規定によれば，基準期間が存在しない法人は，それだけで免税事業者となる。しかし，基準期間が存在しなくとも，その事業年度開始の日における資本金の額又は出資の金額が1,000万円以上の法人については，消費税法9条1項本文の規定を適用しないとされている（消費税法12条の2第1項）。そこで，基準期間のない法人にとって，消費税法12条の2第1項に定める「資本金の額又は出資の金額」が何を意味するか，その範囲が問題となる。本稿で評釈する東京国税不服審判所平成29年6月15日裁決（裁決事例集No.107登載，以下「本件裁決」という）は，法人の定款に記載された信用出資の評価の基準が上記の「出資の金額」に含まれるとしたが，本件裁決の論理には，疑問がある。

I　事案の概要

　Xは，平成26年1月24日に設立された行政書士法人であり，Xの社員は，A及びBの2名である。Xの定款によれば，設立時の出資の目的及びその評価の基準は，Aが信用1,000万円，Bが信用100万円とされていた。

　Xは，平成26年1月24日から同年12月31日までの課税期間（以下「本件課税期間」という）の消費税及び地方消費税（以下「消費税等」という）について，平成27年3月2日，課税標準額を2,837万9,000円，納付すべき税額を78万9,800円とする確定申告を行った。

　平成28年3月2日，Xは，Xの設立時における出資の金額1,100万円は全部信用であったから，これは消費税法12条の2第1項に規定する「事業年度開始の日における資本金の額又は出資の金額」に含まれず，したがってXについて本件課税期間の消費税等の申告義務は生じていなかったとして，納付すべき税額を0円とすべき旨の更正の請求（以下「本件更正の請求」という）を行った。

　平成28年7月6日，渋谷税務署長は，本件更正の請求に対し，更正をすべき理由がない旨の通知処分をした（以下「本件通知処分」という）。

　そこで，Xは，平成28年10月5日，本件通知処分の全部取消を求め，東京国税不服審判所に審査請求をした。

II　争　点

　信用出資の評価の基準は，消費税法12条の2第1項に定める「出資の金額」に含まれるか。

Ⅲ　国税不服審判所の判断

東京国税不服審判所は，平成29年6月15日付で次のとおり裁決した。

審査請求棄却。

イ　「行政書士法人の社員は信用出資をすることができ，信用出資をする場合には，その評価の基準を定款に記載するよう取り扱われており，Xの定款には，上記…のとおり記載されている。」

ロ　「…行政書士法においては，損益分配及び残余財産の分配について会社法の各規定が準用されており，会社法第622条第1項及び同法第666条は，定款の定めがないときは，損益分配及び残余財産の分配の割合は各社員の出資の価額に応じて定める旨規定し，出資の価額を損益分配及び残余財産の分配の指標としている点において，財産（金銭等）出資者と信用出資者との取扱いに差は設けられていない。」

ハ　「消費税は，消費一般に広く負担を求めるものであり，その趣旨からすると，多くの事業者が納税義務者となるが，零細事業者の事務処理能力（事務負担），徴税コスト，転嫁の実現可能性等の面を考慮し，全ての事業者を納税義務者とするのは適当ではないとして，一定の事業規模以下の小規模事業者については，納税義務を免除することとされている。

消費税法第9条第1項は，事業者が小規模事業者として消費税の納税義務が免除されるべきものに当たるかどうかを決定する基準として，『基準期間における課税売上高』を用いて，事業者の取引の規模を測定し，把握することとしており，新設された法人については，基準期間がないことから，『基準期間における課税売上高』に代わり，事業者の取引の規模を測定する基準として，消費税法第12条の2第1項は，『資本金の額又は出資の金額』を用いることとしている。このように，新設された法人に対し，事業者の取引の規模を測定する基準として『資本金の額又は出資の金額』を用いることとしているのは，『資本金の額又は出資の金額』が一定金額以上ある事業者は取

引の規模が大きく，ひいては，事務処理能力が高いと見込まれるためであると考えられ，加えて，一般的には，事業者の信用が取引の規模に影響を与えると考えられること及び上記ロのとおり，行政書士法が準用する会社法の損益分配及び残余財産の分配の各規定において，財産出資者と信用出資者との取扱いに差が設けられていないことを併せ考えると，新設された法人の事業の規模を測定する基準である『資本金の額又は出資金（ママ）の金額』に信用出資を含めることは，不合理であるとはいえない。」

ニ　「消費税法第12条の2第1項は，新設法人について『当該事業年度開始の日における資本金の額又は出資の金額が千万円以上である法人』と規定しているところ，同項は単に『出資の金額』と規定するのみであり，その『出資』から除外するものを明示した文言はなく，他方，上記イのとおり，行政書士法人の社員は信用出資をすることができるから，同項の適用上，『出資の金額』から信用出資を除くと解することはできない。また，消費税法第12条の2第1項に規定する『出資の金額』と行政書士法上の出資についてこれを別異に解する理由はない。」

ホ　「以上のことから，信用出資は，消費税法第12条の2第1項に規定する『事業年度開始の日における資本金の額又は出資の金額』に含まれ…本件信用出資の額は10,000,000円以上であることから，Xは新設法人に該当し，本件課税期間中に行った課税資産の譲渡につき消費税等を納める義務は免除されない。したがって，本件申告書に記載された納付すべき税額が過大であるとは認められないことから，本件更正請求は，通則法第23条第1項に規定する更正の請求ができる場合に該当しない。」

Ⅳ　評　釈

本件裁決に反対である。

1 本件裁決の構造

⑴ 消費税法12条の2第1項の趣旨

「はじめに」で整理したとおり，消費税法9条1項は，基準期間における課税売上高が1,000万円以下の事業者を免税事業者とする。いわゆる事業者免税点制度である。消費税法12条の2第1項は，基準期間がないために上記の要件を満たす法人のうち，「資本金の額又は出資の金額が1,000万円以上である法人」について，免税点制度の適用を排除する。本件裁決は，その趣旨を「『資本金の額又は出資の金額』が一定金額以上ある事業者は取引の規模が大きく，ひいては，事務処理能力が高いと見込まれるためである」とした。

事業者免税点制度は，「零細事業者の事務処理能力や徴税コストの面を考慮」[1]して設けられた規定である。その趣旨からすれば，設立後間もないために基準期間がない（したがって，基準期間における課税売上高も存在しない）法人であっても，その全部を免税事業者とすることに合理性はない。基準期間がない法人の中には，設立当初から相当の売上高を有する法人もあり，そのすべてが零細事業者とはいえないからである[2]。そこで，消費税法は，「新設法人のうち，一定規模以上」[3]の法人を免税事業者として扱わないこととし，その判定基準を「資本金の額又は出資の金額が1,000万円以上である」ことに求めている。

事業者免税点制度の制度趣旨に関する限り，本件裁決の整理に異論は少ないものと思われる[4]。

⑵ 本件裁決が述べた3つの理由

その上で，本件裁決は，上記の「出資の金額」には，行政書士法人の定款に記載されている信用出資の「評価の基準」が含まれるとした。その理由は，

---

[1] 武田昌輔監修『DHCコンメンタール消費税法』（第一法規，1989年）追録195号，1781の2。
[2] 武田監修・前掲注[1]1781の2参照。
[3] 武田監修・前掲注[1]1781の3。
[4] もちろん，「資本金の額」や「出資の金額」は直ちに法人の事業規模を表すものではないから，立法論としての当否は別途検討の対象となる。

次の３点に要約できる。

① 行政書士法13条の21第１項，第２項は会社法622条（社員の損益分配の割合），666条（残余財産の分配）の規定を準用するところ，会社法は，損益分配及び残余財産の分配に当たり，信用出資者と財産出資者の取扱いに差を設けていない。

② 一般的には，事業者の信用が取引の規模に影響を与えると考えられるから，取引の規模を測定する基準である「出資の金額」に信用出資を含めることは，不合理とはいえない。

③ 消費税法に，「出資」から除外するものを明示した文言はなく，「出資の金額」から信用出資を除くと解する理由はない。

しかし，上記①②③がXの審査請求を棄却する上で説得力のある理由となっているかは疑問である。以下，２で本件裁決への疑問を述べ，３で考え方の整理を試みる。

2 本件裁決への疑問

(1) 内部分配基準としての会社法622条，666条（①への疑問）

本件裁決が述べるとおり，行政書士法13条の21は，社員の損益分配及び残余財産の分配の割合について，会社法622条，666条を準用する。その上で，本件裁決は，これらの規定において信用出資者と財産出資者の間に区別が設けられていないという。

しかし，損益分配や残余財産の分配は，法人の内部問題である。内部問題だからこそ，法人の内部ルールとして定めた定款記載の評価方法をそのまま適用することにも一定の合理性がある。

これに対し，法人の取引の規模を測定する場面では，法人の内部ルールは合理的基準とはなりにくい。例えば，同一人Cの信用について，D法人は100万円，E法人は1,000万円と定款に記載することがあり得るが，他の条件が同一である場合，D法人よりもE法人のほうが「取引の規模が大きく，ひいては，事務処理能力が高い」と考えることに合理性はない。

また，会社法は，一定の場面では，信用出資者と財産出資者を明確に区別する。

例えば，行政書士法13条の21第1項は，会社法622条の外に，会社法611条を準用する。そこでは，「退社した社員は，その出資の種類を問わず，その持分の払戻しを受けることができ」（会社法611条1項），その計算は，「退社の時における持分会社の財産の状況に従ってしなければならない」（同条2項）とされている。

ここで，Fが1億円を出資し，Gが信用を出資して設立した法人があるとする。Gの信用の「評価の標準」（会社法576条1項6号）を財産出資の最低額（仮に，1億円とする）に準ずると定め，その後，大した事業を営む間もなくGが退社したとする。Gは，出資の目的物の「評価の標準」に応じて5,000万円の払戻しを受けられるか[5]。

Gも等しく事業に参加し，会社債権者に対して無限責任を負うことから，これを肯定する見解がある[6]。しかし，このような払戻しを認めることは，金銭等の出資者に対しては出資を思いとどまらせ，労務・信用の出資者に対しては事業の継続を控えさせるなど，どちらに対しても適切なインセンティブを与えない[7]。そこで，多くの学説は，「労務・信用出資の場合には，定款に別段の定めのない限り，会社の純資産が財産出資の総額を超える場合に持分の払戻を受け得る」[8]が，「会社の純財産額が財産出資総額と同額のときには，労務又は信用を出資した退社員は持分として払戻しを受くべき金額を有さず，また純財産額が財産出資総額に達しないときは，その差額である損失を分担する」[9]と解してきた[10]。

このように，会社法は，労務・信用出資者を財産出資者と常に平等に取り

---

(5) 佐藤英明「組合による投資と課税」税務事例研究50号33頁，52頁（1999年）参照。
(6) 神田秀樹編『会社法コンメンタール14』（商事法務，2014年）260頁〔松元暢子〕参照。
(7) 神田編・前掲注(6)7頁〔宍戸善一〕参照。
(8) 上柳克郎＝鴻常夫＝竹内昭夫編代『新版注釈会社法(1)』（有斐閣，1985年）339頁〔古瀬村邦夫〕。
(9) 上柳ほか編代・前掲注(8)339-440頁〔古瀬村邦夫〕。

扱っているわけではない。行政書士法13条の21が会社法622条，666条を準用することは，解釈の決め手とはならないように思われる。

(2) 信用が取引の規模に与える影響（②への疑問）

　2点目として，本件裁決中，「一般的には，事業者の信用が取引の規模に影響を与えると考えられること…を併せ考えると，新設された法人の事業の規模を測定する基準である『資本金の額又は出資金（ママ）の金額』に信用出資を含めることは，不合理であるとはいえない。」と述べる部分も，説得的とは言い難い。

　たしかに，事業者の信用は，一般に取引の規模に影響を与え得る。しかし，ここでの問題は，出資された信用が持つ取引の規模への影響力が，定款記載の「評価の標準」（「評価の基準」）に反映されているか否かである。

　前記のとおり，定款記載の「評価の標準」は，同一人物の信用を100万円とも1,000万円とも評価できる構成員間の内部ルールである。このような内部ルールから，当該信用が持つ取引の規模への影響力を測定することはできないように思われる。

　ここで，本件裁決を支持する立場から，労務・信用出資の「評価の標準」は，利害関係ある他の社員が参加して決定する公正な数値であるから，客観性が担保されており，そこには取引の規模への影響力が反映されているという反論があり得るかも知れない。しかし，定款自治の妙味は，法人内部の分配については評価の客観性いかんにかかわらず内部的決定が尊重されるところにある。そうすると，定款記載の「評価の標準」は，何らの客観性も反映しておらず，出資された信用が持つ取引の規模への影響力を推認させないと考えるべきである。

　次に，労務・信用出資者は，単に業務を執行し又は単に無限責任を負担す

---

(10)　松本烝治『日本會社法論』（巖松堂，1929年）565-566頁，田中誠二『再全訂会社法詳論・下』（勁草書房，1982年）1201頁，宮島司『会社法概説（第3版補正2版）』（弘文堂，2004年）532頁，佐藤・前掲注(5)53頁，山下宣子「労務出資と課税上の評価」立命館法学295号207頁，209頁（2004年）等参照。

消費税法12条の2第1項の「出資の金額」と労務出資・信用出資の評価の基準ないし評価の標準　413

ることをもって出資の内容とすることができる[11]。ところが，労務・信用出資が許される組織においては，財産出資者の多くが業務を執行し（会社法590条），無限責任を負担する（会社法580条1項）。社員による労務・信用の提供という点でまったく同じであるのにもかかわらず，財産出資者の労務・信用は取引の規模を測定する上で一切考慮されることがなく，労務・信用出資者のそれだけが取引の規模に影響を与えるものとして「出資の金額」に反映されるということにも，違和感がある。

こうして見ると，消費税法12条の2第1項は，労務や信用がもたらす取引の規模への影響力を，あえて考慮の外に置いているように思われる。労務・信用の多寡は取引の規模に影響を与えるから消費税法12条の2第1項の適用上考慮されるべきだ，との立論によれば，他にも，業務を執行する社員の数及び使用人の数，無限責任を負う社員の数，そしてその社員が有する資産の額等，事業者免税点制度の適用に当たって考慮すべき要素は数多く存在するはずであるが[12]，消費税法12条の2第1項は，それらの要素を一切考慮せず，画一的に「資本金の額又は出資の金額」という基準のみによって取引規模を測定しようとしているように読める[13]。

そうすると，問題は，消費税法が何ゆえ「資本金の額又は出資の金額」を

[11] 北沢正啓『会社法（第六版）』（青林書院，2001年）840頁，前田庸『会社法入門（第12版）』（有斐閣，2009年）793頁参照。

[12] 武田監修・前掲注(1)1783の2も，免税点の基準として「従業員基準」等が考えられることを指摘する。

[13] なお，消費税法9条の2第3項は，事業者免税点制度の適用に当たり，特定期間中の給与等の合計額をもって課税売上高に代わる要件とする方法を定めているから，消費税法においても法人に提供された労務の大小と取引の量は無関係とされているわけではない。ただ，消費税法9条の2第3項が一定期間におけるフローの合計額をもって免税点の基準とするのに対し，消費税法12条の2第1項は一時点における資本（ストック）の合計額を問題とする点で，両者は別次元の問題を捉えている，と一応は整理できる。もちろん，ストックの量とフローの量は連動するから（例えば，中里実「租税法におけるストックとフローの関係」ジュリスト1410号19頁〔2010年〕参照），問題はそれほど単純ではない。しかし，少なくとも現行税法上，融資を引き出す人の信用や労務を生み出す人の労働力を金銭等と同じストックとして評価する発想はとられていない（本稿Ⅳ3(4)イ参照）。したがって，消費税法9条の2第3項の存在は，消費税法12条の2第1項の解釈に影響を及ぼすものではないと考える。

もって取引の規模を読み取る基準としたのか，その立法趣旨であるが，本件裁決は，この点について十分な検討を加えてはいない。

(3) 商法576条1項6号と出資の価額（③への疑問）

3点目として，本件裁決中，「同項は単に『出資の金額』と規定するのみであり，その『出資』から除外するものを明示した文言はなく，他方，上記イのとおり，行政書士法人の社員は信用出資をすることができるから，同項の適用上，『出資の金額』から信用出資を除くと解することはできない。」と述べる部分も，説得力はない。

例えば，会社法では，本件裁決が依拠した会社法622条，666条の外に，会社法576条1項6号で「社員の出資の目的（有限責任社員にあっては，金銭等に限る。）及びその価額」という文言を使用している。

一般に，会社法576条1項6号にいう「価額」とは，出資の目的物を金銭の額に見積もった評価額であり，労務・信用のように金銭に見積もることが困難なものについては，「評価の標準」を記載すれば足りるとされている[14]。そのような「評価の標準」は，「出資の評価額算定を行うのに不十分な定款記載」でも許される[15]。そうすると，その価値を金銭に見積もることができない労務・信用出資の「評価の標準」は，出資の「金額」を構成しない，という読み方も，文理解釈としては十分成り立つように思われる。

3 「資本金の額又は出資の金額」が意味するもの

以上のとおり，本件裁決が述べる3つの理由は，いずれも説得的とは言い

---

[14] 松本・前掲注[10]484-485頁，上柳ほか編代・前掲注[8]202頁〔大沢康孝〕，大隅健一郎＝今井宏『会社法論　上巻（第三版）』（有斐閣，1991年）65頁，鈴木竹雄＝竹内昭夫『会社法（第3版）』（有斐閣，1994年）551頁等参照。山下・前掲注[10]209頁も同旨か。
　　反対，神田秀樹『会社法（第19版）』（弘文堂，2017年）319頁，奥島孝康＝落合誠一＝浜田道代編『新基本法コンメンタール会社法3（第2版）』（日本評論社，2015年）6頁〔今泉邦子〕。神田，今泉は，金銭以外による出資の評価額・評価方法を定めるのが「評価の標準」であるとする。ただし，今泉も，労務・信用の評価の標準は「金銭的見積のない場合」の評価方法であるとする。
[15] 神田編・前掲注[6]576頁〔大杉謙一〕参照。

難い。それでは，どう考えるべきか。

(1) 払込資本としての資本金

消費税法12条の2第1項にいう「資本金の額又は出資の金額」のうち，「資本金の額」については，会社法に手がかりがある。一般に，会社法445条1項，会社計算規則30条1項等に定める「資本金」は，法技術的概念であり，法令の規定に従って定まる計算上の数額とされる[16]。それは，社員から拠出された払込資本の一部を表す数額であり[17]，その額は，原則として，払込資本の総額と一致する（会社法445条1項，会社計算規則30条1項1号)[18]。

(2) 稼得資本との区別

上記の払込資本は，社員資本（株式会社にあっては，株主資本）の一部となって会社の純資産を構成する。この払込資本とともに社員資本を構成するのが，稼得資本（留保利益）である[19]。稼得資本とは，事業活動によって稼得された利益のうち，出資者に分配されないで留保された部分である。

払込資本と稼得資本は，いずれも自己資本である点で変わらないが，一定期間における会社の成績を明瞭にして会社をとりまく利害関係人の意思決定を適切ならしめるため，計算上区別される[20]。

(3) 労務・信用の特殊性

さて，資本取引によって社員が会社に財産を拠出したとき，会社の資産は増加し，同額の純資産が増加する。ところが，労務や信用は，金銭等の財産

---

[16] 森本滋『会社法（第二版）』（有信堂，1995年）33頁，神田・前掲注[14]298頁，伊藤靖史＝大杉謙一＝田中亘＝松井秀征『会社法（第3版）』（有斐閣，2015年）275-278頁，田中亘『会社法』（東京大学出版会，2017年）413頁参照。

[17] 桜井勝久『財務会計講義（第18版）』（中央経済社，2017年）251-253頁，相澤哲＝葉玉匡美＝郡谷大輔編著『論点解説　新・会社法』（商事法務，2006年）592頁，伊藤ほか・前掲注[16]278頁等参照。平成17年改正前商法の議論について，松本・前掲注[10]96-97頁，大隅健一郎『會社法論』（巌松堂，1941年）132頁，松田二郎『会社法概論』（岩波書店，1968年）71頁等参照。

[18] 桜井・前掲注[17]253頁，江頭憲治郎『株式会社法（第7版）』（有斐閣，2017年）667頁，神田・前掲注[14]298頁参照。

[19] 桜井・前掲注[17]251頁参照。

[20] 飯野利夫『財務会計論（三訂版）』（同文舘，1993年）2の21～2の24，桜井・前掲注[17]61-62頁参照。

と同じように出資できるとはいえ，出資者から切り離して処分することができないから，一般に，資産性がないと考えられている。そのため，労務・信用が出資されたとしても，会社の資産は増加せず，したがって，会社の純資産も増加しない[21]。

　他方で，拠出された労務・信用は，事業活動に供されて損益の獲得に寄与をする[22]。そこでは，損益分配の基準に従って各社員に損益が割り振られ（会社法622条），利益がある場合，各社員は，利益の配当として払戻しを受けるか（会社法621条），又は留保された利益に対して持分を取得する。

　このような労務・信用出資の特殊性が，持分の払戻し（会社法611条）の場面に反映されている。ここでは，労務・信用出資者は，会社に財産出資の総額を超える財産がなければ払戻しが受けられない（本稿Ⅲ2(1)参照）。それが意味するのは，労務・信用出資者は，払込資本の形成に寄与していないということであり，その代わり，払込資本を超える部分（利益の部分）の形成に寄与したものとして，その限りで財産出資者と同等に扱われる，ということである[23]。

---

[21]　沼田嘉穂『完全簿記教程Ⅲ（増補改訂版）』（中央経済社，1983年）73頁，會田義雄『簿記講義（改訂版）』（国元書房，1983年）159頁，飯野・前掲注[20]10-4参照。なお，労務出資の履行請求権を資産として計上し，同額の資本金又は資本剰余金を増加させることは可能である（会社計算規則30条1項2号）。弥永真生『コンメンタール会社計算規則・商法施行規則（第3版）』（商事法務，2017年）225頁参照。

[22]　山下・前掲注[10]209頁は，「財産出資は出資時にストックとして組合内部に留保されるのに対し，労務出資は事業活動（フロー）の中で実現し費消されていく。そしてその結果として超過利潤を生み出し，それが組合の利益となって損益の分配へと繋がるものである。」「現状では労務出資に評価額を付す意味は，超過利潤を生み出す源泉である出資者に対し，その超過利潤部分を帰属させることを当事者間で確認し合うためのものであると考える。」とする。

[23]　これに対し，残余財産の分配（民法688条2項，会社法666条）は，もう少し複雑である。「残余財産」とは，一般に組合債務ないし会社債務を弁済した残りの財産をいうものと解されているが（我妻榮『債権各論・中巻二（民法講義Ⅴ3）』（岩波書店，1962年）848頁，鈴木祿彌編『新版注釈民法[17]』（有斐閣，1993年）190-191頁〔菅原菊志〕，上柳ほか編代・前掲注[8]500頁〔米沢明〕参照），組合債務を弁済し，出資を償還した残りを残余財産とする説もある（松本・前掲注[10]591頁参照）。前説の論者も，立法論としては後説が優れるとする（我妻・本注848頁，鈴木編・本注191頁〔菅原菊志〕参照）。

⑷ 消費税法にいう「出資の金額」

以上のような労務・信用の特殊性に鑑みるならば，消費税法12条の２第１項の「出資の金額」の意味は，次のように解すべきである。

　ア　資本金と売上高の関係

消費税法は，第一に，基準期間の課税売上高を事業者免税点制度の適用を分ける基準とし（消費税法９条１項），第二に，基準期間がない法人について，当該事業年度開始の日における「資本金の額又は出資の金額」をもって第一の基準に代替させている（消費税法12条の２第１項）。

消費税の担税力は，市場取引を介した「消費支出」であるが[24]，これを納税義務者である事業者の側から見て，担税力は「販売能力」である，と説明されることもある[25]。消費税の担税力をこのように理解すれば，過去の課税売上高をもって免税点の基準とする意味はわかりやすい。

それでは，第二の基準はどうか。⑴で見たとおり，「資本金の額」は，法人に出資された資金の多寡を表している[26]。それは，利潤を生み出す事業の元手，企業の元本の大きさである[27]。元本の大きさと販売力や附加価値の関係を単純に考えれば，一般的には，元本が大きいほど販売量も大きくなり，生み出される附加価値も大きくなる，という相関が見出される[28]。したがって，消費税法は，出資者が拠出した元本の多寡が企業の販売力の大小を間接的に表現するという理由から，その数額をもって過去の課税売上高に代わる第二の基準としたものと考えられる。

消費税法12条の２第１項の立法趣旨を上記の点に求めるならば，「資本金の額又は出資の金額」は，いずれも事業の元手として拠出された基金，すな

---

[24]　金子宏『租税法（第22版）』（弘文堂，2017年）737頁，谷口勢津夫「課税対象取引―納税義務者の検討も含めて」日税研論集70号215頁，219-222頁（2017年）参照。

[25]　田中治「納税義務者・課税取引と非課税取引」金子宏編『租税法の基本問題』（有斐閣，2007年）694頁，709頁参照。この他，「附加価値」を担税力とみることもできる（田中・同709頁参照）。

[26]　田中・前掲注⒃415頁は，株式会社の資本金の額が１億円であれば，「過去において会社に１億円の財産が出資されたと推認される」という。

[27]　飯野・前掲注⒇２の21，桜井・前掲注⒄251頁参照。

わち払込資本の額を意味すると読むのが自然である。それは，社員資本の一部として法人の純資産を構成するものであるから，労務・信用出資の「評価の標準」を含まない。持分会社の資本金はもちろん（会社計算規則30条１項参照）[29]，資本金勘定を持たない他の法人の「出資金」等[30]についても，同様の理解が可能である[31]。

　イ　税法における人的資本（human capital）の取扱い

　本件裁決のように，人の労働力や信用の経済的価値を金額で評価し，課税上，金銭等のストックと同等に取り扱うべきだという発想は，人的資本（human capital）を物的資本と統一的に把握すべきだ，という考え方[32]につ

---

[28]　例えば，労働Lと資本Kを生産要素として生産物をy個生産する企業の生産関数を$y=f$ (L, K)と表し，資本以外の生産要素の数値を固定すると（消費税法12条の２第１項は，少なくとも出資以外の方法で事業体に提供された信用や労働の大小を考慮していない。この点につき，本稿Ⅳ２⑵参照），通常は，資本Kの増加に伴って生産量yも増加する関係が認められる（井堀利宏『入門ミクロ経済学（第２版）』［新世社，2004年］141-144頁参照）。

　　「生産要素の投入量を増加させれば生産量は増加すると考えられるから，通常の場合は生産関数fは図のような増加関数であり，そのグラフは右上がりの曲線となる」（武隈愼一『ミクロ経済学（新版）』［新世社，2016年］78頁）。

　　「相対的に資本金が大きければ売上高も大きく原則基準（売上高基準）との均衡が図れる」（武田監修・前掲注⑴1783の２）という記述の意味も同様に理解できる。

[29]　神田編・前掲注⑹７頁〔宍戸善一〕参照。上柳ほか編代・前掲注⑻216頁〔伊沢和平〕も，「資本は財産出資」…「の総額で，労務出資・信用出資を含まない」，「損益計算の基準とするだけであれば，労務出資・信用出資を含んで観念しても差支えなかろう」と述べる。

[30]　一例として，日本税理士会連合会制度部「税理士法人に関するQ＆A（平成24年11月）」（2012年）29頁参照。

[31]　無論，法人の稼得力は，払込資本の大小のみならず，法人の構成員たる自然人の信用や労働力によって影響を受ける（本稿注⑱参照）。しかし，本文イで述べるとおり，税法は，自然人の稼得力をストックと見てこれを物的資本と統一的に取り扱う仕組みをとっていない。消費税法９条の２第３項は，法人に提供された自然人の労働力を免税の判定において考慮するが，そこでは，自然人の労働力は，現実に行われた労働に対して支給されたもの（フロー）として考慮されているに過ぎない（本稿注⒀参照）。要するに，本文アで述べているのは，事業者免税点制度の適用に当たり人の信用や労働力を考慮すべきでないということではなく，消費税法12条の２第１項という条文は事業者免税点制度の適用に当たり人の信用や労働力を考慮していない，ということである。

[32]　所得課税に関するものとして，中里実「human capitalと租税法―研究ノート―（上）」ジュリスト956号104頁（1990年），「同（下）」ジュリスト961号215頁（1990年）参照。

ながっていく。

　そのような考え方は，理論的にも一貫性があるし，立法論としても傾聴すべきものがある。しかし，現行の税法の体系を見る限り，人的資本は，物的資本と同一に扱われてはいない。

　その理由は，概ね次の３点に要約できる[33]。

　第一に，人間の資質を金銭等の資産と並べて取り扱うことが，納税者感情に反するという点である。第二に，人がその稼得力を実際に稼得のために費やすとは限らず，また費やすことを強制すべきでもないという点。そして第三に，人的資本は市場が存在せず，物的資本と比べてその価値を正しく評価することが困難であるために，人的資本への課税を導入した場合，執行面で支障が予想されるという点である[34]。

　これらは，例えば，包括的所得概念によればキャピタル・ゲインが発生しているにもかかわらず，それが未実現の間はその価値を正しく評価することできない[35]とか，「納税者の納得を得がたい」[36]などの理由から，課税を繰り延べるのともよく似ている。しかし，土地等の資産の場合，いずれかのタイミングを捉えてキャピタル・ゲイン（ロス）が実現したものとして扱い，そこで課税上の考慮がなされるのに対し（所得税法59条等参照），現行税法は，人的資本について，そのような実現のタイミングを予定していない。そこでは，人がその稼得力を投下して得た対価（フロー）について課税するのみで，人の稼得力そのもの（ストック）について，その価値の増減を捉えることは

---

[33]　金子宏「所得税の課税ベース」同『所得概念の研究』（有斐閣，1995年）161頁，179-180頁（初出1989年）は，「理論的には，人間を資産としてとらえ，その稼得力の増加をヒューマン・キャピタルの価値の増加，すなわち未実現の所得であると理解することは不可能ではない。」としつつも，①人間は物ではないこと，②将来の時間を稼得に費やすかは各人の自由であること，③人の稼得力を評価するのは困難であり，マーケットにおいて資産として評価する慣行も成立していないことの３点を挙げ，「その増加を所得に含めないと包括的所得税の理念に反することになる，と断定するのは早計である」とする。

[34]　これらに対する反論として，中里・前掲注[32]（上）107頁参照。

[35]　金子・前掲注[33]178頁参照。

[36]　最判平成17年２月１日判時1893号17頁，19頁。

420　　第２部　事例研究　消費税１

制度上予定されていないのである。

このような態度，すなわち，人的資本の価値の増減について実現のタイミングを（あえて）観念しないという態度は，資産の価値が典型的には市場において実現することを前提に，労務・信用は，その属人性ゆえに譲渡されることがないから「一般の資産と同様にみなすことはできない」[37]とか，その拠出は「貨幣価値に換算しうる事実」ではない[38]として勘定から排除する考え方と通底する。そこには，人的資本について市場を観念しないという態度決定がある[39]。

制度間の優劣はともかく[40]，少なくとも，現行税法は，このような建て前によって設計されている。つまり，人の労働力や信用は，税法上も，金銭等の財産と統一的に扱われてはおらず，ストックとしての資本を形成しないものとされている。このような制度下にあって，消費税法12条の2第1項の「出資の金額」から労務・信用を除外することは，不合理ではない。

　ウ　他の法令の場合

税法以外の分野でも，例えば，下請代金支払遅延等防止法（以下「下請法」という）は，取引する事業者の「規模」[41]に着目した上で，それを表す指標として，「資本金の額又は出資の総額」という概念を用いている（下請法2条7項，8項）。

公正取引委員会及び中小企業庁の解釈によれば，下請法に定める「資本金の額又は出資の総額」は，「事業に供される資本としてある程度固定的に把握できるもの」をいい，「資本金勘定のない一般財団法人及び一般社団法人

---

(37)　飯野・前掲注(20)10-4。

(38)　沼田・前掲注(21)73頁参照。

(39)　人的資本の市場を観念することの難点につき，岡村忠生「ヒューマン・キャピタルと教育・医療」金子宏監修『現代租税法講座　第2巻』（日本評論社，2017年）189頁，195-196頁参照。なお，中里・前掲注(32)（上）107頁は，「human capitalを現金化できないのは，信用制度の発達に問題があるのであり，human capitalという概念に問題があるからではない，とは考えられないのであろうか。」と述べている。

(40)　制度論上の問題点の検討として，岡村・前掲注(39)189頁以下参照。

(41)　金井貴嗣＝川濱昇＝泉水文雄『独占禁止法（第5版）』（弘文堂，2015年）361頁。

消費税法12条の2第1項の「出資の金額」と労務出資・信用出資の評価の基準ないし評価の標準　　421

であれば，貸借対照表上の指定正味財産等の固定的な財産が『資本金の額又は出資の総額』に該当する」[42]。

前記のとおり，労務・信用出資は，現実の財産拠出を伴わないから，その価値が貸借対照表上「固定的な財産」として反映されることはない。よって，下請法にいう「資本金の額又は出資の総額」に，労務・信用出資の評価の標準は含まれない。

このように，下請法が「資本金の額又は出資の総額」をもって事業者の規模を測るのは，機械的・形式的な判断によって迅速に法を執行するためであり[43]，「『親事業者』や『下請事業者』の基準が事業者にとって明確であるのが予測可能性の観点から望ましい」[44]ためでもある。このような下請法の解釈は，反復して大量の法執行を行う必要があり，執行に当たって納税者の予測可能性の保障が要求される税法の解釈上も参考になるものと思われる[45]。

---

[42]　公正取引委員会＝中小企業庁「下請取引適正化推進講習会テキスト（平成28年11月）」16頁（2016年）。

[43]　白石忠志『独占禁止法（第2版）』（有斐閣，2009年）278頁，村上政博編代『条解独占禁止法』（弘文堂，2014年）892頁〔渡邉惠理子〕参照。

[44]　白石・前掲注[43]278頁。

[45]　例えば，髙橋正朗「労務出資等に関する法人税法上の取扱いについて」税大論叢62号399頁，449頁（2009年）は，法人税法が「『資本金等の額』又は『資本金の額又は出資金の額』を法人の規模を測定する基準としている理由については明らかではないが，株式会社における資本金の額は登記事項とされており，対外的に公表された数値であって便宜的であることや，他法令においても用いられているとおり法人の規模を示す基準として一般的なものとして認知されていることから用いられているものと考えられる」とする（下線は筆者）。
　髙橋は，ここから労務出資等を資本金の額に含めるべきとの結論を導いている。しかし，上記引用の論旨からすれば，登記もされず（会社法912条，913条），認証もされず（会社法575条1項），ただ定款に記載されるに過ぎない労務や信用の評価は，「対外的に公表された数値」とは言い難く，また「他の法令」（下請法）においても労務・信用は出資の額に含まれないのであるから，むしろ，労務・信用は出資の額に含めるべきではない，という帰結に至るのではないかと思われる。

まとめ

　この問題は，結局のところ，消費税法が「出資の金額」の多寡をもって事業者免税点制度の適用を区別する趣旨をどのように理解するか，という問題である。そこでは，会社法上及び会計上の「出資」の意義と機能，そして，税法上の労務・信用の取扱いを検討する必要がある。

　また，この問題を考えるに当たっては，労務・信用出資の評価の標準を「出資の金額」に含めること（あるいは，含めないこと）と他の事業形態（特に，労務・信用出資が認められない事業形態）との間の課税上の公平性，出資以外の形態で提供されている他の社員の労務・信用の取扱いとの関係，他の法令の解釈との整合性，といった点にも配慮が必要である。

　裁決理由を読む限り，本件裁決は，上記諸点についていずれも十分な検討を加えているとは言い難い。

　本稿の理解によれば，消費税法12条の2第1項が「出資の金額」をもって事業者免税点制度の適用を区別するのは，「出資の金額」が事業の元手の大小を表すからである。そこでは，事業の元手の大小は，間接的に，消費税の担税力たる販売力ないし附加価値の大小に影響を与えると考えられている。そして，会社法及び企業会計の考え方からすれば，この事業の元手は，総社員から拠出された払込資本を意味しており，出資された労務・信用を含まないのが一般的である。そして，この理解は，人の労務・信用を物的資本と区別して取り扱う現行税法の考え方とも整合する。

　以上の理由から，労務・信用出資の評価の標準は，消費税法12条の2第1項の「出資の金額」を構成しないものと考える。よって，本件裁決に反対である[46]。

（平成29年6月15日裁決　TAINS J107─5─09）

(46)　本稿の立論に対しては，自ら定款に労務・信用の評価の標準を記載しておきながら，課税の場面で労務・信用の価値を0円と主張するのは禁反言的な見地から許されない，との反論が予想される。

　　しかし，この批判は当たらない。問われるべきは，労務・信用の評価に関する定款の記載が誰の何に対するどのような期待を生じさせ，何ゆえ税法がその期待を保護しなければならないのか，である。

　　本稿で述べたとおり，労務・信用出資の評価の標準は，法人構成員間の内部的分配基準であり，その記載を信用して取引関係を形成する外部者は想定されていない（労務・信用出資の評価の標準が登記事項でないことにつき，本稿注(45)参照）。

　　もっとも，株主有限責任の原則が定められている株式会社においては，資本金制度に会社債権者の保護を期待する学説が多数である（江頭・前掲注(18)37頁，伊藤ほか・前掲注(16)276頁，田中・前掲注(16)415頁等。反対，郡谷大輔＝岩崎友彦「会社法における債権者保護」別冊商事法務295号273頁［2006年］）。この場面では，資本金・準備金の表示に外部者（会社債権者）の期待が生じ得る。ただ，その期待の内実は，会社はその資産の額が「負債の額＋株主からの払込額」を超えない限り剰余金を配当しない，というものである（伊藤ほか・前掲注(16)278頁参照）。当然，そこでの「払込額」は，貸借対照表の純資産の部に記載される財産出資の払込額である。

　　合名会社等の人的会社においても，無限責任社員の責任は補充的であり（会社法580条1項），その責任を追及するためには会社債権者が追加のコストを支払わなければならないことを考えると（大杉謙一「持分会社・民法組合の法律問題」岩原紳作＝山下友信＝神田秀樹編代『会社・金融・法（上巻）』（商事法務，2013年）53頁，71頁参照），人的会社の債権者にとって会社財産の流出を制限することが一定の関心事となる（上柳ほか編代・前掲注(8)215頁［伊沢和平］参照）。この場面で，「資本金の額又は出資の金額」に配当規制上の役割（会社債権者の保護）を期待するとすれば（例えば，大隅・前掲注(17)79頁参照），その説明は，その数額が財産出資の払込額を表しているから，ということにならざるを得ないように思われる。

消費税における推計課税の可否

山口　敬三郎
税理士

はじめに

　消費税は昭和63年12月に導入された。しかし，推計課税の規定が設けられていない。租税法律主義との関係で消費税の推計課税は許されないのではないだろうかという疑問が提起された（税法学454号37頁，1988：日本税法学会関東地区の意見）。

　しかし，消費税の課税においても，実額課税がどうしてもできない場合には推計課税によらざるをえないであろう。

　所得税156条，法人税131条等のいわゆる「推計課税」の規定は，創設規定ではなく，確認規定であるとした最高裁二小昭和39年11月13日判決（税資38号838頁）にその根拠を求めて，消費税には推計課税を是認する直接的な規定はないが，消費税においても推計課税を行うことはできると解すべきであろう（吉良実「消費税の推計課税」『法学博士中川一郎生誕80年記念　税法学論文集』72頁（税法研究所1989））。

　そこで，地裁判決（Z888－0696，税資252号順号9081）で確定した本件を素材として，以下において，あまり議論されてきていない消費税の推計課税について，推計課税の基本的考え方をふまえて，若干の検討をしてみたい。

I 事案の概要

X（原告）は，CD等の販売及び管理・梱包を業とする青色申告者である。所轄税務署のA調査官は，Xの平成5年分ないし同7年分の所得税及び消費税の確定申告に関し，税務調査のためにXの事務所及び自宅に計7回にわたって，訪問した。いずれの訪問においてもXは，税理士の資格を有しない第三者2名の立会を要請し，これに対してA調査官は，税務職員の守秘義務を理由として上記2名の退席を求めたが，Xがこれに応じなかったため，調査を断念した。以上のような経過をふまえてY税務署長は（被告）は，Xの青色申告承認を取り消したうえで，推計の方法により所得税及び消費税の上記申告に対する更正処分を行った。

このうち消費税に対する更正処分は，まず課税標準額について，Xの唯一の仕入先であるB商事に対する反面調査から把握した金額に基づいて売上原価を算出し，これに類似同業者の売上原価率の平均値を適用して推計の方法により算出した（なお，被告が類似同業者として抽出したのは，2件であった）。次に仕入税額については，Xがいわゆる簡易課税（消税37①）を選択しており，かつ事業種類ごとの区分がされていないものとして（消令57①），100分の60のみなし仕入れ率を適用して算出した。

Xは，上記青色申告承認取消処分，所得税更正処分及び消費税更正処分の各処分の取消しを求めて訴訟を提起した。

II 争 点

1　推計の必要性及び合理性の有無，原告の実額反証の成否及び消費税の仕入税額控除におけるみなし仕入れ率の適用方法について。

2　青色申告承認取消処分の適法性及びその前提たる税務調査の適法性について（本件解説では省略する。）。

Ⅲ　原告の主張

「1　推計課税の必要性について

　本件の場合実額による原告の事業所得を把握することは十分可能であり，被告の推計課税の主張はそもそも前提を欠く。

　本来，課税するには実額によることが原則であり，推計によることは例外である。従って，実額により原告の所得を把握することが困難な場合に限り，推計による課税が許される。

　しかし，本件に関し，実額より原告の所得を把握することは十分可能であったのであり，被告の推計課税の主張はそもそもその前提を欠くものである。」

「2　推計課税の合理性について

　CDの仕入価格は全国的にほぼ同じであり，それからすれば，八尾Aの業者は通常の業者に比べて高い価格でCDを販売していることになる。しかし，このようなことからすれば，同じ商品をより高く売ることを意味し，商売が成り立たないことは明らかであり，また，この業者の販売価格は明らかに再販制度による原価率と大きく食い違う。

　このような通常のCD販売業者とは全く異なる業者を「類似同業者」として，原価率を算定すること自体，CD販売業の実態に合わない。

　被告が前提とする売上原価率自体が，全国一律の売上原価率と大きく食い違う八尾Aの原価率を基礎とするものであり，到底採用できない。

　また，以上から明らかなとおり，八尾Aは通常の業者と比べ相当特殊な業者であるにもかかわらず，これを前提として，同業者の平均所得率を算出しており，推計の基礎とすることはできない。

　すなわち，被告が推計の対象とする2業者の所得率は，「城東A」が平成5年10.29パーセント，平成6年10.95パーセント，平成7年13.51パーセントであり，「八尾A」が平成5年28.58パーセント，平成6年20.12パーセン

ト，平成 7 年22.23パーセントであり，両者の間でも大きな差がある。このように，推計の対象とされている 2 業者自体においてその所得率において 3 倍近い違いがあるのであり，それを前提とする所得金額には何等の合理性もない。」

「3　被告の第四種事業のみなし仕入率の誤り

原告の事業が，第 2 種事業に属するCD等の販売業と第 4 種事業に属するCDの管理・梱包業に明確に区分されていたことは，同人が作成していた帳簿書類上明らかであったものであり，もし本件調査において調査担当職員が閲覧し検討していれば容易に把握でき，その権限で申告の修正を求めることができる場合であった。

しかるに，自らなんらの正当な拒否理由もないまま，「事業の種類ごとの区分していないものがある場合」にあたるとして，第 4 種事業にかかるみなし仕入率を適用して課税したのは明らかな誤りである。」

Ⅳ　被告の主張

「1　推計課税の必要性及び合理性

(1)　推計の必要性

前記第 2 の 3 の 2 （被告の主張）のとおり，原告は，第三者の立会に固執し，第三者の立会のない状態の帳簿書類の提示に応じず，調査に協力しなかった。

このため，被告は，原告の所得金額を実額で把握することができず，やむを得ず推計により原告の所得金額を算出したものであるから，本件において推計の必要性があったことは明らかである。

(2)　推計の合理性

本件において，被告の行った推計の方法は，以下のとおり合理性がある。

ア　同業者の抽出作業について

原告の同業者について，大阪国税局長は，原告の住所地を所轄する住吉税

務署長及び大阪府下を管轄する31税務署長に対し，所得税の確定申告書を提出している者のうち，本件各年分を通じて以下の条件（省略）をすべて満たす者を抽出して報告するように通達を発し，その結果報告された同業者は，CD等の販売業及びCD等の管理・梱包業とも2件であった。

　イ　抽出基準の合理性

　同業者による推計の場合，納税者本人の業態等と完全に一致する者を選択することはおそらく不可能であることから，その抽出基準としては，課税庁として正確に把握でき，かつ，所得率に影響を及ぼし得ることが経験則上認められる要素を基準として同業者を抽出すれば，他に所得率に影響を及ぼすことが決定的であることを立証しない限り，その推計方法に一応の合理性が認められるというべきである。

　本件において，被告は，原告のCD等の販売業及びCD等の管理・梱包業にそれぞれについて，正確に把握でき，かつ，所得率に影響を及ぼし得ることが経験則上認められる要素を基準として同業者の抽出条件としているのであるから，合理性が認められるものである。」

　「2　実額反証について

　原告は，被告から指摘されるめで売上については主張，立証せず，経費については除外すべきものであっても，これを含めて主張しておこうという訴訟態度をとっており，被告第4準備書面において，そのような態度を非難するとともに，売上等の主張洩れや経費等で除外すべきものを被告が指摘する以前にそのすべてを主張するように求められたにもかかわらず，原告本人は，反対尋問で指摘されて初めて，上記減価償却費に関する車両の台数，福利厚生費に計上していた家族旅行の費用，Hカードによる家事費の支払を認めるに至る。

　このように，原告は，被告から指摘されない限り，不利益な事実は知らぬ振りをしようとしているのであって，被告が指摘したほかにも，売上除外や水増し経費があるものと考えられる。

　したがって，原告の実額主張は，全体として，全く信用ができないという

べきである。」

「3　みなし仕入率の適用方法について

本件のような推計課税の事実において被告課税庁が主張立証する課税標準
は，反面調査によって把握された売上又は仕入に基づく限り最低限としての
それであり，実額課税におけるような総額ではない。したがって，課税庁の
主張立証のみでは当該課税期間中における課税売上高の総額は立証されてい
ない。

ところが，消費税施行令57条2項及び3項の規定に基づくみなし仕入率を
適用するためには，課税売上高全体に対する適切なみなし仕入率が算定され
なければならず，その前提としてみなし仕入率の算定の前提となる課税売上
高が当該課税期間における全ての課税売上高であることを要すると解され，
本件において，原告はこの点を主張立証していない以上，同条2項の適用を
受けることはできないのである。」

V　地裁判旨

「本件においては，原告の本件係争各年度分の事業所得金額及び本件各課
税期間の売上金額を実額で把握することができなかった事情が存するという
べきであり，推計を行う必要性があったものと認められる。なお，本件の消
費税は，消費税法5条1項に基づき事業者に課される税であるが，同法には，
所得税法156条のような推計課税は，課税標準を実額で把握することが困難
な場合，税負担公平の観点から，実額課税の代替的手段として，合理的な推
計の方法で課税標準を算出することを課税庁に許容した制度であり，かかる
制度趣旨は消費税においても当てはまるのであるから，消費税法による課税
においても推計課税をすることが許されるというべきである。」

「推計課税は，実額課税とは別に課税庁に所得の算定を許す行為規範を認
めたものであって真実の所得を事実上の推定によって，認定するものではな
いから，その推計の結果は，真実の所得と合致する必要はなく，実額近似値

430　　第2部　事例研究　消費税2

で足りる。それ故，推計課税の合理性も，真実の所得を算定し得る最も合理的なものである必要はなく，実額近似値を求め得る程度の一応の合理性で足りると解すべきである。」

「まず，『事業の種類ごとの区分をしていないものがある場合』とは，単に物理的に区分されていない場合だけでなく，税務職員の適法な税務調査において，何ら正当な理由なく帳簿書類を提示しないため，税務職員において区分をしていることが確認できなかった場合を含むと解されると主張するが，法文上納税者に被告の主張するような帳簿書類の提示の義務までも課したものと解釈することは困難である。したがって『事業の種類ごとの区分をしていないものがある場合』とは申告当時に客観的に区分がなされていたか否かを判断すべきものである。」

「簡易課税制度を適切に適用するためには，全ての課税資産の譲渡等について上記の区分がなされていることが必要であるから，結局，納税者が消費税法施行令57条2項及び3項の適用を主張するには，納税者において全ての課税資産の譲渡等について事業の種類ごとの区分がなされていることを主張立証することが必要であると解するべきである。しかるところ，後述のとおり，CD等の販売業及びCD等の管理・梱包業の双方につき売上金額の実額の主張はこれを認めることができないものである以上，ひいては結局，本件においては，課税資産の譲渡等について事業の種類ごとの区分をしているものとは認められず，消費税法施行令57条4項に従ってみなし仕入れ率100分の60を適用すべきこととなる。」

VI 解 説

1 推計課税の本質

推計課税の本質を論ずる場合，基本的な争点は，推計課税は，真実の所得を把握するための立証の方法（所得認識方法説）なのか，実額課税と独立した課税方式（独立課税方式）なのか，という二つに集約することができる。

消費税における推計課税の可否　431

(1) 所得認識方法説

学説判例の多数の見解は，この所得認識方法説である。学説の支配的見解は以下のものである[1]。

① 所得課税においては，申告納税が原則で，直接的資料を用いて所得の実額を把握する。

② 課税庁は，まず必要な直接的資料の入手に努めるべきで，十分な直接的資料が得られない場合に限り，推計課税が認められる。

③ 推計は合理的でなければならず，合理性の判断においては，なるべく実額に近い所得を推計する必要と，推計課税がもともと実額課税の不可能な場合について認められた概算課税の方法であることとの調和をはからなければならない。

④ 課税処分取消訴訟において実額が主張され，当該実額を認定できる場合には，たとえ処分当時の推計課税に必要性と合理性が備わっていたとしても，実額に対抗できない。

納税者はその不服とする推計課税について，一般的に次の三種の攻撃をすることが可能である[2]。

① 推計の方法自体が合理性を欠くという主張。同業者率の適用の際，選定された同業者に類似性がない，同業者率の適用を受ける納税者の特殊事情を適正に考慮していない，等の主張である。

② 他により合理的な推計方法があるのに，それを適用せず，合理性に劣る推計方法を適用したことは違法である，という主張である。より実額を反映する推計方法があるのに，それを適用しなかったことは，実額課税の理念に反する，との主張である。

③ 実額反証である。実額反証とは，処分時において直接的資料を提示しない納税者が争訟段階において直接資料を提示し，実額によって課税す

---

[1] 田中治「推計課税の本質論と総額主義」碓井光明他編『公法学の法と政策（下）』（金子宏先生古希祝賀）105頁（有斐閣，2000）

[2] 同上　106頁

べきだと主張することをいう。伝統的な裁判例は，納税者によるこのよ
うな実額反証を基本的に認めてきた。

(2)　独立課税方式説

　この独立課税方式の考え方は，推計課税の結果が真実の所得額（実額）と
は異なるという理由それ自体によっては，当該推計課税を違法とすることは
できない。推計課税の適法性の判断においては，実体法的要件（実額への接
近）はとわれるべきではなく，手続法的な観点（納税者の資料の提出の態度
と，それに対応して課税庁のなしうる調査の程度との相関関係）から，課税
の合理性が相対的に考察されるべきである[3]。

　独立課税方式の立場から，推計課税に関する前述の納税者の三種の攻撃方
法については，次のように考えることができる[4]。

① 　推計の方法自体が不合理であるという主張については，それが実額を
　　目標または基準として主張されている限り，推計課税は，実額課税とは
　　別の課税方式であるから，たとえ実額と異なったとしても一向に差し支
　　えない，として，これを避けるであろう。その場合には推計課税の合理
　　性は，実額との整合性や実額への接近の程度によって判断される必要は
　　なく，推計の方法等がそれなりの合理性をもてばよい，とされるのであ
　　ろう。

② 　別のより合理的な推計の方法があるという主張についても，同様であ
　　ろう。ひとたび推計によって課税処分がされた以上，それは実額課税と
　　は切り離された課税方式であるから，実額への接近を求める主張はもは
　　や意味をなさない，とするのであろう。

③ 　実額反証については，推計課税が実額課税とは全く別の課税方式であ
　　る以上，推計課税それ自体の違法性を主張するのであればともかく，基
　　本的には，実額反証は許されない，と考えるであろう。ただこの場合で

---

(3)　同上　107頁
(4)　同上　107頁〜108頁

消費税における推計課税の可否　　433

も，論者によっては，真実の所得の存在理由に，例外的に実額反証を認めるかもしれない。また，納税者には実額課税が可能な状態を維持する義務があるとして，課税庁の側から実額主張（実額による理由の差替え）は許される。

2　推計課税の前提要件

推計課税を行うための手続要件を法は規定していない。そこで，推計の必要性が認められる場合に限って推計課税をすることが許される。推計の必要性が認められる要件は，次のいずれかの事情により所得金額を実額で把握できない場合であればよいと考えられている[5]。

① 帳簿書類その他の資料を備え付けていない場合

② 帳簿書類等の記載内容が不正確で信頼性が乏しい場合

③ 納税者が課税庁の調査に非協力的な態度をとったために直接資料を入手できない場合

これらの要件をどのように考えるかについて以下のように学説が分かれている。

(1)　効力要件説（積極説）

当初の課税処分時に前記の推計の必要性の要件を欠く場合には，税務署長の推計による課税額が実額の範囲内であることが認定されたとしても，当該課税処分は要件を具備しない課税となり取消を免れない[6]。

実額課税が原則で，推計課税が例外的に認められるものなので，推計課税の要件を厳格に適用すべきであって，推計が実額を上回る場合もありえることから，納税者が不利益を被ることもやむを得ないと認めるために，推計の必要性は手続要件とすべきである[7]。

---

(5)　中尾巧『税務訴訟入門〔新訂版〕』166頁（商事法務研究会，1993）

(6)　同上　166頁，南博方『租税訴訟の理論と実際（増補版）』216頁（弘文堂，1980）

(7)　中尾・前掲注(5)167頁

434　第2部　事例研究　消費税2

(2) 行政指針説

推計の必要性の①②③の各事情（要件）により所得金額を実額で把握できない場合に，これらは法文上推計を行うための要件とはされていない。そこで，推計の必要性の有無は課税処分の適否とは関係がないので，この要件は，単なる訓示ないし行政指針であり，課税庁側でこの要件を主張・立証する必要はない[8]。

神戸地裁昭和37年 2 月23日判決（税資36号158頁）は，「たとえ，原告が完全な帳簿を作成しており，被告がそれを調査せずに推計調査を行い，その結果を課税根拠としたとしてもそれは原告の申告が青色申告でない限り，少なくとも，手続的には全く適法なのである」と判示している。

(3) 折衷説（消極説）

推計課税の根拠としては，効力要件説のような必要な場合に限られるべきであるが，推計による認定額が訴訟において実額で立証されたときは，推計の必要性の欠缺という手続き上の瑕疵は事後的，相対的に軽微化し，取消理由にならない[9]。

推計課税の前提要件は以上のような三つの説があるが，推計の必要性の要件を欠く場合は，課税処分は取り消されるとする効力要件説を妥当と考える。

3　推計課税の合理性

推計課税は，所得の実額を把握するための直接的資料がないときに，やむを得ず間接的資料によって所得を推計するものである。そこで，推計の方法は最もよく実際の所得額に近似した数値を算出することができる合理的なものでなければならない。そのため，推計方法は合理的で精度の高いものでなければならない。推計方法が合理的であるためには，一般的に次の三つの要件が充たされていることが必要である[10]。

---

(8)　中尾・前掲注(5)167頁
(9)　岸田貞夫「推計課税の根拠とその合理性をめぐって」税務弘報43巻 6 号37頁（1997），中尾・前掲注(5)168頁

消費税における推計課税の可否　　435

① 推計の基礎事実（収入金額，収入金額等の一部又は全部）が確実に把握されていること（基礎事実の確実性）

② 種々の推計方法のうち，具体的事案において所得金額等を推計する方法として最適なものが選択されていること（推計方法の最適性）

③ 推計方法が，できるだけ真実の所得に近似した数値が算出できるような客観性を持ったものであること（推計方法の客観性）

4 実額反証

(1) 実額反証の意義

納税者が，伝票類や帳簿書類などによって所得実額そのものを主張立証しようとする場合がある。この場合，納税者は，推計過程の合理性を問題としているのではなく，結果として算出された推計による所得金額の合理性を問題としているのではなく，結果として算出された推計による所得金額の合理性を問題としているのであり，それが真実の所得金額を超えていることを明らかにしようとしているのである。実額反証とは，このような所得実額によって推計による所得金額の合理性を否定するものである[11]。

(2) 実額反証の要件

事業所得は総収入金額から必要経費を控除したもの（所得税27条2項）であるから，事業所得について所得実額を認定するには，総収入金額と必要経費を明確にしなければならない。

必要経費は，「総収入金額の係る売上原価その他総収入金額を得るため直接に要した費用の額及びその年における販売費，一般管理費その他これらの所得を生ずべき業務について生じた費用（償却費以外の費用でその年において債務の確定していないものを除く。）」（所得税37条1項）と定められてい

---

[10] 岸田・同上　37頁，中尾・前掲注(5)171頁，南・前掲注(6)218頁，南博方「推計課税の理論的研究」『租税法研究第3号』129頁（1975），時岡泰・山下薫『推計課税の審理について（改訂新版）』203頁（法曹会，2002）

[11] 石島弘「31　実額課税と推計課税」小川英明・松沢智編『裁判実務大系第20巻　租税争訟法』377頁～379頁（青林書院，1988）

る。

(イ)　推計課税に係る収入金額（売上金額）が真実のものであること，すなわち，収入金額（売上金額）の全額を直接資料によって立証すること。

(ロ)　実額主張に係る必要経費（仕入金額）が推計に係る収入金額（売上金額）に対応するものであることを直接資料によって立証すること。

上記二つの要件を要求する判例（山口地判昭58.2.24訟月29巻9号1748頁，広島高判昭60.6.21税資145号925頁，京都地判昭63.7.13税資165号371頁，大阪高判昭63.9.30税資165号995頁，東京高判昭63.3.30行集45巻3号857頁他）が多い。

(3)　実額反証を主張できる時期

実額反証を主張できる時期については，税通116条は，課税処分取消訴訟において，納税者が「必要経費又は損金の額の存在その他これに類する自己に有利な事実」につき課税処分の基礎とされた事実と異なる旨を主張しようとするときは，その責に帰することができない理由によりそれができないときを除き，課税庁が「当該処分の基礎となった事実を主張した日以後遅滞なく」その異なる事実を証明すべき証拠の申出をしなければならず（1項），これに違反した場合は民訴157条1項にいう「時機に後れて提出した攻撃防御の方法」とみなす（2項）旨定めている。

「自己に有利な事実」に実額反証が含まれることは，昭和58年税制調査課答申等に照らして明らかである。そして，「遅滞なく」の具体的内容であるが，青森地裁昭和61年10月14日（訟月33巻7号1993頁）は「推計課税の立証が終わってからの実額の主張，立証にとりかかることは許されない」旨判示している。「遅滞なく」の起算日は，推計課税の立証終了時ではなく，その合理性を基礎づける事実についての課税庁の主張が終了したときであると解するのが相当であろう[12]。

---

[12]　浦野正幸「33　推計課税の合理性」小川・松沢・前掲注[11]409頁

消費税における推計課税の可否

5　仕入税額控除の適用要件

　税制改革法10条２項は,「消費税は,事業者による商品の販売,役務の提供等各段階において課税し,経済に対する中立性を確保するため,課税の累積を排除する方式によるものとし,その税率は,100分の３とする。この場合において,その仕組みについては,我が国における取引慣行及び納税者の事務負担に極力配慮したものとする」とし,同法11条１項は,「事業者は,消費に広く薄く負担を求めるという消費税の性格にかんがみ,消費税を円滑かつ適正に転嫁するものとする」と規定しており,附加価値税を志向していることは明らかである。

　わが国の消費税法は,帳簿方式による,仕入税額控除を採用している。当該控除は,事業者が当該課税期間の課税仕入等の税額の控除に係る帳簿及び請求書等を保存しない場合には,当該課税仕入又は課税貨物に係る課税仕入れ等の税額については,適用しない（消費税30条７項）。

　この保存の対象となる「帳簿」とは,課税仕入等の税額が課税仕入に係る者である場合には,法定されている事項が記載されているものをいう（消費税30条８項１号）。

　同じく,保存の対象となる「請求書等」とは,事業者に対し課税資産の譲渡等を行う他の事業者が,当該資産の譲渡等につき当該事業者に交付する請求書,納品書その他これらに類する書類で法定されている事項が記載されているものをいう（消費税30条９項１号）。

6　帳簿等への記載の不備

⑴　帳簿等の記載が不備な場合に仕入税額控除が認められるべきか否かについては,以下の諸説に見解が分かれている。

　帳簿等の記載が不備な場合に仕入税額控除が認められるべきか否かについては,以下の諸説に見解が分かれている。

①　消費税30条８項及び９項が所定の事項を完全に記載することが仕入税
　　額控除の適用要件であれば,消費税30条７項に,「……次項及び第９項

438　第２部　事例研究　消費税２

に定める事項を記載し，かつその事項につき真実を記載した帳簿及び請求書等の保存がない場合には，その記載がない課税仕入れについては適用しない」との文言があるはずである。しかし，この文言がない以上，消費税30条8項及び9項の規定は仕入税額控除の適用要件ではなく，不備について原則的に当該仕入税額控除が否定されることはない（消費税30条8項及び9項を一般的な帳簿等記載義務に係る規定と理解している)[13]。

② 帳簿等は，原則的には，消費税30条8項及び9項が掲げる事項をいうことから，課税仕入れの相手方の記載があっても不備であれば控除は求められないことになるが，相手方が確認できない場合でも，相手方の氏名・名称等の記載事項は，それを正確な仕入税額控除を認定するための手段として要求しているのであるから，売上げ等の推量から仕入が確認できる場合には仕入税額控除は認められる[14]。

③ 法律の要求している要件を充足しない限り，当然仕入税額控除は否定される[15]。

(2) 消費税30条8項及び9項の記載事項の規定を消費税法における一般的な帳簿義務の内容を規定したものであるとする解釈は，消費税30条7項と同条8項，9項の規定の解釈からして無理がある。消費税58条所定の帳簿の記載内容から課税仕入れに係る記載が除外されてはいるが，同法45条の確定申告書には課税仕入税額を記載することになっているところ，確定申告書の課税仕入税額は，同法30条における仕入税額控除の適用の有無にかかっており，一般的な記帳義務とは次元の異なる義務といえる。つまり，帳簿等に一定事項の記載と，その保存を求めている趣旨は，仕入税額を算定する前提として

---

[13] 大淵博義「消費税の帳簿保存義務と仕入税額控除の問題点」税理38巻12号39頁（1995）
[14] 石島弘「消費税における帳簿保存の不備の場合の課税上の問題点」税理38巻8号14頁（1995）
[15] 山本守之「仕入税額控除および請求書得の保存とその記載事項をめぐる問題点」税経通信51巻13号42頁（1996）

の課税仕入れを明確にするためであると解されている。そこで，記載事項全体の趣旨から当該仕入れの事実が確認できれば十分であると考えられるので[16]，確認できる場合は仕入税額控除は認められると解すべきではないだろうか。

7　帳簿等への虚偽の記載

（1）　帳簿等の虚偽の記載について仕入税額控除を認めるか否かについては，以下の見解に別れている。

①　「相手方の氏名又は名称」等の記載は，記載事項それ自体の真実を要求しているのではなく，正確な課税仕入れを認定するための手段であるから，記載に疑いがあり，それを確認できない場合であっても，不備の場合と同様に，総合的に仕入の事実が確認できる場合には，仕入税額控除は認められるべきである[17]。

②　仕入税額控除の要件が予定されているのは，法定記載事項についての個別的真実性であり記載事項について課税当局において確認できない場合には，仕入税額控除は認められない[18]。

（2）　仮に，法定記載事項について，個別的真実性を要求していると解すると，①仕入税額控除について，売主に基因する理由で虚偽記載に及んだ場合に不合理な取扱いを受ける，②消費税30条8項及び9項の帳簿及び請求書等においては，「氏名又は名称」の記載が要求されているのみで，住所は要求されていない，③消費税令49条2項において，「再生資源卸売業その他不特定かつ多数の者から課税仕入れ」をする事業において，「相手方の氏名又は名称」の記載が省略できることになっているなど，業種の特殊性に応じて記載事項に差があり，規定の趣旨が個別的真実性まで確認することを絶対的に

---

(16)　占部裕典「消費税における仕入税額控除の適用要件」『総合税制研究5』48頁（納税協会連合会，1997）

(17)　大淵・前掲注(13)41頁，石島・前掲注(14)14頁

(18)　金子宏・宮島洋・山本守之「（鼎談会）消費税の見直しをめぐって」税経通信49巻1号98頁（1994）

要求している趣旨とは解することはできないこととなる。以上のような理由で，帳簿等に虚偽記載した場合も，原則として記載不備の場合と同様に解することができると考える。

8　仕入税額控除と推計課税

所得税法又は法人税法において，公正・決定をする場合，直接資料を入手できなくとも，課税することを放棄すべきでなく，課税の公平の観点から，判例においても推計課税は認められている（東京高裁平成6年3月30日判決・行集45巻3号857頁等）。

消費税法には，所得税法や法人税法のように推計課税の規定が置かれていない。規定がない以上消費税の推計課税はできないという見解，課税売上高のみに推計課税をするという見解，法人税・所得税において明文規定がなくとも推計課税を行うことは許されるという最高裁判決を根拠として消費税においても推計課税は可能であるという見解等がある。

以下において，それぞれの見解を検討してみたい。

(1)　消費税法に推計課税の規定がないので推計課税はできないとの見解

課税標準である課税売上高について推計する規定がないので，推計すること自体許されていない。すなわち，消費税の課税標準と所得税の課税標準となる売上高は異質であるので，所得税について推計課税を行っても，消費税には推計課税を行うべきではない。税務当局は帳簿書類の確認努力義務が大きく課されている[19]。

(2)　課税売上高のみに推計課税をするという見解

消費税法は，仕入税額控除を行う方法として実額による控除と概算による控除（簡易課税）を認めている。消費税30条7項は，帳簿及び請求書等の保存がない場合には，実額に因る控除だけを否定している。

課税当局は，消費税推計課税の取扱いについて以下のような要領により課

---

[19]　湖東京至『消費税法の研究』183頁～184頁（信山社，1999）

消費税における推計課税の可否　　441

税実務を行っている。

〈取扱要領「消費税の課税標準額（課税売上高）の推計及び仕入税額控除
の取扱いについて」〉

1. つぎの場合には，課税資産の譲渡等の対価の額の合計額を推計して，
消費税の更正・決定を行うことができる。①帳簿の備付がない，②帳簿
の記載が不備・不正確，③調査において帳簿等の不提示をするなど非協
力的。

2. 帳簿等の保存がないか不備な場合は，課税仕入金額を推計して仕入税
額控除をすることはできない。

3. 調査の着手時に帳簿等の保存がない，又は不備な場合には，調査終了
時までに補完があっても仕入税額控除は認めるべきでない。

4. 帳簿等の保存がある場合に限り適用される旨を再三にわたり教示して
提示を求めても提示がない場合には，仕入税額控除をしない。

（北野弘久『現代企業税法論』407頁要約（岩波書店，1994））

この取扱要領は，課税売上げは推計課税しても，課税仕入は推計課税をし
ない旨を示している。

簡易課税選択事業者は，課税売上高が決定すれば課税仕入税額は自動的に
決定する（消費税法37条）。簡易課税事業者選択届出書を提出している場合
にも，当該要領のとおりに仕入税額控除を認めないのであろうか。簡易課税
の場合の仕入税額控除の規定である消費税37条は，消費税30条から，同法の
36条までの規定にかかわらず適用されるので，帳簿等の保存がなくても仕入
税額控除は行われると解する。

しかし，推計課税において，簡易課税の場合には仕入税額控除は可能であ
ると解し，一般課税の場合に認めないとすると不公平となるので，課税売上
げを推計するのであれば，同時に仕入税額控除も推計することに合理性があ
ると考えることができる[20]。

---

[20] 福重利夫「帳簿等の保存義務違反と消費税の仕入税額控除」税理38巻8号238頁（1999）

⑶ 法人税・所得税において明文規定が存しない場合でも推計課税を行う
　ことは許されるという最高裁判決を根拠に消費税においても推計課税は
　できるという見解

　最高裁二小昭和39年11月13日判決は，「当時の所得税法九条一項九号の規
定は，所得税法の課税標準となるべき所得額が，いわゆる事業所得について
はどのような数額であるべきかを定めたものにすぎず，同号に従って決定せ
らるべき所得額がどれほどになるかを，つねに実額調査の方法によってのみ
決定しなければならないことまでを定めたと解することはできない。所得税
法が，信頼しうる調査資料を欠くために実額調査のできない場合に，適当な
合理的な推計の方法をもって所得額を算定することを禁止するものでないこ
とは，納税義務者の所得を計算するのに十分な資料がないだけで課税を見合
わせることの許されないことからいっても，当然の事理であり，このことは，
昭和二五年に至って同法四六条の二に所得推計の規定が置かれてはじめて可
能となったわけではない」（訟月11巻2号312頁）と判示している。

　上記最高裁判決は，現行所得税156条，法人税131条の「推計課税」の規定
は，創設規定ではなく確認規定であることを示している。両条文は，「財産
若しくは債務の増減の状況，収入若しくは支出の状況又は生産量，販売量そ
の他の取扱量，従業員その他事業の規模」等を考慮して課税標準額を推計す
るとして，推計の方法を規定している。そこで，所得税又は法人税における
「収入金額」又は「益金の額」等の推計で使用される上記推計方法は，消費
税の課税標準等の推計にも使用できる合理的な方法の一つと解することがで
きる。

　吉良実教授は，「所得税・法人税課税の場合の「収入金額」又は「益金の
額」を捕捉・測定することになる売上帳等及び「必要経費」又は「損金の
額」を捕捉・測定することになる仕入帳等と，消費税課税の場合の「課税売
上高等」を捕捉・測定することになる売上帳等および「課税仕入高等」を捕
捉・測定することになる仕入帳等とは，原則として共通の会計帳簿等である
ということになるのである。そのことは所得税・法人税の課税にあたり実額

消費税における推計課税の可否　　443

課税ができる場合は，原則として実額課税もでき，反対に所得税・法人税の課税にあたっても推計課税が行われることになるものと解してよいのではないだろうか。」[21]と述べている。

占部裕典教授は，「消費税法30条1項において，納税義務者は仕入税額控除の権利を付与されており，その行使は消費税法30条7項の帳簿等の保存によっているが，付加価値税体系を指向した消費税法のなかで納税義務の存在の構成要件である仕入税額控除の権利を，帳簿等が存在しないことのみをもって，まったく否定することはできない。仕入税額控除の適用を受ける者と受けない者との事業者間の不平等は，納税義務者に基因する理由により帳簿等が不存在であっても許容されるものではない。課税仕入の存在が肯定される以上は，同法30条7項をもって，推計による仕入税額控除を排除することは許されないであろう。」[22]として，課税仕入の存在が肯定されれば仕入税額控除を推計により行われることになるとの見解を示している。

推計課税は，所得の実額を把握するための直接的資料がないときに，やむを得ず間接的資料によって所得を推計するもので，それは課税の公平を確保するためである。推計課税が認められるためには「合理性」の要件（基礎的事実の把握の正確性，推計方法の最適性，推計方法の客観性）が必要とされている。消費税について推計課税を行う場合は，簡易課税選択事業者は帳簿等の保存がなくても仕入税額控除は行われる（消費税37条は，同法30条から36条までの規定のかかわらず適用される）と解される。一般課税事業者に推計課税を行う場合は，課税売上げだけでなく，課税仕入の存在が肯定されれば推計による仕入税額控除を認めることも可能と思われる。

---

(21)　吉良実「消費税の推計課税」『法学博士中川一郎先生生誕80年記念税法学論文集』75頁（税法研究所，1989）。消費税の推計課税については，吉良実「消費税の推計課税と租税法律主義」税法学465号1頁（1989），吉良実「消費税推計課税の必要性とその許否」税務弘報37巻5号6頁（1989）などにおいてさらに詳しく論じられている。
(22)　占部裕典「消費税における仕入税額控除の適用要件」『総合税制研究5』46頁～47頁（納税協会連合会，1997）

9 おわりに（本件の推計によるみなし仕入税額控除適用の可否）

大阪地裁は，「消費税法による課税においても推計課税をすることが許されるというべきである。」と判示している。

本件の原告は簡易課税制度を選択している事業者であったので，本件推計課税はその課税標準額のみが対象となり，仕入税額についてはその適用されるべきみなし仕入率が争われた。

推計課税について明文規定を有している所得税及び法人税では，推計の対象となるのは，課税標準及び課税標準を構成する要素である。しかし，消費税法における仕入税額控除の対象となる仕入税額は，消費税の課税標準を構成する要素ではない。これは「帳簿及び請求書等の保存」の要件を充足することにより控除が認められることになる。したがって，帳簿及び請求書の保存がない（又は税務調査に協力しないために保存が確認できない）場合に，仕入税額の推計を課税庁に義務付けることは仕入税額控除の法的性格になじまないとの指摘がある[23]。

本件においては，消費税令57条4項3号の「事業の種類ごとの区分をしていないものがある場合」について課税当局が，単に物理的に区分されていない場合だけでなく，税務職員の適法な税務調査において，何ら正当な理由なく帳簿書類を提示しないため，税務職員が区分をしていることが確認できなかった場合を含むと解した主張に対して，大阪地裁は「法文上納税者に被告の主張するような，帳簿書類の提示の義務までも課したものと解釈することは困難である。したがって，「事業の種類ごとの区分をしていないものがある場合」とは申告当時に客観的に区分がなされていたか否かを判断すべきものである。」と判示した。これは，帳簿等の「保存」の文言解釈について，不提示＝不保存説と不提示＝保存説が対立（この問題は最高裁平成16年12月20日判決で，不提示＝不保存説で決着がついた。）があったなかでの解釈について，本件大阪地裁は，物理的な帳簿の保存や区分を提示とかかわらせな

---

[23] 西山由美「消費税における推計課税の可否」税研148号215頁（2009）

い立場をとった。

　仕入税額の推計を簡易課税制度の観点からは，簡易課税選択届出書を提出
していれば，帳簿及び請求書等の保存がなくても，みなし仕入率が自動的に
適用されて一定額の仕入税額控除がなされることになる。

　税務職員が税務調査において，事業の種類ごとに区分をしていることを確
認できない場合には，本条項3号が規定するように，第4種事業に係るみな
し仕入率が適用されることになる[24]。

【参考文献】

・山口敬三郎「実額反証に関する一考察（上）（下）」税理54巻6号101頁
　（上），54巻7号172頁（下）（2011）

・浦東久男「6　推計課税の理論」芝池義一他編著『租税行政と権利保護』
　169頁（ミネルヴァ書房，1995）

・加藤幸嗣「推計課税に係る制度連関管見」石島弘他編集『税法の課題と超
　克』245頁（信山社，2000）

・玉国文敏・酒井克彦「12　推計課税の適法性」小川英明他編『新・裁判実
　務大系　租税争訟』181頁（青林書院，2005）

・菅野保文「推計課税の前提要件」税務大学校論叢7（1973）65頁

・新井隆一「申告納税制度における推計課税」シュトイエル100号125頁
　（1970）

・松沢智「記帳義務強化の動きと挙証責任の帰属」税理26巻1号8頁（1983）

・白石信明「租税訴訟の立証責任をめぐる諸問題」税務大学校論叢27（1996）
　179頁

・小野雅也「推計課税と実額反証に関する裁判例の分析」税務大学校論叢28
　（1997）163頁

---

[24]　渡辺充「消費税における推計課税」山田二郎他編『租税法実務慣例解説』167頁
　（信山社，2011）

・会計検査院『会計検査院法第30条の2の規定に基づく報告書「消費税の簡易課税制度について」平成24年10月
・井上康一「第5章　租税法における「推定」の諸相―推計課税に関する議論の整理を中心として―」伊藤滋夫・岩崎政明編『租税法における要件事実の展開』134頁（青林書院，2016）
・西山由美「第7章　消費税における要件事実論」伊藤滋夫・岩崎政明編『租税法における要件事実論の展開』382頁（青林書院，2016）

（第一審　大阪地裁平成14年3月1日判決　Z252―9081）

（本稿は山口敬三郎「消費税における推計課税に関する一考察」税理60巻7号122頁（2017）を加筆修正したものである。）

納税者の財産権と財産の差押解除に係る諸問題

長谷川　記央

税理士・東京福祉大学　非常勤講師

はじめに

本論は，東京高等裁判所平成27年3月18日判決及び静岡地方裁判所平成26年9月8日判決を題材にし，財産権の種類に着目し，人権としての財産権の侵害については，より慎重に行うように努めるべきことを論ずるものである。

I　事実の概要

1　経　緯

本件は，亡甲野太郎（以下「亡甲」という。）の相続財産法人である原告が，亡甲存命中に同人所有の不動産を差し押さえた被告に対し，被告が差押解除義務を定める国税徴収法79条1項2号に反して違法に上記差押えを解除しなかったことを主張した。

2　前提事実

(1)　当事者等

原告は，亡甲が平成22年7月2日に死亡し，その相続人の存否が不明であ

448　第2部　事例研究　手続法1

るため成立した相続財産法人であり，原告代表者は，平成23年7月8日付け
で静岡家庭裁判所浜松支部により同相続財産管理人に選任された司法書士で
ある。

被告は，亡甲存命中に，同人所有の不動産を差し押さえた地方公共団体で
ある。

(2) 本件不動産に対する抵当権の設定

亡甲は，平成5年当時所有していた本件不動産を共同担保として次のとお
り抵当権を設定し，同年11月29日付けでその旨の各抵当権設定登記を経由し
た。第一順位抵当権については，設定日は同年11月2日であった。債務者は
亡甲であり，債務額は，1,300万円であった。なお，損害金は年4.8％であっ
た。抵当権者は，住宅金融公庫（現在の名称は独立行政法人住宅金融支援機
構。以下「住宅金融支援機構」という。）であった。第二順位抵当権につい
て，設定日は同年11月26日であった。債務者は，亡甲であり，債権額は，
1,440万円（保証委託契約による求償債権）であった。なお，損害金は年
14.6％であった。抵当権者は，株式会社富士銀クレジット（現在の名称はみ
ずほ信用保証株式会社。以下「みずほ信用保証」という。）であった。

(3) 本件差押え

被告は，平成16年7月23日，亡甲が滞納していた国民健康保険料を徴収す
るために本件不動産を差押（以下，この差押えを「本件差押え」という。），
同日，その旨の差押登記を経由した。

なお，平成23年7月27日当時，被告に係る亡甲の滞納公訴公課（以下「本
件租税債権等」という。）の最も早い法定納期限は平成14年9月2日であり，
本件租税債権等の合計金額は，未納延滞金を含めて425万5,506円であった。
本件優先債権者は，いずれも本件租税債権等における最も早い法定納期限に
先立って本件優先債権を被担保債権とする抵当権設定登記を経由しており，
競売等の強制換価の場面において本件優先債権は本件租税債権等に先立って
満足を受ける関係にある。

⑷ 担保不動産競売による本件不動産の売却等

みずほ信用保証は，静岡地方裁判所浜松支部に対し，第二順位の抵当権に基づき本件不動産の担保不動産競売を申し立て，同裁判所は，平成24年10月16日，本件不動産の担保不動産競売開始決定をした。

同競売手続においては，平成25年5月29日から同年6月5日午後5時までが入札期間，同月12日午前10時が開札期日と指定された。本件不動産に対する最高入札額は305万円であり，買受可能価額である229万6,000円（売却基準価額は287万円）を上回ったため，最高入札額での売却許可決定がなされ，同年7月3日に代金305万円が納付され，同年8月9日午前11時30分に配当期日が開かれて配当表に基づく配当が実施された。被告は，開札期日に先立つ同年5月24日，本件差押えを解除した。

Ⅱ　争　点

⑴　差押えの解除をしなかったことの違法性について
⑵　加害行為と相当因果関係のある原告の損害及びその額については，本論においては紙面の都合上，別稿に譲るものとする。

Ⅲ　静岡地方裁判所平成26年9月8日判決

1　原告の主張
差押えの解除をしなかったことの違法性

原告は，被告は遅くとも，平成24年9月7日（原告が被告に対して内容証明郵便を送付して本件差押えを解除するよう求めた日の1月後）以降，国税徴収法79条1項2号により本件差押えを解除すべき義務を負っていたにもかかわらず，漫然とこれを怠ったのであるから，かかる被告の不作為は国家賠償法1条1項にいう違法なものであると主張する。

原告は，無益差押禁止を定める国税徴収法48条2項及び差押解除義務を定

める同法79条1項2号によれば，ある財産の差押えを解除すべきか否かは，当該財産を換価した場合に差押えに係る公租公課を保全できる見込みがあるか否かにより判断すべきことになるから，保全見込額が零と見込まれる場合には当該差押えを解除すべき義務が生じることを主張する。

原告は，本件優先債権はその元金のみで合計1,928万0,702円であったこと，本件不動産の換価価値は多く見積もっても678万円であったことからすれば，本件租税債権等の保全見込額は零であって，同号に基づく差押解除義務が生じていたのは明白であることを主張する。

原告は，被告の徴税吏員は，平成24年4月10日，原告代表者からの説明や資料の提供を受け，本件差押えの解除の可否を判断するのに必要な客観的事情を認識していたことを主張する。

また，原告は，被告の徴税吏員は，遅くとも原告が本件差押えの解除を求める内容証明郵便を送付した時点で，上記一部納付に係る合意が撤回されたことを認識していたといえ，対応を検討する期間を考慮したとしても，その1月後である平成24年9月7日までには本件差押えを解除すべきであったことを主張する。

上記のことから，原告は，被告の徴税吏員は平成25年5月24日まで本件差押えの解除を漫然と怠ったことを主張する。

2　被告の主張
差押えの解除をしなかったことの違法性

被告は，被告が本件差押えを行って以降，国税徴収法79条2項1号（超過差押えの禁止）に基づき本件差押えを裁量的に解除した平成25年5月24日に至るまで，同条1項2号に基づく差押解除義務は生じておらず，同義務を漫然と怠ったともいえないから，被告の行為（不作為）には何らの違法もないことを主張する。

被告は，同号の要件に該当する場合とは，現場の徴税吏員が容易に間違いなく判断しうる場合，すなわち，客観的に見て，優先債権が他の資産の換価

納税者の財産権と財産の差押解除に係る諸問題　451

による弁済等によって減額されるなどの流動的要素を考慮してもおよそ当該租税債権を徴収する可能性のないことが明白となったときであることを主張する。

被告は，その理由として，徴税吏員が流動的な要素を看過して差押えを解除した結果租税の回収を逸した場合，市民からの責任追及の対象となりうるが，膨大な滞納処分案件における多様な流動的要素について完全に見落としのない判断を要求することは，徴税吏員に過大な負担を負わせるものであって，徴収事務の円滑化が妨げられることを主張する。

被告は，本件では流動的要素として，本件不動産の抵当権者が債務名義を取得し，別件土地の売却代金を差し押さえるなどして弁済を受けることで，本件優先債権が減少する可能性があったため，流動的要素を考慮してもおよそ本件租税債権等を徴収する可能性がないことが明白とはいえなかったことを主張する。

3　裁判所の判断

⑴　差押えの解除をしなかったことの違法性

（略）

⑵ア　国税徴収法79条1項2号に規定された差押解除義務の有無を判断するに当たっては，差押財産の価額といわゆる優先債権の額との対比が基本になるものと解されるので，この点から検討する。

イ　まず，原告が差押解除義務の発生時期と主張する平成24年9月7日以降の本件不動産の価額について検討するに，（略）原告主張の本件不動産の価額について積極的に争う態度を特段示してもいないことなどに鑑みれば，本件不動産の価額は，高くとも678万円程度であったと評価するのが相当である。

ウ　これに対し，本件優先債権の合計額は，住宅金融支援機構分で元本888万9,375円，みずほ信用保証分で元本1,039万1,327円の合計1,928万0,702円に加え，これらに約定利率による2年分の利息損害金を付した額であった

（民法375条）。

エ　そうすると，本件不動産の価額が高くとも678万円程度であったのに
対し，本件優先債権額は元金のみで1,928万0,702円であり，後者が前者を大
幅に上回っていたのは一見して明白であったと認められる。

(3)ア　次に，差押解除義務の有無の判断において考慮すべきと被告が主張
する流動的要素について検討するが，そもそも国税徴収法79条1項2号の要
件判断をする際に被告が主張するような流動的要素を考慮すべきとしても，
差押財産の価額及び優先債権額を前提として，当該流動的要素により差押財
産の価額が優先債権額を超える相応の可能性があったといえなければ，同号
の定める差押解除義務の成否に影響を及ぼさないというべきである。

イ　（略）

ウ　以上によれば，（略）本件租税債権等に先立つ本件優先債権額が本件
不動産の価額を上回ることは一見して明白であり，被告は，国税徴収法79条
1項2号に基づき，本件差押えを解除すべき義務を負っていたというべきで
ある。

Ⅳ　東京高等裁判所平成27年3月18日判決

1　控訴人の主張
差押えの解除をしなかったことの違法性

控訴人は，控訴人の徴税吏員は，差押解除義務の成否について，流動的要
素を考慮してもおよそ租税債権を徴収する可能性がないことが明白である場
合に差押解除義務が生じるとする名古屋高等裁判所平成16年8月5日判決の
判断基準に従って判断しており，上記基準は近時まで実務上の基準として広
く認識されており，これと異なる判断基準を明示する裁判例もなかったので
あるから，上記基準に従った運用を行っていた控訴人の徴税吏員に過失があ
ったとすることはできないと主張する。

控訴人は，平成24年の段階で，被控訴人代表者との間で，任意売却を可能

にするため，8万円の一部納付を受けて本件差押えを解除することを合意しており，本件訴訟提起後にも任意売却を可能にするため，控訴人から一部納付を受けて本件差押えを解除する合意をすることが十分期待できる状況にあったのであり，本件差押えの解除の時点までの間，本件租税債権の一部が回収される見込みがないとは認められないことを主張する。

2 被控訴人の主張
差押えの解除をしなかったことの違法性

被控訴人は，控訴人が主張する名古屋高等裁判所平成16年8月5日判決は，国税徴収法79条1項2号に関する実体的判断をしておらず，差押解除義務の判断基準を示していないのであるから，上記判決が示した判断基準が実務上の基準として広く認識されていたという状況は存在しないことを主張する。

3 裁判所の判断
差押えの解除をしなかったことの違法性

(ア) 差押えは，差押財産を強制換価して，租税債権を満足させるために行われるものであり，差押財産の財産権について権利者の意思に反して重大な制限を与えることからすれば，租税債権の満足という目的を遂げるために必要な範囲にとどめられるべきであって，差押財産の価格がその差押えに係る滞納処分費及び差押えに係る本件租税債権等に先立つ国税，他の地方税その他の債権（以下「優先債権」という。）の合計額をこえる見込みがなくなったときは，差押えに基づく強制換価手続を続行しても，租税財産の満足という目的を遂げる見込みがなくなったものというべきであるから，本件租税債権等の滞納処分に準用（国民健康保険法79条の2，地方自治法231条の3第3項，地方税法728条6項，7項，331条6項，373条7項，459条6項）される国税徴収法79条1項2号は，差押えを解除すべき旨を規定しているのである。このような規定の趣旨からすれば，差押財産の価格が優先債権の合計額をこえる見込みがなくなったか否かは，差押えの解除の要否を検討する時点

において，差押財産が強制換価される時点におけるその価格の見込みと優先債権の合計額の見込みを対比して判断されるべきものと解するのが相当である。そして，前記国税徴収法の強制換価手続は，私法秩序との調整を図りつつ，納税義務の適正な実現を通じて国税収入を確保することを目的とするものである上（国税徴収法1条），差押えが継続している時点から差押財産が強制換価されるまでの間に，その価格が変動する可能性が存在し，また優先債権の合計額も弁済，放棄，任意売却のために優先債権の債権者が抵当権の被担保債権の範囲の減少に同意するなどして減額される可能性が存在し，これらの可能性について差押え解除の要否を検討する時点において正確に判断することは必ずしも容易ではないと認められることを総合すると，前記国税徴収法79条1項2号の規定に基づき，差押えを解除すべき義務が発生するには，このような可能性を十分に考慮しても，なお，差押財産が強制換価される時点において，その価格が優先債権額を超える見込みがなくなったと認められることを要するものと解するのが相当である。

　(イ)　これを本件についてみると，（略）上記任意売却を実現するためには，本件優先債権中，少なくとも売却代金620万円から控訴人への支払分8万円を控除した612万円を超える部分について，本件優先債権者が本件不動産の抵当権の被担保債権から除外して残存被担保債権額の支払があれば抵当権を解除することに同意することが必要であって，被控訴人代表者はこの同意を得られる見込みが高いと判断したものであって，その同意を得られる具体的な可能性が存在したことが認められるのである。そして，この同意が得られる可能性があれば，本件優先債権額が本件不動産価格を上回っていたとしても，本件不動産の価格が本件租税債権の優先債権の合計額を超えることになる見込みがなくなったとは認められないのである。

　これに加えて，（略）平成24年9月7日から平成25年5月24日までの時点において本件不動産価格が678万円程度であったのに対し，本件優先債権の額は平成23年9月の時点で元金のみで1,928万0,702円であり，後者が前者を上回っていたことから，直ちに，本件不動産の価格が本件租税債権に係る優

先債権の合計額を超える見込みがなくなったとは認めるに足りないのである。

（略）

以上判示の各点を総合すると，本件不動産の価額は，平成24年9月7日から平成25年5月24日までの時点において678万円程度であり，本件優先債権の額は平成23年9月の時点で元金のみで1,928万0,702円であって，後者が前者を上回っていたことが認められるとはいえ，本件優先債権額が減少する上記判示の可能性が存在したことを考慮すると，これをもって，直ちに本件不動産の価格が本件租税債権に係る優先債権の合計額を超える見込みがなくなったと認めるには不十分であって，他にこれを認めるに足りる証拠はないのである。

したがって，控訴人が平成24年9月7日以降，平成25年5月24日まで本件差押えを解除しなかったことが違法であるとは認められないのである。

V　差押えの解除に係る学術的検討

1　先行研究レビュー

本件は，国税徴収法における問題と，国家賠償法における問題がとりあげられている。本件は，国税徴収法における差押えの任意解除に係る不作為について検討するものである。しかしながら，本件においては，国家賠償法における論点が問題とされている。

国家賠償法に係る公権力の行使に基づく損賠の賠償責任等（国家賠償法1条）については，加害行為をした者が国又は公共団体の公権力の行使にあたる公務員であること（加害行為の主体性），加害行為がその職務と関連性を有すること（職務関連性），加害公務員に故意又は過失があること（故意・過失の存在），加害行為が違法であること（違法性の存在），被害者に損害があること（権利侵害），公務員の加害行為と損害との間に因果関係があること（因果関係の存在），の全ての要件が充足した場合に認められる[1]。

また，民法715条と国家賠償法1条1項との相違として，国家賠償法1条

456　第2部　事例研究　手続法1

1項において使用者の免責の規定が設けられていないこと，国家賠償法1条2項については，加害公務員に対する求償権行使の要件の制限があること，国家賠償法1条の適用がある場合であっても，加害公務員の個人責任は認められない判例があるのに対して，民法では，個人責任は排除されないこと，国家賠償法1条では公務員の選任・監督者のほか費用負担者の責任も問われること，国家賠償法では外国人に対する相互保障制度がとられている（国家賠償法6条）が，民法上はこの制約がない（民法2条）ことが，先行研究[2]で論じられる。

先行研究によれば，国家賠償法1条の「違法性」については，義務違反的構成と職務行為基準説があげられる[3]。義務違反的構成は，国家賠償法1条の違法性を法的義務違反と解するのに対し，職務行為基準説は，国家賠償法の違法性をより狭く捉える考え方とされる。

本論において，国家賠償法の違法性に係る詳細の議論は避けるものの，国税徴収法の法的義務に違反するのか否かを検討することにより，少なからず本件に係る国家賠償法の違法性の研究に資することになるであろう。

もっとも，本件については，租税行政庁が任意解除を行わない場合に，当該任意解除が違法であったとしても，その違法により認められる損害賠償請求権の範囲が問題となるであろう。先行研究においては，反射的利益があげられている[4]。反射的利益とは，法的保護利益にあたらない利益とされ，損害賠償責任を負わないとされる。

したがって，本事例においては，国税徴収法には反するものの，当該違法行為により生じたとされる損害が，国家賠償法の反射的利益に該当するかの問題であって，国税徴収法においては違法の手続がなされたと解すべきではなかろうか。

---

(1) 佐藤英善編『実務判例　逐条国家賠償法』（平成20年，木精舎）18頁。
(2) 室井力，芝池義一，浜川清編『行政事件訴訟法・国家賠償法（第2版）』（平成18年，日本評論社）515頁。
(3) 室井力，芝池義一，浜川清編・前掲注(2)532-533頁。
(4) 室井力，芝池義一，浜川清編・前掲注(2)540頁。

国家賠償法については，上記のとおり先行研究がなされているが，詳細の議論については別稿に譲るものとし，本論においては国税徴収法の領域に限定して論ずることとする。したがって，本論における国税徴収法における「違法」との結論が，国家賠償法における「違法」となると結論に至るかについては，「違法」の考え方が異なることから，必ずしも同じであると結論付けるには至っていないことに留意してほしい。

2　納税者の財産権に係る種類

納税者たる国民は，基本的人権が保障されている。憲法11条は，「国民は，すべての基本的人権の享有を妨げられない。この憲法が国民に保障する基本的人権は，侵すことのできない永久の権利として，現在及び将来の国民に与へられる。」と規定する。基本的人権として，憲法は「財産権は，これを侵してはならない。」（憲法29条1項）と規定し，その内容については，「財産権の内容は，公共の福祉に適合するやうに，法律でこれを定める。」（同条2項）と規定する。

租税については「国民は，法律の定めるところにより，納税の義務を負ふ。」（憲法30条）と規定する。納税義務については「あらたに租税を課し，又は現行の租税を変更するには，法律又は法律の定める条件によることを必要とする。」（憲法84条）と規定し，法律又は法律の定める条件（課税要件）により，租税を課すことができるとする。

したがって，国民たる納税者は法律の規定に基づいて，租税債務の負担を強いられることとなる。国民たる納税者は，法律の規定に基づいて適法に租税債務の負担を強いられ，滞納者は滞納処分の執行などにより，適法に財産権が侵害されることがあげられる。財産権は，国家の一員である納税者たる国民が，自由経済主義の下で，自由に自己責任のうえで生存しなければならないといえる。また，強大な国家権力の単なる客体にはならないように，納税者たる国民の財産につき法的に厳格に保障する必要があるといえる。

このため，「財産権は，これを侵してはならない。」（憲法29条1項）と規

458　第2部　事例研究　手続法1

定し，人格的自由のための不可欠の前提として保障されるものといえる。すなわち，「制度的保障の目的は，財産によって確保される個人の自律的な生活にあり，財産権に対する制限も，この見地から限定されることとなる。」[5]といえる。先行研究によれば「税法は，国民の財産権を保障し，国民の福祉を増進し，国の反映を持続することを究極の使命とし，理念とする法」[6]と定義される。このため，租税行政が租税債務の実現のために，国民たる納税者の財産権を適法に侵害する場合には，法律の規定に基づいて行わなければならないといえる。

　本論は，憲法学に係る先行研究[7]において財産権を二種類に区分しており，当該区分に着目して論ずるものである。財産権の種類として「人権としての財産権」[8]と「資本としての財産権」[9]とを区別して論ずる。

　使用財産については「人権としての財産」に該当し，収益財産等である「資本としての財産権」に比して，より保護に値するといえる。国民たる納税者の生活を著しく窮迫する場合，すなわち「人権としての財産」が侵害される場合には，租税行政庁等は租税債務を消滅させることとなる。このように，「人権としての財産権」については，「資本としての財産権」に比して保護される場合があるといえる。

　本件については，その相続人の存否が不明であるため成立した相続財産法人が存在することから，相続人の人権に配慮すべき使用財産には該当しないといえる。したがって，「人権としての財産権」には該当しない財産であると考えられる。本論においては，憲法学の詳細な議論を避けるところである

---

(5)　野中俊彦，中村睦男，高橋和之，高見勝利『憲法Ⅰ【第4版】』（平成18年，有斐閣）462-463頁。
(6)　新井隆一『税法からの問　税法からの答』（平成20年，成文堂）24-25頁。
(7)　斎藤寿「憲法の財産権保障と『正当な補償』」駒澤大学法学部研究紀要30号（昭和47年）104-105頁。
(8)　本論における「人権としての財産権」とは，生活手段の保障を意味する財産に係る権利をいう。具体的には，使用財産が該当する。
(9)　本論における「資本としての財産権」とは，他人を支配する性質を有する財産に係る権利をいう。具体的には，収益財産等が該当する。

が，本件の「相続人の存否が不明である場合」と「相続人が相続財産を相続
し，当該不動産に使用（居住等）している場合」は区別すべきであると結論
付ける。なお，「相続人が相続財産を相続し，使用（居住等）している場合」
の詳細な検討は，別稿に譲るものとする。

3　国税の優先徴収権と私債権の調整

　租税債権は，原則として私債権に優先して徴収することが認められている。
国税徴収法において「国税は，納税者の総財産について，この章に別段の定
がある場合を除き，すべての公課その他の債権に先だつて徴収する。」（国税
徴収法8条）と規定する（以下「国税優先の原則」とする。）。国税優先の原
則の理論的な根拠として，①租税の共益費用性，②租税の優先控除性，③租
税債権の無選択性，④租税の無対価性，⑤租税の公示性，⑥租税担保の特異
性があげられる[10]。

　私法上の債権については，将来成立する債権のために，抵当権設定請求権
の仮登記によって担保することが可能である。租税債権は，原則として，継
続的に成立する債権であるから，将来生ずべき租税債権のために，その成立
期間開始とともに納税者の財産の上に抵当権の仮登記を行うことも，理論的
には可能であると考えられる。租税債権の確保のみに着眼する場合には，抵
当権を仮登記することが望ましいといえる。租税行政庁等は納税者が継続的
に成立する租税債権に対して，抵当権の仮登記をすることができるが，全て
の租税債権につき抵当権の仮登記を行うことは，多大な費用を要することと
なる。このため，国税優先の原則を認め，租税行政庁等が負担することとな
る抵当権の仮登記に係る費用の削減を図っているといえる。

　また，租税は所得の発生等そのものの基礎となる国家活動の費用であり，
すなわち，その債権の確保等の利益を享受させるための最も基本的な共益費

---

[10]　志場喜徳郎，荒井勇，吉国二郎共編『国税徴収法精解【第18版】』（平成27年，大蔵財
　　務協会）134-137頁。

用である。諸法律秩序維持の経済的基盤に要する費用が租税であるといえる。諸法律秩序維持の経済的基盤がない場合には，司法裁判所により私債権の回収を図ることはできないのだから，租税債権が優先的に徴収を認められることが妥当であるといえる。すなわち，財産権を保障するために要する費用であるから，国税優先の原則は公共の福祉の要請に副うものであり，財産権の侵害にあたらないと考えられる。しかしながら，租税債権が全ての私債権に優先徴収権を認めると，資本主義経済の弊害になりかねない経済的事象が生ずるに至った。そこで，国税の優先徴収権の制限の規定を設けるに至る。具体的には，国税徴収法は「納税者が国税の法定納期限等以前にその財産上に抵当権を設定しているときは，その国税は，その換価代金につき，その抵当権により担保される債権に次いで徴収する。」（国税徴収法16条）と規定する。国税徴収法16条は「特に抵当権は，資本主義制度の発達に伴い，企業資金の融通を受けるための法律制度として，いわば資本主義制度の基礎をなすものであるため抵当権に対する国税の優先徴収権が激しく批判されていたものである。したがって，法定納期限以前に設定された抵当権について国税が優先しないこと及び抵当権が登記・登録されているために，抵当権者がなんらの証明を要しないで国税に優先することとしたこの規定は，極めて重要なもの」[11]であるといえる。

　租税行政庁が租税債務の実現のために，滞納処分を執行することは，国民の財産権を侵害することから，その侵害には制約が課されている。具体的には，超過差押の禁止（国税徴収法48条），滞納処分の停止（国税徴収法153条1項2号）などがあげられる。

4　差押えの法定解除と任意解除

　租税行政庁等は法定解除に該当する事実がある場合には，あるいは任意解除に該当する事実がある場合には，差押えの解除を行うこととなる（国税徴

---

[11]　志場喜徳郎，荒井勇，吉国二郎共編・前掲注[10]192頁。

収法79条）。

　法定解除については，「納付，充当，更正の取消その他の理由により差押えに係る国税の全額が消滅したとき」（国税徴収法79条1項1号），「差押財産の価額がその差押えに係る滞納処分費及び差押えに係る国税に先立つ他の国税，地方税その他の債権の合計額を超える見込みがなくなつたとき。」（国税徴収法79条1項2号）があげられる。

　任意解除については，「差押えに係る国税の一部の納付，充当，更正の一部の取消，差押財産の値上りその他の理由により，その価額が差押えに係る国税及びこれに先立つ他の国税，地方税その他の債権の合計額を著しく超過すると認められるに至つたとき。」（国税徴収法79条2項1号），「滞納者が他に差し押さえることができる適当な財産を提供した場合において，その財産を差し押さえたとき。」（国税徴収法79条2項2号），「差押財産について，三回公売に付しても入札又は競り売りに係る買受けの申込み（以下「入札等」という。）がなかつた場合において，その差押財産の形状，用途，法令による利用の規制その他の事情を考慮して，更に公売に付しても買受人がないと認められ，かつ，随意契約による売却の見込みがないと認められるとき。」（国税徴収法79条3項）があげられる。

　租税行政庁等の差押え後に，差押えの時に認識していなかった経済的事象あるいは偶発的な事象により，結果的に超過差押えとなった場合には，差押えを解除しなければならず，あるいは解除するように努めなければならないと考えられる[12]。

　国税徴収法79条2項は「差押財産の全部又は一部について，その差押えを解除することができる。」と任意解除の規定を設けており，どの程度の羈束裁量を与えるかは，見解がわかれるところであるといえる。たとえば，「差押財産の値上り」した場合は，差押財産の時価が流動的であり，当該値上りの価格が一時的であり，実現困難な場合も考えられる。経済市場はたえず流

---

[12]　志場喜徳郎，荒井勇，吉国二郎共編・前掲注[10]644-645頁。

462　　第2部　事例研究　手続法1

動的に市場取引が行われており，価格も流動的に変化する。差押財産の値上りによる差押えの解除の場合に，経済市場の偶発的事象により激しく市場価格が変動したことがあげられる。このような場合に，差押財産の価格が再び著しく下落することも考えられる。このため，租税行政庁等が「差押財産の値上りその他の理由」により，常に差押えの解除をしなければならないとすれば，租税債権の徴収を図ることが困難になる場合も考えられる。したがって，租税行政庁等に相当程度の覊束裁量を与えたと考えられる。

　しかしながら，当該覊束裁量については，差押財産の価格につき不確実性が認められる場合に限り与えられたものであるといえる。租税行政庁等は，極めて限定的に当該覊束裁量を用いて，「差押財産の値上りその他の理由」による差押えの解除の判断を行うことが妥当である。

5　滞納処分の停止

　租税行政庁等は，「滞納処分の執行等をすることによつてその生活を著しく窮迫させるおそれがあるとき」は，滞納処分の執行を停止することができる（国税徴収法153条1項2号）。国税徴収法基本通達153条関係3は，「滞納者（個人に限る。）の財産につき滞納処分の執行又は徴収の共助の要請による徴収（以下「滞納処分の執行等」という。）をすることにより，滞納者が生活保護法の適用を受けなければ生活を維持できない程度の状態（法第76条第1項第4号に規定する金額で営まれる生活の程度）になるおそれのある場合をいう。」ことをあげる。生活保護法において，「生活扶助は，困窮のため最低限度の生活を維持することのできない者に対して，左に掲げる事項の範囲内において行われる。」（生活保護法12条1項）と規定する。滞納処分の停止については，生活扶助の給付を行う場合にはその扶助の基準となる給料等の支給の基礎となった期間に応ずるものを勘案して行うものとされる。したがって，国民たる納税者の基本的人権を尊守するため，生活保護法の適用を受けるほど生活が窮迫している場合には，租税行政庁等は滞納処分の停止をしなければならないといえる。

租税行政庁等において，滞納処分の停止しなければならない場合とは「滞納者が，差押禁止財産以外に多少の財産を有していても，所得が僅少であり又は安定性がなく，生活維持の前途が不安視され，扶養家族も含めた滞納者の生活を維持するためにその財産を生活費に充てつつある場合，又は近い将来かかる事態に立ち至るおそれが多いと認められる」[13]状態をいう。

租税行政庁等は，国民たる納税者が生活保護法の適用を受けなければ生活を維持できない程度の状態が3年間継続する場合に，納税義務を消滅しなければならないといえる（国税徴収法153条4項）。原則として生活保護法の適用を受けなければ生活を維持できないほど，生活が困窮している場合であっても，直ちには納税義務を消滅させないことがあげられる。

将来において，国民たる納税者の資力が回復した場合には，当該資力をもって租税債務の徴収を図ることが予定されている。すなわち，少なくとも3年間は，納税者の資力が回復することにより，租税債権の徴収を期待するものであるといえる。したがって，租税行政庁等は，納税者の資力の回復を期待する立場にあると考えられる。

6　財産権と差押えの解除に関する検討

(1)　「資本としての財産権」に係る財産を差し押さえた場合

国民たる納税者の滞納国税がある生じた場合に，「資本としての財産権」に対して滞納処分を行う場合には，国税徴収法において，より広義の範囲で滞納処分がなされることがあげられる。なぜなら，資本としての財産については，滞納処分の停止が適用されることは考えにくいといえる。

滞納処分の停止の規定は，国民たる納税者が「人権としての財産権」としてより保護すべき財産で，かつ，生活を著しく窮迫させるおそれがあるときに限定されるといえる。このため，他人を支配する財産には，滞納処分の停止の適用の機会が考えにくいといえる。他方で，時間の経過などにより，

---

(13)　志場喜徳郎，荒井勇，吉国二郎共編・前掲注(10)936-937頁。

464　第2部　事例研究　手続法1

「資本としての財産」が「人権としての財産」となる場合には，滞納処分の停止の適用の機会があるといえる。

「資本としての財産」については，租税の徴収権の消滅する規定がない理由として「人権としての財産権」に比して，より，租税の共益費用としての性格に重きを置き，租税の徴収権が厳格に認められると考えられる。

本論においては，差押えの解除に係る任意解除が問題とされるが，当該差押えの解除に係る覊束裁量については，「資本としての財産権」は「人権としての財産権」に比して，同等あるいは広義に捉えることが可能である。本件の場合には，どの程度の覊束裁量を認めるかが問題となると考えられる。

(2) 「人権としての財産権」に係る財産を差し押さえた場合

「人権としての財産権」に係る財産を差し押さえる場合には，国税徴収法において他の財産に比して，その範囲を狭義に捉え，「人権としての財産権」に対して一定の配慮を行っている。たとえば，国税徴収法76条1項は「給料，賃金，俸給，歳費，退職年金及びこれらの性質を有する給与に係る債権（以下「給料等」という。）については，次に掲げる金額の合計額に達するまでの部分の金額は，差し押えることができない。」とし，給与の差押禁止額を設けている。給与所得者に係る滞納国税の滞納処分については，国税徴収法76条1項により差押禁止額を設け，滞納者たる給与所得者が最低限度の生活を行える程度の資力に配慮し，租税債務の徴収を具体的な規定であるといえる。当該規定は，「人権としての財産権」の性質に鑑みて設けられた規定であるとも考えられる。

法人の場合においては，多数の国民たる納税者が所属し，当該国民の「人権としての財産権」に関係する場合が多々ある。たとえば，「人権としての財産権」として，法人の労働債権があげられる。破産手続を開始した法人において，国税優先の原則が徹底された場合に，納税者の「人権としての財産権」が害されるおそれがある。国税徴収法20条において，法定納期限等以前にある先取特権等の優先の規定が設けられているが，「雇用関係の先取特権は，給料その他債務者と使用人との間の雇用関係に基づいて生じた債権につ

いて存在する」（民法308条）が，「登記をした一般の先取特権」（国税徴収法20条1項4号）に該当するかが問題となる。国税徴収法20条1項4号は，登記を要件としているから，雇用関係の先取特権のうち，登記をした一般の先取特権のみを保護するようにも思われる。しかしながら，更生手続を開始した法人については，「破産手続開始前三月間の破産者の使用人の給料の請求権は，財団債権」（破産法149条1項）に該当し，当該財団債権については，「破産債権に先立って，弁済する。」（破産法151条）と規定する。したがって，「人権としての財産権」に該当する法人の労働債権については，一般の法人税等の租税債務に優先的な地位を有しており，労働債権の保護を図っている[14]。滞納者の財産権から租税債務を徴収する場合に，他の納税者たる国民の「人権としての財産権」の侵害に係る弊害が生じないように配慮される。すなわち，国税徴収法に直接的な規定を設けていないが，租税行政庁等は「人権としての財産権」については十分な配慮を図り，租税債務の徴収を行うものとされる。

　他方で，滞納処分の停止の規定は，納税者たる国民が最低限度の生活を行える程度の自立を促し，資力が回復する場合には，租税債務を徴収することを規定していると考えられる。生活保護法1条において，「国が生活に困窮するすべての国民に対し，その困窮の程度に応じ，必要な保護を行い，その最低限度の生活を保障するとともに，その自立を助長すること」を掲げ，「健康で文化的な最低限度の生活を営む権利」（憲法25条1項）を尊重している。また，「国は，すべての生活部面について，社会福祉，社会保障及び公衆衛生の向上及び増進に努めなければならない。」（憲法25条2項）ことがあげられている。このため，納税者たる国民が最低限度の生活を行える程度の自立を助長する義務を，国は負っている。租税行政庁等は，「人権としての財産権」を侵害して，納税者たる国民が最低限度の生活を行える程度の自立に係る弊害となる行政処分を行うことは消極的であるといえる。差押えの解

---

[14]　志場喜徳郎，荒井勇，吉国二郎共編・前掲注[10]218-221頁。

除が行われた場合に，差押えに係る財産の価額が値上がりする場合には，積極的に差押えの解除を認め，納税者たる国民の生活の維持に資するように配慮すべきである。また，納税者たる国民が自立した生活を行えるように配慮すべきである。

したがって，「人権としての財産権」に係る差押えの解除については，「資本としての財産権」に比して，覊束裁量の程度についてはより狭義に捉え，国民である納税者の生活に支障が起きないように，積極的に差押えを行うように努めなければならないといえる。そして，租税行政庁等は，国民である納税者が自立した生活を営むうえで，納税者の資力の回復により，租税債権の徴収を図ることが望ましいといえる。また，国民である納税者の生活に支障が起きない程度については，滞納処分の停止と同程度の生活の維持であるのかという論点が生ずるが，当該論点については更なる研究が必要である。

VI 本件の検討

1 静岡地方裁判所平成26年9月8日判決
差押えの解除をしなかったことの違法性

本件は，静岡地方裁判所の判断は当該差押えの解除を行わないことは，違法であると結論付ける。本論においては，静岡地方裁判所の判断を支持するものである[15]。

静岡地方裁判所の判断において，「原告主張の本件不動産の価額について積極的に争う態度を特段示してもいないことなどに鑑みれば，本件不動産の価額は，高くとも678万円程度であったと評価するのが相当である。」こと，「本件優先債権の合計額は，住宅金融支援機構分で元本888万9,375円，みずほ信用保証分で元本1,039万1,327円の合計1,928万0,702円に加え，これらに

---

[15] 加害行為と相当因果関係のある原告の損害及びその額については，本論においては論ずることを避け，当該判断については別稿に委ねている。このため，当該論点についての適否については触れずに論ずる。

約定利率による2年分の利息損害金を付した額であった（民法375条）。」こと，「本件不動産の価額が高くとも678万円程度であったのに対し，本件優先債権額は元金のみで1,928万0,702円であり，後者が前者を大幅に上回っていたのは一見して明白であったと認められる。」ことをあげ，「国税徴収法79条1項2号の要件判断をする際に被告が主張するような流動的要素を考慮すべきとしても，差押財産の価額及び優先債権額を前提として，当該流動的要素により差押財産の価額が優先債権額を超える相応の可能性があったといえなければ，同号の定める差押解除義務の成否に影響を及ぼさないというべきである。」と判断した。

　国税徴収については，国税優先の原則を認め，私債権に優先して，納税者の財産権から租税債務の実現を図ることができる。国税優先の原則を認める理由としては，原則として，継続的に成立する債権であるから，将来生ずべき租税債権のために，その成立期間開始とともに納税者の財産の上に抵当権の仮登記を行うことも，理論的には可能であるが，当該仮登記を行う場合の，租税行政庁等の事務負担と費用から，当該仮登記を行うことが実効性に欠けるといえる。このため，国税優先の原則を認め，広く優先弁済権を認めることで，租税行政庁等の租税債務の円滑な実現を図っている。

　しかしながら，国税優先の原則を認めながら，私法秩序との調整のうえで，法定納期限等以前に設定された抵当権について例外を設けている。国税徴収法16条は，資本主義制度の発達に伴い，企業資金の融通を受けるための法律制度として，いわば資本主義制度の基礎をなすものであるため抵当権に対する国税の優先徴収権が激しく批判を受け，法定納期限以前に設定された抵当権について国税が優先しないこと及び抵当権が登記・登録されているために，抵当権者がなんらの証明を要しないで国税に優先することとした。このため，当該規定は極めて重要なものと考えられる。私債権との租税債務の実現との調整を図るために，国税優先の原則の例外を設けたといえる。

　本件の場合，法定納期限等以前に抵当権が設定されていることから，第一抵当権者である住宅金融公庫及び第二抵当権者であるみずほ信用保証が，本

件租税債権等に優先して満足を受けることとなる。したがって，当該私債権の優先権は，原則として租税債権の優先弁済権を認めるうえでは，より尊重されなければならないといえる。

　裁判所の判断において，「私法秩序との調整」（国税徴収法1条）に重きを置き，国税優先の原則の例外である私債権の優先弁済権をより保護すべきと判断したのであろう。このため，「国税徴収法79条1項2号の要件判断をする際に被告が主張するような流動的要素を考慮すべきとしても，差押財産の価額及び優先債権額を前提として，当該流動的要素により差押財産の価額が優先債権額を超える相応の可能性があったといえなければ，同号の定める差押解除義務の成否に影響を及ぼさないというべきである。」と判断し，当該流動的要素についても限定的に捉えていると考えられる。したがって，国税徴収法の目的である「私法秩序との調整」を厳守していることから，当該裁判所の判断については，妥当であると考えられる。

　財産権の内容によっては，より厳格に「私法秩序との調整」（国税徴収法1条）が図られるべきではないかとの意見も考えられる。すなわち，「私法秩序との調整」をどのように捉えるのかが，東京高等裁判所において論点としてあげられており，後述するものとする。

2　東京高等裁判所平成27年3月18日判決

差押えの解除をしなかったことの違法性

　東京高裁裁判所の判断においては，差押えの解除に係る違法性を否定する。

　東京高等裁判所は「前記国税徴収法の強制換価手続は，私法秩序との調整を図りつつ，納税義務の適正な実現を通じて国税収入を確保することを目的とするものであるうえ（国税徴収法1条），差押えが継続している時点から差押財産が強制換価されるまでの間に，その価格が変動する可能性が存在し，また優先債権の合計額も弁済，放棄，任意売却のために優先債権の債権者が抵当権の被担保債権の範囲の減少に同意するなどして減額される可能性が存在し，これらの可能性について差押え解除の要否を検討する時点において正

確に判断することは必ずしも容易ではないと認められることを総合すると，前記国税徴収法79条1項2号の規定に基づき，差押えを解除すべき義務が発生するには，このような可能性を十分に考慮しても，なお，差押財産が強制換価される時点において，その価格が優先債権額を超える見込みがなくなったと認められることを要するものと解するのが相当である。」とし，「被控訴人が控訴人において本件差押えを解除すべき義務を負う旨を主張する平成24年9月7日以降平成25年5月24日までの間においても，本件不動産について，本件優先債権者の同意を得て任意売却が行われる具体的な可能性があったものと認められるのであり，任意売却を実施するためには，本件優先債権者が本件優先債権額を任意売却が可能になる額まで，本件不動産の抵当権の被担保債権から除外して，残存被担保債権額の支払があれば，抵当権を解除することに同意することが必要であり，この同意の得られる具体的な可能性があったものと認められるのであって，この同意によって本件優先債権額が任意売却を可能にする額まで減少する具体的な可能性の存在することが認められるのであり，この可能性を考慮すると，上記平成24年9月7日から平成25年5月24日までの時点において本件不動産価格が678万円程度であったのに対し，本件優先債権の額は平成23年9月の時点で元金のみで1,928万0,702円であり，後者が前者を上回っていたことから，直ちに，本件不動産の価格が本件租税債権に係る優先債権の合計額を超える見込みがなくなったとは認めるに足りないのである。」ことを判断した。また，「被控訴人が他の財産を処分し，それによって得られた金員によって本件優先債権額が減少する具体的な可能性があったものと認められ，この可能性を考慮すると，本件租税債権等がその一部についても回収の可能性がなかったとまでは認めるに足りず，上記判示のように，本件不動産の価格を本件優先債権額が上回っていることから，直ちに，本件不動産の価格が本件租税債権に係る優先債権の合計額を超える見込みがなくなったとは認めるに足りないのである。」と判断した。

　私見であるが，東京高等裁判所の判断において，被控訴人が他の財産を処分したことをあげているが，被控訴人が他の財産を有している場合には，国

税優先の原則が広く認められており，租税債務が徴収することが可能である。租税債務と他の租税債務においては，「納税者の財産につき国税の滞納処分による差押えをした場合において，他の国税又は地方税の交付要求があつたときは，その差押えに係る国税は，その換価代金につき，その交付要求に係る他の国税又は地方税に先だつて徴収する。」（国税徴収法12条）を規定し，「徴税に熱意を有するものを優先させようとする制度」[16]を設け，租税債務の迅速な実現を図っている。

　このように，租税行政庁等は租税債務の滞納が生じた場合には，迅速に租税債務の実現を図らなければならず，迅速に租税債務の実現を行う場合には，原則として私債権に優先して徴収することができるといえる。

　東京高等裁判所の判断においては，他の私債権者が自らの努力により，租税債務に先立ってその実現を図ったことを考慮し，差押えの解除に係る違法性について検討を行う。しかしながら，当該判断については，私債権者の自助努力はどのように考慮されたのだろうか。本来であれば，租税行政庁等は自らの優先弁済権を実現するために，他の私債権者と同等あるいはそれ以上の熱意を持ち，租税債務を実現すべきであるといえる。また，租税行政庁等は，他の私債権者と競合した場合には，原則として優先して徴収することが認められているのだから，差押えの解除に係る違法性について影響を与えないと結論付けることが妥当であろう。また，流動的な要素を認識した場合に，差押えの解除に係る機会が不明確になることから，私的秩序との調整が不明確になり問題が生ずることとなる。

　本件の場合には，「資本としての財産権」に係る不動産であったため，その判断は困難であったのではなかろうか。もっとも「人権としての財産権」に係る不動産であった場合には，差押えの解除については，より厳格にその権利を認め，国民たる納税者の資力の回復と納税者の生活に支障がないように配慮し，より慎重に判断を行うべきであろう。

---

[16]　志場喜徳郎，荒井勇，吉国二郎共編・前掲注[10]156-159頁。

Ⅶ 今後の研究課題

1 差押えの解除に係る共通的な問題

差押えの解除に係る共通的な問題として，租税債権に係る優先債権の合計額が，財産権の価額に比して著しく超過する場合に，国税徴収法79条2項2号に規定する「差押えに係る国税の一部の納付，充当，更正の一部の取消，差押財産の値上りその他の理由により，その価額が差押えに係る国税及びこれに先立つ他の国税，地方税その他の債権の合計額を著しく超過すると認められるに至つたとき」に該当するか否かについて，どのように判断すべきかが問題となる。

租税債権は，国税優先の原則により私債権に先立って徴収することが認められている。国税優先の原則を維持するためにも，「私法秩序との調整」に重きを置き，例外として認められた私債権の優先権はより厳格に保護すべきである。国税徴収法が「資本主義制度の発達に伴い，企業資金の融通を受けるための法律制度」[17]として，資本主義制度の弊害となることがないように，例外として設けられた私債権の優先権はより厳格に保護されるべきである。したがって，本論においては，本件の差押えの解除については違法であると結論付ける。

しかしながら，「資本としての財産権」については，差押えの解除は総合的判断により行うべきではないかとの批判的な見解も考えられる。本件の場合には，単に，「租税債権に係る優先債権の合計額が，財産権の価額に比して著しく上回る」という事実のみでは判断すべきではなく，納税者に係る他の事実を含めて総合的な判断を行っており，差押えの解除に係る総合的判断がなされたといえる。

---

[17] 志場喜徳郎，荒井勇，吉国二郎共編・前掲注(10)192頁。

2 「資本としての財産権」に係る問題

　租税行政庁等が差押えの任意解除に係る判断をする場合に，「資本として
の財産権」の覊束裁量は，「人権としての財産権」に比して広義に捉えるこ
とは可能であろう。

　「資本としての財産権」については，その財産権たる債権の確保等の利益
を享受させるための最も基本的な共益費用であるから，私債権に優先して徴
収されるべきであると考えられる。このため，租税の負担なく，「資本とし
ての財産権」たる債権の確保等の利益を享受することはできないのだから，
差押えの解除はより慎重に行うべきと考えられる。このため，差押えの解除
に係る判断は総合的な判断により，慎重に行うべきとも考えられる。

　しかしながら，当該総合的な判断については，国税優先の原則の維持を困
難になさしめる程度の覊束裁量ではあってはならないため，「私法秩序との
調整」をどのように捉えるのかは，今後の研究課題と考えられる。

3 「人権としての財産権」に係る問題

　租税行政庁等が差押えの任意解除に係る判断をする場合に，「人権として
の財産権」の覊束裁量は，「資本としての財産権」に比して狭義に捉え，積
極的に差押えの解除を行うことにより，納税者たる国民の生活の維持に支障
がないように努める必要があるといえる。このため，本件が「人権としての
財産権」に係る差押えの解除の場合には，同様の司法裁判所の判断となるか
は疑問であり，本件をもって「人権としての財産権」に係る差押えの解除が
消極的に行われることは避けなければならないであろう。

　しかしながら，財産権を「資本としての財産権」と「人権としての財産
権」とを区分する意義はあるのかという批判的な見解も考えられる。もっと
も，財産権を明確に区分することは困難であることがあげられる。「人権と
しての財産権」を区分した場合であっても，納税者の生活に与える影響の程
度が統一的ではなく，全ての「人権としての財産権」が「資本としての財産
権」に比して保護されるべきと結論付けることは，他の納税者との公平性を

納税者の財産権と財産の差押解除に係る諸問題　　473

害するおそれが生じるのではないかとの批判的な見解も考えられる。

　少なくとも，租税行政庁が納税者の生活を困窮することを理由に，納税者のいずれかの財産が滞納処分の停止がなされる場合には，「人権としての財産権」については，「人権としての財産権」に係る差押えの解除を行い，納税者がより経済的な利益を享受できるように，差押えの解除を積極的に行うべきであるといえる。

　そのうえで，「人権としての財産権」に係る差押えの解除の覊束裁量と「資本としての財産権」に係る差押えの解除の覊束裁量を，どの程度の覊束裁量を認めるかについては，更なる研究が必要であるともいえる。しかしながら，少なからず「資本としての財産権」に比して「人権としての財産権」は，より保護されるべきと結論付ける。

おわりに

　本件は，平成16年7月23日付けでなされた本件差押えを取り消すことについて異議申立期間が経過したことにより，問題が複雑化した事件であると考えられる。異議申立を行える時期について問題がないのかとの批判的な見解もあげられる。異議申立の期間については，別稿に譲るものとする。

　租税行政庁等は本件を理由に，差押えの解除の機会を狭義に捉えることがないようにすることが望ましいといえる。また，国民たる納税者の生活に支障がないように配慮した滞納処分の執行がなされることが望ましく，「人権としての財産権」の性格を有する財産については，租税行政庁等はより慎重に検討を重ね，租税債権の実現を図ることが妥当であるといえる。

（第一審　静岡地裁平成26年9月8日判決）
（控訴審　東京高裁平成27年3月18日判決）

納税の猶予に係る利益概念の検討

長谷川　記央

税理士・東京福祉大学　非常勤講師

はじめに

本論は，納税の猶予の適用について利益あるいは損失により一律的な判断基準とすることについて検討を行うこととした。なお，国税不服審判所平成28年1月13日裁決を題材に，納税者の猶予について検討を行う。

本稿は，会計上の数額である売上高及び税務会計学に係る利益概念について触れることから，税務会計学の手法を用いて検討を行うこととした。また，近年，国際会計基準の影響と実現概念の変遷により，伝統的な実現概念から，投資のリスクからの解放が定義されるに至った。会計学の収益認識の変遷が利益概念に影響を与え，現在も税務会計学に係る議論が活発に行われている最中であるといえる。

納税者の猶予の規定は，損益計算書の税引前当期純利益又は税引前当期純損失の金額を基に判断することが，平成27年3月2日付徴徴5－10ほか「納税の猶予等の取扱要領の制定について」（以下，同事務運営指針を「猶予取扱要領」とする。）により明示されており，間接的な影響を受けることが考えられる。

このため，税務署長の判断により行われる納税の猶予について利益あるい

は損失に基づいて，一律的に判断がなされた場合に問題が生ずるか否かを検討する。

I　事実の概要

本件は，貨物自動車運送業を営む審査請求人（以下「請求人」という。）が，売上の減少などを理由として，国税通則法（以下「通則法」という。）第46条第2項の規定に基づき納税の猶予の申請をしたところ，原処分庁が，請求人には同項に該当する事実がないとして納税の猶予を不許可とする処分をしたのに対し，請求人が，当該処分は，裁量権の範囲を逸脱し又はこれを濫用した違法なものであるとして，その取消しを求めた事案である。

II　基礎事実

⑴　請求人
請求人は，貨物自動車運送業を営む法人である。
⑵　納税の猶予の申請
請求人は，平成26年6月26日，原処分庁に対し，通則法第46条第2項の規定に基づき，納税の猶予の始期を平成26年6月11日などとして，納税の猶予の申請（以下「本件猶予申請」という。）を行った。
⑶　請求人の売上高に関する状況
請求人の事業年度は，4月1日から翌年3月31日までであった。
平成24年4月1日から平成25年3月31日までの事業年度（以下「平成25年3月期」という。）における売上金額はXXX,XXX,XXX円であった。
また，平成25年4月1日から平成26年3月31日までの事業年度（以下「平成26年3月期」という。）における売上金額はXX,XXX,XXX円であった。
⑷　原処分庁の処分
原処分庁は，本件猶予申請に対し，平成26年12月10日付で納税の猶予を不

許可とする処分（以下「本件不許可処分」という。）をした。

Ⅲ 争 点

本件不許可処分は，裁量権の範囲を逸脱し又はこれを濫用した違法なものか否か。

Ⅳ 国税不服審判所平成28年1月13日裁決

1 請求人の主張

(1) 納税の猶予に係る法律解釈

請求人は，通則法第46条第2項第5号の規定は，同項第1号から第4号までの各規定で救えなかった納税者を救済するという法律的・行政的配慮が含まれているものと解されると主張する。そのうえで，請求人は，猶予取扱要領第1章《総則》1《納税者の実情に即して処理すること》の定めからすれば，納税の猶予の処理に当たっては，納税者に有利な方向で納税の猶予等の活用を図るよう弾力的な運用，配慮がなされるべきとし，その判断は，納税者の事業実態として，納税を困難にしている事実が存在しているか否かによりなされるべきであると主張する。

(2) 納税の猶予の適用要件

請求人は，これまで経営改善に取り組んできたものの，東日本大震災，農家の高齢化及び生産品目の転換などにより，年々売上が減少し，平成26年3月期の売上金額は，平成25年3月期に比べ，約18％も減少したのであるから，請求人には，その責めに帰すことができないやむを得ない事由により，大幅な売上の減少があった。また，売上の減少に加え，燃料費の高騰，高速料金の値上げなどの影響もあり，請求人の平成26年3月期の損失金額は，平成25年3月期に比べ減少したものの，引き続き損失を計上しており，さらに，平成26年4月から7月までの4か月間の損失金額は，平成26年3月期の損失金

額を上回ることとなったから，請求人の収益は大幅に悪化した。

請求人は，この状況において，請求人が，本件猶予申請に係る国税を一時に納付することは，事業の継続に著しい支障が生ずることを主張する。

したがって，請求人は納税の猶予の要件を満たしていると主張する。

(3) 租税行政庁の裁量権

請求人は，納税の猶予の要件を充足していたものであり，それにもかかわらず納税の猶予を許可しなかった本件不許可処分には，裁量権の範囲を逸脱し又はこれを濫用した違法があると主張する。

2 原処分庁の主張

(1) 納税の猶予に係る法律解釈

原処分庁は，通則法第46条第2項が規定する納税の猶予は，租税徴収における公平の実現という観点から，納税者の責めに帰すことができないやむを得ない事由により生じた猶予該当事実に基づき，その納税者が国税を一時に納付できないと認められるときに，適用することができると解され，また，同項の本文からも明らかなように，納税の猶予は，猶予該当事実が存在することを前提として適用されるものであることを主張する。

(2) 納税の猶予の適用要件

請求人の事業に係る平成26年3月期の売上金額はXX,XXX,XXX円であることから，平成25年3月期の売上金額XXX,XXX,XXX円と比較すると，その売上金額の減少幅は，約18%である。

そうすると，原処分庁は，請求人のこの売上の減少については，事業上の著しい損失があったものと同視できるか又はこれに準ずる重大な売上の減少があったとはいえないから，猶予取扱要領第2章第1節1(3)へに定める第5号（第4号類似）の事実に該当せず，通則法第46条第2項の要件を満たさないことを主張する。

したがって，原処分庁は，本件不許可処分は適用であると主張する。

478　第2部　事例研究　手続法2

⑶ 租税行政庁の裁量権

納税の猶予は，猶予該当事実が存在することを前提として適用されるものであるから，猶予取扱要領第2章第1節1⑶ヘに定める第5号（第4号類似）の事実に該当せず，通則法第46条第2項の要件を満たさないこと，すなわち請求人に猶予該当事実が認められない以上，請求人が本件猶予申請に係る国税を一時に納付できないことについて判断するまでもないと主張する。

3 国税不服審判所の判断

法令解釈等

イ 納税の猶予の制度について

通則法第46条第2項が規定する納税の猶予の制度は，納税者の救済のため，例外的に，納税者がその財産につき災害を受けたこと等により国税を一時に納付することができないと認められる場合において，その納付することができないと認められる金額を限度として，納税者の申請に基づき，1年以内の期間に限り，その国税の一部又は全部の納税を猶予するというものである。

このような制度の趣旨や同項に規定する納税の猶予の要件等に鑑みると，同項は，納税の猶予の申請をした納税者について，納税の猶予を許可するか否かを税務署長等の裁量的判断に委ねているものと解するのが相当であるから，納税の猶予を許可しない処分が違法と評価されるのは，当該処分をした税務署長等の判断に，裁量権の範囲の逸脱又はその濫用があると認められる場合に限られるというべきである。

ロ 猶予取扱要領の定めと税務署長等の裁量権行使の関係について

上記イのとおり，納税の猶予の許否については，税務署長等の裁量的判断に委ねられているものであるが，納税者間の負担の公平を図り，税務行政の適正妥当な執行を確保するためには，一定の基準ないし運用方針に基づいて，納税の猶予の許否の判断がされることが望ましいところであり，猶予取扱要領は，このような趣旨の下に定められたものと解される。

このような猶予取扱要領が定められた趣旨に鑑みると，猶予取扱要領の定

めが合理性を有するものである場合には，納税の猶予の許否に関する税務署長等の判断がその定めに従っている限り，その判断は，裁量権の範囲の逸脱又はその濫用があるとの評価を受けることはないというべきである。

ハ　通則法第46条第2項第5号該当性の判断について

(イ)　猶予取扱要領第2章第1節1(3)ヘには，（略）国税を一時に納付することが困難になる場合が多いことからこれらを例示したものと考えられることからすれば，猶予取扱要領の上記の定めの内容は，合理性を有するものであるということができ，当審判所においても相当であると認められる。

(ロ)　猶予取扱要領第2章第1節1(3)ヘ(ロ)及び(ハ)には，納税者が売上げの減少の影響を受けたことが掲げられているが，これらは，「事業の休廃止又は事業上の著しい損失に類する事実」として掲げられたものであるから，そこでいう「売上げの減少」とは，単に従前に比べて売上げが減少したというだけでは足りず，事業の休廃止若しくは事業上の著しい損失があったのと同視できるか又はこれに準ずるような重大な売上げの減少があったことをいうものと解するのが相当である。

そして，このような売上げの減少があったか否かは，（略）調査期間の損益計算において，調査期間の直前の1年間である基準期間の利益金額の2分の1を超えて損失が生じていると認められる場合をいうものとする旨定めていることを踏まえて判断するのが相当である。

(ハ)　また，上記(ロ)のような売上げの減少があったか否かは，事柄の性質上，一定の期間を設けて判断するのが相当であるところ，猶予取扱要領が「事業につき著しい損失を受けた」（通則法第46条第2項第4号）といえるかどうかを判断する際に用いている調査期間及び基準期間という期間設定の方法は，上記のような売上げの減少があったか否かを判断する上でも適切なものであり，基本的には，これによって判断するのが相当である。

そして，損益計算期間の末日から調査日又は基準期間の末日までの間が近接している場合には，通常，利益金額又は損失金額が大きく変動することは少ないと考えられることからすれば，当該近接した損益計算期間の損益計算

の結果を基に上記の利益金額又は損失金額を推計して差し支えないとする猶予取扱要領第2章第1節1(3)ニ(ロ)の定めも合理的であり，当審判所においても相当であると認められるところ，上記のような売上げの減少があったか否かを判断する上でも適切なものである。

4 当てはめ

イ 本件猶予申請に係る納税の猶予の始期は，（略）調査日は同月10日，調査期間は平成25年6月11日から平成26年6月10日まで，基準期間は平成24年6月11日から平成25年6月10日までとなる。

しかしながら，請求人及び原処分庁は，平成26年3月期及び平成25年3月期の各売上金額を前提として各々主張するところ，当該各事業年度が猶予取扱要領に定める上記の請求人の調査期間及び基準期間に近接していることからすれば，本件においては，平成26年3月期及び平成25年3月期の各売上金額を基に，猶予該当事実の有無を判断することが相当である。

ロ 上記1(2)ハのとおり，請求人の平成26年3月期の売上金額はXX,XXX,XXX円であり，平成25年3月期の売上金額はXXX,XXX,XXX円であるところ，平成26年3月期の売上金額は，平成25年3月期の売上金額と比較して，減少したことが認められるものの，その減少の程度は，約18％にすぎない。

そうすると，この売上げの減少の程度は，事業の休廃止若しくは事業上の著しい損失があったのと同視できるか又はこれに準ずるような重大な売上げの減少があったとはいえないから，請求人には，通則法第46条第2項第5号（第4号類似）に該当する事実があったということはできない。

したがって，請求人には猶予該当事実がないのであるから，本件不許可処分をした原処分庁の判断に，裁量権の範囲の逸脱又は濫用があったと認めることはできない。

Ⅴ　検　討

1　通則法に規定される「納税の猶予」に関する概要

⑴　災害等の納期限未到来の納税の猶予

　災害等の納期限未到来の納税の猶予は，震災，風水害，落雷，火災その他これらに類する災害により納税者がその財産につき相当な損失を受けた場合において，その者がその損失を受けた日以後1年以内に納付すべき国税があるときは，政令で定めるところにより，その災害のやんだ日から2月以内にされたその者の申請に基づき，税務署長はその納期限から1年以内の期間に限り，その国税の全部又は一部の納税を猶予することができる（通則法第46条第1項）。

　災害等の納期限未到来の納税の猶予については，納税者の資力は問題とならず，損失の程度により，納税を猶予する規定である。

⑵　一般的な納税の猶予

　一般的な納税の猶予とは，税務署長等は，納税者がその財産につき，震災，風水害，落雷，火災その他の災害を受け，又は盗難にかかったこと（通則法第46条第2項第1号），納税者又はその者と生計を一にする親族が病気にかかり，又は負傷したこと（通則法第46条第2項第2号），納税者がその事業を廃止し，又は休止したこと（通則法第46条第2項第3号），納税者がその事業につき著しい損失を受けたこと（通則法第46条第2項第4号），これらのいずれかに該当する事実に類する事実があったこと（通則法第46条第2項第5号）のいずれかに該当する事実がある場合において，その該当する事実に基づき，納税者がその国税を一時に納付することができないと認められるときは，その納付することができないと認められる金額を限度として，納税者の申請に基づき，1年以内の期間に限り，その納税を猶予することができることをいう（通則法第46条第2項）。

　本規定においては，不確定概念[1]である「類する」という文言を用いてい

482　第2部　事例研究　手続法2

ると考えられる。このため,「類する」の範囲が問題となるといえる。先行研究[2]においては,人為的な災害の範囲が問題とされている。

災害等の納期限未到来の納税の猶予においては,資力が問題とされないのに対して,一般的な納税の猶予は資力が問題とされることが,大きく異なるといえる。したがって,資力の有無について,どのように判断を行うべきかが問題になるといえる。本件においても,資力の判断において争いが生じており問題となるといえる。

2 売上高の減少による判断に係る問題

会計情報に係る売上を納税の猶予の適用に関する基準とすることは,過去の情報に基づいて判断するうえでは,妥当であるといえる。しかしながら,売上基準は1つの指標にすぎず,他の情報と総合的あるいは補足する情報にすぎず,納税者がその国税を将来において納付する資力があるか否かを判断する,適切な情報であるかを検討する必要がある。

会計学の先行研究において,利害調整機能と意思決定機能の2つの分類を行った前提のうえで「歴史的原価による評価方法は,利害調整会計に重要な役割を占めるのである。意思決定会計においては会計担当者は意思決定者の意思決定に必要な資料を提供することを主たる目的としているのに反し,利害調整会計では会計担当者は会計組織をもっとも客観的,継続的かつ明瞭に設定し運営しなければならない。これは税務会計や事業部間の財の振替えが行われる場合の事業部制会計にみられるように,会計担当者が発表する情報が利害関係の調整に直接影響を及ぼすからである。」[3]ことがあげられる。このため,税務会計学における課税所得計算を行ううえで,資産の評価について歴史的原価である取得原価が多く採用されていたと考えられる。

---

(1) 山本守之・守之会『新版 検証税法上の不確定概念』(平成27年,中央経済社)2頁。
(2) 長谷川記央「税務職員の誤指導における納税の猶予の検討」(平成29年,日本税務会計学会)経営会計研究21巻2号,163-176頁。
(3) 井尻雄士『会計測定の基礎』(昭和43年,東洋経済新報社)90頁。

また，会計学の先行研究[4]において，会計の測定に対する誤解として，第一に「測定とは単一の物に規定されるものではないこと」，第二に「測定においては，数の間のどの関係が物の間のどの関係を表現するのに用いられているかを支持しなければ測定の意味がないこと」，第三に「測定の問題と実世界の現象を把握するという問題がしばしば混在されていることがあること」，があげられる。

本件の場合に特に注意しなければならないのは，把握されていない事項を数字で表現することは不可能であることがあげられる。具体的には，企業会計基準第15号「工事契約に関する会計基準」[5]が，「工事契約に関して，工事の進行途上においても，その進捗部分について成果の確実性が認められる場合には工事進行基準を適用し，この要件を満たさない場合には工事完成基準を適用する。」（工事契約に関する会計基準9項）ことがあげられる。すなわち，工事契約について，成果の確実性を認められる場合には，会計上は売上（収益）を認識し，成果の確実性を認められない場合には，会計上は売上（収益）を認識しないこととなる。成果の確実性が認められない場合には，会計上は損益計算書の収益には，当該取引の過程は反映されることがなく，表現されないこととなる。

また，第一の誤解があげる「測定とは単一の物に規定されるものではないこと」の具体的な例として，工事完成基準は伝統的な実現主義の考え方により収益が計上され，既に目的物の引渡しを行った収益であるが，工事進行基準は，未だ目的物の引渡しが完了していない収益が計上されるため，会計数値が同額であっても，「完成・未完成」の物が規定されることから，異なる物が同一に表現なされるといえる。

したがって，売上基準を用いた場合に，納税者の取引がどのように表現されているかによって，納税者の資力の有無あるいは資力の回復の判断に少な

---

(4) 井尻雄士・前掲注(3)37-41頁。
(5) 企業会計基準委員会「企業会計基準第15号　工事契約に関する会計基準」（平成19年，企業会計基準委員会）。

484　第2部　事例研究　手続法2

からず影響を与えるといえる。このため，仮に租税行政庁が売上基準を唯一の絶対的な基準として用いる場合には，会計上の売上高が公正に納税者の取引を表現していることを立証しなければならず，問題が生じかねないと考えられる。このため，売上基準は納税の猶予を判断するうえでの，相対的な基準あるいは1つの指標にすぎないと考えることが妥当である。

3 利益基準における問題

　会計上の利益を納税の猶予の基準については，納税者の過去の取引において，納税者の資力の有無を判断することは妥当である。しかしながら，売上を基準とした場合と同様に，利益基準は1つの指標にすぎず，他の情報と総合的あるいは補足する情報にすぎないとも考えられる。会計学における利益の性質は，相対的な性格を有している。また，一般に公正妥当な会計基準により算出された数額が，利益となると考えられる。

　したがって，本論においては，「利益」の性質について触れて論ずる。会計学における「利益」の性質に触れる理由として，会計上の実現概念の変遷が，税務会計学における課税所得計算に少なからず影響を与えていることがいえる。

　具体的には，税務会計学における先行研究[6]において，実現概念の変遷に伴い売買目的有価証券を例にあげ，課税ベースの拡大が生ずることを論ずる。そのうえで，その他の包括利益を含む利益概念を基礎として，課税所得を算定するのであれば，課税ベースの拡大が生じることとなることを論ずる。また，包括利益を基礎とした課税所得算定は理論的には可能であると結論付け，その拠り所を担税力にもとめると論ずる。

　納税の猶予で問題とされる本来の納期限が到来した租税が完納されるか否かの資力と，租税を支払う能力があるかという担税力とは，時間的な乖離は

---

[6]　金子友裕「法人税法における課税ベースの拡大に関する考察—IFRSからの影響を通じて—」（平成27年，東洋大学）東洋大学経営論集85号，69-78頁。

あるものの，納税者が租税を納付できるかが問題となる点は共通してるといえる。このため，本論においては担税力について触れて論ずることとする。

会計学において，「資産とは，過去の取引または事象の結果として，報告主体が支配している経済的資源をいう」[7]と定義し，経済的資源の価値が問題となる。

会計学の先行研究は，「経済財とは，われわれに効益（benefit）をもたらし，かつそれを得るためにわれわれはなにものかを犠牲（sacrifice）にしなければならないというものである。」[8]とし，価値の二元性を論ずる。そのうえで，犠牲と効益というものは，人間の生理的・心理的なものに由来すると論ずる。そこで，会計学上の犠牲と効益の定義が問題となる。「苦痛の増加または快楽の減少は犠牲であり，苦痛の減少または快楽の増加は効益である。もちろん人間が感じる苦痛と快楽にはいろいろな種類がある。しかし人間の行動が犠牲と効益との比較の結果であるというわれわれの見方からすれば種々の苦痛・快楽は実は本質的には比較可能（compa-rable）であると考えてよい。」[9]と論ずる。このような精神的なものすなわち心界については相対的なもの[10]であり，財務諸表に表現するかが問題となる。しかしながら，行動から客体（納税者あるいは会計責任を負うもの）に主体を移した場合には，「財のほうが苦痛や快楽よりもはるかに認識しやすいので，非常に便利なことが多い。」[11]ことを論ずる。すなわち，会計情報においては，対象が行動ではなく客体であるから，貨幣的な評価を用いることが，より表現するうえで便利であると考えられる。いわゆる「貨幣的評価の公準」[12]があげられる。

会計学における資産の評価において，売買目的有価証券は成熟した市場に

---

[7]　企業会計基準委員会「討議資料　概念フレームワーク」（平成18年，企業会計基準委員会）「第3章　財務諸表の構成要素」本文4項，15頁。
[8]　井尻雄士・前掲注(3)44頁。
[9]　井尻雄士・前掲注(3)46頁。
[10]　井上圓了『哲學新案』（明治42年，弘道館）119頁。
[11]　井尻雄士・前掲注(3)50頁。
[12]　富岡幸雄『税務会計学原理』（平成15年，中央大学出版部）537頁。

おいて容易に有価証券を換金することが可能であることを理由に，時価を用いることがあげられている。なお，本論は時価が上昇した場合（評価益を認識する場合）を，例にあげて論ずることとする。売買目的有価証券については，会計学で論ずる「時間的・空間的な推論率はわれわれの行動の一大基盤になるもの」[13]であり，成熟した市場において，保有している売買目的有価証券は時価で売却できるということを，未だ経験していない未経験な事象（実際には未だに売却していない保有している事実）を経験した事象（過去に成熟した市場で時価で売却できた事実）に類似させ，類似仮定に基づいて，資産を測定し，収益の測定を行ったと考えられる。すなわち，期末時点においては，類似仮定により，売買目的有価証券が時価で売却できたであろう効益（苦痛の減少）を，実際に売買目的有価証券が売却された効益（苦痛の減少）と同様に表現することとなる。

資産・負債アプローチが用いる時価を用いる評価の方法，あるいは概念フレームワークに定義する「経済的資源の価値」の評価とは，結局のところは，会計学で論ずる経済財すなわち効益と犠牲について，どの程度，類似仮定を用いて，会計上の測定（税務会計学においては，課税所得計算の益金の測定）を行うかの問題であると考えられる。

納税の猶予の基準において，利益基準を用いた場合に，会計上の利益とは，複数の推論律のうえに成り立つものであるから，経済環境の変化などにおいて，不適切な類似仮定が生じた場合に，納税者を適切に表現できないことがあげられる。例えば，時価の評価を用いた場合に，成熟した市場の時価で評価した後，当該市場が機能したくなった場合などは，納税者の資力が適時に反映されない場合が考えられる。しかしながら，後発的な事象をもって会計上の数値が一般に公正妥当と認められた会計基準に反するすなわち「公正」に反するとは，必ずしも結論付けられるとは言い切れない。

もっとも，会計学における「公正」の性格とは「会計において何が公正で

---

[13]　井尻雄士・前掲注(3)52頁。

あるかを直接規定するのは不可能なので，一般に認められた会計原則をまず規定し，それを適用してうまれた結果は，公正なものであるとみなすのである。」(14)ことがあげられ，会計上の公正とは，一般に認められた会計原則の適用の有無により判断される。会計学における「公正」の意義については，会計の目的が異なることから，税務会計学における「公正」とは異なるものと考えるのが妥当であろう。会計の目的を達成するためには，先行研究において，支配，数量及び交換に触れ，「まず数知れない多くの経済財のなかでどれが主体の支配下にあるかを認識し，次に財を分類し各種類ごとに加法性および無差別性をもとにして数量測度を定義して財を測定し，最後にどの財とどの財が交換されたかを認識する」(15)ことがあげられる。会計の目的により，それらをどのように認識・測定するかは異なるところであるから，会計の目的すなわち受託責任の解除を目的とする場合と，課税所得計算の場合あるいは資力の有無を目的とする場合には，「同じ」あるいは「異なる」結論となることが考えられる。税務会計学において，確定決算主義を採用しながらも，別表調整が図られ，課税所得の算出することとも首尾一貫するといえる。また，その他の包括利益が，課税所得計算における他の益金あるいは損金と同様に表現することは，すなわち権利確定主義あるいは債務確定主義により評価されていた取引の類似仮定を用いて表現することとなる。しかしながら，類似仮定を用いて表現するべきか否かは，会計学に倣えば，法律の規定あるいは一般に認められた租税公正基準の規定によるところにより判断せざるを得ないとの結論に至る。

このように，類似仮定を用いて表現された課税所得計算が「公正」であるかは，第一次的には法律の規定により判断されることとなる。第二次には，法律の明確な規定がない場合には，一般に認められた租税公正基準の規定よるところで判断せざるを得ず，一般に認められた租税公正基準の適用の有無

---

(14)　黒沢清編『会計測定の理論』（昭和54年，中央経済社）2頁。
(15)　井尻雄士・前掲注(3)118頁。

488　第2部　事例研究　手続法2

で「公正」であるかをみなすことが妥当であろう。

　したがって，税務会計学においては，どのような規定を設けるか，すなわちどのような租税政策に基づいて租税法を立法するかが問題となるといえる。税務会計学における公共諸政策配慮の原則[16]があげられており，首尾一貫するといえる。

　法学的アプローチに係る先行研究においても「立法の基礎にあるものは，担税力のもう１つの観念であって，立法政策とそしてセンシブルなものである」[17]ことをあげ，「担税力の思想が我々に約束の地をかなえてくれないことが，明らかになった」[18]と論ずる。このように，担税力による判断はどのような租税政策を行うか，すなわち租税立法論により解決すべき問題と考えられる。このため，租税法学においては，租税法律主義が重要な役割を果たすと考えられる。

　したがって，税務会計学によれば公共諸政策配慮の原則により判断すべきであるとされ，租税法学とその過程は異なるとしても，いずれの研究手法においても租税政策で解決すべき問題であるとする共通した結論に至ると考えられる。このため，税務会計学においても，租税法律主義[19]に基づいて，課税所得計算が行われなければならないと結論付けられる。

　他方で，現行法令において，租税法が必ずしも明確な規定が設けられているとは言い切れない現状にある。税務会計学の手法を用いた場合には，租税政策に基づいた課税要件が明確に規定されない場合には，「公正」であるかの判断の１つの手段として，一般に認められた租税公正基準の規定を拠り所に，その適用の有無で「公正」であるか否かを判断することが望ましいといえよう[20]。わが国が確定決算主義を採用しているため，納税者が第一次的な租税解釈権を有していること[21]と首尾一貫するといえる。

---

(16)　富岡幸雄・前掲注(12)601-608頁。
(17)　金子宏『租税法理論の形成と解明　上巻』（平成22年，有斐閣）322頁。
(18)　金子宏・前掲注(17)324頁。
(19)　菅原計『税務会計学通論【第３版】』（平成22年，白桃書房）19頁。

納税の猶予に係る利益概念の検討　　489

このように，会計上の数値は目的に応じて表現されるものが異なることから，納税の猶予の適用を目的とする会計上の数値，すなわち資力を判断する目的の会計上の数値である場合には，それを拠り所に判断することは可能であるといえる。先行研究[22]であげられるように公正処理基準になり得る会計基準が複数存在することから，会計上の数値は複数の表現すなわち複数の会計の目的が存在している現状がある。このような現状を踏まえると，会計上の数値は，資力の有無を判断する1つの材料にすぎないと結論付けることが妥当である。加えて，会計の表現は相対的な性格を有することから，資力を判断する1つの重要な情報ではあるが，絶対的な表現ではないため，他の補足する情報がある場合にはそれらを踏まえて，総合的な判断を行うことが，より納税者の実体を反映させるといえる。

　したがって，租税行政庁が納税の猶予の判断につき裁量権を与えなければ，納税者の資力につき多様な資料に基づいて判断することができない場合が考えらえるため，納税者の保護のために裁量権を与えることは妥当であるといえる。

　しかしながら，裁量権が認められる理由として，租税行政庁が単に租税行政に係る事務を円滑に迅速に行うために裁量権を与えられたにすぎないとすれば，当該裁量権については疑問を抱かずにはいられないであろう。また，納税者の資力につき多様な資料に基づいて判断することが困難であるとし，その判断を放棄するのであれば，納税の猶予に係る資力の有無については，どのような租税政策に基づくものであるか，より明確な法律の規定を設けるべきであると結論付けることが妥当である。より明確な法律の規定が設けられる場合には，租税行政庁に裁量権は認められないと結論付けるか，あるい

---

(20)　会計学が一般に認められた会計原則を規定し，それを適用した結果を公正としたのと同じように，税務会計学において，租税公正基準を適用した場合には，第一次的に「公正」とみなされると考えることが望ましいといえる。

(21)　長谷川記央「重加算税における形式主義と客観的の問題」（平成29年，財経詳報社）租税訴訟10号，298頁。

(22)　金子友裕・前掲注(6)69-70頁。

490　第2部　事例研究　手続法2

は狭義の裁量権しか認められないと結論付けることが妥当であると考えられる。

4　納税の猶予と換価の猶予に係る租税行政庁の裁量権

　税務署長は，滞納者がその財産の換価を直ちにすることによりその事業の継続又はその生活の維持を困難にするおそれがあるとき（国税徴収法151条1項），あるいは滞納者がその財産の換価を猶予することが，直ちにその換価をすることに比して，滞納に係る国税及び最近において納付すべきこととなる国税の徴収上有利であるとき（国税徴収法151条2項）のいずれかに該当すると認められる場合において，その者が納税について誠実な意思を有すると認められるときは，その納付すべき国税につき滞納処分による財産の換価を猶予することができる（国税徴収法151条1項）。

　ただし，納税の猶予の規定の適用を受ける場合（通則法第48条第1項，第2項，第3項，第49条第1項）は，換価の猶予の適用は除外される。

　換価の猶予については，国税徴収法基本通達151条関係13-4(注)は「滞納者は，法第151条第2項の書類を提出した場合であっても，税務署長が換価の猶予を適用しないことについて，不服申立て又は訴えの提起をすることができないことに留意する。」ことが明示される。したがって，租税行政庁は換価の猶予については，職権として自由裁量が認められると解すことが，一般的である。

　納税の猶予については国税通則法基本通達第46条の2関係5は「納税の猶予の申請が取り下げられたものとみなされた場合において，その旨を納税者に知らせる通知は不服申立ての対象である処分に該当しない（通則法第75条第1項参照）。」と明示されるように，原則として不服申立の対象となることがあげられる。したがって，租税行政庁は換価の猶予の規定により，相当の自由裁量が与えられていると解し，納税の猶予の規定については羈束裁量が認められるにすぎないと解すことが妥当であろう。

　このため，納税の猶予の規定に係る裁量については狭義にし，換価の猶予

納税の猶予に係る利益概念の検討　491

の規定に係る裁量を広義に捉えることで，租税行政庁が適切に納税の猶予あるいは換価の猶予の規定を用いて，租税行政の事務の迅速かつ円滑な処理を図ることができるとも考えられる。

納税の猶予は換価の猶予と異なり，納税の猶予の規定は原則として不服申立の対象となり，租税行政庁はその適用については，租税法律主義に基づき法律の規定に基づいて，その判断が委ねられるといえる。しかしながら，納税の猶予については，納税者の資力の判断が，より納税者の実体に則して判断されることが望ましいことから，相当の裁量権を与えるべきであるとも考えられる。換価の猶予において，不服申立の対象とならない自由裁量が認められているにもかかわらず，それに加えて，租税行政庁に納税の猶予において重複した自由裁量を与えられるとすれば，納税者の不利益となりかねない。また，納税の猶予の規定が覊束裁量なのに対し，換価の猶予の規定が自由裁量であることを理由に，納税の猶予の規定がより狭義とされ，換価の猶予の規定がより広義とされると，納税者は租税行政庁に不服申立の機会などを失することとなり，納税者の不利益となりかねないといえる。

このため，換価の猶予に係る裁量と納税者の猶予に係る裁量とは性格が異なる裁量であるから，区別して論ずる必要があるといえる。

5　総　括

納税の猶予の適用については，租税行政庁に相当の裁量権が与えられるといえる。

しかしながら，税務署長等の判断が国税通則法基本通達などの租税行政通達（本件でいう「猶予取扱要領」を含む。）に基づく判断が，直ちに裁量権の範囲の逸脱又はその濫用があるとの評価を受けることがないと，結論付けられることは妥当ではないといえる。

租税行政庁は，納税の猶予の規定に係る裁量については，必ずしも会計上の数値が，現在の滞納者の資力を表現しているとはいいきれず，現在の滞納者の資力を表現していない場合も考えられる。このような場合には，租税行

政庁は覊束裁量を行使して，滞納者の資力を会計上の数値以外の情報により，自ら判断をしなければならないと解することが妥当であろう。また，租税行政庁の自助努力が期待できない場合には，租税行政庁に納税の猶予に係る裁量権はより狭義にするために，より詳細の事例ごとの納税の猶予に係る要件を法律に明確に規定しなければならいといえる。あるいは，納税者は租税行政庁に対して，租税公正基準などを拠り所に，納税の猶予の適用を訴えることになるといえる。

　このように考えると，原処分庁の主張した納税の猶予は，猶予取扱要領第2章第1節1(3)へに定める第5号（第4号類似）の事実に該当せず，通則法第46条第2項の要件を満たさないことのみを理由に，請求人が本件猶予申請に係る国税を一時に納付できないことについて判断するまでもないことを主張するが，このような法的解釈が行われると，納税者は納税の猶予に係る不服申立の機会を失することとなるから問題であるといえる。また，国税不服審判所が「このような猶予取扱要領が定められた趣旨に鑑みると，猶予取扱要領の定めが合理性を有するものである場合には，納税の猶予の許否に関する税務署長等の判断がその定めに従っている限り，その判断は，裁量権の範囲の逸脱又はその濫用があるとの評価を受けることはないというべきである。」ことを判断するが，納税の猶予に係る裁量を，狭義の覊束裁量と捉える場合には，納税の猶予の適用要件をより明確に規定を設けるべきではなかろうか。なお，本件の検討については後述するものとする。

6　本件の検討

　国税不服審判所は，「このような猶予取扱要領が定められた趣旨に鑑みると，猶予取扱要領の定めが合理性を有するものである場合には，納税の猶予の許否に関する税務署長等の判断がその定めに従っている限り，その判断は，裁量権の範囲の逸脱又はその濫用があるとの評価を受けることはないというべきである。」と判断した。したがって，原処分庁が，請求人に猶予該当事実が認められない以上，請求人が本件猶予申請に係る国税を一時に納付でき

ないことについて判断するまでもないと主張したが，原処分庁の当該主張が採用されたと考えてよいであろう。

　本件の国税不服審判所の判断において租税行政庁に裁量権が認められることは妥当であるが，それは納税者の実体を即して納税の猶予の適用を判断するために用いられるために認められる裁量権であると解することが妥当であり，疑問を抱かずにはいられないといえる。

　前述したとおり，売上基準あるいは利益基準を用いた場合には，当該数値の性質が相対的なものであることがあげられる。このため，税務署長等の判断に当該数値のみを用いることが望ましくない場合が考えられる。また，納税の猶予に係る裁量権の範囲の逸脱又はその濫用であるとの評価とは別に，当該裁量が羈束裁量であるから，司法裁判所の判断を受けることは否定すべきではないと結論付ける。納税の猶予の規定が自由裁量として取り扱われる場合に，税務署長は換価の猶予により納税を猶予することもできる。換価の猶予の規定が自由裁量であるから，租税行政庁に対して重複した自由裁量権を与えることには疑問を抱かずにはいられないであろう。納税の猶予に係る裁量権については，租税行政庁がより納税者の実体に則して，納税の猶予の適用を判断するために用いられることが期待され認められた羈束裁量と考えることが妥当であろう。

　また，国税不服審判所は，「請求人及び原処分庁は，平成26年3月期及び平成25年3月期の各売上金額を前提として各々主張するところ，当該各事業年度が猶予取扱要領に定める上記の請求人の調査期間及び基準期間に近接していることからすれば，本件においては，平成26年3月期及び平成25年3月期の各売上金額を基に，猶予該当事実の有無を判断することが相当である。」と判断した。当該数値を基に，猶予該当事実の有無を判定することは妥当である。しかしながら，通則法第46条第2項は，納税者の資力の有無を確認し，将来において，滞納国税につき完納が期待できる場合に納税の猶予を認めるものである。このため，租税行政庁が納税の猶予を認めた場合に，将来の租税債権の徴収などから，かえって，他の納税者の利益（より多くの租税債権

の成立が期待され，実現されることによる利益）に繋がることが考えられる。したがって，猶予取扱要領は暫定的な基準を設けたにすぎないといえ，当該基準を唯一の判断基準として納税者の猶予の可否を判断することには疑問を抱かずにはいられないであろう。このため，当該基準の採用によって，租税行政庁が納税の猶予に係る裁量について，司法裁判所の判断を受けないとすれば問題があると考えられる。また，請求人あるいは原処分庁は，将来において資力の回復により滞納国税が完納できる見込みを，様々な分析[23]により明らかにすべきだったのではなかろうか。

少なからず，原処分庁の判断においては，納税の猶予を適用した場合に，将来において滞納国税が完納されることが見込まれないか否かを総合的に検討し，納税の猶予の適否を判断することが求められると考えられる。租税行政庁が総合的な判断を放棄するのであれば，租税行政庁に裁量権を与えることに対する利益は喪失していると考えられる。

今後の租税実務においては，本裁決事例を踏まえて，納税者は「通則法第46条第2項第5号の規定に該当する事実」と「納税者がその国税を一時に納付することができないと認められる事実」を並列させて，租税行政庁に訴えることが重要であるように思われてならない。この場合には，納税の猶予の適用に係る判断は，会計情報に限らず，様々な情報を用いて判断されるべきであろう。

なお，租税行政庁が本件裁決事例を理由に，納税の猶予につき消極的になることについて懸念が生ずるところである。したがって，納税の猶予に係る租税公正基準が求められるといえよう。

---

[23]　様々な情報とは，財務会計以外の情報をいう。例えば，管理会計の数値，会計情報では表現されない情報などがあげられる。

おわりに

　納税の猶予の適用については，租税行政庁が相当の覊束裁量が認められることがあげられる。ただし，当該覊束裁量は，納税者の資力の状況を適切に反映させるために用いられるべきであろう。

　当該覊束裁量の根拠は，会計情報の性格が相対的なものであることがあげられるといえる。会計情報が相対的なものであるとすれば，会計情報における「公正」とはどのように定められるかが問題となる。会計の「公正」の性質は，直接に期待することは不可能であることから，会計原則をまず規定して，その適用に有無により「公正」を判断するとされる。したがって，会計学上の「公正」は，会計原則の規定がどのように規定されているかが問題であるとも考えられる。

　また，租税公正基準に係る「公正」と会計学に係る「公正」は異なる結論に至ることが考えられる。しかしながら，租税訴訟に係る学問における「公正」を論ずるうえで，会計学に係る「公正」に触れることが有益であると考え，本論において当該「公正」に触れて論ずるに至った。会計学に係る「公正」が，会計原則の規定がされることが重要であるとされ，これに倣えば，租税法が法律の規定に基づいて国民が租税を課される租税法律主義，すなわち，法律の規定が判断の拠り所となり重要であると結論付けられる。このため，会計学と租税法学において共通する点があげられるといえる。

　納税者が期待する租税公正基準の意義とは，租税法に明確な規定がなく，その法的解釈が分かれる場合に，法律の規定に代わり，租税公正基準の適用の有無で「公正」を判断する1つの判断基準としての役割が期待されると考えられる。

　他方で，租税法学あるいは税務会計学に関する学者あるいは有識者などの学術研究により，租税公正基準の「公正」の意義あるいは要件が明確にされ，法律の明確な規定がない場合に当該「公正」を拠り所に，直接に判断するこ

とが可能となることが考えられ，今後の研究により，それらが解明されることを期待したい。

（平成28年1月13日裁決　TAINS J102—1—01）

第3部

学 会 活 動

租税訴訟学会規約

平成29年6月改正承認

第1条（名称）

　　本会は，租税訴訟学会と称する。

第2条（事務所）

　　本会の事務所は，東京都に置く。

第3条（支部）

　　1　本会は，理事会の承認を得て，必要な地域に支部を置くことができ
　　る。

　　2　支部は，本会の理事会の承認を得て，支部規約を設定し，支部長等
　　の役員を選任する。

　　3　支部の会計は，別会計とし，支部会費と支部において収得した財産
　　によって，経費を支弁するものとする。

第4条（目的）

　　本会は，租税争訟及び租税に関する研究及びその研究者・納税者間の
　　税務情報交換の促進をなすことを目的とする。

第5条（事業）

　　本会は，前条の目的を達成する為，租税争訟に関する研究者間の情報
　　交換・研究会及び講演会の開催・機関誌その他の図書の出版その他総会
　　において適当と認めた事業を行う。

第6条（会員）

　　会員は，以下のとおりとする。

　　①　正会員　本会の目的に賛同して入会した個人及び法人

　　②　名誉会員　本会に功績のあった者で，理事会に承認された個人

第7条（会員の資格）

　　次の各号の一に該当する者は，理事会の承認を得て，本会の正会員と
　　なることができる。

① 租税訴訟の代理人・補佐人を志す者

② 租税争訟の研究に寄与することができると認められる者

③ その他理事会が承認した者

2 （退会）

会員は次の理由により，その資格を失う。

① 会員が退会届を本会へ提出したとき

② 会員が死亡したとき

3 （懲戒）

理事会は，会員が，本会の活動を阻害する行動又は，その他会員たるに相応しくない行為をした場合，当該会員に対し，その会員の不行跡の程度に応じ，戒告，資格停止，除名の決定をすることができる。この場合，懲戒処分前に当該会員の弁明を聴かなければならない。

第8条（入会申込）

会員となろうとする者は，初年度会費（正会員の年会費金1万円）を添えて，理事会に所定の入会申込書を提出しなければならない。ただし，名誉会員は，本人の承諾をもって会員とする。

第9条（総会）

1 理事会は，毎年1回全会員による通常総会を招集しなければならない。

2 理事会は，必要があると認めるとき，又は総会員の5分の1以上の者の連名による請求があったときは，全会員による臨時総会を招集しなければならない。

3 総会は，本会の議決機関として，その重要な運営事項について審議し，決定する。

4 総会の議事は，定足数を総会員の10分1（委任状出席可）とし，出席会員の過半数で決する。

5 総会は，インターネットの電子会議室において，期日を定めて行うことができる。

第10条（研究者・委員会）

1 会員のうち，共同研究をしようとする者は，本会に対し，共同研究

のテーマを本会に対し許可申請し，理事会の承認を得て，研究会を設置することができる。

    2　会員は，納税者の保護制度について，本会が行うべき活動方針を本会に提言することができるものとし，理事会は審査のうえ，特別委員会を設置することができる。

第11条（理事会の権限）

    1　理事会は，総会の決議に基づき，本会の運営を行う。

    2　理事会は，インターネットの電子会議室において，期日を定めて行うことができる。

第12条（理事会の構成）

    1　理事会は，10名以上100名以内の理事で構成する。

    2　以下の者を理事とする。

    ①　総会で承認されたもの

    ②　各支部の支部長

    3　理事の任期は，2年とする。但し，再任を妨げない。

    4　理事全員による集会を全体理事会とし，常任理事による集会を常任理事会とする。

第13条（理事）

    1　理事は，本会の会長（1名）・副会長（10名以内）を互選する。

    2　会長は，本会を代表し，理事会を主催する。副会長は，学術研究について会長を補佐する。

    3　会長を補佐する為，副会長とは別に理事の内20名以内を常任理事とし，常任理事会を構成し本会の総合運営を行う。

第14条（監事）

    1　監事は，本会の運営の状況及び会計を監査する。

    2　監事の定員は，3名とする。

    3　監事は，総会において選任する。

    4　監事の任期は2年とする。但し，再任を妨げない。

第15条（会費）

    1　会員は，以下の会費を負担しなければならない。

①　正会員　：本部会費　2,000円

　　　　　　　　支部会費　8,000円

　　なお，支部を設立していない地域の会員は，支部会費分を本部会費として負担する。

②　名誉会員：不要

2　会費を滞納した者は，完済するまで会員としての権利を行使できない。

3　理事会は，会員のうち，本会に特別の功績があった者その他相当な理由がある者に対し，会費を免除する事ができる。

第16条（会計年度及び決算）

1　本会の会計年度は，毎年1月1日に始まり，12月31日に終わるものとする。

2　支部は，毎会計年度の決算を理事会に提出するものとする。

3　理事会は，毎会計年度の決算を，監事の監査報告と共に，総会に提出し，その承認を求めなければならない。

第17条（規約の改正）

　　本規約は，総会において，出席又は参加した会員の5分の3以上の同意によって，改正することができる。

第18条（解散）

　　本会は，総会員の3分の2以上の同意によって，解散することができる。

附則　本規約は，本会の創立総会の日（平成13年10月15日）から，施行する。

租税訴訟学会役員（理事・監事）名簿

平成30年1月現在

【理　事】

従前の役職	氏　名	参　考
会　長	山田　二郎	弁護士（第二東京弁護士会）
副会長	山本　守之	税理士（東京税理士会）
〃	山下　清兵衛	弁護士（第二東京弁護士会）
北海道支部長兼事務局長	川股　修二	税理士（北海道税理士会）
北海道支部	千葉　寛樹	税理士（北海道税理士会）
東北支部長	日出　雄平	税理士（東北税理士会）
東北支部事務局長	阿部　喜和	税理士（東北税理士会）
山形支部長	長岡　壽一	弁護士（山形県弁護士会）
横浜支部代表幹事	藤村　耕造	弁護士（横浜弁護士会）
横浜支部代表幹事	稲葉　恭冶	税理士（東京地方税理士会）
横浜支部事務局長	長谷川　博	税理士（東京地方税理士会）
名古屋支部長	相羽　洋一	弁護士（愛知県弁護士会）
名古屋事務局長	川口　直也	弁護士（愛知県弁護士会）
近畿支部長	大谷　吉夫	税理士（近畿税理士会）
近畿支部事務局長	清水　正憲	弁護士（大阪弁護士会）
中四国支部長	鳴戸　大二	弁護士（広島弁護士会）
中四国支部事務局長	山中　正敏	税理士（中国税理士会）
九州支部長	山本　洋一郎	税理士（南九州税理士会）
九州北支部長	権田　和雄	九州国際大学法学部教授（大学院法学研究科長）
九州北支部副支部長兼事務局長	上村　昇	税理士（九州北部税理士会）
沖縄支部長	有銘　寛之	税理士（沖縄税理士会），公認会計士
理　事	青木　康國	弁護士（第一東京弁護士会）
〃	青木　丈	税理士（東京税理士会）
〃	秋葉　武	税理士（千葉県税理士会副会長）
〃	朝倉　洋子	税理士（東京税理士会）
〃	荒木　慶幸	税理士（東京税理士会）
〃	飯森　暁	税理士（東京税理士会）
〃	石川　欽也	国士舘大学政経学部教授
〃	市野瀬　啓子	税理士（東京地方税理士会），横浜支部副代表幹事
〃	伊藤　滋夫	創価大学名誉教授，元裁判官
〃	井上　康一	弁護士（第二東京弁護士会）
〃	岩下　忠吾	税理士（東京税理士会）

従前の役職	氏　　名	参　　考
理　事	牛嶋　　勉	弁護士(第一東京弁護士会)
〃	江川　　功	弁護士(第二東京弁護士会)
〃	大塚　一郎	弁護士(第二東京弁護士会)，二弁税法研究会代表幹事
〃	大塚　正民	弁護士(第二東京弁護士会)
〃	大淵　博義	中央大学名誉教授
〃	小田　修司	弁護士(第一東京弁護士会)
〃	金子　友裕	税理士(千葉県税理士会)，東洋大学経営学部准教授
〃	兼平　裕子	愛媛大学法文学部教授
〃	河村　信男	弁護士(東京弁護士会)
〃	木内　秀行	弁護士(第二東京弁護士会)
〃	木島　裕子	税理士(東京地方税理士会)
〃	北村　導人	弁護士(東京弁護士会)
〃	北村　美穂子	弁護士(第二東京弁護士会)
〃	木村　弘之亮	日本大学大学院教授，弁護士(第一東京弁護士会)
〃	木山　泰嗣	弁護士(第二東京弁護士会)，青山学院大学法学部教授
〃	草間　典子	税理士(東京税理士会)
〃	久保利　英明	弁護士(第二東京弁護士会)，元大宮法科大学院教授
〃	神津　信一	税理士(東京税理士会)，東京税理士会会長
〃	小林　弘知	研究者(千葉商科大学大学院博士課程修了)
〃	小松　正和	弁護士(東京弁護士会)
〃	酒井　克彦	中央大学商学部教授
〃	鹿田　良美	税理士(近畿税理士会)
〃	嶋　　協	税理士(東京税理士会)
〃	菅原　万里子	弁護士(東京弁護士会)，日弁連税制委員会委員
〃	関戸　　勉	弁護士(東京弁護士会)，日弁連税制委員会委員
〃	平　　仁	税理士(東京税理士会)
〃	髙垣　　勲	弁護士(東京弁護士会)
〃	高橋　貴美子	弁護士(第二東京弁護士会)，公認会計士
〃	田口　　渉	税理士(東京税理士会)
〃	田添　正寿	税理士(東京地方税理士会)
〃	舘　　彰男	弁護士(東京弁護士会)
〃	玉國　文敏	中央大学法科大学院教授
〃	土屋　清人	税理士(東京税理士会)
〃	都築　　巖	税理士(近畿税理士会)
〃	鶴見　祐策	弁護士(東京弁護士会)，日弁連税制委員会委員
〃	戸田　智彦	弁護士(東京弁護士会)
〃	永石　一郎	弁護士(東京弁護士会)，日弁連行政訴訟センター委員
〃	長島　　弘	税理士(東京地方税理士会)，立正大学法学部准教授
〃	永田　　均	国士舘大学法学部教授
〃	中村　琢也	税理士(東京税理士会)

租税訴訟学会役員（理事・監事）名簿　　505

従前の役職	氏　　名	参　　考
理　事	長屋　憲一	弁護士（第二東京弁護士会），二弁税法研究会幹事
〃	沼井　英明	弁護士（第一東京弁護士会）
〃	福田　光博	税理士（東京税理士会）
〃	藤田　耕司	弁護士（第二東京弁護士会），日弁連税制委員会委員
〃	藤曲　武美	税理士（東京税理士会），日本税務会計学会副会長
〃	増田　英敏	専修大学法学部教授
〃	三木　義一	青山学院大学法学部教授
〃	水野　武夫	弁護士（大阪弁護士会）
〃	宮武　敏夫	弁護士（第二東京弁護士会）
〃	村田　守弘	税理士（東京税理士会），公認会計士
〃	守田　啓一	税理士（東京税理士会）
〃	矢頭　正浩	税理士（東海税理士会）
〃	山下　学	立正大学法学部教授
〃	山本　英幸	弁護士（東京弁護士会）
〃	山本　洋一郎	弁護士（大分県弁護士会），日弁連税制委員会委員長
〃	弓削　忠史	元九州共立大学経済学部教授（九州共立大学総合研究所客員研究員）
〃	横山　和夫	税理士（東京税理士会），元東洋大学法学部講師
〃	吉澤　幸夫	税理士（東海税理士会）
〃	依田　孝子	税理士（東京税理士会）
〃	脇谷　英夫	弁護士（東京弁護士会）
〃	渡部　仁子	税理士（東京税理士会）
〃	渡邉　正昭	弁護士（東京弁護士会），東弁行政法研究部部長
合　計	93名	

【監　事】

役　　　職	氏　　名	参　　考
監　事	山川　均	弁護士（福井弁護士会）
〃	鈴木　雅博	税理士（東京税理士会）
合　計	2名	

あとがき
―法律家の行政手続関与によって法治国家が実現される―

　国民が実体法上権利を有していても，救済人によって実現されなければ，無いのと同じで，「救済人なければ，権利なし」といえよう。法律家の行政手続関与によって法治国家が実現される。日弁連は，今日まで，民事事件と刑事事件に関し，人権侵害による被害者を救済してきた。しかし，行政による人権侵害について，被害者を救済することを怠ってきた。日本国が，真に正義ある民主主義国家になるためには，行政被害者救済をなし，真の法治国家を実現しなければならない。三権分立は，国民に対する人権侵害を防止するシステムであるが，国民が国政の三権を監視しなければ機能しない。日弁連は，国民の代理人として，国政の三権を監視する役割を果たすべきである。そのためには，行政事件解決を通じて行政を監視しなければならない。行政は，公共サービスを給付する面と，不利益処分など人権侵害をする面がある。前者では，円滑な公共サービスの給付を求め，かつ，違法な給付申請拒否の是正を求め，後者では，違法課税の取消しなどを求めなければならない。いずれの領域においても，法律家の関与が必要である。

　行政手続において法律家が関与するということは，法的三段論法を使って，行政を説得するということである。弁護士が国や自治体の行政に関与するのは，違法行政を是正・防止し，法律による行政の原理を実現するためである。行政訴訟事件は，死滅に近い状況であり，弁護士の行政手続関与によって，危機的状況を克服しなければならない。

　税務調査の事前通知は，課税庁から税理士になされ，また，税理士は，申告内容を熟知している。一方，弁護士は，法的三段論法を利用し，要件事実論を理解し，証明手続に精通している。税務調査は，税理士が窓口になるが，弁護士を補佐人にした場合，税理士と協力すれば大きな成果をあげられることが多く，税務調査において，弁護士が税理士の補佐人になることが，有益である。

反対に，税理士は，申告内容に関する情報を供与して，税務訴訟において，訴訟代理人である弁護士の補佐人となることができる。税務調査においては，弁護士補佐人制度を，税務訴訟においては，税理士補佐人制度を，各々推進すれば，納税者の権利実現に資するであろう。

平成30年4月吉日

租税訴訟学会　紀要11号編集委員

山　本　　守　之

金　子　　友　裕

長　島　　　弘

山　下　　清兵衛

租税訴訟学会事務局

〒106-0032

東京都港区六本木1-6-3　泉ガーデンウィング6階

TEL　03-3586-3601

FAX　03-3586-3602

URL　http://sozei-soshou.jp

e-mail: info@sozei-soshou.jp

租税訴訟　第11号
―租税公正基準 5　重要租税判例の検証―

2018年5月16日発行

編　者　租税訴訟学会

発　行　株式会社 財経詳報社

〒103-0013　東京都中央区日本橋人形町1-7-10

TEL　03（3661）5266

FAX　03（3661）5268

URL　http://www.zaik.jp

落丁・乱丁本はお取り替えいたします。　　印刷・製本　図書印刷

©2018　租税訴訟学会　　　　　　　　　　Printed in Japan

ISBN 978-4-88177-447-2